사회연대경제

Économie sociale et solidaire : Socioéconomie du 3e secteur

by Jacques Defourny et Marthe Nyssens

사회연대경제

1 토대

사회적경제, 연대경제, 사회적기업으로 이해하는

제3섹터의 사회경제학

| 자끄 드푸르니·마르뜨 니센 외 지음, 김신양·엄형식 옮김 |

차례

한국어판 서문

전 세계 대부분 지역의 역사는 정치와 사회, 문화의 맥락에서 지역들 사이에 큰 차이가 있긴 하지만 모두 지배적 모델에서 벗어난 다양한 경제적 실천과 경제조직들이 늘 존재해왔음을 보여준다. 지배적 모델이라 함은 시장에서 활동하면서, 의사결정권과 수익을 전유하는 자본투자자들이 통제하는 기업들로 구성된 '민간 영리부문'과 공권력을 바탕으로 공익을 추구하는 기관들로 이루어진 '공공부문'을 가리킨다. 심지어 무력분쟁과 독재체제라는 상황도 이들 두 부문이 충족시키지 못하는 필요에 답하기 위해 시민사회가 주도하는 (종종 비합법적이기도 한) 활동의 등장을 막을 수 없었다.

이전에는 잘 알려지지 않았던 이와 같은 실천과 조직들은 지난 30~40년 동안 정치권, 연구자, 지방정부의 관심, 그리고 현장 주체들을 묶어내고 대변하고 지원하는 조직들의 관심을 점점 더 받아왔다. 이러한 실천과 조직들이 빚어내는 다양한 현실을 무엇이라 부를 것인가? 우선 이 책의 제목에 언급된 바와 같이 '제3섹터'라고 통칭할 수 있을 것이다. 그러나 제3섹터를 구성하는 여러 가지 조직집단, 범주 또는 모델들 사이의 공통점과 차이점을 살펴볼 필요가 바로 제기된다.

이들 구성요소들을 간략히 살펴보자. '협동조합'은 200여 년의 역사를 거치면서 전 세계 모든 지역에 퍼져나갔다. 어떤 지역들, 특히 북미에서는 '비영리부문'이 주요한 관심의 대상이었으며, 영국에서는

'자원voluntary 및 커뮤니티 부문'에 대해 더 많이 회자된다. '사회적경제'는 주요하게 불어권 및 스페인어권 지역에서 사용되는 개념이며, '연대경제'는 남미에서 많이 사용된다. '사회연대경제'는 보다 넓은 현상을 아우르기 위한 개념으로 쓰이고 있다. 최근 20여 년 동안은 '사회적기업'과 '사회적기업가'라는 개념들이 역동적 역할을 해왔다.

이렇듯 매우 다양한 풍경 속에서, 한국은 여러 구성요소들이 상호보완적으로 발전해왔다는 점에서 특별한 관심의 대상이 될 만하다. 한국의 전통적 협동조합운동이 오랜 역사와 전통을 구현하고 있다면, 새로운 협동조합운동은 노동자협동조합, 소비자생활협동조합 및 의료협동조합 등 새로운 형태의 협동조합들을 발전시켜왔다. 유럽에서 '노동통합기업'이라 불리는 조직들이 한국에서는 '자활'을 목표로 하는 공공정책의 지원과 함께 상당한 발전을 이룰 수 있었다. 사회적기업과 마을기업이라는 새로운 조직모델의 빠른 성장과 사회적경제 개념의 대중화는 매우 인상적이라 할 수밖에 없다.

한국 사회적경제의 이러한 다양성과 역동성은 학술활동 및 다양한 교류활동의 영향을 받으면서 발전해왔다. 2000년대 초반부터 새로운 사회적경제 조직 지도자들, 지방정부 관계자, 기업재단, 시민운동 및 여성운동가, 현실문제에 참여하면서 사회적기업가가 된 시민 등 다양한 한국인 그룹들의 방문과 교류를 통해 우리는 한국 사회적경제 발전과정에 대한 증인인 동시에 작은 역할을 담당하는 당사자가 되기도 했다. 이런 과정을 거치면서 프랑스, 벨기에, 영국, 스페인 및 이탈리아 등 유럽 국가들과 한국 사이에 많은 관계가 맺어졌다. 유럽과 한국, 현장과 연구자, 공공기관의 '연결자' 역할을 했던 엄형식 선생과 김신양 선생이 이 책의 한국어판 번역을 했다는 것은 결코 우연이 아닐 것이다.

이 책은 사회연대경제에 대한 학술연구 발전에서 주요한 역할을 담당했던 불어권 유수의 연구자들이 참여한 공동작업의 결과물이다. 이 책의 각 장은 해당 주제에 대한 종합정리라 할 수 있으며, 이 책을 통해 학술적 토론뿐만 아니라 현장의 실천을 위해 필요한 개념적이고 분석적인 토대를 강화할 수 있게 되기를 기대한다.

마지막으로, 노동자협동조합 출판사로서 이 책의 출판에 일관성을 더해준 협동조합 착한책가게에 감사의 말을 전한다. 한국의 독자들이 이 책을 읽으며 '역량과 의미'라는 유익함을 얻을 수 있기를 기원한다.

자끄 드푸르니 · 마르뜨 니센

서문

경제는 정치적이다

인류 역사를 일람하기 위해 조금 도식적으로 살펴보자면, 사람들의 경제활동이 실제로는 언제나 인간사회의 집합적 목표와 규범에 의해 다양한 방식으로 틀지어져 왔음을 확인할 수 있다. 일반적으로 경제는 넓은 의미의 사회와 정치 안에 '틀'지어졌던 것이다.

이는 고대 그리스의 사례에서도 확인된다. 그리스 (남성) 시민들은 사적이고 가사활동에 관련된 일들을 (다양한 규칙을 통해 통제하면서) 여성과 노예들에게 맡겼다. 자신들은 보다 중요하고 고귀한 것으로 여겨진 예술이나 정치와 같은 도시(polis, '공적 영역')에서의 활동을 담당하였다. 오늘날의 상업활동과 개별적 부의 축적이 매우 가치 있게 여겨지는 반면, 정치는 종종 비난받으며 신뢰를 잃고 있는 것과 비교할 때 놀라운 차이가 아닐 수 없다.

중세시대에 시장들은 다양한 조직, 특히 동업조합들에 의해 강하게 규제되었다. 동업조합은 매우 엄격한 규칙과 규범을 가진 민간 결사체였는데, 이들 역시 교회나 봉건영주로 상징되는 정치권력이 부여한 특권을 가지면서도 그들에게 감시와 제약을 받았다.

16~18세기 중상주의시대에는 국제무역이 확장되고 동시에 경제의 위력이 증가하였다. 그러나 동시에 구체제 정치구조들도 여전히 강

하게 남아 있었다. 서구 국가들은 산업과 무역의 중흥을 통해 자신들의 권력을 강화하고 영토를 확장하기 위한 자원을 축적하고자 하였다. 이 국가들은 보다 많은 금을 확보하기 위해 해외에서 '상업 전쟁'에 대한 독점적 역할을 수행하였고, 귀금속 유출을 방지하기 위해 강력한 보호주의 정책을 도입하면서 수입을 억제하였다. '정치경제학'이라는 단어는 중상주의자 앙뚜안 드 몽크레스띠앙Antoine de Montchrestien에 의해 고안되었는데, 경제를 정치에 복무시키는 것으로 정의된다.

일반적 믿음과 반대로 경제적 자유주의의 황금기였던 19세기에는 영국을 제외한 다른 국가들은 강력한 보호주의 입장을 유지하였다. 예외적으로 다른 어떤 나라보다 앞서서 산업화를 이루었던 영국만이 국경을 개방함으로써 잃는 것보다 얻는 것이 훨씬 많았다. 그러나 개별 국가들 내부에서는 '자유방임'이 규칙이 되었고 시장의 자유가 온전히 인정되었다. 경제활동과 부의 생산은 '자율규제 메커니즘'으로 간주된 시장의 고유 역할로 규정되었고, 이를 통해 시장은 지금까지 자신을 틀지었던 사회적 규범을 넘어서게 되었으며, 토지와 노동은 상품이 되었다. 하지만 여전히 서구사회에서도 농업이 지배적이었고, 시골, 농부, 장인 및 소상인들은 강력한 공동체적 규범에 토대를 두고 있었다. 또한 가족과 교회는 삶의 의미를 부여하는 공간으로 남아 있었다.

하지만 이러한 경제발전 또한 기업경영의 자유, 소유권 및 사적인 부의 축적을 보호하는 법적 틀 덕분에 가능했다는 점을 유념할 필요가 있다. (애덤 스미스의 이론에 따르면) 개인적 이해관계만을 위해 움직이는 경제 주체들의 개별적 행위 총합은 "보이지 않는 손"에 이끌린다. 그러나 이 "보이지 않는 손"에 대한 신뢰는 특정한 문화적, 도덕적 전제에 기반하는데, 이 점이 오늘날 일반적으로 간과되고 있다. 애덤 스미스

스스로도 《도덕감정론》[1]에서 개인적 이익의 추구가 이루어지면서도 동시에 이를 통해 번영과 조화를 위한 사회적 질서를 출현시키는 틀에 대해 다루고 있다.

이후 자본주의 에너지는 상당한 정도로 '틀을 벗어난' 경제를 통해 분출되었으며, 많은 경우에 사회적 흉포함을 동반하였다. 실제로 부의 현격한 증가를 가능케 했던 자본주의의 발흥은 빈곤, 불안정, 극단적 비위생으로 특징지어지는 삶의 조건과 동의어였던 임금노동의 발전을 동반했으며, 이를 통해 노동의 급격한 변화를 가져왔다. 고용주들의 양보를 통해 어느 정도의 개선이 점진적으로 이루어졌지만, 심각한 불평등과 빈곤은 점점 더 많은 사람들이, 특히 도시지역에서 이러한 착취체제에 저항하기 위해 들고 일어나게 만들었다. 그리하여 19세기 후반에는 모든 종류의 결사체들과 점점 더 잘 조직화된 노동운동이 자본주의 경제의 지배에 대해 문제를 제기하게 된다. 이러한 운동들은 공동의 가치, 정치적 조직화와 노동조합 조직화, 그리고 점점 더 과감해진 주장을 통해 노동자 계급의 힘과 정체성을 확인해주었다.

막강한 자본주의 질서에 대한 저항은 유럽에서 두 개의 주요한 시나리오를 발전시켰다. 러시아를 필두로 한 동유럽에서는 오늘날의 관점에서 보면 경제 해방의 급격한 정지처럼 보일 수 있는 집산주의collectivist 프로젝트가 등장하였다. 이는 경제를 다양한 행정적이고 기술적인 관리에 종속시키고, 어마어마한 계획경제 시스템을 작동시킴으로써 경제를 정치에 완전히 '다시 틀지우는' 시도였다. 이론의 여지가 없는 사회적 가치와 평등사상에 기반하고 있었음에도 불구하고, 이러한 경제

1 – 이 책은 《국부론》(1776)보다 훨씬 앞선 1759년에 출간되었다.

의 '재정치화'는 근본적인 개인의 자유를 무시했을 뿐만 아니라 창조의 에너지와 아래로부터의 주도성을 억눌렀다. 중앙집중화된 사회주의 프로젝트는 적어도 우리가 알고 있는 역사적 형태로는 명백히 실패했다.

20세기의 또 다른 주요 시나리오는 생산수단의 사적 소유와 부의 창출 동력으로서 자유시장에 대해 근본적으로 문제를 삼지 않으면서도, 이들의 불완전성을 교정하고 심각한 부작용을 제한하고자 했던 국가개입주의이다. 20세기 초반부터 다양한 사회법제들이 등장했으며, 1차 세계대전 이후에는 특히 노동자들의 건강을 보호하기 위한 입법이 진행되었다. 그러나 서구국가들이 집합적 선택과 사회적 프로젝트를 구현하는 공적 규제를 실행에 옮긴 것은 1930년대부터, 특히 2차 세계대전 이후부터이다. 공적 규제의 형태는 스칸디나비아 사회민주주의부터 규제가 약한 미국식 자본주의에 이르기까지 다양한데, 이는 모든 것을 좌지우지하려는 자본주의의 성향을 제약하고, 시장의 우세함을 받아들일 수 있는 사회적 조건을 만드는 것이었다. 가령, 특정 부문(교육, 보건 등) 활동 전부는 시장의 규칙에서 제외되었다. 전략 분야들(에너지, 통신 등)은 국유화되거나 국가에 의해 강하게 규제되었다. 사회법과 노동법은 임노동자와 고용주 사이의 관계를 규제하였다. 사회적 위험(질병, 실업, 고령화)에 연대적 방법으로 대처하기 위해 점점 더 광범위한 사회보장제도가 도입되었다.

19세기와 20세기 경제사는 경제적 자유주의와 시장의 자율규제를 한편으로 하고, 재분배 메커니즘을 통해 시민을 보호하려는 사회제도와 규범의 전개를 다른 편으로 하는 이중운동으로 종합될 수 있다. 이로부터 성장과 부의 재분배 모두에서 괄목할 만한 결과를 가져온 시장-국가의 시너지가 나왔고, 1945~1975년 사이 이른바 '영광의 30년'

동안 그 절정에 이르렀다. 그러나 돌이켜 보면, 이 황금기는 서구 역사에서 분명한 예외였다.

실제로 1980년대 이후 세계화의 힘은 자본주의를 규제하던 틀에서 자본주의를 다시금 탈출시켰다. 생산활동의 다국적화, 국내 및 국제 정책으로 뒷받침된 무역의 자유화, 금융시장의 세계화, 그리고 공적 규제들에 대한 수많은 문제제기는 오늘날 자본주의 논리를 다시 한 번 광범위하게 해방시키고 있다. 세계화 상황에서 많은 행위주체들은 시장을 규제하는 사회정치적 규범을 더 이상 존중하지 않는다. 이는 마치 국가가 규칙을 만들고 이를 위반하는 선수에게 벌칙을 주는 심판 역할을 하는 (가령 축구와 같은) 스포츠 경기 구장을 구획했다가, 오늘날에는 많은 선수들이 규칙을 지키지 않고, 심판들이 더 이상 벌칙을 강제할 수 없게 되면서 선수들이 감히 구장을 벗어나 (마치 아이스하키처럼) 골대 뒤에서도 골을 넣는 상황이라 할 수 있다. 달리 말하자면 시장과 시장의 주된 민간주체들이 다시금 정치로부터 벗어나게 되었는데, 이는 그들의 활동범위가 오늘날 정치의 영역보다 훨씬 더 광범위해졌기 때문이다.

이렇듯 간략하고 다소 도식적인 역사에 대한 검토는 어떠한 교훈을 주는가? 경제시스템 분석의 관점에서 보면, 우선 자본주의에 의해 만들어진 엄청난 역동성을 인정할 필요가 있다. 인류사의 다른 어떤 경제활동 양식도 이러한 생산력과 창조력을 분출하지 못했고, 이토록 많은 사람들의 삶의 조건을 심대하게 개선하지 못했다. 그러나 자본주의가 최선의 결실을 가져오는 것은 강력한 정치적 프로젝트를 동반할 때 가능하다는 것 역시 분명해 보인다. 19세기와 20세기 초의 고삐 풀린 자유주의는 끔찍한 사회문제들과 짝을 이루었으며, 양대 세계대전을 포함한 수많은 전쟁을 막아내지 못했다. 반대로, 많은 한계에도 불구하고 유럽연합의 건설은 시장경제 역동성에 대한 온전한 인정과 공동시장을 틀짓는 확고한 정치적 프로젝트라는 양대 축에 동시에 뿌리 내리고 있다. 유럽연합의 정치적 성과가 여전히 매우 불충분하다 할지라도 광범위한 평화와 번영의 프로젝트를 성공적으로 이끌었다는 점은 부정할 수 없을 것이다.

하지만, 오늘날 공적 개입이 이곳저곳에서 제약받고 있는 것은 시장의 탈규제화, 경제에서 국가 역할의 축소 및 상업영역의 확장을 내건 신자유주의 도그마의 강화와 궤를 같이하고 있다. 동시에 우리 시대는 거의 절대적으로 경제성장에만 기대고 있는 발전모델의 파산을 깊이 인식하고 있다.

우선 무엇보다 생태위기가 현행 발전모델의 한계에 대해 예리한 질문을 던지고 있다. 현행 발전모델은 희소해지고 있는 화석에너지의 막대한 소비가 필요하고, 지구와 미래세대의 내일을 위협하는 환경적 부담을 가중시키고 있다. 다른 한편으로는 경제성장이 매우 느려지고 있는데, 특히 구조적 장기침체로 여겨지는 2008년 금융위기 이후에 더욱 그러하다. 영광의 30년이라 불리는 포디즘 체제는 생산성의 결실을 자본과 노동이 배분하고, 이중 일부를 공공정책 재정충당에도 사용하였다. 이를 위해서는 지속적 경제성장이 필요한데, 이는 오늘날의 경제가 되돌아가기 어려운 지점이다. 또한 유럽사회를 특징짓는 구조적 실업은 가장 취약한 계층에서 더욱 가혹하게 나타나고 있다. 임노동은 경제소득과 사회권에 대한 접근이라는 경제적 측면뿐만 아니라 일자리를 갖는 것이 온전한 사회생활에의 참가를 의미한다는 점에서 사회적 측면에서도 개인이 사회에 통합되는 최고의 수단이다. 따라서 구조적 실업은 사회적 상승의 기회를 심각하게 제약하게 되었음을 보여준다. 게다가 1980년대 이후 소득불평등이 다시금 증가하고 있는데, 피케티의 분석에 따르면 자본주의는 중장기적으로 증가하는 불평등의 원천이 될 것이다. 이러한 불평등이 한 국가 내부에서는 사회계층들 사이에서 나타난다면, 이민 행렬은 국가들 사이의 심각한 불평등을 반영하고 있다. 많은 남반구 국가들에서는 지속적 인구증가와 함께 식량위기도 심화되고 있는데, 이는 향후 수십 년 동안 또 다른 이민 위기가 발생할 가능성을 높이고 있다. 마지막으로 많은 사회운동들이 비판하고 있듯이 이러한 경제적, 사회적, 인구학적 그리고 생태적 위기들은 심각한 가치의 위기를 통해 가중되고 있다. 생태운동과 페미니스트 운동과 같은 사회운동들이 1970년대 초부터 등장해왔다면, 보다 최근에는 물질적 부의 축적에 기반한 발전모델에 근본적으로 문제를 제기하는 대안세계화 운동과 탈성장 또는 '포스트성장post-growth' 운동과 같은 흐름들이 등장하고 있다.

다소 암울한 현실에 직면하여, 오늘날 맞이하고 있는 중요한 도전은 우리의 경제 내부와 주변에 보다 야심찬 정치적 프로젝트들을 다시 만들고 확립하는 것이다. 이러한 프로젝트들이 생태적, 경제적, 사회적 도전을 다룬다는 점에서 현행 사회모델에 내재한 목적에 대해 근본적으로 질문하는 것을 피할 수 없다. 이는 또한 보다 지속가능한 발전모델이 등장할 수 있는 정치적, 사회적, 경제적 그리고 문화적 변혁에 대해 묻는 것이다. 그러나 지역적이면서도 동시에 세계적인 차원을 가진 도전들의 복잡성과 우리가 직면한 극단적 불확실성 앞에서, 어떠한 하나의 모델이 해법을 독점할 수 없음은 분명하다. 다양성이 중요하며 전환의 지렛대는 여러 가지일 수밖에 없다.

경제에 대한 다양한 시선을 향하여

공권력에 의한 시장규제는 여전히 핵심문제이다. 시장과 정보가 불완전하고, 사회적 및 환경적 외부효과의 관점에서 볼 때 가격이 재화와 서비스의 실제 가치를 반영하지 못하는 '불완전 경쟁'의 세상에서, 시장이 효율적으로 작동하기 위해서라도 일련의 규칙들이 시장에 부과되어야 한다. 규제되지 않는 시장은 희소자원을 효율적으로 배분하고 가격을 통해 의미 있는 신호를 전달하는 자신의 역할을 수행할 수 없다. 그러나 세계화된 세상에서 지역이나 국가 수준의 규제들로는 더 이상 만족할 수 없다. 규제의 일정 부분은 초국가 수준에서 만들어져야 하고, 이를 위해서는 국가들 간의 긴밀한 협력이 요구된다.

어느 정도 규제가 된다 하더라도 오늘날 시장논리는 여전히 지배적이며 사람들은 경제를 시장과 등치시키곤 한다. 하지만 행복과 사회결속의 토대가 되는 다른 경제행위의 원칙들이 존재한다. 시장교환 이외에 가장 자주 언급되는 원칙으로 공권력에 의해 작동되는 비시장영역에서의 재분배 원칙, 그리고 가사영역 및 지역의 결사체(또는 민간단체, association)[2]와 시민사회의 역동성에서 핵심적 역할을 하는 상호부조와 증여를 포함한 호혜성 원칙을 들 수 있다.

2 – Association은 우리말로 결사체, 민간단체, 협회 등으로 여러 가지로 번역되고 있다. 이 책에서는 19세기부터 형성된 사회적경제의 결사체 전통과 이를 강조하는 규범적 접근에 관련될 때는 '결사체'로 번역하고, 그러한 경향과 관계없이 법적 지위를 가리키거나 광범위한 의미의 비영리 민간조직 등을 가리킬 때는 민간단체로 번역한다. 이에 따라 사회적경제가 지향하는 규범성을 고려하는 1장, 3장에서는 결사체로 번역하였고, 제도적 지위로서 언급되는 4장 등에서는 민간단체로 번역하였으며, 5장에서는 맥락에 따라 결사체와 민간단체를 혼용하였다. – 옮긴이

비시장영역의 특성과 역할 재발견

우선 비시장영역의 핵심적 의미를 재발견하는 것이 중요하다. 세금으로 재정이 충당되는 활동들은 사회집단 전체의 선택을 의미한다는 점에서 매우 특별한 정체성과 고귀함을 지닌다. 한 사회집단에서 지배체제의 의사결정 구조를 통한 특정 재화와 서비스의 생산과 분배가 해당 사회집단에 매우 핵심적인 것이라 판단하기 때문에, 구매 또는 투자에 대해 개별적 선택에 의존하는 시장의 힘에만 맡기기보다 사회집단의 '공동금고'를 통해 주요하게 재정을 충당하게 된다.

이러한 의미에서 '비시장' 재화와 서비스(사회보장, 교육, 보건, 문화, 사회복지 등)는 현대 경제에서 부차적 영역이 아니라 반대로 가장 '문명화된' 형태의 하나이다. 사회는 비시장 재화와 서비스를 사회구성원 모두에게 기본적인 것이라 보면서 구성원 모두를 위해 일종의 공동구매를 조직한다. 이러한 공동구매는 시장영역과 비시장영역에 관계없이 일하는 모든 시민과 기업들이 조세를 통해 기여함으로써 가능해진다.

이러한 관점은 물론 지배적 관점에는 역행한다. 지배적 관점은 일반적으로 비시장영역이 '생산적인' 상업활동에 조세 및 준조세를 부과함으로써 재정을 조달하기 때문에 비시장영역을 사회에 부담을 지우는 영역이라 간주한다. 그러나 시장가격의 부재로 인해 부가된 가치를 계산하기 어려움에도 불구하고 비시장 생산품이 가치를 덜 창출하는 것은 아니다.

왜 유료 민자 고속도로가 공공재정에 전적으로 의존하는 고속도로보다 더 생산적인가? 왜 국가가 급여를 지급하는 외국어 교수보다 민간 영리 어학원에서 일하는 교수가 더 생산적인가? 단순하지만 널리 퍼져있는 이러한 유형의 논리를 보면, 시장활동에서 수익을 확보해야 하는 기업들에게 비시장영역은 일종의 호사로 보일 수도 있다. 그러나 이는 시장과 비시장이 상당한 수준으로 서로 연결되어 있고, 따라서 일방적 의존관계가 아니라는 점을 간과하는 것이다. 비시장영역은 시장부문과 경제 전반의 발전에 지대하게 기여한다. 무엇보다 비시장영역은 상업기업들의 중요한 고객이며, 또한 비시장영역에 고용된 노동자들에게 임금을 지불함으로써 시장에서 사적 소비를 촉진한다. 더 나아가 비시장 활동들은 다양한 방식으로 상업기업들에 이로운 역할을 하는데, 가령 기업이 고용하는 인력의 기술교육과 직업훈련이 공적 교육시스템에 의해 담보된다는 점이나 노동자의 보건을 위한 의료서비스 및 스포츠 등 여가서비스의 중요한 역할을 생각해볼 수 있다.

사회서비스와 사회보장의 시장화 논의가 증가하는 상황에서, 비시장영역은 자신의 활동을 잘 알림으로써 스스로에 대해 보다 올바르게 이해시킬 방안을 마련할 필요가 있다. 이는 또한 비시장영역의 효율성을 담보하기 위해 그 복잡한 작동방식을 보다 잘 고려하는 것과도 연결된다. 비시장영역은 시장의 작동방식에 종속되지 않지만, 다른 부문보다도 훨씬 높은 수준의 효율성을 요구받는다. 주주나 고객이라는 제한된 집단이 아닌 사회집단 전체가 공익의 이름으로 자원과 사명을 맡겼기 때문이다.

비화폐적 생산과 교환의 재발견

많은 재화와 서비스가 비화폐적 순환을 통해서 생산되고 분배된다. 가사영역에서 이루어지는 부불노동의 엄청난 양을 생각해보자. 더 나아가 근린영역[3]의 많은 연대적 이니셔티브initiative[4]들이나 결사체들도 특히 자원활동과 같이 호혜성과 상호부조의 논리에 뿌리를 둔 비화폐 자원의 가치에 기반하고 있다. 그러나 이런 활동들은 많은 경우에 비생산적인 것으로 간주된다. 우리 사회의 경제적 상태를 대표적으로 보여주는 국민총생산은 부가가치 계산에서 화폐 흐름만을 반영하기 때문에 비화폐 활동을 보이지 않게 만든다. 오늘날 많은 시민주도의 집합적 실천들은 주요하게 비화폐적 논리를 동원하면서 새로운 방식의 생산과 소비를 이끌어내고 있다(공동텃밭, 공동구매그룹, 공동수선모임, 무료교환장터, 지식교환 네트워크 등). 이러한 실천들은 사회혁신을 실현할 뿐만 아니라 더 나아가 기존의 경제활동 개념에 대해 문제를 제기하고 있다.

이미 많은 작업들이 비시장영역과 비화폐교환의 논리 및 조절기제를 통해 경제 개념의 다양성을 입증하고자 했다. 그럼에도 '다원적' 경제가 실제로 인정받고 활성화되기 위해서는 앞으로 가야 할 길이 더 많이 남아 있다. 사회경제적 현실을 분석하기 위해서는 우리의 관점을 확장할 필요가 있다. 이는 시장논리와 관련 조절기제를 여전히 사회경제적 분석을 위한 중심적 틀로 인정하면서도, 비시장과 비화폐논리 그리고 이들의 다양한 연결방식을 그 틀 안에 포함시킴으로써 적용범위

---

3 – 근린(proximité) 개념은 사회연대경제 논의에서 특별한 의미를 가진다. 이는 정서적, 물리적 거리감을 반영하면서도, 동시에 추상화와 개념화 이전 상태로서 사람들이 처해 있는 현실을 의미한다. 이런 의미에서 근린 개념은 공적 영역에서 제도화된 시민사회의 이전 상태이자 그 토대가 되는 (하버마스식의) 생활세계 개념에 가깝다. 적절한 한국어 개념이 없는 상황에서, 이 책에서는 '근린' 또는 '근린영역'이라는 표현으로 번역하였다. – 옮긴이

4 – 사회연대경제가 주목하는 것은 제도화된 조직형태뿐만 아니라 이를 추동하는 원동력으로서 사람들의 집합적 실천 전반이다. 무엇을 함께 해보겠다는 의지는 다양한 방식으로 구현될 수 있는데, 이러한 집합적 실천들을 통칭하여 옮길 수 있는 하나의 우리말이 없어서 이니셔티브, 시도, 활동, 실천, 노력, 사업, 조직, 사례, 주도 등으로 문맥상 사용되는 의미에 따라 각기 다르게 표기했다. – 옮긴이

를 넓히는 것이다. 이를 통해 제도경제학의 관점에 서서, 시장 및 관련 조절기제들을 '자연적 질서'가 아닌 제도로 바라보도록 한다. 마찬가지로, 비시장 및 비화폐 논리 역시 특정한 가치를 생산하는 제도화된 경제적 논리로 보아야 한다. 결국 이는 폴라니가 제안한 실질경제의 관점으로 연결된다. 실질경제 관점에서는 생존의 수단을 제공하기 위해 개인, 집단 그리고 자연 사이의 제도화된 상호작용에서 나오는 모든 활동들을 경제라고 규정한다.

사회연대경제의 중요성

다원적 경제의 관점을 실천하는 또 다른 방법은 영리추구 민간부문과 공공부문 이외에 시장논리와 비시장논리 더 나아가 비화폐논리를 조율하는 '제3섹터'의 존재와 중요성을 강조하는 것이다.

앞서 이야기하였듯이, 19세기 이후 자본주의 발전은 이로 인해 발생하는 여러 사회집단의 비참한 현실에 맞서기 위해 대안적인 사회경제적 조직 프로젝트들을 촉발했다. 가장 긴급한 필요에 대한 구체적 해법을 집합적으로 만들어내면서 특히 노동자 밀집 지역에서는 노동자결사체, 공제조합, 노동자 및 소비자 협동조합 등이 증가하였다. 마찬가지로 농촌지역에서도 공동의 문제에 대한 일련의 해법을 모색하던 농민들이 저축신용 협동조합과 농기구 이용 협동조합을 조직하였다. 또한 이미 오래전부터 다양한 형태의 결사체들이 사람들의 주요한 필요에 답하고자 노력해왔다. 가령, 보건서비스나 교육서비스 발전에서 종교가 담당했던 역사적 역할이나 중세 가톨릭 평신도회가 지역사회에서 부조와 상조를 위해 수행했던 기여를 되새겨보자.[5]

보다 가까이 20세기에는 결사체들이 가사돌봄, 어린이 보육, 문화센터, 스포츠클럽, 이민자 사회통합 지원 등 많은 사회서비스의 선구자였으며, 이들 사회서비스를 위해 맺어진 국가와의 파트너십은 오늘날의 사회모델을 점진적으로 구축하는 데 기여했다. 더 나아가, 지난 수십 년간 세계화되고 탈규제화된 자본주의체제를 경험하면서 시민들의 결사체 및 민간부문과 공공부문의 행위주체들은 각자의 방식으로 경제적 역동성과 사회적 목적을 동시에 충족할 수 있는 새로운 가능성들을 발견 또는 재발견하고 있다. 많은 경우 이들은 결사체나 협동조합의 형태를 갖고 있으며 경제활동을 통한 노동통합, 사회적 금융, 로컬푸드, 재활용, 대인서비스, 협력 및 공유경제 등 많은 활동부문에서 발견된다. 오랫동안 존재했지만 복지국가의 등장과 함께 보조적 역할로 밀려나 있던 이들 제3섹터 실천들은 '시장만능주의'에 맞서는 것으로서 새롭게 조명 받고 있다. 실제로 이러한 실천들은 시장에서 활동을 수행하지만 단순한 영리기업이 아닌 시민사회의 표현으로서 그리고 점점 더 자본주의 법칙에 저항하는 대항권력으로서 자리매김하고 있다.

이 실천들에 대한 명칭은 다양한데, 사회적경제, 연대경제, 사회적기업, 사회적기업가 정신, 비영리부문, 결사체부문 등 국가와 지역의 맥락에 따라 비슷하기도 하고 다르기도 하다. 바로 이 명칭과 개념, 접근들은 현대 경제에서 점점 더 중요해지고 있지만 아직 잘 알려져 있지 않은 '제3섹터'[6]를 이해할 수 있도록 해준다. '제3섹터'는 여러 나라

5 – 원문에서 사례로 들고 있는 평신도회(confrérie)는 중세 유럽 곳곳에 교구 단위로 활동하던 평신도들의 단체인데, 교구내의 가난한 사람과 어려움을 겪는 이웃을 돕거나 지역사회에서 상조활동 및 문화활동을 조직하였다. 한국의 전통 두레 및 향약과 유사한 지역공동체 조직이라 할 수 있다. –옮긴이

6 – 이 책에서 저자들은 '제3섹터'라는 표현을 분석적인 의미에서 민간 영리부문과 공공부문이 아닌 사회경제적 활동영역의 총체로 사용한다. 저자들에 따르면 이러한 용법은 국제제3섹터학회(International Society for Third-Sector Research, ISTR) 명칭이 이 분야에서의 모든 연구 전통들 사이에서 대화를 만들어내고자 하는 것과 마찬가지의 접근이다. –옮긴이

에서 임노동자 고용의 15%와 수백만 명의 자원활동을 대표하고 있는, 자본주의 사적 부문이나 공공부문과는 다른 사회경제적 실체이다. 하지만 제3섹터가 완벽하게 정의되고 분별되는 경계에 의해 다른 두 부문과 구분되는 것은 아니며, 실제로 이들 사이에는 많은 파트너십이 존재한다. 그럼에도 제3섹터 고유의 역동성은 다른 두 부문과 혼동되지 않을 만큼 충분히 독창적이다. 나아가 제3섹터는 실업극복 및 사회적 배제에 맞서는 투쟁, 근린서비스의 발전, 보다 공정한 무역의 필요, 생태적 전환의 당위성 등 오늘날의 수많은 도전에 대해 총체적이기보다는 부분적이지만, 그러나 매우 적절한 해법으로 보인다. 제3섹터를 구성하고 있는 조직들은 기업가적 역동성을 통해 새로운 활동을 개척한다. 또한 제3섹터 조직들은 서비스의 목적, 민주적 경영, 자율 및 연대와 같은 자신들의 가치를 통해 시민과 공권력으로부터 신뢰를 받게 된다.

프랑스에서 2014년 제정된 사회연대경제법에서는 사회연대경제의 개념을 인정하고 협동조합, 공제조합, 결사체 및 재단이 공유하는 특성으로서 "인간 활동의 모든 영역에 적합한 기업활동과 경제개발의 방식"이라고 정의한다. 보다 정확하게는 사회연대경제 조직들은 수익분배 이상의 다른 목적을 갖고, 민주적 지배구조를 채택하며, 수익이 조직에 재투자되도록 경영하고, 해산을 하게 되는 경우 '남은 자산'은 다른 사회연대경제 조직들에 이전되어야 한다. 이 법은 또한 동일한 원칙을 존중하는 상업회사들에게도 사회연대경제의 장을 열어주었다.

벨기에에서는 사회적경제라는 표현이 주요하게 사용된다. 사회적경제에 대한 첫 개념정의는 1990년 왈룬사회적경제위원회Conseil Wallon de l'économie sociale에 의해 만들어졌으며, 2008년 왈룬 지방의회 법령[7]에 의해 공식적으로 승인되었다. 이 개념정의는 두 가지 측면을 강조한다. 첫째는 비자본주의 민간조직의 범주들을 정하는데, 주요 구성요소인 협동조합, 공제조합, 결사체, 재단 및 사회적목적기업은 특별한 규칙들을 갖는 법적 지위를 통해 사회적경제 조직으로 인정된다. 둘째는 경영의 자율성, 이윤이 아닌 구성원과 사회집단에 대한 서비스라는 목적, 민주적 의사결정, 수익분배에서 자본보다 사람과 노동의 우위라는 네 가지 원칙을 규정한다.

벨기에 왈룬에서 만들어진 사회적경제 원칙들은 다른 라틴문화권 국가들에 지대한 영향을 미쳤다. 특히 스페인과 퀘벡이 대표적이다. 퀘벡의 2013년 사회적경제 기본법은 경제적 지속가능성과 잉여분배에 대한 보다 엄격한 제한을 강조하고, 좀 더 시장적 성격을 갖기는 하지만, 왈룬의 것과 매우 비슷하게 사회적경제를 정의하였다.

스위스는 사회적경제 또는 사회연대경제에 대한 국가나 지방정부 차원의 법적 틀이 없다. 그럼에도 지난 10여 년 동안 사회연대경제는 불어권 스위스 지역에서 점차 발전해왔다. 이 지역에서는 (일종의 민간 사회연대경제 조직들의 네트워크인-옮긴이) 사회연대경제 지방상공회의소가 만들어져서 법적 지위와 관계없이 일련의 운영원칙을 준수하는 조직들을 회원으로 받아들였다. 민주적이고 참여적인 지배구조, 공익에 기여, 이윤의 제약, 공정한 급여 차이, 환경 존중, 연대 그리고 국가에 대한 자율성을 가입의 기준으로 삼고 있다.

1990년대 그리고 특히 2000년대 이후에 사회적기업가 정신, 사

---

7 – 벨기에는 브뤼셀, 왈룬, 플랑드르라는 3개의 지방정부가 연방정부를 구성한다. 지방정부는 경제정책을 비롯한 많은 권한을 갖고 있는 보다 독립적인 정치체제로 한국의 지방자치체와는 독립성과 권한의 정도에서 많은 차이가 있다. – 옮긴이

회적기업가, 사회적기업이라는 그 전에는 전혀 사용되지 않았던 세 가지 개념이 전 세계 곳곳에서 나타났다. 제도적 차원에서 보면 유럽에서의 주요한 추동력은 이탈리아에서 나왔다. 이탈리아 의회는 1991년, 시장에서의 활동을 포함한 사회적 목적의 서비스 제공이라는 경제활동을 수행하면서 여러 해 동안 그 수가 증가해온 다양한 활동들에 '사회적협동조합'이라는 특정한 지위를 부여하는 법안을 통과시켰다. 이후 유럽 각지에서 새로운 법제도가 등장하였다. 대부분의 유럽 국가들에서는 사회적 목적을 추구하면서도 상업적 성격을 포함하여 경제활동을 수행할 수 있도록 하는 법적 틀과 지위가 도입되었다. 이들 지위 중 일부는 2001년 도입된 프랑스 공익협동조합société coopérative d'intérêt collectif처럼 협동조합 형태로 만들어진 반면, 벨기에 사회적목적회사société à finalité sociale처럼 협동조합 모델을 명확하게 표방하지 않는 경우도 있다. 그렇지만 사회적기업 개념은 사회연대경제 내부의 (때로는 이를 넘어서는) 특정한 역동성을 조명하고 있다는 점에서 사회연대경제와 분명한 동류성을 가진다.

이 책의 목적과 개요

이 책의 목적은 사회적경제(또는 사회연대경제) 및 최근 들어 많은 관심을 받으면서 현대 사회에서 점점 더 중요한 역할을 수행하는 사회적기업에 대한 진지한 분석을 제공하는 데 있다. 이를 위해 서로 구별되지만 보완적인 두 가지 관점에서 논의를 진행할 것이다. '토대'라고 명명한 1권에서는 '제3섹터'를 구성하고 있는 행위주체와 조직형태를 살펴본다. 먼저 제3섹터의 전반 또는 핵심을 가리키는 주요 개념들, 즉 사회적경제, 연대경제, 비영리부문을 분석할 것이다. 다음으로는 모두가 제3섹터의 구성요소라고 간주하는 협동조합, 결사체, 사회적기업과 같은 조직형태 그리고 자원활동과 같은 행동양식에 대해 살펴볼 것이다. 이 개념들을 대립시키기보다는 각각의 역사적 기원과 등장하게 된 제도적 맥락을 설명하고, 제3섹터의 역동성을 이해하는 데에 각각이 가진 분석적 잠재력을 이끌어내고자 한다. 이를 통해 독자들은 이 개념들 각각의 장점과 한계, 특색과 독특한 관점을 이해함으로써, 이들을 개별적으로 또는 다른 개념들과 함께 사용할 수 있는 현실 이해를 위한 개념적 도구로 바라볼 수 있을 것이다.

'쟁점'이라고 명명한 2권에서는 제3섹터 전반에 걸쳐 제기되는 이슈들, 즉 통계적 이해, 관련 공공정책, 지배구조의 형태, 경제적 및 사회적 성과를 다루고 있다. 특정 쟁점을 꼭 집어 조명하기보다는 제3섹터 전반을 조망하는 가운데 이들 이슈에 대해 특별한 초점을 맞추는 방식이 될 것이다. 이 책이 사회연대경제에 대한 일반이론의 수립과 같은 야심찬 목표를 갖지 않는다는 것을 강조하자. 오히려 다양한 접근들을 통해 좀 더 풍부하게 이해할 수 있는 지점과 여전히 불분명한 지점이 무엇인지를 파악하는 데 도움이 될 것이다.

불어권에서 잘 알려진 훌륭한 전문가들이 집필한 이 책은 관련 주제에 대한 국제적 학술문헌의 집대성이라 할 수 있다. 하지만 남반구 국가들에서 확인할 수 있는 사회연대경제 개념에 가까운 실체들까지 다루고자 시도하지는 않았다. 분명 결사체, 공제조합 및 협동조합과 같은 조직들은 남반구 국가들에도 많이 있고 또 중요한 역할을 하고 있다. 그러나 이들의 특수성은 다른 연구작업을 통해 보다 충분히 다루어져야 할 것이다.

이 책은 우선적으로 교육자, 학생, 연구자를 대상으로 삼지만 또한 자신들의 분석틀을 발전시키고 보다 정교하게 다듬고자 하는 전문가들도 그 대상이 될 것이다. 이 책의 기본 지향은 사회연대경제를 옹호하려는 정치적 접근도, 경영방법을 위한 도구적 접근도 아니다. 무엇보다 분석 전반은 두 가지 핵심가설을 둘러싸고 연결되는데, 하나는 제3섹터의 조직과 그 역동성은 온전히 경제학적인 것이어서 경제학의 정당한 연구대상이 된다는 것이고, 다른 하나는 경제학 스스로도 다른 사회과학의 목소리를 듣고 이들과 대화를 나눌 때에만 사회연대경제와 같은 대상을 온전히 다룰 수 있다는 것이다. 이러한 점에서 이 책은 무엇보다 사회경제학적 접근에 기반하고 있다.

영리 민간부문 및 공공부문과 구별되는 제3섹터의 존재를 가리키기 위해 라틴문화권 국가들에서 가장 널리 사용되는 표현은 "사회적경제"이다. 첫 번째 장에서 자끄 드푸르니는 우선 법적 지위(협동조합, 공제조합, 결사체 및 재단), 원칙, 특정한 실천방식을 통해 사회적경제를 정의하는 오늘날의 접근법이 등장하기에 앞서 19세기 노동자결사체에 대한 분석까지 거슬러 올라간다. 그리고 이러한 역사적 관점에서 사회적경제라는 표현을 위치시킨다. 2014년 프랑스 사회연대경제법을 통한 사회연대경제 개념의 공식적 인정이 갖는 장점과 한계를 분석한 후, 다른 개념 특히 전형적으로 영미식 관점에 입각한 '비영리부문'과의 비교를 통해 사회적경제라는 표현을 통한 개념화가 가진 강점과 약점을 검토한다. 마지막으로 사회적경제의 등장과 오늘날의 발전상을 보다 잘 파악하기 위하여 사회적경제의 역사에서 도출할 수 있는 교훈들을 살펴본다.

협동조합은 사회적경제의 주요 구성요소 중 하나이다. 협동조합운동은 두 세기 가까운 역사를 통해 발전해왔으며 오늘날 다시금 그 역동성을 되찾고 있다. 협동조합에서 조합원들은 협동조합의 주인이자

동시에 협동조합의 고객, 노동자 또는 서비스의 수혜자이다. 2장에서 나딘 리셰-바떼스띠와 자끄 드푸르니는 협동조합운동의 역사적 기원을 설명한 후, 협동조합의 정체성과 현황에 대해 살펴본다. 또한 협동조합의 특수성을 보다 잘 이해할 수 있도록 해주는 다양한 분석틀(제도주의, 협약주의[8], 자주관리 경제학)을 제시한다.

결사체는 사회연대경제의 또 다른 주요 구성요소이다. 결사체는 재무적 성과가 조직을 운영하는 사람들에게 분배될 수 없다는 이윤비분배 제약non-distribution des profits으로 특징지어진다. 마르뜨 니센은 3장에서 민간 영리기업과 국가와 구별되는 '비영리조직'의 존재이유에 대해 분석한 주요 영미권 경제학 문헌들을 종합한다. 영미권에서 결사체는 많은 경우 시민사회 활동을 대표하는 자선단체, 박애 또는 자원활동 등의 개념에 연결된다. 따라서 이 장에서는 경제학 이론에서 제시되는 논거들의 이해를 위해 이 개념들의 역사적 기원도 살펴본다.

주로 민간단체에 집중되어 있으면서 주요한 역할을 담당하는 자원활동은 특별한 관심을 받을 만하다. 리오넬 프루또는 자원활동 개념의 역사적 기원과 이 개념을 구성하는 주요 특징들을 검토한다. 자원활동을 다루는 4장에서 그는 특히 자원활동 행위를 결정하는 요인이 무엇인지 질문하면서 관련하여 심리학, 사회학, 경제학이 내놓고 있는 대답

---

8 – 협약주의는 conventionalisme이라는 주요하게 불어권에서 발전한 경제학과 사회학 이론 경향을 가리킨다. 이 이론 경향에서는 사회질서와 규범을 변화가 쉽지 않은 구조적 성격이 아닌 행위자들의 토론과 합의를 통해 만들어내고 일정한 시공간적 범위 안에서 많은 사람들에 의해 그 정당성을 인정받은 결과물로 바라본다. 따라서 사회질서와 규범은 사람들에 의해 수정되고 변화할 수 있으며, 이는 구조적 법칙에 따르는 것이 아니라 행위주체들의 토론과 갈등, 합의의 과정을 통해 주조되는 것이다. 또한 행위주체 역시 경제적 이해와 합리성을 추구하는 단순화된 인간형을 넘어서서, 일상에서 관찰되듯이 주어진 상황을 이해하고 적절하게 행위하고자 노력하는 주체적이고 성찰 가능성을 가진 인간형을 상정하고 있다. 관련 이론이 한국에서 충분히 소개되지 않아 적절한 용어를 찾지 못한 관계로 이 책에서는 문자적 번역인 '협약주의'라는 표현을 사용한다. – 옮긴이

들을 살펴본다. 가령 경제학 이론은 자원활동을 집합재의 생산, 사유재의 소비 또는 투자의 관점에서 바라보고 있다. 그러나 저자가 강조하듯이 자원활동은 절대적으로 다학제적 분석을 요하는 사회적 실체다.

1990년대 프랑스에서 형성되고 이론화된 연대경제 개념은 협동조합-공제조합-민간단체라는 주요 법적 지위에 관계없이 현장의 다양한 실천이 가진 사회정치학적 역동성을 강조하면서 '아래로부터의' 운동을 대표하고자 했다. 연대경제의 사회경제적 측면과 정치적 측면이 보여주는 이중적 차원을 설명하기 위해 로랑 가르댕과 장-루이 라빌은 5장에서 경제에 대한 폴라니적 관점을 설명한다.

사회적기업을 다루는 6장에서 자끄 드푸르니와 마르뜨 니센은 영미권과 유럽이라는 서로 다른 역사적 맥락에 '사회적기업'과 '사회적기업가 정신' 개념들을 재위치시키면서 그와 관련한 개념화 작업을 해온 주요 학파들을 분석한다. 또한 사회연대경제의 연장선에 있는, EMES 네트워크가 발전시켜온 사회적기업에 관한 유럽식 접근법을 상술한다. 끝으로 현장에서 발견되는 매우 다양한 실체들을 이해하기 위해, 경제활동에서 사회적 사명이 차지하는 위치와 지배구조 형태라는 기준을 동원하여 사회적기업에 대한 네 가지의 주요 모델을 제시한다.

전형적 의미의 학술적 기여는 아니지만 EMES 연구네트워크와 리에주대학 사회적경제센터의 많은 프로젝트에서 보조연구원으로 함께 해온 소피 아담의 막대한 기여를 강조하지 않고서는 이 책에 대한 소개를 마칠 수 없을 것이다. 그녀는 원고를 수없이 검토하면서 날카로운 편집 감각으로 이 책 전체 장들을 다듬는 데 기여하였다.

자끄 드푸르니 · 마르뜨 니센

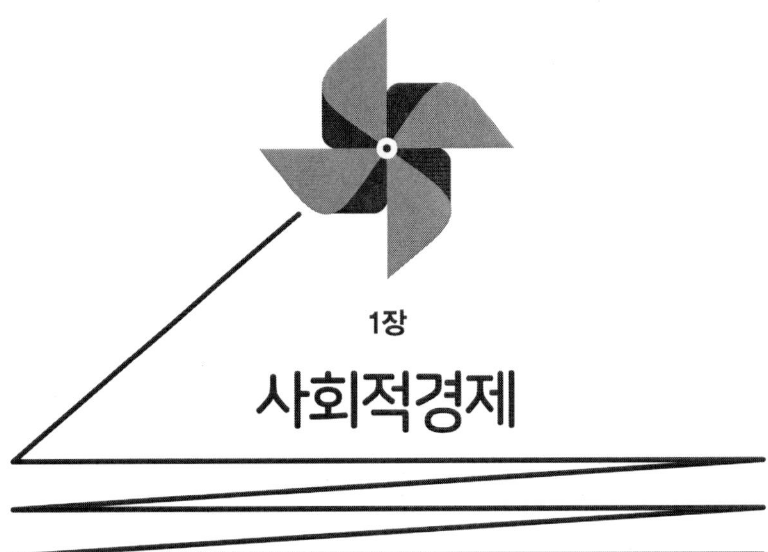

1장

사회적경제

자끄 드푸르니 지음 | 김신양 옮김

서론

'사회적경제'라는 표현은 19세기 상반기에 프랑스에서 처음 등장했다. 그런데 이 용어는 아주 오랫동안, 지금 우리가 사용하는 것보다 더 광범위한 의미로 사용되었다. 사실 '사회'와 '경제'라는 그 자체로 넓은 의미를 가진 낱말을 조합하여 사회적경제라는 용어가 만들어지다 보니 누구는 경제적인 측면을 강조하고 또 누구는 사회적인 측면을 강조하기도 한다. 또는 경제에서 사회적인 측면을 가진 모든 것, 혹은 사회에서 경제적인 측면을 가진 모든 것을 사회적경제라 할 수도 있을 것이다.

20세기 하반기부터 사회적경제는 훨씬 더 특정한 의미를 가진 개념이 되었고 전 세계적으로 그렇게 받아들여진다. 비록 나라마다 명칭이나 정의는 다르지만 유럽 전역과 북미와 남미, 그리고 이행기 경제의 동유럽과 아시아 각국(특히 한국과 일본)[9]에서 발견하고 재발견할 수 있는 것은 민간 영리부문이나 공공부문과 더불어 존재하는 제3섹터였다. 물론 제3섹터는 다른 두 부문과 경계가 분명하거나 분리되어 존재하지는 않는다. 하지만 다른 두 부문과 혼동을 일으키지 않을 만큼 충분히 독창적인 고유의 역동성을 갖고 있다.

---

9 – 이 책의 서문에서 서술했듯이 '제3섹터'라는 용어는 나라별, 지역별 차이를 넘어 이 분야에 대해 연구하는 학자들에 의하여 가장 광범위하게 사용되고 있다.

이 장의 목적은 우선 역사적인 맥락에서 사회적경제의 개념을 설명하고, 그것이 얼마나 적절한 개념인지 확인하는 것이다. 사실 사회적경제를 구성하는 협동조합cooperative, 공제조합mutual, 결사체association 조직들은 인간사회의 역사 깊숙이 뿌리를 내리고 있다. 따라서 사회적경제의 의미를 제대로 파악하려면 그 조직들의 진화과정을 살펴보고, 그 변화를 일으킨 생각의 흐름들을 이해하는 것이 기본이라 할 것이다. 그러므로 1장의 첫 번째 부분에서는 사회적경제의 역사적 원천을 돌아볼 것이다.

두 번째 부분에서는 사회적경제에 대한 현대의 접근 방법을 살펴볼 것이다. 이를 통해 사회적경제는 점차 더욱 엄격한 방식으로 받아들여져 법적 지위, 원칙, 그리고 특정한 실천을 통해 정의되었음을 알 수 있다[10]. 또한 이 개념의 형성 작업은 프랑스에서뿐 아니라 불어권 벨기에, 캐나다 퀘벡, 스페인에서도 이루어졌음을 볼 것이다.

세 번째 부분에서는 오늘날 사회적경제가 드러나는 방식인 사회적경제의 주요 구성요소인 협동조합, 공제조합, 결사체와 더불어 재단까지 그들 사이에 존재하는 유사점과 다양성에 대해 설명할 것이다. 또한 이 각 구성 조직이 경제에서 차지하는 비중을 보여주는 지표로서 통계자료가 얼마나 불충분한지에 대해서도 다루어보고자 한다.

네 번째 부분에서는 사회적경제는 전혀 폐쇄된 공간이 아니라는 점을 살펴보고자 하는데, 그 경계가 얼마나 유연한지 파악하고 혼합된 영역을 인식하는 것이 중요하다. 특히 경제를 구성하는 세 축에 대한 부분과 연대경제에 대한 접근법을 살펴보면 이러한 점이 더욱 분명히

10 – 시대착오를 불러일으키지 않기 위하여 역사를 다루는 이 장에서는 '사회연대경제'라는 표현을 사용하지 않을 것이다. 왜냐하면 이 개념은 2000년대 전에는 거의 알려지지 않았기 때문이다.

드러난다.

그 다음 다섯 번째 부분에서는 최근 2014년 프랑스에서 사회연대경제ESS법의 제정으로 인정된 사회연대경제라는 개념의 장점과 한계를 분석할 것이다. 특히 이를 통하여 사회연대경제로 새로이 설정된 경제영역이 전형적인 미국식 시각을 반영하는 비영리부문에 비해 얼마나 더 제3섹터와 조응하는지 살펴볼 것이다.

마지막으로 다소 상충되면서 또 수렴되기도 하는 이 개념화 과정을 넘어 사회적경제의 탄생과 발전의 과정을 더 잘 파악하기 위하여 사회적경제의 역사에서 어떤 교훈을 얻을 수 있을지 찾아보고자 한다.

1. 사회적경제의 원천

현재 알려진 사회적경제라는 용어가 등장한 것은 19세기였지만 사회적경제의 역사는 사람들이 만든 가장 오래된 결사체 형태까지 거슬러 올라간다. 심지어 사회적경제의 창세기는 긴 세월을 거치며 결사의 자유가 서서히 등장한 역사와 같다고 해도 과언이 아니다.

1. 1. 결사체, 사회만큼이나 오래된 역사

이집트 파라오 시대에 이미 기업과 집단구호기금이 존재했다. 그리스인들은 장례와 장례식에 대비하기 위하여 헤타이레이아hetaireia를 갖고 있었고, 로마인들은 장인모임과 보다 더 정치적인 결사체인 소달라티아sodalitia로 조직되어 있었다. 로마제국의 몰락과 함께 유럽 전역에서는 수도원, 기도원, 기사관, 샤르트르회의 수도원, 은자의 처소 등 수도사들의 결사체가 예술, 과학, 전통 분야 초기 결사체주의의 피난처가 되었다.

9세기에는 게르만 국가와 앵글로-색슨 국가에서 초기의 길드가 등장했다. 이후 11세기부터 동업자조합이 생기기 시작했다. 동업자조합은 원조, 상호부조, 자선을 실천하기 위하여 수도원의 틀을 벗어나 조직된 비신도들의 모임이다. 노동자동업조합 결사체의 경우 14세기부터 숙련 노동자들의 업종에서 점차 발전하여 노동시장을 관리하기 위한 역할을 담당했다.

사실 중세시대의 결사체 활동은 아주 활발했다[11]. 결사체는 동업조합, 길드, 자선, 우애, 한자hansa[12], 메띠에métier, 공동체, 마스터, 쥐랑드 jurande[13] 등 다양한 형태와 명칭으로 존재했다. 그리고 이러한 실천과 결사체 형태는 전 세계적인 현상으로 보인다. 7~8세기 중국 당나라 때의 상호구호농업회, 중세 비잔틴 시대의 식품조합, 중세 이후 이슬람 세계의 길드, 인도의 직업카스트, 또는 식민지시대 이전 아프리카와 아메리카 대륙 발견 이전 아메리카의 장인조합과 노동그룹 등이 있었다.

그렇지만 결사체 조직의 기능에 대해 환상은 금물이다. 이 조직들은 온전한 자유를 누리지는 못했기 때문이다. 유럽의 경우 교회나 국가, 또는 다른 공적 기관의 외곽에 존재하는 자발적인 집단은 가입 규칙과 운영이 엄격히 명문화된 특정 형태로만 존재할 수 있었다. 이렇듯 후견 하에 놓여 가입비(출자금)에 따르는 특권을 누렸고, 그 결과 국가의 동업조합이나 중세적 질서를 따르는 기관이 되기도 했다. 그렇지

---

11 – 역사학자 누리쏭(Nourrisson, 1920)은 중세시대 대부분의 경제적, 정치적 진보는 결사체 조직 형태에 의거한다고까지 강변한 바 있다.

12 – 한자동맹이라고도 부르며 북해와 발트해 주변 북유럽 상업도시의 결사체이다. 한자동맹의 의미는 세 가지로 구분된다. ① 해상무역에 종사하는 상인들의 협동 집단으로 중세 라틴어에서는 이미 해운업자 결사체의 의미로 사용되었다. ② 특권을 누리는 상인들의 집단으로서 종종 독점권을 가졌다. 특히 독일 함부르크의 한자가 1266년에 최초로 이 명칭을 사용했다. ③ 조직에 속하는 상인들에게 주어지는 특권을 누리고자 하는 상인들에게 강요되는 법이다. 중세 라틴어에서는 '회비'를 지칭하는 것으로 인용된 바 있다. 이 용어는 이후 독일 북부 지역 여러 도시의 상인들에게 적용되었다. 그들은 중세시대 발트해와 북해 해상교역을 통제하기 위하여 함께 협동했다. 이러한 형태의 결사체는 과거 길드라 불렸으며, 상인의 이익을 보호하기 위한 용병을 포함하기도 했다. – 옮긴이.

13 – 앙시앵레짐(구제도)하에서 상호 맹세로 형성된 동업조합 장(우두머리)들의 조직이다. 이들은 매년 규칙을 준수하겠다고 맹세할 뿐 아니라 연대와 직업윤리를 지키겠다는 맹세를 했다. 서약자의 대표는 선거를 통하여 멤버 중 한 명 또는 여러 명을 선출하여 멤버들의 이익을 수호하고 내부 규칙을 적용하는지 감독하는 역할도 담당했다. – 옮긴이

만 유연하지 못하고 서열화된 구조를 지닌 동업조합의 독점이 미치지 않는 영역에서 많은 결사체 조직이 권력을 염려하면서 존속하거나 새로 생기기도 했으며, 권력은 지속적으로 이들 조직을 탄압하고 금지하거나 예속시키기도 했다.

18세기부터는 영국에서 공제조합운동을 알리는 우애조합들Friendly Societies이 생기기 시작했다. 우애조합은 정기적인 가입비를 내는 조합원이 질병에 걸리거나 사망할 경우 수당을 제공했다. 이후 우애조합은 미국, 오스트레일리아, 뉴질랜드로 퍼져나갔다. 당시는 계몽주의시대로서 시민사회가 점점 더 활발해지던 시기였다. 그리하여 과거의 유산인 자선기관의 옆에 학자들의 회(會, society), 문학과 음악 서클, 레크리에이션회, 친목클럽 등이 등장하기 시작했다. 유럽의 도처에서 프리메이슨이 활발히 활동했고, 다수의 비밀결사 조직들이 새로운 사상을 전파하여 1789년 프랑스혁명으로 이어졌다. 하지만 프랑스혁명의 정신은 다름 아닌 개인주의였고, 국가의 주권은 곧바로 결사의 자유와 대립각을 세웠다. 결사를 한다는 것은 예전처럼 특권의 동의어인 중간조직을 만든다는 뜻이거나, 또는 저항과 봉기의 불씨를 피우는 것으로 이해되어 민족이라는 더 높은 이익을 위하여 탄압해야 하는 것으로 간주되었다.

그렇지만 결사의 자유는 유럽 각국(영국, 독일, 네덜란드)으로 침투하기 시작했고, 특히 모험가들과 유럽에서 추방된 이들, 정권으로부터 박해받은 소수에 의해 건설된 미국으로까지 퍼져나갔다. 미국의 건설자들은 탄생하는 국가의 손에 제한된 권한만 부여하기를 선택했던 것이다.[14] 프랑스에서는 1848년 혁명과 1871년 꼬뮌의 봉기로 결사의 자유를 누리는 짧은 기간이 있었다. 그러나 이 외에는 1810년 법에 따라 국가의 사전 허가 없이는 20명 이상의 모든 결사체 설립이 금지되었다. 근대적 의미의 사회적경제를 구성하는 조직형태(협동조합, 공제조합, 비영리 결사체)에 법적 틀을 제공하는 법이 제정된 것은 19세기 말에서 20세기 초였다.

1. 2. 19세기 사회적경제의 이념적 다양성

사회적경제가 민간 영리부문과 공공부문과의 경계가 불분명한 무인지대no man's land를 벗어나서 어느 정도의 정합성을 갖기에 이른 까닭은 사회적경제의 상이한 구성조직들(협동조합, 공제조합, 결사체)이 같은 토양에 뿌리를 두고 있기 때문이다. 그 토양은 19세기의 노동자결사체주의와 로버트 오언, 앙리 드 생시몽Henri de Saint-Simon, 샤를르 푸리에Charles Fourier, 삐에르 조제프 프루동Pierre Joseph Proudhon, 필립 뷔셰Philippe Buchez의 유토피아다. 사실 1791년 르샤쁠리에Le Chapelier법과 1810년 법에 의한 금지에도 불구하고 강력한 상호구호회, 노동자생산결사체 혹은 노동자소비결사체 설립 운동이 나타난 곳은 새로이 탄생하고 있던 산업자본주의의 대도시 노동자 밀집 지역과 공장 밀집 지역이었다. 빠리와 리용에서 시작된 초기의 노동자결사체들은 노동자협동조합의 전신이었으며, 건설, 시계, 도서, 보석 등의 분야에서 숙련공을 중심으로 시작되었다. 이후 노동자결사체는 프랑스 전역에 걸쳐 19세기 동안 싸고

14 – 1840년 토크빌(A. de Tocqueville)은 미국에 대하여 다음과 같이 썼다. "지구상에서 가장 민주적인 나라는 사람들이 공동의 욕망의 대상을 공동으로 추구하는 기술의 완성도를 가장 높이고, 이 새로운 과학을 가장 많은 이들에게 적용하는 나라이다. … 만약 정부가 개입하여 결사체의 자리를 차지하려고 한다면 민주적인 국민의 도덕과 지성은 근면함에 못지않게 위험이 따를 것이다. … 민주적인 나라에서는 결사체의 과학이 어머니의 과학이다. 그 외 모든 진보는 결사체 과학의 진보에 달려 있다."(《미국의 민주주의》, 2권 5장). 3장의 결사체 편 참고.

질 좋은 빵을 구하거나 여타 노동자들의 가족을 위한 기본 생필품을 제공하기 위하여 식료품점, 빵집, 제분업과 같은 식품업으로 발전해갔다. 이러한 결사체들은 소비자협동조합의 거대한 발전을 예고하고 있었다.[15]

비록 초기의 협동조합과 공제조합의 설립이 이러한 경향 속에서 이루어졌다 하더라도, 사회적경제의 원천에서 현대까지의 발전과정을 살펴보면 사실 다양한 이념적 전통에 영향을 받았음을 알 수 있다. 이에 대해 간략히 언급하고자 한다.

엄밀한 의미에서 사회적경제 개념이 등장한 것은 19세기 상반기이다. 1830년 샤를르 뒤누와이에Charles Dunoyer가 빠리에서 《사회적경제 신개론*Nouveau traité de l'économie sociale*》을 발간했고, 30년대에 벨기에 루뱅Louvain대학에서 사회적경제 강의가 시작되었다. 하지만 겔랭(Gueslin, 1987, p.3)이 말했듯 "이 시기, 그리고 19세기 말까지 사회적경제는 정치경제학을 연구하는 다른 방식 그 이상도 이하도 아니었다." 사회적경제 옹호자들은 한결같이 산업혁명으로 사람들이 치러야 했던 끔찍한 대가에 자극을 받았고, 주류 경제학이 사회적 측면을 외면한다고 비판했다. 그들이 작성한 사회적경제론은 순수경제학을 다루는 부분에 사회적 문제의 발전과 그것을 해결하는 방법을 추가하였다.

이렇듯 정치경제학이 확장되는 흐름에 여러 사상적 전통과 학파가 교류하게 되었다. 데로쉬(Desroche, 1987)는 1890년에 개최된 학회의 내용에 근거하여 19세기 동안 사회주의 학파, 개혁적 기독교사회주의 학파, 자유주의 학파, 연대주의 학파로 구분할 수 있다고 했다.

15 – '2장 협동조합' 참고

1.2.1. 결사체사회주의

사회주의 전통은 앞서 언급한 유토피아 사회주의자들 및 그 신봉자들과 함께 시작되었다. 그러나 이 전통이 사회적경제와 관련하여 분명한 근거를 찾을 수 있는 것은 뻬꿰르(Constantin Pecqueur, 1842)와 비달(François Vidal, 1846)에서이다. 이 둘은 국가의 개입이 결합된 결사체에 열광했고, 1848년 혁명에 중요한 역할을 했다. 이후 이 전통은 프랑스에서 브누아 말롱Benoît Malon과 그의 저서 《사회적경제 입문서*Manuel de l'économie sociale*》(1883)및 자발적 사회화경제를 권장한 마르셀 모스Marcel Mauss에 의해 구현되었다.

사실 결사체사회주의 사상가들이 사회주의와 사회적경제 진영으로 볼 수 있는 국제 노동운동에 상당히 영향을 끼친 건 1870년까지였다. 칼 마르크스도 처음에는 협동조합에 우호적이었다. 그러나 그의 집산주의 이론이 점차 우세해져 노동운동의 상당 부분이 사회 전환 과정에서 사회적경제가 갖는 중심 기능을 부정하기에 이른다. 그리하여 사회적경제는 장 조레스Jean Jaurès나 벨기에 사회주의자들(에밀 반데르벨트Émile Vandervelde와 루이 베르트랑Louis Bertrand)을 중심으로 극빈층의 생활조건 향상과 그들을 교육하는 수단으로 그리고 자원을 모으고 정치 투쟁에 필요한 선전을 조직하기 위한 강력한 도구로 남았을 뿐이다.

1.2.2. 사회기독교주의

사회기독교주의도 사회적경제의 발전에 참여했고, 특히 1856년에 '사회적경제회Société d'économie sociale'를 설립하고 〈사회적경제〉 리뷰를 발간한 프레데릭 르쁠레Frédéric Le Play의 활동이 활발했다.[16] 그는 또한 사회적경제를 1867년, 1878년, 1889년에 개최된 만국박람회에 소개하고자 하는 아이디어를 기획하기도 했다. 르쁠레는 사회의 전환이 아닌 개혁적 목적으로 협동조합의 개발을 인정했다. 그는 특히 기업 대표들의 후원활동을 권장하였다. 같은 선상에서 실용적 성과를 거둔 라이파이젠Friedrich Wilhelm Raiffisen도 언급할 필요가 있다. 그는 독일에서 최초의 농업신용금고를 설립하였고, 농업신용협동조합의 아버지가 되었다.[17]

직급이 낮은 성직자들과 기독교공동체들을 중심으로 많은 시도가 이루어졌으나 교회 차원으로 보자면 특히 교황 레오13세가 1891년에 공표한 회칙《레룸 노바룸*Rerum Novarum*》[18]이 사회적경제를 권장한 것으로 해석할 수 있다. 일반적으로 볼 때 19세기의 사회기독교주의는 자유주의의 결점인 개인의 고립과 자코뱅주의[19]의 함정인 개인이 국가에 흡수되는 것에 맞서 싸우기 위하여 '중간조직'을 호소했다. 이 소규모 조직의 가치를 인정하고 개인의 자율성을 인정하는 원리는, 고위 기관은 이용자와 더 가까운 하위 기관이 담당할 수 있는 기능을 잠식하지 않아야 한다는 보완성subsidiarity의 개념으로 발전하였다.

---

16 – 사실 기독교의 영향은 아주 광범위해서 다른 세 학파에서도 찾아볼 수 있지만 특히 르쁠레의 이론이 교회의 사회교리를 가장 잘 반영한다. 교회의 사회교리에는 자선의 임무와 온정주의적 시혜 및 상호부조의 어조가 섞여 있다. 협동조합 및 사회적경제의 사상에 미친 기독교의 영향을 다룬 가장 자세한 연구는 뻬찌니(Pezzini, 2016)를 참고하기 바란다.

17 – '2장 협동조합' 참고

18 – '새로운 것들'이라는 뜻으로 카톨릭교회의 사회교리 입문서이다. 프리부르크 사회경제연구회의 성찰과 사회기독교인들의 영향을 받았으며 사회문제의 증가에 직면하여 쓰인 회칙이다. "부당하게 다수의 노동계층을 억누르는 비참과 빈곤"을 고발하며 '무신론 사회주의' 또한 비판한다. 또 자본주의의 과잉을 고발하며 기독교 노동조합주의와 사회기독교주의를 권장한다. –옮긴이

19 – 오늘날 자코뱅주의는 행정중심의 중앙집권적인 방식으로 권력을 조직하며, 소수 엘리트가 그 권력을 행사하는 경향을 가진 정치론을 지칭한다. 이 기술관료들은 통일적인 체제를 만들기 위하여 전 국토와 사회생활 전반에 걸쳐 그들의 권한을 확장하기에 지역주의와 대립된다. 철학적인 의미에서 자코뱅주의는 한 국가 내에서의 분화를 추구하는 공동체적 정치와 대립된다. –옮긴이

1.2.3. 사회자유주의

자유주의 학파는 우선 샤를르 뒤누와이에에서 시작하여 프레데릭 빠씨Frédéric Passy로 이어진다. 경제적 자유를 모든 것의 위에 두고 국가의 개입을 인정하지 않는 자유주의는 무엇보다도 자조self-help의 원칙에 기초한다. 다른 한편, 그들의 입장이 다 같지는 않지만 민중결사체에 중요성을 부여한 레옹 발라스Léon Walras[20]와 노동자결사체를 통한 임금노동의 극복을 주창한 영국의 존 스튜어트 밀도 이 학파에 포함할 수 있다. 독일의 헤르만 슐체-델리치Hermann Schulze-Delitzsch와 이탈리아의 루이지 루자띠Luigi Luzatti도 각각 신용협동조합의 탄생에 중요한 역할을 했다.

1.2.4. 연대주의

마지막으로 연대주의 학파에서는 1851년과 1892년에 《사회적경제 개론*Traité d'économie sociale*》을 발간한 뷔셰의 제자 오귀스뜨 오뜨Auguste Ott와 특히 님므Nîmes학파의 샤를르 지드Charles Gide를 들 수 있다. 지드는 연대주의 정신이 "사적인 소유와 프랑스혁명의 유산인 자유를 희생하지 않고 자본주의와 임금노동의 종식"을 지향한다고 했다. 이러한 전망 하에 협동을 통한 상부상조와 경제교육으로 인간을 바꾸어야 한다고 했다. 그런데 결사체사회주의가 생산협동조합을 육성한 반면 님므학파는 소비협동조합을 사회쇄신의 중심에 두었다. 이러한 의미에서 님므학파는 영국의 기독교사회주의자들과 닮아 있으며, 로치데일의

20 – 그의 저서 《소비, 생산, 신용 민중결사체*Les associations populaires de consommation, de production et de crédit*》(1865)를 참조할 것. 하지만 데로쉬는 그를 연대주의 학파로 분류한다.

모델을 프랑스에 도입하여 그에 맞게 적용했다. 마지막으로 이 기독교의 영향을 받은 연대주의 학파의 지류와 더불어 겔랭은 프랑스 공제조합에 영향을 미친 비종교적 공화주의자 레옹 부르주아Léon Bourgeois를 연대주의 학파의 한 지류로 간주한다.

1.2.5. 그리고 자선의 전통?

위에서 언급한 네 개의 이념적 경향은 '상호부조'나 '상호이익'이라는 하나의 축을 중심으로 조우한다고 할 수 있다. 19세기의 노동자결사체주의와 농민협동조합은 민중이 함께 공동의 문제에 대해 그들 스스로 해결책을 찾고자 하는 의지의 발로였다.

그러나 사회적경제의 원천을 상호이익이라는 하나의 축으로 축소하는 것은 역사의 다른 축인 자선(박애)을 소홀히 취급할 수 있다. 자선은 특히 기독교인들(교구, 수도원, 선교활동)의 가난한 이들을 위한 자선사업과 빠리자선단체협회 같은 비종교인 선행단체, 영국의 자선charities[21] 이나 자원활동volunteering, 또는 미국의 재단 등 많은 활동을 포함한다. 이러한 활동은 국가가 아닌 집단이 아주 불평등한 사회의 구조적인 문제를 해결하고자 하는 노력이다(Cunningham, 2016).

자선은 앞서 말했듯 교회의 사회교리에 등장하는 것이지만, 종교와 무관하게 기업의 리더들이 그들의 노동자들과 그 가족을 위한 사회사업을 발전시켰던 사회자유주의 옹호론자들에서도 볼 수 있다. 그

21 – 영국에서는 1601년 자선법(Charitable Uses Act)으로 자선사업이라고 볼 수 있는 영역이 인정되었다. 오늘날에는 자선위원회(Charities Commission)가 다음과 같은 4가지 범주에 해당하는 목적을 충족하는 조직에게 자선단체의 지위를 부여한다. ①빈곤 극복 ②교육 진흥 ③지역 육성 ④기타 지역사회(공동체)를 위한 활동. 자세한 내용은 3장 결사체편을 참고할 것.

러나 넓은 의미에서 볼 때, 특히 프랑스나 스칸디나비아 국가들과 같이 유럽의 민주주의는 공익성을 갖는 활동의 운영을 국가에 맡김으로써 기독교적 자선이나 다른 형태의 박애활동이 가진 온정주의와 특정주의[22]를 극복하고자 했다. 하지만 오늘날까지 자선의 전통이 지속될 뿐 아니라 새로운 활력을 찾고 있음을 부정할 수 없다(Jung et al., 2016). 게다가 공익 목적의 결사체 또한 무성하게 생겨났다. 또한 분석적인 관점에서 볼 때, 상호이익의 축과 더불어 자선이나 공익이라는 축을 강조할 필요가 있다고 생각한다. 이 활동은 공공선에 기여할 목적으로 민간의 인적, 재정적 자원을 자발적으로 동원하는 모든 실천을 뜻한다.

이러한 관점에서 재단을 사회적경제를 이루는 하나의 큰 구성요소로 추가하는 것이 합당하다고 보인다. 이 문제는 아주 중요하다. 왜냐하면 이후 살펴보겠지만, 이 두 축은 역사적인 측면에서나 분석적인 측면에서 볼 때 사회적경제가 걸어온 양 갈래 길을 보여주기 때문이다.

그렇다면 이러한 철학적 혹은 이념적 구분을 통해 궁극적으로 우리는 어떤 결론을 내릴 수 있을까? 물론 이 구분은 불완전하고 각 학파들 간의 동질성을 찾아보기는 어렵다. 그렇지만 이렇게 구분하는 것이 전혀 의미 없는 작업은 아닐 것이다. 이러한 구분을 통해 사회적경제의 토대가 정치문화적으로 복합성을 가진다는 것을 알 수 있으며, 이를 통해 오늘날 사회적경제에 대한 접근방식이나 이 부문의 정치적 대표체들을 이해하는 데 도움이 되기 때문이다. 이 다양한 조류 중 어느 하나가 배타적으로 정통성을 주장할 수는 없다. 어찌되었건 19세기의 거대한 이념적 교차로에서 사회적경제의 모델이 형성되었으며,

22 – particularism, 신의 은총이 모두가 아닌 특정한 개인에게만 주어진다는 사상 – 옮긴이

그 모델의 중심에 프랑스 모델이 있다. 19세기의 모델이 불어권뿐 아니라 유럽 차원에서 오늘날의 사회적경제를 재발견하는 데 방향을 제시하고 있다.

1. 3. 여전히 모호한 사회적경제 개념

이미 말했듯 19세기의 사회적경제는 협동조합, 상호구호회, 그리고 다른 결사체들이 이미 중요한 자리를 차지하고 있었지만 오늘날 우리가 겨냥하는 영역보다 훨씬 넓은 의미를 갖고 있었다. 특히 지드가 1900년에 빠리에서 개최된 만국박람회에서 사회적경제관을 소개할 때 그가 사용한 사회적경제의 비유를 보면 어느 정도였는지 알 수 있다. 그는 사회적경제를 대성당에 비유하면서 이렇게 말했다.

> "커다란 중앙홀에 나는 노동계층이 스스로의 수단으로 해방되는 모든 자유로운 결사체 형태를 둘 것이다. 나란히 있는 측면의 홀에는 모든 양식의 국가의 개입을, 다른 쪽 측면의 홀에는 모든 형태의 기업가들의 제도를 둘 것이다. 그리고 사회지옥인 지하납골당에는 빈곤, 알코올 중독 등 모든 비참함이 있을 것이다."
>
> –겔랭 인용(1987, p.5)

지드는 결사체사회주의에서도 볼 수 있는 국가의 개입이나 기업가들의 자선 또한 잊지 않았음을 기억하도록 하자.

사회적인 경제 또는 제3섹터의 경제?

불어권에서는 사회적경제회Association d'économie sociale가 사회적 문제에 대해 경제적 분석을 하는 경제학자들을 모은다. 그런데 이 단체는 기업 및 사회적경제의 역할에 대한 연구를 점점 더 개방하고 있다. 같은 방향에서 영미권의 사회경제학회Association for Social Economics는 65년 이상 〈사회적경제 리뷰Review of Social Economy〉를 발간해왔으며, 35년간 사회경제학 포럼Forum for Social Economics을 개최하고 있다. 사회경제학이라는 개념은 이 책의 주 관심사와는 아주 별개로 보일 수 있지만 실은 그렇지 않다. 경제 분야 출판 업계에서 가장 명성이 자자한 곳 중 하나인 에드워드 엘가Edward Elgar 출판사는 최근 '엘가의 동반자 사회경제학Elgar Companion to Social Economics'이라는 제목으로 총서를 발간했다. 이 총서에 대한 소개에서 두 가지 연관된 주요 영역에 관심을 갖고 있다고 했다. "그 중 하나는 세계화된 현대 경제에서 놀랄 정도로 다시 관심을 받고 있는 자원활동, 협동조합, 결사체 같은 '제3섹터'에 대한 경제적 분석이고", 다른 하나는 대부분의 경제 조직 및 경제 행위와 교환에 깔려 있는 가치의 문제를 드러냄으로써 기존의 경제 분석에 대한 비판을 제공하는 것이다. 그런데 바로 이 두 측면이 사회적경제의 양 날개 아닌가?

사회적경제 개념을 둘러싸고 혼동을 불러일으킨 요인들은 20세기를 지나면서도 상당 기간 계속되었을 뿐 아니라 오히려 더 강화되었다. 우선 조직의 측면에서 보자면, 초기 결사체주의에서 시작된 협동조합 및 공제조합의 핵심이 붕괴되는 경향이 보인다. 또한 협동조합들은 부문별로 세력화되는 경향이 점점 고착되면서 그들만의 논리와 도전을 갖게 되었고, 앞서 언급한 노동운동과의 갈등, 공제조합의 제도화 경향(벨기에처럼 국가가 의무건강보험의 공동운영을 맡기는 경우도 있다)

등이 생겨났다. 그리고 1960~70년대에 다양한 방면으로 결사체운동이 붐을 이룬 점 등 많은 요인들로 인하여 이후 사회적경제로 인정되는 기업과 조직들 사이에서 거리가 점점 더 벌어졌다.[23]

용어의 측면에서 보자면, économie sociale 또는 social economy는 여전히 다양한 연구 영역을 아우르는 표현으로 사용되고 있다. 즉, 경제의 사회적인 측면이나 사회적인 것le social의 경제적인 분석, 사회보장이나 교육 및 보건 경제, 경제영역에서 노동조합의 활동, 경제윤리나 사회정의의 문제, 사회정책 등의 영역을 포함한다. 하지만 사회적경제라는 용어를 아주 광범위하게 사용하게 되었고 그러면서 이 책에서 다루는 제3섹터의 분석에도 점점 더 많은 자리를 내주게 된 점을 주목할 필요가 있을 것이다.(46쪽의 '사회적인 경제 또는 제3섹터의 경제?' 참고)

23 – 하지만 벨기에나 이탈리아와 같이 일부 국가의 경우 협동조합은 공제조합이나 결사체의 한 부분과 가까이 지내며 노동조합과 함께 사회주의 정책이나 기독교 정책의 축을 형성하면서 사회 전반의 구조를 형성해왔다.

2. 현대의 사회적경제

오늘날의 사회적경제 이슈를 이해하려면 각기 다른 맥락에서 점차 사회적경제가 인정된 과정을 살펴볼 필요가 있다. 특히 프랑스에서는 1970년대와 1980년대에 제도적인 측면에서 인정된다. 하지만 이 또한 석유위기, 경제불황, 복지국가의 후퇴 및 중앙집권적 사회주의의 실패라는 전 세계적인 맥락 속에서 이해해야 할 것이다. 이 모든 요인들이 사회적경제의 재발견에 우호적인 조건을 형성했다. 사실 수십 년 동안 복지는 공공부문이 더 많이 개입해서 책임져야 하는 것으로 여겨졌다. 그 결과 이념의 공백이 생겼을 뿐 아니라 사회적경제가 개입할 영역이 드러났다. 사실 사회적경제는 이미 오래 전부터 무수히 많은 혁신적 활동으로 공공부문의 부재를 보완해왔기에 그 입지가 더욱 넓어져 새로운 역할을 기대할 수 있게 되었다.

이러한 변화의 뚜렷한 징후 가운데 협동조합에 대한 새로운 관심을 확인할 수 있다. 그 중 특히 노동자협동조합(실업의 증가), 재생에너지 협동조합, 또는 유기농업이나 먹거리 협동조합의 예를 들 수 있다. 결사체의 경우, 다양한 서비스 제공에서 점차 중요한 역할을 하면서 더 이상 사회정치적인 관점이 아닌 경제적인 관점에서 분석이 이루어졌다. 그 명칭은 나라마다 다르다. 미국의 경우 비영리부문Non-profit sector, 영국의 경우 자원조직voluntary organizations으로 불린다.

2. 1. 개념의 재발견: 프랑스의 리더십

1960년대 말, 프랑스에서 협동조합과 공제조합 운동이 자신들의 원칙과 이해를 명확히 드러내고 수호하기 위하여 함께했다. 그들은 1970년에 '공제조합 및 협동조합 활동 전국연석회의Comité National de Liaison des Activités Mutualistes et Coopératives, CNLAMC'를 구성했다. 이 조직은 1975년에 결사체 조직의 결합으로 CNLAMCA가 되었다. 1977년에 개최된 포럼에서 협동조합 사회학자 앙리 데로쉬는 묻혀있던 지드의 보고서를 다시 꺼내어 이 연석회의를 구성하는 모든 조직을 사회적경제로 명명하자고 제안했다. 연석회의는 데로쉬의 제안을 수용했고, 1980년에 '사회적경제헌장'을 채택했다. 이 헌장은 공동선언문의 성격으로 최초로 제정된 의의는 있으나, 사회적경제를 구성하는 조직의 법적인 지위를 넘어 사회적경제를 정의할 수 있는 차별화된 특성을 집약해서 담는 데는 역부족이었다.[24]

1981년 12월에는 새로운 사회당 정부 안에서 미셸 로까르Michel Rocard가 추동하여 '사회적경제 부처간 대표단'을 구성하고 사회적경제의 법적 틀을 규정했다. 이에 따르면 사회적경제는 "생산활동의 동질성을 갖는 조직인 공제조합, 협동조합, 결사체"로 구성된다. 이러한 단계는 이후에 이어질 일련의 공공부문의 노력을 알리는 서막이 되었다. 그렇지만 사회적경제에 결사체를 포함하면서 사용한 표현을 보면 다소 황망하다. 왜냐하면 협동조합과 공제조합을 닮은 결사체만 사회적경제의 범주에 포함시키겠다고 표현했기 때문이다. 이 말은 시장(유료) 서

24 – 물론 헌장이 사회적경제 기업의 주요 가치를 7개의 항목으로 표현하고 있기는 하지만, 그 항목 중 어떤 것들은 운영방식을 다루고, 어떤 것들은 아주 일반적인 의도(사회의 조화로운 발전, 인간에 복무 등)를 선언하고 있다.

비스나 비시장(무료) 서비스를 생산하며, 보건시설 및 서비스, 문화의 집, 카톨릭 교육 운영조직, 민중교육이나 사회적 관광 결사체, 자활지원기업 등 "경제에 진입한 결사체"만 포함한다는 뜻이다(Archambault, 2009). 이러한 결사체들을 '(기업적) 경영' 결사체라고 분류하며, '요구와 표현'의 역할을 우선하는 결사체와 구분한다. 협동조합-공제조합-결사체 세 유형을 사회적경제로 여긴 지는 이미 오래되었으나, 왜 그래야 하는지 저항이 있을 뿐 아니라 그 이론적 근거 또한 완전히 정립되지 않았다. 예컨대 오늘날 요구투쟁을 하는 국제 인권단체인 엠네스티 인터내셔널이나 그린피스와 같은 결사체가 보건서비스를 제공하고 운영하는 '국경없는의사회' 같은 결사체보다 덜 '경제적'이라고 누가 감히 말할 수 있겠는가? 이들 조직의 임금노동자 및 자원봉사자 수, 그리고 개인 및 집단에 제공하는 서비스 등 전체를 고려하면 엄청난 규모에 이른다.

사회적경제 관련 최초의 법은 1983년에 제정되었다. 그런데 이 법은 협동조합과 공제조합 및 결사체 조직들이 함께 만들어 통제해야 하는 '사회적경제연맹'에 대해서만 다루고 있다. 또 이 법을 계기로 사회적경제가 회사법에 포함되었으나 여전히 사회적경제를 구성하는 세 조직의 법적 지위 외에는 사회적경제가 무엇인지 명확히 정의하지는 않았다.

사회적경제를 위한 정책 중 주목할 만한 것은 1983년에 국가, 예금공탁금고, 사회적경제 은행 및 보험 기관들이 공동으로 설립한 특별한 금융조직인 '사회적경제개발원Institut de Développement de l'Economie Sociale, IDES'과 1984~1986년의 사회적경제 수석의 창설이다. 80년대에 이루어진 또 다른 성과는 사회적경제가 그 특성과 한계 및 전망을 성찰하고 다양한 구성요소 간 상호 이해를 높이기 위해 다양한 도구를 갖추었다는 점이다. 주간 사회적경제 레터가 발간되었고, 1921년에 샤를르 지드와 베르나르 라베르뉴Bernard Lavergne가 설립한 협동조합 연구리뷰REC가 사회적경제 국제리뷰RECMA가 되었으며, 사회적경제 문헌 개발협회ADDES, 또는 아주 활발히 활동하는 사회적경제 청년리더센터CJDES 등이 당시 이루어진 주목할 만한 활동이며, 오늘날까지 이어지고 있다.

2. 2. 사회적경제의 정의를 위한 토대를 찾아서

이러한 역동성에도 불구하고, 아니 오히려 너무나 다양한 주체와 활동으로 인하여 프랑스에서는 2014년까지 모든 이들이 합의할 수 있는 사회적경제에 대한 정의를 찾는 것이 불가능했다. 하물며 그렇게 정의된 내용에 따라 법을 정하여 안정화하는 것은 말할 나위가 없었다. 물론 사회적경제의 구성요소인 협동조합, 공제조합, 결사체 공통의 특성을 드러내는 가입의 자유, 연대, 비영리 목적, 민주적 운영, 평등, 경제적 독립 등의 가치와 원칙을 다루는 책과 문서는 아주 많다. 그러나 저자에 따라 이 원칙과 가치는 더 일반적인 고려사항들을 담고 있어서 모두가 합의할 수 있는 정의를 도출하는 것은 어려웠다. 이 단계에서 발목이 잡히니 여러 측면에서 곤란한 상황이 되었다. 게다가 법적 지위로 사회적경제를 설명하는 방식에 대해 이전까지는 편리한 방식으로 수용되었으나 1990년대부터는 연대경제를 주장하는 이들이 문제를 제기하기 시작하여 상황은 더욱 복잡해졌다. 이 점에 대해서는 다시 다룰 것이다.

우선은 협동조합 기업과 사회적경제 전체의 개념화와 이론화에 핵심적인 요소를 제공한 두 가지 학문적 성과를 집중해서 조명해보고자 한다.

2.2.1. 협동조합의 이중 자질

사회적경제의 주요 구성요소이자 사회적경제에 영감을 주는 협동조합의 실체를 구성하는 요소 중 우리는 특히 '이중 자질'이라는 개념을 떠올릴 수 있을 것이다. 이 개념은 협동조합을 분석하는 깊이의 측면에서나 다양한 프랑스 연구자들이 밝혀낸 사실 때문에 의미를 가진다. 포께(Fauquet, 1935)는 이미 협동조합의 본질이 멤버의 이중 자질에 있음을 주장했다. 협동조합의 멤버는 기업을 민주적으로 소유하고 통제하는 '조합원(동업자)'이자 동시에 협동조합의 활동을 통해 제공된 생산물이나 서비스의 혜택을 입는 이용자이기도 하다. 이러한 생각은 이후 데로쉬(1976), 비에네(Vienney, 1980) 그리고 드라프리(Draperi, 2012)와 같은 저자들에 의해 널리 수용되고 확장되었다.

협동조합과 마찬가지로 사회적경제의 다른 조직들은 (자본이 아닌) 사람들의 결사체이자 동시에 집단의 기업이기도 하다. 그러나 결사체나 공제조합에서는 협동조합의 특성인 멤버의 이중 자질이 꼭 발견되는 것은 아니다. 개인서비스를 제공하는 결사체나 저숙련 노동자들을 위한 자활지원이나 수거 및 자원재활용을 하는 결사체와 같이 집단에 서비스를 제공하는 결사체의 경우 멤버가 조직활동의 수혜자가 되지 않고, 이 사업에 참여하는 이들이 수혜자가 된다. 하지만 이 수혜자들이 이용자는 아니다. 이 지점에서 사회적경제의 중요한 분석 과제가 드러난다. 즉, 멤버의 상호편익을 중심에 둔 초기의 협동조합 및 공제조합에서 '외부' 사람들 또는 공익general interest[25]을 위해 활동하는 다수의

25 – 우리말 공익은 공동의 이익(common interest), 공적 이익(public interest), 집합적 이익(collective interest)이라는 세 가지 의미가 있으나 여기서 말하는 general interest는 이 모든 의미를 아우르는 포괄적 개념이다(이들 개념에서 이익은 편익으로 표현되기도 한다). – 옮긴이

조직을 포함하는 사회적경제로 이동한 점을 개념화하고 이론화해야 한다는 것이다.

2.2.2. 상호편익과 공익 : 기Gui에 따른 사회적경제의 두 축

이탈리아 경제학자 베네데또 기(Benedetto Gui, 1991)는 제3섹터에서 멤버의 상호편익mutual benefit과 공적 또는 일반적 편익public benefit의 구별에 대해 가장 날카롭게 분석했다. 그는 영리든 비영리든 모든 조직은 수혜범주에 속하는 이들에게 조직의 잉여를 분배하는 것을 목적으로 한다는 생각에서 출발한다. 수혜범주에는 소비자, 공급자, 임금노동자, 투자자, 지원의 수혜자 등이 포함될 수 있다. 다른 한편으로는 조직에서 의사결정권을 갖는 지배범주가 있다.

수혜범주에게 분배하는 잉여는 배당금이나 보너스와 같이 명시적으로 드러난 형식으로 제공될 수도 있고, 멤버에게 가격 혜택을 주는 방식의 암묵적이지만 공개적인 방식, 혹은 경영자에게 주어지는 상당한 특권과 같이 은밀하게 제공되는 것도 있다. 분명한 것은 암묵적인 분배는 회계결과가 수립되기 전에 이루어지고, 결산 수립 후 명시적인 분배가 이루어진다는 것이다. 암묵적인 분배가 전혀 없을 때 최종적으로 조직의 잠재적 잉여는 그대로 순수익이 된다. 예컨대 소비자협동조합의 경우 조합원들이 이용고에 따른 가격 혜택을 받지 않고 시장가격을 지불해야 할 때의 경우가 그러하다. 조직의 법적 지위에 따라 이 잠재적 잉여가 원칙적으로 수혜범주에 귀속되는 것이다.

여기서 기의 분석 내용을 구체적으로 다 다룰 수는 없다. 하지만 위와 같은 토대에 기초해서 본다면, 기는 표 1과 같이 수혜범주와 지배범주를 조합하여 하나의 표에 모든 민간조직의 유형을 분류하여 제안한다는 점은 기억하도록 하자. 우선 기는 지배범주와 수혜범주가 일치하는 모든 기업 형태를 규명한다. 이 조직들은 멤버 전체가 그들의 이익을 위하여 조직을 통제하기 때문에 상호편익 조직으로 분류할 수 있다. 소비자협동조합, 예금자협동조합, 공동구매를 위한 농민협동조합과 소매상협동조합, 노동자협동조합 등이 여기에 속한다. 또한 공제조합뿐 아니라 스포츠 결사체나 멤버에게 서비스를 제공하는 업종연맹 같은 결사체도 해당된다. 표 1을 보면, 맨 아래 줄의 지배범주이면서 수혜범주인 투자자(주식회사)를 제외하면 대각선으로 된 모든 칸이 해당된다. 물론 투자자의 경우 상호편익의 논리를 따른다고 주장할 수도 있겠지만, 이 경우 투자자들은 전형적으로 기업을 통제하고 가능한 한 수익극대화를 추구하여 잠재적 잉여를 독차지하는 주주들이므로 자본주의적 상호편익에 해당된다.

마지막 열(메세나, 기부자 또는 위탁운영자)은 조직의 최종 통제권을 갖는 이들인 지배범주가 수혜범주에 포함되지 않는 모든 조직에 해당된다. 이 경우 수혜자들은 비영리병원의 환자들, 결사체 조직들에게 도움을 받거나 돌봄을 받는 빈곤층, 공공재의 혜택을 받는 시민(환경보호, 접근이 자유로운 라디오, TV, 인터넷과 같은 문화재), 자활지원기업의 혜택을 받는 사회적 불이익 계층의 노동자들, 공정무역의 혜택을 받는 남부국가의 소생산자 등이 해당된다. 이 모든 경우 공적 또는 일반적 편익 조직으로 분류할 수 있으며, 지배범주는 기부자들(시간이나 돈), 또는 이사들(trustee, 이익을 좇지 않고 신뢰할 만한 이들로서 자원봉사로 행정을 책임짐)이라 불린다. 결사체의 경우 수많은 시간 기부자들에 의해 운영되는 반면, 돈 기부자들은 공익재단을 설립하는 메세나들로서 이들 스스로 조직을 운영하거나 이사들을 통해 운영하기도 한다.

표 1의 마지막 열에서는 포께에 따른 이중 자질(결사한 멤버이자 이

용자)에 부합하지 않는 멤버로 구성된 재단 및 결사체의 많은 부분을 볼 수 있다. 하지만 기(1991)는 같은 제3섹터 안에 협동조합과 공제조합, 그리고 상호편익 결사체를 한 데 묶어 넣는 데 성공했다. 그는 놀라울 정도로 간단하지만 엄격한 방법으로 제3섹터를 정의한다. 제3섹터란 "투자자와는 다른 수혜자들 범주를 갖는 (민간)조직을 아우른다" (p.568). 즉, 표 1에서 민간 자본주의 부문을 대표하는 맨 아래 두 조직을 제외하고 대각선에 위치한 모든 조직과 마지막 열에 위치한 모든

지배 범주 / 수혜 범주	고객	지원 수혜자	접근이 자유로운 재화 이용자	임금 노동자	공급자	투자자	메세나, 기부자 또는 위탁 운영자
고객	이용자 협동조합 (소비자, 예금자 등), 스포츠클럽						병원, 비영리 진료 및 서비스 제공 조직
지원 수혜자		상부상조 조직(자조)					구호단체, 자선재단
접근이 자유로운 재화 이용자			'공동재' 관리조직				환경보호 조직
임금 노동자				노동자 협동조합			자활지원 기업
공급자					낙농협동조합 또는 포도주 협동조합		공정무역 상점
투자자						주식회사	투자 기금 및 회사

주: 이 칸에서 언급된 조직유형은 다른 조직에 비하여 가장 빈번하게 언급되는 예일 뿐이다. 게다가 어떤 유형들은 여러 칸에 해당될 수도 있다. 예컨대 공제조합의 경우 상호편익 조직으로도 또는 이용자협동조합에 더 가까운 조직으로도 간주될 수 있다.

표 1 기Gui에 따른 제3섹터의 조직유형(1991)

조직을 포함한다.[26] 그가 말하는 제3섹터는 프랑스에서의 사회적경제(p.557)와 같은 것으로, 그는 자본주의 부문보다 잉여의 점유에 항상 제약이 따른다는 점을 덧붙였다. 이러한 특성은 미국의 NPO식으로 '이윤비분배 제약' 또는 협동조합에서 말하는 '자본에 대한 보상의 제한'[27]이라 할 수 있다.

그런데 기가 상호편익과 공익이라는 사회적경제의 두 축을 아우르는 일관된 분석틀을 유지한다고 하더라도 세 가지 변주가 존재한다는 점을 강조하고 싶다. 우선, 이 틀은 순전히 경제적인 논리에 따른다는 점이다.[28] 하지만 사회적경제는 경제적인 측면으로만 표현할 수 없다. 그 다음으로는 표 1에서 민간 자본주의 부문은 단지 두 칸에만 포함되어 있을 뿐 아니라 공공부문은 완전히 배제된 점이다. 하지만 공공부문은 사회적경제의 파트너인 경우가 많고 심지어 조절자의 역할을 하고 있다. 마지막으로 현실을 보면 많은 경우 복합적인 상황을 발견할 수 있으므로 상호편익과 공적(집합적) 또는 일반적 편익을 칼로 무 자르듯 구분하는 것을 경계해야 할 것이다.[29] 간단한 예를 들어보자. 어느 공제조합 또는 소비협동조합이 멤버에 한정해서 혜택을 제공하는 경우 분명히 상호편익 조직이라 할 수 있다. 반면, 이들 조직이 '개방의 원칙'을 실천하는 까닭에 누구나 멤버가 될 수 있다면 공익 조직으로 분류하게 되는 것이다.

26 – 제일 오른쪽 맨 아랫줄에 위치한 칸은 투자자들의 이익을 위해 운영되는 투자기금이다. 이 기금의 운영과 통제는 신뢰할 만한 '이사들(trustees)'에게 일임된다.

27 – 2장 협동조합 참고

28 – 기의 글(1991) '제3섹터의 경제적 근거 The economic rationale for the third sector'.

29 – 여기서 학술용어에 대한 세세한 논의를 할 수는 없지만, 우리는 '상호편익'에 가장 분명하게 대응되는 것으로 공익(일반적 편익)이라는 표현을 자주 사용할 것이다. 공익은 예컨대 노숙자와 같은 제한된 집단이나 한 마을이나 도시와 같은 특정한 공동체에 해당하는 사회적 문제를 건드릴 때 사용된다.

반면 기의 업적으로 평가할 부분도 있다. 1990년대 전반에 걸쳐 프랑스의 사회적경제는 협동조합, 공제조합, 결사체라는 법적 지위에 근거하여 사회적경제를 정의하였는데, 1991년부터 기의 접근방식에 따라 제3섹터에 일반적 편익을 제공하는 재단(공익재단)이 포함된 점이다.

2. 3. 사회적경제에 대한 간결하고 합의된 최초의 정의

불어권과 라틴어권에서 사회적경제에 대해 모두가 합의한 공통의 정의가 공식적으로 채택된 적은 없다. 하지만 사회적경제 자체에 대한 최초의 정의가 1988~1990년에 벨기에의 왈룬사회적경제위원회(1990)에서 마련되었고 전원합의로 채택되었다. 이때의 작업은 왈룬 정부의 요청으로 이루어져 2007년까지 통용되었으나 이후 후견장관의 요구로 재검토되었다. 그리하여 광범위한 논의가 다시 이루어졌지만 사회적경제를 구성하는 조직들의 요청으로 2008년 11월에 거의 원본 그대로 왈룬의회령으로 승인되었다. 이 의회령의 1조는 다음과 같이 규정한다.

> 사회적경제란 주로 사회적 목적을 가진 협동조합이나 결사체, 공제조합 또는 재단과 같은 회society에 의해 수행되는 재화나 서비스를 생산하는 활동이다. 이 회의 윤리는 다음과 같은 원칙으로 이루어져 있다. 궁극적인 목적은 이윤이 아닌 멤버(구성원)나 커뮤니티(공동체, 지역사회)에 대한 봉사, 경영의 자율성, 민주적인 의사결정 과정, 소득의 분배에 있어 자본에 대한 사람과 노동의 우위.
>
> – 왈룬의회(2008)

이 정의의 핵심적인 요소를 검토하기 전에 이 간결하면서도 정확한 정의는 1990년대에 벨기에 연방정부의 다양한 기구에서 수용되었을 뿐 아니라, 1991년에는 스페인정부에 제출된 최초의《사회적경제 백서*Libro Blanco de la Economía Social*》와 1996년에 캐나다 퀘벡정부에 의해 설치된 사회적경제 샹띠에Chantier de l'Eonomie Sociale에서도 사용되었다는 점을 강조하고 싶다. 또한 '재화나 서비스를 생산하는 활동'이라는 말은 특정한 재정조달 방식을 지칭하지 않으므로, 시장을 통한 재정조달이든 시장 외 부문에서 이루어지는 것이든 모두 다 가능하다는 점을 기록해두고자 한다.

사회적경제에 대한 현대의 대부분의 정의는 두 가지 구별되는 접근법을 취하고 있다는 점을 기억하자. 한편으로는 법적·제도적 접근법으로서 지위를 통해 정의하는 방식이 있고, 다른 한편으로는 윤리적 또는 규범적 접근법으로서 사회적경제를 구성하는 다양한 조직들의 운영을 통제하는 특정한 원칙을 통해 정의하는 방식이 있다.

2.3.1. 법적·제도적 접근법

법적·제도적 접근법은 사회적경제 부문에 속하는 조직을 규명하는 데 통상 사용되는 방식으로 협동조합·공제조합·결사체라는 세 유형에 더하여 최근에는 재단을 포함한다.[30] 하지만 왈룬의 정의에서 제안하듯 협동조합이 아닌 상업기업도 사회적경제의 기본원칙을 따른다면 사회적경제에 포함될 수 있다. 벨기에의 '사회적목적회사société à

30 – 스위스에서는 법적·제도적 지위를 통한 정의는 거의 사용하지 않고, 가치와 원칙에 방점을 두면서 다양한 지위를 가진 조직을 사회적경제 조직으로 인정한다. 보(Vaud)와 제네바(Geneva)를 중심으로 분석한 연구로 가셰와 고냉(Gachet & Gonin, 2015)을 참조할 것.

finailté sociale, SFS'가 이러한 경우로서, 상업기업이나 협동조합 또는 다른 조직이라도 사회적경제의 원칙에 유사한 요건을 충족하면 인증을 받을 수 있게 되어 있다.[31] 보다 일반적 예를 보자면, 프랑스에서 2014년 사회연대경제법이 제정되기 훨씬 전에 이미 사회적경제의 세 법적 지위를 채택하지 않은 상업회사라 하더라도 실질적으로 사회적경제와 같은 원칙을 따르는 경우 사회적경제로 간주했다. 벨기에의 경우 사회적목적회사라는 지위가 있지만 이를 독자적인 사회적경제의 법적 유형의 하나로 간주하지 않는다. 왜냐하면 사회적목적회사와 같은 '사회적기업'이 협동조합의 형태를 띠는 경우도 있기 때문이다.[32]

다른 한편, 사회적경제의 네 번째 구성 요소로 등장한 재단의 경우 기금과 활동이 공익을 추구하는 조직에 한해서 사회적경제의 한 부분으로 간주된다. 병원이나 대학, 박물관 등을 소유하고 운영하며 비영리부문에서 큰 비중을 차지하는 미국의 많은 재단들이 이 경우에 해당된다.[33]

마지막으로 제도적 접근을 통한 정의에서 상이한 법적 지위를 가진 조직의 유사성을 강조하지만 그들 조직 간 어떤 관계를 맺고 있는지, 혹은 상호 간 어떤 알력이 존재하는지에 대해서는 언급한 바 없다. 그런데 역사를 통해서 보면, 이들 조직 간 공통의 정체성이 강화되기

---

31 – 반대로 벨기에의 많은 협동조합들이 협동조합의 지위를 선택한 까닭은 단지 행정적, 재정적(가변자본) 유연성 때문이지 사회적경제와는 아무런 상관이 없는 실정이다. 이렇게 된 연유는 다른 많은 나라에서의 관행과는 달리 벨기에 위정자들은 협동조합의 원칙을 지키는 일을 협동조합 설립자들의 권한으로 맡겨두었기 때문이다. 하지만 협동조합의 정신을 지키고자 하는 협동조합들은 실제로 협동조합의 지위에 따른 원칙을 지키고 있는지에 대한 확인을 경제부에 요청할 수 있다. 이를 통하여 협동조합들은 협동조합위원회의 '인증'을 받아 몇 가지 혜택을 누리게 된다(예컨대 공모(公募)를 할 수 있다).

32 – 이 문제와 관련해서 6장의 '사회적기업'에서 보다 자세히 다룰 것이다. 이 장에서는 이후 사회적협동조합이 현재의 사회적기업 모델에서 얼마나 중요한 역할을 하는지 살펴볼 것이다.

33 – 가문의 재산을 관리하고 확대할 목적으로 설립된 재단은 당연히 사회적경제에 해당되지 않는다.

보다는 서로 멀어진 듯 보인다. 특히 항상 시장에서 운영되는 기업과 다른 유형의 자원에 기반하여 비시장적 활동을 개발하는 기업 간에는 커다란 차이가 존재하는 듯 보인다. 따라서 사회적경제의 구성체들 간 차이를 넘어 그들이 공유하는 가치와 원칙, 그리고 규칙에 대해 살펴보는 것이 중요할 것이다.

2.3.2. 공통의 가치와 원칙을 통한 접근법

이제 왈룬의회가 채택했고, 사회적경제 전체가 공유하고 있는 네 가지 원칙에 대해 살펴보기로 하자.

A. 궁극적인 목적이 이윤추구가 아닌 구성원이나 커뮤니티에 대한 봉사

모든 접근법은 기(1991)가 이론화한 사회적경제 내에서의 양극성을 강조한다. 즉, 사회적경제 조직의 주된 목적이 구성원들에게 서비스를 제공하고 그것을 발전시키기 위한 것(상호편익)이든지 아니면 다른 사람들이나 때로는 커뮤니티 전체(넓은 의미의 공익)에 서비스를 제공하는 것으로 나뉜다는 것이다.[34] '궁극적인 목적이 이윤추구가 아닌'이라는 구절을 덧붙임으로써 상호편익과 공익이라는 두 유형의 조직은 민간 자본주의 기업의 궁극적인 목적과 대조를 이룬다는 점을 강조한다. 이들 민간 자본주의 기업에서는 지배범주이자 수혜자인 투자자들이 이윤의 점유나 부가가치의 창출을 통하여 투자자본에 대한 수익

34 – 61쪽의 '퀘벡에서의 사회적경제 정의'를 보면 퀘벡의 사회적경제의 정의에서도 양축이 분명히 공존하고 있음을 알 수 있다.

퀘벡에서의 사회적경제 정의

사회적경제 샹띠에 홈페이지를 보면 사회적경제를 구분하는 기준을 다음과 같이 두고 있다. "궁극적인 목적이 이윤창출이나 금융소득을 추구하는 것이 아니라 구성원이나 집단에 봉사하는 것, 국가와의 관계에서 경영의 자율성, 이용자와 노동자를 참여시킨 민주적인 의사결정 과정, 잉여와 소득의 분배에서 자본에 대한 사람과 노동의 우위." 이후 여기에 "사회적경제의 활동은 참여, 개인과 집단에 의한 운영과 책임이라는 원칙에 근거한다."는 한 줄이 추가되었으나 별다른 독창성을 발견하기 어렵다.

2013년에 퀘벡 국회에서 채택된 사회적경제 기본법에서는 다음과 같이 정의하고 있다. "사회적경제란 사회적 목적을 가지며 다음과 같은 원칙에 따라 재화와 서비스의 판매 및 교환을 수행하는 기업에 의해 이루어지는 모든 경제활동을 뜻한다. 1. 기업의 목적은 구성원이나 집단의 필요에 부응하는 것이다. 2. 기업은 공적 기관으로부터 의사결정의 통제를 받지 않는다. 3. 기업에 적용되는 규칙은 구성원에 의한 민주적인 지배구조에 대한 조항을 두어야 한다. 4. 기업은 경제적 지속가능성을 추구해야 한다. 5. 기업에 적용되는 규칙은 기업활동으로 창출된 잉여의 분배를 금지하거나 구성원의 실질적인 기여에 따라 분배한다는 조항을 두어야 한다. 6. 기업 운영 법인에 적용되는 규칙은 법인의 해산 시 잔여재산을 유사한 목적을 추구하는 다른 법인에게 귀속한다는 조항을 두어야 한다."

을 추구한다.

사회적경제 조직의 활동영역은 다음과 같이 아주 다양하다. 근린서비스, 직업훈련과 노동통합, 지역개발과 창업지원, 윤리적이고 연대적인 금융, 문화의 생산과 확산, 개발협력과 공정무역, 환경보호, 재활용과 쓰레기 처리, 재생에너지 생산, 수공업, 기업서비스, 교육과 건강,

문화와 스포츠를 포함하는 여가 등이다. 이러한 활동을 통하여 소득이 나 금융수익이 발생할 수 있다. 하지만 그것은 활동을 개발하기 위한 목적으로 활용될 뿐이지 그 자체가 주요한 동기가 되지 않는다.

B. 경영의 자율성

경영의 자율성은 국가 기구나 자본주의 민간기업 그룹과는 별도의 외부에 위치 짓는 문제로 이해해야 한다. 이런 의미에서 사회적경제는 우리 경제 전체에서 세 번째로 큰 부문으로 간주될 수 있다. 경영의 자율성은 시장적 활동이나 비시장적 활동과도 양립할 수 있다. 예컨대 많은 결사체와 재단, 그리고 사회적목적회사들이 상당한 정도의 공적 재정에 의거하여 운영된다.

C. 민주적인 의사결정 과정

의사결정 과정에서의 민주주의는 무엇보다도 '1인 1표'의 원칙을 뜻하는 것으로, 협동조합, 공제조합, 결사체 조직의 지도 기구(특히 총회)에서 일반적으로 실현된다. 때때로 이 민주주의는 한 구성원이 보유한 표의 비중을 엄격히 제한하는 방식으로도 표현된다.

하지만 많은 경우 참여경영이나 다양한 이해당사자들(노동자, 자원봉사자, 이용자, 지역사회, 지자체 등)의 참여로 운영되는 현실에서는 민주주의의 역동성이 정관상의 규정을 넘어서는 문제가 된다. 그러다 보니 이들 조직에서의 민주주의의 문제가 때로는 사회적 논의로 발전되기도 한다. 이러한 측면은 연대경제와 마찬가지로 넓은 의미에서 볼 때 사회적경제의 정치적 측면을 강조하는 것이라 할 수 있다. 노동자협동조합과 같은 일부 조직의 경우 노동자들이 모두 평등하게 최종적인 권한을 가지므로 이러한 조직은 자주관리기업이라 부른다.

마지막으로 민주적 통제의 원칙은 재단에서는 거의 볼 수 없다는 것을 기록해두고자 한다. 재단의 경우 보통 신의를 가진 사람들이 신규이사를 뽑는 방식으로 구성된 위원회(영미권의 경우 trustees)가 경영을 책임진다. 그럼에도 재단은 민간조직으로서 사회적 목적을 가지므로 공익재단을 사회적경제에 포함하는 데엔 이견이 존재하지 않는다.

D. 소득의 분배에 있어 자본에 대한 사람과 노동의 우위

이 원칙은 현실에 적용될 때 아주 다양한 방식으로 드러난다. 즉, 잉여는 활동의 개발에 사용, 자본에 대한 제한적 보상, 출자금 양도 시 자본가치 상승의 제한 또는 부재, 수익의 일부나 전체를 조합원(이용자나 노동자)에게 배당하거나 다른 형식의 혜택으로 분배, 미래의 투자를 위한 적립금 조성, 사회적 목적을 가진 다른 사업에 할당하는 등의 방식이다.

앞서 보았듯 왈룬에서 채택한 사회적경제에 대한 정의는 라틴권의 많은 나라에 상당한 영향을 끼쳤다. 그 영향은 현재까지 이어져, 1996년에 퀘벡의 사회적경제 샹띠에가 발표한 원칙 또한 유사하며, 2013년 퀘벡 국회가 채택한 사회적경제 기본법에서도 볼 수 있다. 하지만 퀘벡의 사회적경제 기본법에서는 보다 시장적인 요소에 비중을 두며 경제적 지속성을 강조하고, 잉여의 분배와 해산 시 순자산의 귀속에 보다 엄격한 제한을 두고 있다.

3. 사회적경제의 구성체

비록 사회적경제가 모든 나라에서 공통적으로 사용되는 개념은 아닐지라도 큰 범주에서 사회적경제로 지칭되는 기업과 조직은 거의 모든 나라에 걸쳐 존재하므로 사회적경제라는 개념이 국제적 차원에서 용인될 가능성이 크다. 지역의 현실과 조건에 따라 변형을 보이지만 국제적 차원에서 사회적경제의 다양한 구성체들의 규모를 간략히 언급해볼 수 있을 것이다.

3. 1. 협동조합 기업 또는 협동조합 유형의 기업

'로치데일의 공정개척자'[35] 프로젝트는 급속히 전 세계로 퍼져나갔고, 오늘날 모든 나라에서 조금씩 변형된 형태로 존재한다고 볼 수 있다. 왜냐하면 5개 대륙에 분포한 국제협동조합연맹International Cooperative Alliance, ICA에 소속된 협동조합인의 수가 10억을 넘어서기 때문이다. 게다가 협동조합은 커다란 나무가 되어 농업협동조합, 저축과 신용협동조합, 소비협동조합, 보험협동조합, 유통협동조합, 노동자협동조합, 주

35 – 로치데일의 공정개척자회(The Rochdale society of equitable pioneers)는 1844년 맨체스터 인근의 방직공들에 의해 설립되었다. 이들의 정관은 최초의 협동조합 원칙을 구성하여, 이후 수정을 거치긴 했어도 오늘날까지 전 세계 협동조합운동에 영감을 주고 있다.

택협동조합, 사회적협동조합 등으로 그 가지들이 쉼 없이 뻗어나가는 중이다. 유럽연합에서 협동조합은 4백5십만 명을 고용하고 있으며, 표 2에서 보듯 특히 이탈리아, 독일, 스페인에서 큰 비중을 차지하고 있다. 통계방식에 따라서 프랑스 협동조합운동의 비중이 다소 크다고 볼 수 있다는 점도 기록해두자.[36]

협동조합에 대한 '근본주의적' 시각을 버리는 것이 중요하다. 사실 ICA에 가입되지 않은 다수의 조직과 협동조합운동에 더하여 협동조합으로 분류할 수 있는 다양한 시도가 있기 때문이다. 이러한 시도들은 북부국가와 남부국가에서 협동조합의 지위를 갖거나 협동조합으로 명시되지는 않지만 거의 동일한 규칙과 실천에 근거하고 있다. 특히 생산자조합이나 연맹, 농민·장인·어민 단체, 많은 신용금고 및 신용조합[37] 등의 경우가 이에 해당한다. 이러한 조직의 명칭은 각국의 언어 차이나 지역 문화의 차이를 반영하고 있다. 산업국가에서 일부 기업은 협동조합의 형태로 구성되지 않았지만 사회적 목적을 갖고 있어 협동조합으로 분류되기도 한다.

3. 2. 공제조합과 보험공제조합

상호구호회[38]는 전 세계에서 아주 오래전부터 존재해왔다. 이들은

---

36 – Coop.Fr(2016)이 발간한 〈협동조합기업의 부문별 현황〉에 따르면, 프랑스의 협동조합은 모기업 협동조합이 보유한 자회사의 일자리, 그리고 상인협동조합의 판매처에서 일하는 노동자 50만 명을 포함하면 총 120만 명을 고용하고 있다고 한다.

37 – 캐나다의 데자르댕금고(Caisse Desjardins)나 한국에서 '신용협동조합'이라고 부르는 credit union이 협동조합을 명시적으로 드러내지 않고 있는 경우에 해당한다. – 옮긴이

많은 산업국가에서 점차 제도화되어 사회보험제도의 중요한 주체가 되었다. 유럽에서 많은 공제조합은 국제공제조합협회Association Internationale de la Mutualité, AIM[39]에 소속되어 있으며, 약 1억 5천5백만 명에게 사회보장 서비스를 제공하고 있다. 그러나 ICA와는 달리 AIM은 전 세계의 모든 공제조합을 대표한다고 볼 수는 없다. 왜냐하면 AIM은 대략 30개 국가의 공제조합만 대표할 뿐 아니라 질병보험이나 보건사회서비스 영역에 한정되어 있기 때문이다. 하지만 실제 다른 많은 사회적 위험에 대비한 보험공제회도 존재한다. 특히 프랑스의 경우 이러한 보험공제회의 비중이 아주 크다.

보다 근본적인 문제는 공제조합이 아주 다양한 이름의 조직들을 아우르고 있다는 점이다. 이들 조직은 국가의 사회보험제도가 제대로 발달되지 않아 인구의 일부만 포괄하고 있는 까닭에 그 혜택을 받지 못하는 지역의 공동체들이 스스로 공동의 대비책을 마련하기 위하여 조직된 경우이다. 그리하여 건강(진료비 지불, 약품 구매, 입원 비용), 사망(사망자 가족 지원, 장례 비용 지원), 저조한 수확이나 어획량 부족 등 아주 다양한 위험에 대비하여 상호부조하고 있다.

3. 3. 결사체 조직 및 재단

결사의 자유는 오늘날 전 세계 대부분의 나라에서 인정되고 있으

38 – 상호구호회(société de secours mutuel)는 공제회(조합)가 탄생할 당시의 명칭이다. 한국에서는 공제'조합'이라는 명칭을 사용하지만 세계적으로 통용되는 용어는 '공제회(mutual society)'이다. –옮긴이

39 – 영문명은 The international Association of Mutual Benefit Societies이다. https://www.aim-mutual.org/ –옮긴이

나 그 법적 지위는 천차만별이고, 비교적 우호적인 환경이 조성되어 있는 편이다. 현실에서 협동조합 및 공제조합과 더불어 사회적경제의 세 번째 구성체에는 우선적 목적이 이윤추구가 아닌 재화와 서비스의 생산을 목적으로 하는 사람들의 자유로운 결사체의 모든 형태가 포함되어 있다. 따라서 그 명칭도 association(결사체) 혹은 organisation sans but lucratif(비영리조직, OSBL), non-profit organisation(비영리조직, NPO), voluntary organisation(자원조직), charities(자선단체), non-governmental organisation(비정부조직, NGO), association ideel(공인결사체)[40] 등 아주 다양하다.

여기서 우리는 한편으로는 협동조합 및 공제조합과 마찬가지로 사회적경제에서 상호편익에 중심을 두는 결사체와 다른 한편으로 공익재단과 더불어 공익을 중심에 두는 결사체를 구분할 수 있다. 그러나 이러한 구분은 별로 실효성이 없다. 왜냐하면 많은 나라에서는 결사체가 어떤 편익을 중심에 두느냐와 상관없이 하나의 법적인 지위만 두고 있기 때문이다.(프랑스의 1901년 결사체법, 벨기에의 비영리조직OSBL, 캐나다의 비영리조직OBNL 등). 다른 한편, NPO에 관한 많은 영미권의 연구에서는 결사체와 재단을 같은 그릇에 담고 있다.[41] 반면 유럽에서는 재단에 대해 학문적인 연구가 별로 진전되지 않았다. 이는 독일과 같은 나라를 제외하고 대부분의 유럽 국가에서 재단의 발전은 미국에 비해 아주 최근의 현상이기 때문이다(Archambaut 1996, Anheier 2001 ; Schulter et al., 2001 ; Jung et al., 2016).

---

40 – 결사체인 association 가운데 신고하여 법인으로서 자격을 가진 결사체를 뜻한다. 신고하지 않은 결사체를 association de fait라 하고 한국에서는 임의단체라 부른다. – 옮긴이

41 – 미국에서는 재단이 비영리조직 전체에서 가장 흔한 법적 형태이다. 특히 교육, 문화, 의료 인프라를 운영하는 조직의 경우 유럽에서는 결사체의 지위를 가지나 미국에서는 재단의 형태로 운영된다.

마지막으로 협동조합과 공제조합에 비해 결사체에 관한 정확한 통계자료 부족도 심각한 문제로 남아 있다. 물론 최근 30년간 결사체의 양적인 규모에 관한 정보를 개선하기 위해 상당한 노력이 있었다. 특히 존스홉킨스대학에서는 비영리부문에 대한 방대한 국제비교 연구 프로젝트를 진행하기도 했다(Salamon et al., 1998). 하지만 결사체는 선구적이긴 하지만 이미 아주 오래된 현상이라는 특성을 갖고 있어서 여기서는 1990년대 중반에 비영리부문에서의 고용은 서구의 경제활동인구의 평균 5% 정도를 차지한다는 점만 기록해두고자 한다. 이 수치는 네덜란드, 스웨덴, 아일랜드, 벨기에에서 8%를 상회한다.[42]

사회적경제를 이루는 구성체는 공동의 전략을 발전시키면서도 유럽연합의 제도와의 관계에서는 각각의 특수성을 인정받는 데 주력해왔다. 그리하여 사회적경제는 점차 유럽연합 여러 기구들의 주요 과제로 설정되었다.(69쪽의 '유럽연합의 기관과 소통하는 사회적경제' 참고)

3. 4. 나라마다 비중이 다른 사회적경제 조직

사회적경제의 각 구성체에 관한 빈곤한 통계자료에도 불구하고 CIRIEC[43]의 연구결과(표 2)를 통해 어느 정도 추산할 수 있게 되었으며, 유럽연합 차원에서 사회적경제의 큰 흐름을 파악할 수 있게 되었

---

42 – 이 거대한 프로젝트의 방법론과 결과에 대한 상세한 내용은 이 책 2권의 1장에 언급되어 있다.

43 – 공공·사회적·협동조합 경제 연구 및 정보센터(Centre International de Recherches et d'Information sur l'Economie Publique, Sociale et Coopérative) –옮긴이

유럽연합의 기관과 소통하는 사회적경제

최근 몇 십 년 동안 유럽집행위원회, 유럽의회, 그리고 유럽경제사회위원회와 다각도로 소통이 이루어졌다.

유럽집행위원회

유럽집행위원회는 1980년대 말부터 사회적경제에 관심을 보였다. 이는 자끄 들로르Jacques Delors 집행위원장이 기관의 수장이 되면서 중요한 역할을 한 결과이다. 1989년에 집행위원회는 유럽이사회에 사회적경제 기업에 대한 최초의 입법문서Communication를 제출하여 사회적경제 기업의 특성과 유럽 시장에서의 역할을 강조했다. 이와 더불어 집행위원회는 23총국에 사회적경제 전담팀을 창설하기로 결정하여 기업·상업·관광·사회적경제 정책국을 두었다.

2000년에는 집행위원회의 권고에 따라 23총국이 기업산업총국이라는 거대한 기구의 일부가 되었고, 사회적경제팀 업무의 일부는 신규팀인 E3(수공업, 소기업, 협동조합 및 공제조합 회사)으로 이관되었다. 2010년에는 기업산업총국 내에서 '소기업, 협동조합, 공제조합, 기업의 사회적 책임'팀으로 변경되었다.

유럽집행위원회 내 사회적경제의 우선대화상대는 기업총국이지만 다른 총국 또한 사안에 따라 사회적경제와 관련된 일을 한다. 예컨대 고용·사회문제·포용총국에서는 '빈곤 및 사회적 배제에 대항한 유럽 플랫폼'을 통하여, 그리고 보다 최근에는 유럽연합 내부시장 서비스총국이 '사회적기업을 위한 이니셔티브'를 통하여 업무가 수행된다.

유럽의회

1990년부터 유럽의회는 그 안에 서로 다른 정치그룹으로 이루어진 유럽의회의 구성원들을 위한 비공식 포럼인 '사회적경제 내부연계그룹'을 두어 구성원들에게 사회적경제와 관련된 정보를 교환하도록 하고 있다. 또한 내부연계그룹은 사회적경제 주체들 및 시민사회 일반의 대표자들과의 교류도 돕는다.

유럽경제사회위원회

유럽 경제사회 부문의 대변인격인 유럽경제사회위원회는 유럽연합의 의사결정 과정에 적극적으로 참여하여 집행위원회에서 제안한 문서에 대한 의견을 개진하고 회원국들이 주도하는 사업에도 의견을 제시한다.

1990년에는 사회적경제에 대한 TF그룹이 구성되어 이후 '사회적경제 범주'로 제도화되었다. 이 기관의 주도로 새로운 정책에 대한 다수의 권고와 제안을 마련한다. 또한 연구를 진행하여 사회적경제 기업의 윤곽을 잡기 위한 도구도 마련했다.

유럽 사회적경제 컨퍼런스

1980년대 말부터 유럽 사회적경제 컨퍼런스가 유럽연합의 여러 국가에서 조직되었다. 이것은 보통 의장국이 사회적경제에 대한 관심을 표명하고자 할 때 반기별 의장국 프로그램을 통해 조직된다. 1989년 빠리에서부터 2016년 브라티슬라바Bratislava까지 전 유럽에 걸쳐 20여 개의 대규모 컨퍼런스가 개최되었고, 최근에는 사회적기업에까지 개방되었다.

다.[44] 우선, 유럽연합 회원국별로 세 구성체의 비중이 아주 다르다는 점을 확인했다. 벨기에에서는 결사체가 사회적경제 고용의 90% 이상을 차지하는 반면, 스페인, 이탈리아, 핀란드, 슬로바키아에서는 협동조합의 일자리가 50% 이상을 차지하며, 폴란드에서는 심지어 2/3를 차지하는 것으로 드러났다. 공제조합은 프랑스에서 큰 비중을 차지하지만 대부분의 국가에서 가장 비중이 작은 것으로 나타났다. 그 까닭

44 – 사회적경제 구성체의 윤곽을 잡고 규모를 파악하기 위한 최초의 국제비교연구는 CIRIEC의 주관으로 유럽과 북미 11개국의 연구자 집단에 의해 이루어졌다(Defourny & Monzón Campos, 1992). 이후 CIRIEC는 이러한 방향으로 연구를 지속하였으나 몬손 캄포스(Monzón Campos)와 차베스(Chaves, 2012)가 제공했고, 이 장의 표 2와 2권 1장의 표 4에서 사용한 데이터는 '부득이하게 전문가의 의견'에 근거하고 있다(CIRIEC에서 연구를 해왔으나 부득이한 사정으로 그 결과를 활용하지 못하고 연구에 참여한 두 사람이 제공한 데이터를 활용했다는 뜻으로 이해됨–옮긴이).

국가	협동조합	공제조합	결사체	총계	총 고용 중 비율
독일	830,258	86,497	1,541,829	2,458,584	6.35 %
오스트리아	61,999	1,416	170,113	233,528	5.70 %
벨기에	13,547	11,974	437,020	462,541	10.30 %
불가리아	41,300	N/A	80,000	121,300	3.97 %
사이프러스	5,067	N/A	N/A	5,067	1.32 %
덴마크	70,757	4,072	120,657	195,486	7.22 %
스페인	646,397	8,700	588,056	1,243,153	6.74 %
에스토니아	9,850	N/A	28,000	37,850	6.63 %
핀란드	94,100	8,500	84,600	187,200	7.65 %
프랑스	320,822	128,710	1,869,012	2,318,544	9.02 %
그리스	14,983	1,140	101,000	117,123	2.67 %
헝가리	85,682	6,676	85,852	178,210	4.71 %
아일랜드	43,328	650	54,757	98,735	5.34 %
이탈리아	1,128,381	N/A	1,099,629	2,228,010	9.74 %
라트비아	440	N/A	N/A	440	0.05 %
리투아니아	8,971	N/A	N/A	8,971	0.67 %
룩셈부르크	1,933	N/A	14,181	16,114	7.30 %
몰타	250	N/A	1,427	1,677	1.02 %
네덜란드	184,053	2,860	669,121	856,054	10.23 %
폴란드	400,000	2,800	190,000	592,800	3.71 %
포르투갈	51,391	5,500	194,207	251,098	5.04 %
체코공화국	58,178	5,679	96,229	160,086	3.28 %
루마니아	34,373	18,999	109,982	163,354	1.77 %
영국	236,000	50,000	1,347,000	1,633,000	5.64 %
슬로바키아	26,090	2,158	16,658	44,906	1.94 %
슬로베니아	3,428	476	3,190	7,094	0.73 %
스웨덴	176,816	15,825	314,568	507,209	11.16 %
가입절차를 밟는 국가와 후보 국가					
크로아티아	3,565	1,569	3,950	9,084	0.59 %
아이슬란드	N/A	221	N/A	221	0.13 %
EU 15개국	**3,874,765**	**325,844**	**8,605,750**	**12,806,379**	**7.41 %**
신규 가입국	**673,629**	**36,788**	**611,338**	**1,321,755**	
EU 27개국 전체	**4,548,394**	**362,632**	**9,217,088**	**14,128,134**	**6.53 %**

출처 : 몬손과 차베스(Monzón & Chaves, 2012)

표 2 유럽연합 내 협동조합, 공제조합, 결사체의 고용 현황(2009~2010)

은 공제조합이 종종 건강분야에 집중되어 있으며, 이 분야의 직접적인 책임은 공공부문이기 때문이다. 전체적으로 볼 때 결사체가 가장 많은 수의 일자리를 창출한 것이 확실하다. 사회적경제 전체 일자리 1천4백만 개 중 9백만 개 이상이 결사체에서 창출되었다.

유럽연합 내 각국의 경제에서 사회적경제가 차지하는 비중 또한 아주 다르다. 정확한 퍼센트를 제시할 수는 없지만(이후 연구의 진전이 있었을 것이다), 스웨덴, 벨기에, 네덜란드, 이탈리아, 프랑스의 경우 전체 고용의 약 10%를 차지하는 반면, 유럽연합 15개국 중 가장 빈곤한 국가인 그리스와 포르투갈, 그리고 신규 가입국인 중앙유럽과 동유럽 국가의 경우 그 비중이 아주 낮게 나타났다. 동유럽 국가의 경우 경제 개발 수준이 낮은 측면도 있지만 중앙집권적인 사회주의 경제의 유산이 오래 남아 결사체와 협동조합과 같은 자유로운 시도가 이루어질 여지가 별로 없었기 때문일 것이다.

그리고 각국별 법적 지위가 천차만별일 뿐 아니라 그 외에도 많은 차이가 발견된다. 특히, 결사체부문 일자리의 큰 부분이 비시장적 자원인 공적 재원에 의해 충당되는 반면, 협동조합에서의 일자리는 일반적으로 시장활동에 의해 만들어진다는 점을 염두에 두어야 할 것이다.

또한 사회적경제의 세 구성체 사이에 분명한 경계가 있어 서로 침투하지 않는다고 생각해서는 안 될 것이다. 특히 이 세 구성체에 관한 법적 지위가 분명히 존재하지 않는 국가에서는 더욱 그러하다. 예컨대 개발도상국가에서는 저축신용협동조합의 기능과 건강공제조합이나 연대공제조합의 기능을 결합한 수많은 시도가 이루어지고 있음을 목격할 수 있다.[45]

45 – 협동공제조합금고나 협동공제조합보험이라고도 한다.

그런데 사회적경제의 세 구성체를 규명하는 과정이 정확한 법적 형식화의 정도를 표현하는 것은 아니라는 점을 강조하고자 한다. 물론 통계자료를 수집할 때 조직의 법인격을 통한 구분이 가장 기본적인 기준이 되는 것은 사실이다. 하지만 폭넓은 관점으로 보면 비공식적이지만 지속성을 가진 사업도 사회적경제의 구성체에 포함할 수 있을 것이다. 이 점은 매우 중요하다. 왜냐하면 산업국가에 '사실상의 결사체'가 많이 존재하고, 남부국가에서는 협동조합('예비협동조합'이라고도 부른다), 공제조합 또는 결사체에 부합하는 비공식적 활동이 엄청 많이 존재하기 때문이다.

4. 개방적이고 변화하는 사회적경제

사회적경제의 세 구성체를 통하여 사회적경제의 윤곽이 잡히고, 고용 규모 또한 가늠할 수 있게 되었다 하더라도 그 안에서 이루어지는 역동성을 포착하는 것 또한 중요하다.

4. 1. 중심부, 그리고 다른 경제 부문과의 경계면

사회적경제에 대하여 유연하고 역동적인 시각을 가진 데로쉬는 1983년에 그림 1에서 보듯 사회적경제의 구성체가 형성하는 중심부와 다른 부문과의 경계면을 상상해보도록 했다.

첫 번째 경계면은 사회적경제와 중앙 공공부문이 만나는 지점이며, 공적 서비스의 일부를 제공하기 위하여 협약을 체결하는 공제조합과 결사체가 매개가 된다. 물론 경영의 자율성을 침해하지 않는다는 조건 하에서 협약이 이루어진다. 대표적인 예로 의료부문, 특히 해당 부처가 정하는 예산과 규범에 따라 운영하는 시설들을 들 수 있다. 또 벨기에에서 볼 수 있듯 의무 사회보험제도에 연계된 공제조합 활동은 사회적경제의 중심부에 존재하기보다는 이 경계면에 속한다고 할 수 있다.

위의 경우에 가깝지만 또 다른 경계면은 사회적경제와 지역의 공공부문 사이에 존재한다. 시 활동의 일부를 협동조합이나 결사체와의 파트너십을 통해 운영하는 경우로서, 사회적 불이익 계층이나 취약계층을 위한 근린서비스 제공, 의류와 전자제품, 유리병 등의 수거 및 분류와 재활용 같은 활동을 들 수 있다.

세 번째 경계면은 사회적경제와 민간 영리부문 사이에 존재하며, 아주 다양한 형태로 드러난다. 예컨대 기업의 재단이 공익활동을 하는 경우인데, 이때 재단은 모기업의 엄격한 통제 하에서 운영되며, 모기업은 이윤극대화라는 궁극적인 목적을 실현하기 위하여 기업의 사회적 책임CSR의 도구로 재단을 활용한다. 또한 사회적 불이익 계층을 고용하는 자활지원기업이 일반 기업과 지속적인 파트너십을 통하여 하청을 받아 일하는 경우도 이에 속한다. 하지만 민간 영리기업이 노동

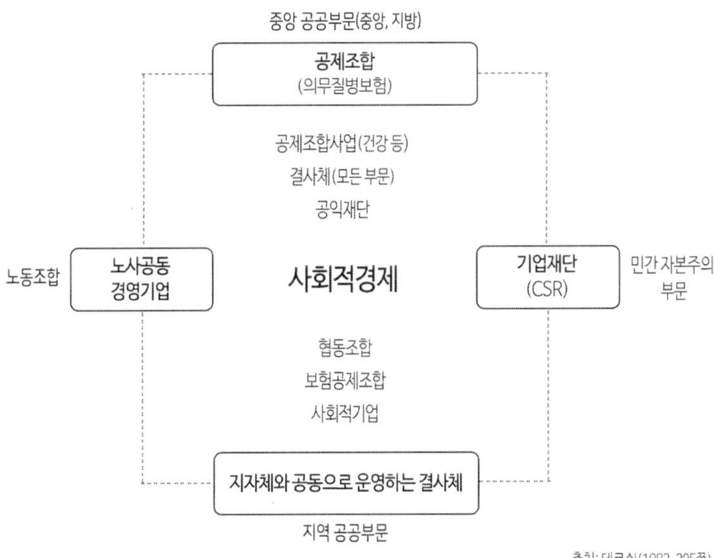

출처: 데로쉬(1983, 205쪽)

그림 1 사회적경제와 다른 경제 부문과의 경계면

자 소유 및 경영참여를 촉진하여 실질적인 변화를 이루어낼 때 어느 정도는 협동조합 기업에 속한다고 볼 수 있다.

데로쉬는 마지막 경계면이 노동조합 부문 사이에서 이루어진다고 했다. 여기에는 독일에서처럼 기업이 노동조합과 공동으로 경영하는 경우, 또는 이스라엘에서처럼 노동조합이 독자적으로 기업을 설립하고 경영하는 경우가 있다. 노동조합이 주도하는 사회적 관광과 같은 사업도 여기에 해당된다.

사회적경제의 상을 이렇게 가변적인 것으로 잡을 때의 장점은 중요한 역사적 변화과정에 조응하여 사회적경제를 이해할 수 있고, 특히 국가영역과의 관계 속에서 파악할 수 있게 해준다는 점이다. 또한 각 나라별, 지역별 맥락의 다양성을 고려할 수 있게 함으로써 유럽 차원에서의 사회적경제를 파악할 수 있는 유의미한 수단을 제공한다. 마지막으로 경계면은 대부분 다양한 층위의 공익을 추구하는 파트너십을 강조한다. 그리하여 공공부문과 기업의 자선사업을 포괄함으로써 상호편익과 더불어 사회적경제가 가진 공익의 중요성을 드러낸다.

4. 2. 구(舊)사회적경제와 신(新)사회적경제

사회적경제 안에서 오래되었고 제도화가 많이 이루어진 큰 조직들과 연대경제와 같이 새로이 등장하는 신사회적경제를 대립시키는 경우가 종종 있다. 연대경제는 근린서비스, 공정무역, 윤리금융, 유기농업, 저숙련자의 자활지원, 생태적인 쓰레기 처리 등의 영역에서 사회혁신과 오늘날의 사회문제에 대하여 참된 민주주의를 실현하고자 하는 열망을 표현한다. 그런데 사회적경제의 여러 세대 간 차이가 있는 것은 분명하지만 오래된 사회적경제라고 해서 다 똑같지는 않다는 것을 기억해야 할 것이다. 구사회적경제 또한 각기 다른 방식으로 시대가 제기하는 문제에 도전장을 던지며 대응하고자 했던 기업들의 전통이 모여서 이루어진 것이다(Demoustier, 2001). 이들의 도전이 성공과 성장을 이루었을 때 제도화의 필요성이 더 커졌으며, 이 과정에서 때로는 설립 원칙이 다소 변질되는 경우도 있었다. 하지만 요즘엔 전통적 사회적경제 조직이 젊은 조직들과 파트너십을 형성하는 경우를 흔히 볼 수 있다(Favreau & Lévesque, 1996).

하지만 신구 논쟁은 사회적경제를 끊임없이 쇄신하도록 하는 역할도 한다. 왜냐하면 사회적경제는 늘 양면성을 갖고 있기 때문이다. 한편으로는 창조적 능력과 도약을 위하여 시민사회와 그 운동의 편에 머무는 것이고, 다른 한편으로는 실험의 단계를 지나 더욱 광범위하고 구조화된 실천으로 발전하기를 꾀하면서 사회경제적인 영역에 굳건히 자리하는 것이다.

4. 3. 중간지대로서의 사회적경제

사회적경제에 대한 접근법과 여러 다른 분석틀이 충돌할 때도 있다. 이러한 분석틀은 사회적경제와 경쟁한다기보다는 사회적경제를 보완하며 더욱 풍부하게 해준다는 데 의심의 여지가 없을 것이다. 예컨대 여러 연구자들이 세 축의 경제모델을 발전시켰는데, 우리는 이러한 연구를 검토함으로써 사회적경제의 많은 활동이 다양한 범주의 주체들 간 상호작용과 여러 교환양식 및 자원유형을 결합하여 이루어진다는 점을 강조하고자 한다.

이러한 경제모델은 폴라니(Polanyi, 1944)의 연구와 맥을 같이한다. 폴라니는 자본주의 경제의 특성인 이윤추구의 중요성을 부정하지 않으면서도 경제에 대한 '실질적인substantive' 접근법을 통하여 이윤의 축적이 아닌 다른 경제의 원칙이 존재한다는 것을 강조한다. 이 원칙은 재분배redistribution, 호혜성reciprocity, 그리고 가사관리domestic administration이다.[46] 이와 유사한 접근법으로 유럽의 여러 연구자들은 다양한 주체들의 책임 분담(Evers, 1990 & 1995 ; Pestoff, 1992, 1998 ; Evers & Laville, 2004)과 다양한 논리(Eme, 1991 ; Laville, 1994)의 결과로서 '혼합복지Welfare mix'에 대한 논의를 벌였다. 이러한 논의를 바탕으로 유럽의 연구자들은 삼각형의 경제모델을 제안했다. 사회적경제 안에서의 다양한 역동성을 부각하기 위하여 이 모델을 약간 수정하여 소개한다(그림 2).

이러한 연구가 기여한 바는 사회적경제가 다른 경제 부문과 떨어져 존재하는 세 번째 부문이 아니라는 점을 보다 섬세하게 보여준다는 점이다. 사회적경제는 비화폐적 자원(자원봉사, 현물 증여)을 만들어내면서 호혜성의 논리에 의해 작동되는 공동체(가족, 이웃, 비공식 네트워크), 정부보조금과 같은 비시장적 자원의 재분배 논리에 따라 작동되는 국가, 그리고 상업적 이익을 내는 시장의 논리에 따라 움직이는 일반 기업(협동조합도 포함)과 상호작용을 하는 영역으로 보이기도 한다. 이러한 관점에서 보면 사회적경제를 구성하는 조직들은 삼각형의 중앙에서 회색 영역을 형성하는 부분으로 표현될 수 있을 것이다. 혼합hybridation

---

46 – 폴라니의 실질적인 접근법은 경제의 개념을 확장해준다. 이에 따르면 경제는 사람이 생존을 목적으로 다른 사람과 자연과의 상호작용으로 이루어지는 모든 형태의 활동을 포함한다(Polanyi, 1944). 이러한 개념은 경제에 대한 보다 제한적이고 형식적인 접근법과 대조를 이룬다. 형식적인 접근법은 경제활동을 결핍의 조건에서 유용성이나 이익을 최대화하기 위한 합리적 선택으로 제한한다. 좀 더 구체적인 내용은 이 책의 5장 연대경제를 참조하기 바란다.

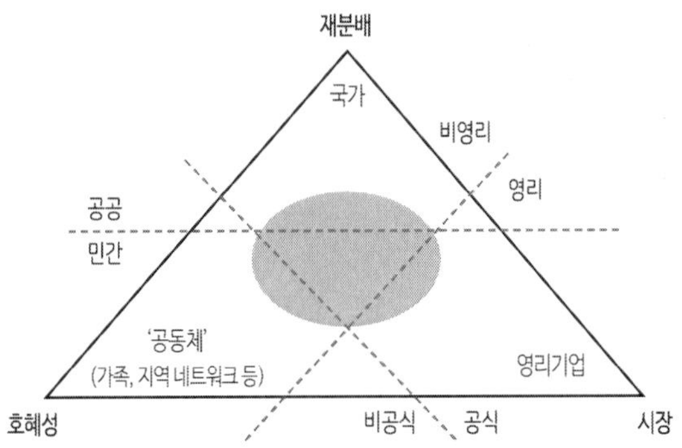

출처: 페스토프(Pestoff, 1992, 1998)에서 수정

그림 2 다양한 주체, 교환논리, 자원유형의 혼합으로서의 제3섹터

의 성격을 드러내는 대표적인 조직인 결사체는 회색 영역 전반에 걸쳐 존재할 수 있다. 이 회색 영역은 자원의 혼합을 강조하기도 하고, 특히 둥근 원에서 점선으로 된 역삼각형을 제외한 부분은 공제조합과 마찬가지로 결사체가 공권력, 일반 기업(예컨대 재단을 통하여), 그리고 공식·비공식적인 시민사회와 상호작용하는 것을 강조한다. 협동조합은 회색 원의 오른쪽 하단에 위치한다. 왜냐하면 협동조합은 제한적으로 영리를 추구하며 시장활동을 하기 때문이다. 여기에 포함되는 조직들은 투자자본에 대한 수익의 극대화가 아닌 다른 목적을 실현하기 위하여 영리를 추구한다.

4. 4. 연대경제의 기여

특히 라빌(1994)에 의해 진전된 연대경제 이론은 바로 앞에서 언

급한 연구와 직접적인 연관성을 가진다. 이 책의 5장에서 따로 다루겠지만, 연대경제가 점점 더 많이 '사회연대경제'로 불리는 데 기여한 바가 크므로 이 장에서는 연대경제의 성과를 간략히 정리해보도록 한다.

연대경제는 "민주적으로 행동하고자 하는 의지에 기반하여 이루어지는 모든 활동으로서, 여기에서는 연대적 사회관계가 개인의 이해와 물질적 이익보다 더 중요하게 여겨진다."고 정의된다(Laville, 2005, p.253). 부연하자면, 연대경제는 법적인 지위로 접근할 것이 아니라 두 가지 측면, 즉 경제적 측면과 정치적 측면을 통하여 접근해야 한다는 것이다. 이것이 연대경제만의 독창적인 측면이다.

경제적인 측면에서 보면, 연대경제 활동의 시작에는 사람들 간의 호혜와 상호 참여의식이 강조된다. 애초에 '호혜적 추동력'을 지니고 있는 것이다. 그 다음으로 다양한 유형의 자원이 '혼합hybridation'되어 활동이 강화된다. 초기의 호혜적 자원(예컨대 자원노동)은 비시장적 재분배의 논리를 따르는 정부보조금과 시장에서 온 자원으로 뒷받침된다.

연대경제의 정치적 측면은 "사회적 요구와 추구하는 궁극적인 목적에 대하여 이해당사자들 간에 토론이 이루어지는 공적 영역을 구축"하는 것이다. 따라서 관건은 공권력에 의해 제도화되고 조절되는 공적 영역과 보완적이면서도 이와 구분되는 자율적인 공적 영역을 유지하는 것이다.

그러면 연대경제는 어떤 측면에서 지금까지 언급한 사회적경제를 새로이 조명하면서도 비판적으로 바라보는가? 이 점에 관해서는 드푸르니와 라빌(2007)의 논점을 중심으로 세 가지 핵심적인 문제의식을 짚어보기로 하자.

4.4.1. 실질적인 참여의 중요성

연대경제는 시민들의 실질적이고 호혜적인 참여의식, 자신들의 필요를 함께 파악하는 능력, 그리고 그 필요를 해결하기 위한 방안을 구상하고 통제하려는 의지의 산물이다. 연대경제는 결사체나 협동조합의 형태로 이루어지지만 중요한 것은 그 활동이 가진 역동성이지 법적인 지위가 아니다.

이런 측면에서 연대경제는 너무 제도화된 거대 협동조합이나 공제조합의 운영방식에 문제를 제기한다. 이들 조직은 수천 명의 노동자와 수십만 명, 아니 수백만 명의 구성원을 보유하고 있는데 초기에 추구하였던 경제민주주의를 더 이상 구현하지 않는 듯 보이기 때문이다.

4.4.2. 연대경제의 정치적 배태성embededness[47]

앞서 다룬 내용과의 관계 속에서 보자면, 연대경제는 그 틀에서 이루어지는 경제활동이 의미하는 바와 그 울림이 너무나 커서 현실에서 드러나는 모습만으로 판단할 수 없다는 점을 강조한다. 토론을 촉발하고, 방향을 제시하고, 혁신적인 파트너십을 구축함으로써 연대경제의 주체들은 넓은 의미에서 숙의 민주주의의 공간을 창출한다고 할 수 있다. 그리하여 공권력에 저항하든, 그들과 협력하든, 중요한 것은 사회

47 – 폴라니의 주요 개념인 embededness는 저자나 상황에 따라 달리 해석되곤 한다. 그의 저서 《거대한 전환》을 번역한 홍기빈(2009)은 원어의 뜻을 살려 '묻어 들어 있음'으로 번역했고, 다른 저자들은 배태성, 착근, 고착성 등으로 번역하기도 한다. 연대경제에서 이 용어가 사용될 때는 폴라니가 사용한 의미와 같은 맥락이다. 즉, 경제는 정치와 분리된 것이 아니며, 그 속성상 정치성을 띠고 있기에 경제활동에서 정치 본연의 의미(민주성)를 살리고자 하는 의도가 있으므로 '배태성(어떤 현상이나 사물이 생겨날 원인을 속으로 가짐)'으로 번역하기로 한다. – 옮긴이

안에서 민주적 논의를 되살림으로써 커다란 사회적 도전을 감행하는 것이다.

이러한 관점에서 보면 최근 20~30년간 연대경제에서 등장한 여러 영역은 미시적 경제의 틀을 넘어서는 선구적이고도 대안적인 측면이 있음을 알 수 있다. 이렇듯 강렬한 정치적 소명은 1970년대와 1980년대의 '새로운 협동조합'인 자주관리 프로젝트, 지속가능한 개발과 국제적 교역에서의 정의, 대안금융 등의 새로운 현장에서도 여실히 드러난다. 연대경제든 신사회적경제든 어떤 이름으로 불리는가보다는 이 활동이 가진 강렬한 정치적 소명을 확인하고 그것을 감안하여 활동하는 것이 더욱 중요하다.

4.4.3. 복합경제의 전망

호혜성, 재분배, 시장이라는 다양한 경제논리의 결합을 강조함으로써 연대경제는 점점 커져가는 시장의 논리를 거부하도록 이끄는 강력한 힘이 되고 있다. 사례에 따라 다르지만 보통 자원의 혼합을 통하여 연대경제는 복합경제의 다양한 요소(자원)를 고려하고 동원하는 방식이 얼마나 많은지 보여준다. 예컨대 공정무역을 전담하는 상점, 장애인 노동적응기업, 대안극장, 또는 다양한 근린서비스 등 이러한 실천들은 연대경제의 정체성과 힘이 시장과 재분배, 그리고 호혜성을 조직하는 데 있다는 것을 말해준다. 이용자의 일부나 전체가 연대경제 조직의 생산물을 살 수 있기 때문에 시장을 조직하는 것이고, 어떤 집단에게 서비스를 제공하는 대가로 보조금을 받을 수 있기에 재분배를 조직하는 것이고, 이들의 활동이 의미 있다고 생각하여 금전적 보상 없이 자원노동을 제공하며 기업을 지원하는 이들이 있기에 호혜성을 조직하는 것이다. 그러니 이러한 활동을 단지 시장이냐 아니냐는 기준으로만 접근하는 것은 어리석을 따름이다.

마지막으로, 사회적경제가 그 긴 역사적 과정과 개념의 변천에서 그러했듯이, 연대경제 또한 호혜성을 강조하며 상호편익이 가진 역동성과 경제활동의 정치적 배태성을 강조하면서 공익이 가진 역동성을 결합한다는 점을 덧붙이고자 한다.

5. 사회연대경제

사회적경제와 연대경제가 상호보완적인 관계라는 전제하에, 이 두 개념은 모두 프랑스에서 형성되었으며, 사회적경제의 선구자인 19세기 결사체주의에 근거를 두고 있다. 따라서 이 두 개념을 상반된 것으로 보지 않고 점차 '사회연대경제économie sociale et solidaire, ESS'로 통합하는 것이 논리적인 귀결일 것이다.[48] 이러한 흐름에 따라 2000년대 초부터 여러 연합조직과 지원조직들, 교육 프로그램 및 다른 협력 기구들이 의도적으로 그들의 활동과 연구, 대의기구에 'ESS'를 붙이기 시작했다. 예컨대 사회적경제 지방상공회의소CRES는 사회연대경제 지방상공회의소CRESS가 되었고, 2010년에는 사회연대경제 싱크탱크 조직인 'Le Labo de l'ESS'가 설립되었다. 또한 '사회연대경제를 위한 대학간네트워크RIUESS'는 부단히 확장하는 중이다.[49] 이런 움직임은 2014년 7월 31일 국회에서 사회연대경제를 공식적으로 인정하고 정의한 법이 통과하는 데 기여한 바가 크다.

---

48 – 정치적으로 인정을 받기 위한 필요성 또한 주요한 동기로 작용했음에 틀림없다.

49 – 일련의 저서도 사회연대경제로 선택되는 데 기여했음은 말할 필요도 없다. 대표적으로 드무스띠에(Demoustier, 2001), 리피에츠(Lipietz, 2001), 드라프리(2011), 이에와 라빌뤼니에르(Hiez & Lavillunire, 2013) 등을 들 수 있다.

5. 1. 프랑스의 사회연대경제에 관한 법(2014년 7월 31일)

새로운 법은 우선 사회연대경제를 "인간 활동의 모든 영역에 적합한 기업활동 및 경제개발 방식"으로 규정한다.

사회연대경제 기업은 다음과 같은 조건을 충족해야 한다.

- 이윤분배라는 단일한 목적이 아닌 다른 목적을 추구해야 한다.
- 민주적인 지배구조를 채택해야 한다. 정보제공, 기업운영에 노동자와 이용자와 같은 구성원 및 이해당사자들의 참여를 보장해야 하며, 이 참여는 자본의 기여 정도에 따라 제한을 두지 않는다.
- 다음과 같은 원칙에 준하여 운영해야 한다.
  - 이윤의 대부분은 기업활동의 유지와 발전을 위해 사용해야 한다.
  - 의무적립금은 비분할로서 분배할 수 없다.
  - 청산이나 해산의 경우 '청산 잉여금' 전체는 다른 사회연대경제 기업에 재분배되어야 한다.

결사체, 협동조합, 재단 및 공제조합의 지위를 가진 조직은 자동적으로 이 조건을 충족하는 것으로 간주한다. 그러니 사회적경제의 전통적인 법적 지위의 형태가 재확인되었다는 뜻이다. 하지만 사회연대경제의 정의는 포괄적이어서 새로운 주체들에게도 개방하여 사회적기업 진영도 인정한다. 이에 따라 상업회사도 법적인 지위와 무관하게 사회적 유용성을 추구하고 정관을 수정하여 사회연대경제의 원칙을 적용하면 사회연대경제 기업으로 인정된다.

또한 새로운 법은 '사회적 유용성을 가진 연대적 기업entreprise solidaire d'utilité sociale, ESUS'을 위한 인증 조건을 수정했다. 이에 따라 사회연대경제

사회연대경제 진흥을 위한 전 세계적 차원의 시도들

사회연대경제진흥 대륙간네트워크RIPESS는 사회연대경제의 진흥에 참여하는 대륙별 네트워크들의 네트워크이다. RIPESS의 대륙별 네트워크들은 각 국가별 네트워크와 부문별 네트워크를 아우른다. RIPESS는 4년마다 국제대회를 조직하는데, 1997년에는 페루의 리마에서, 2001년에는 캐나다의 퀘벡, 2005년에는 인도의 다카르, 2009년에는 룩셈부르크, 2013년에는 필리핀의 마닐라에서 개최되었다. RIPESS는 배움과 교류, 정보공유와 협력의 공간이다.

2009년 10월, 요하네스버그에서 개최된 국제노동기구ILO의 사회적경제 권역별 컨퍼런스에서는 사회연대경제의 역량강화를 위한 새로운 시도가 논의되고 승인되었다. 그리하여 ILO가 주관하는 훈련 프로그램인 '사회연대경제 아카데미'가 매년 개최된다. 1회 프로그램은 2010년 10월에 토리노에 있는 ILO의 국제훈련센터에서 개최되었고, 7회는 2016년 코스타리카에서 개최되었다.

국제연합에서는 2013년에 '유엔기구간 사회연대경제 TF'가 설치되었다. 이 TF는 유엔의 ILO, FAO(유엔식량농업기구), UNIDO(유엔산업개발기구), UNESCO(유엔교육과학문화기구) 및 사회연대경제에 관심이 있는 다른 국제조직을 아우른다. 현재 이 TF는 상호연계와 정보제공의 역할을 담당하고 있다.

학문의 영역에서 보자면 남미의 경우 수십 년 전부터 '사회적'과 '연대적'이라는 수식어가 공존해왔고, 연구자들이 '남미 사회연대경제 연구자네트워크RILESS'를 구성하여 협력하고 있다.

마지막으로, 프랑스 외 지역에서도 사회연대경제에 대해 지역의 실정을 반영한 저서가 점점 더 많이 발간되고 있다. 예컨대 스위스에서는 가셰와 고냉(Gachet & Gonin, 2015), '남미의 관점에서'는 토마(Thomas, 2015), 그리고 어팅(Utting, 2015)은 모든 대륙에 걸친 현황에 대한 책을 발간했다.

가운데 특별한 사회적 필요에 부응하며 사회적 유용성이 큰 기업을 발굴하여 연대적 예금과 같은 재정지원을 포함한 지원정책을 제공하게 되었다.

이 외에도 여러 유형의 사회연대경제 기업에 대한 조항을 담고 있다. 참여협동조합SCOP[50], 공익협동조합SCIC, 결사체, 협동조합 일반, 공제조합 등이다.

일반적으로 볼 때 사회연대경제법은 법적인 초석으로서, 이에 기반하여 사회연대경제 기업을 위한 새로운 특별재정지원이 이루어지고 있다. 이 재정지원은 대부분 프랑스 공적 투자회사인 BPI를 통해 이루어진다.

국제적 차원에서는 프랑스의 추동으로 '사회적경제'를 사용하던 곳이 '사회연대경제'로 명칭을 변경하기도 했다. 예컨대 2004년부터 사회적경제 주체와 리더를 아우르던 '몽블랑대회Rencontres du Mont-Blanc'는 2016년에 '사회연대경제 국제포럼'으로 명칭을 변경했다.

5.2. 사회연대경제 VS 비영리부문

우리의 분석틀을 한층 진전시켜 이제 사회연대경제의 개념이 우리 경제의 제3섹터를 포괄할 수 있는 개념인지 검토하고자 한다. 이런 면에서는 앵글로색슨 쪽의 '비영리부문'이 지배적인 개념이라는 사실을 확인할 수 있다. 사실 북미에서는 선진국 경제의 제3섹터는

50 – 프랑스는 노동자생산협동조합(Société Coopérative Ouvrière de Production, SCOP)의 명칭을 참여협동조합(Société Coopérative et Participative, SCOP)으로 변경하였다. 공익협동조합(SCIC)은 노동자생산협동조합연합회의 지원으로 모델이 개발되어 현재 SCOP과 SCIC은 함께 연합회 CGSCOP을 구성하고 있다. –옮긴이

NPO로만 구성된다고 간주하는 경향이 있고, 제3섹터는 비영리부문과 동일시될 정도이다. 이러한 입장은 국제적으로 용인되는 상황이다. 하지만 적어도 유럽에서는 사회적경제 또는 사회연대경제가 제3섹터로 명명되는 경제 전체를 지칭하는 데 더 적합한 개념이라는 점을 보여주고자 한다.

북미의 상황에서는 비영리부문 전체에 적용되는 핵심적인 기준은 조직의 잉여 전체 또는 일부를 조직의 통제자나 임원에게 분배를 엄금한다는 점이다. '비분배의 제약'으로 알려진 이 원칙은 미국의 비영리조직에 관한 법의 틀을 형성하였고, 그 대신 세제 혜택이 주어진다. 물론 유럽의 많은 국가에서도 비영리 결사체에 관해 유사한 체계와 제약이 존재하는 것은 사실이다. 하지만 미국의 입장은 제3섹터가 공익을 제공하는 결사체와 재단만을 아우르는 반면, 수익의 일부를 구성원에게 재분배하는 공제조합이나 협동조합 기업은 다 배제한다는 것을 뜻한다. 협동조합의 경우 출자에 대한 제한적 보상을 제공하고, 공제조합의 경우 조합비 할인이나 보장 범위의 확대로 혜택이 제공된다.

이런 까닭에 엄격한 기준을 적용하는 미국식 접근법은 일관성이 있지만 한편으로는 약점이 되기도 한다. 왜냐하면 각자 상이한 조건에서 설립되고 운영되는 다양한 조직을 포괄하기는 어렵기 때문이다. 미국식 접근법의 한계를 세 측면에서 살펴보겠다.

5.2.1. 상호편익의 중요성

첫 번째로 미국이라는 나라의 토대로부터 살펴보도록 하자. 토크빌Tocqueville에 따르면 미국은 집단적 문제의 운영을 시민의 자유로운 결사에 맡기고, 이 중 많은 부분은 아직도 국가의 소관 밖에 두고자 하는 의지에 근거하여 설립된 나라이다. 이러한 입장은 개척자들의 개인주의와 박애의 중요성이 결합하여 형성된 것으로 19세기 유럽의 집단적 투쟁과 사회적경제의 전통과는 확연히 구별되는 점이다. 유럽에서는 오히려 노동자, 농민, 기업주의 다양한 조직형태가 탄생하게 되었고, 이렇듯 상이한 유형의 조직들이 협력하여 복지국가를 건설하였다. 그리고 현재는 유럽 사회적 모델의 특수성을 지키기 위하여 이들 조직의 공통점을 다시 환기하는 상황이다. 보다 근본적으로 보자면, 유럽의 사회적경제는 한편으로는 공익을 추구하며, 공익을 제공하는 공적·사적 제도를 건설하는 데 기여했고, 다른 한편으로는 특히 협동조합을 통하여 상호편익을 추구하면서 경제민주주의를 모색해왔다. 그런데 미국의 비영리부문에 관한 연구에서는 이러한 점은 거의 찾아볼 수 없다. 하지만 오늘날 협동조합의 특수성이 재발견되고, 전 세계적으로 협동조합에 영감을 받은 시민들의 새로운 시도가 분출하는 것으로 보아, 세계화된 경제를 지배하는 자본 수익의 극대화 논리에 직면하기 위해서는 비자본주의적인[51] 상호편익이 지닌 동력과 조직력을 중요시해야 한다는 점은 두말할 필요가 없을 것이다. 국가의 영역과는 구분되고 비자본주의적인 민간의 시도가 가진 중요성과 성장의 필요를 인정한다면 제3섹터에 대한 시각을 사회연대경제로 확장하는 것이 더욱 시대에 부응하는 처사가 될 것이다.

51 – 상호편익을 가진 결사체나 협동조합에서 구성원에 의한 통제 또는 민주적 지배구조의 원칙은 구성원의 상호편익을 추구하기 위한 동력이자 보장책으로 볼 수 있다. 기(1991)의 표에서도 볼 수 있듯 '비자본주의적'이라 명시한 까닭은 주주들의 상호편익과 구분하기 위함이다. 주식회사의 경우 구성원들의 편익은 그들이 가진 자본과 일치하는 반면 협동조합에서의 상호편익은 기업이 제공하는 재화나 서비스 접근성의 문제이다.

5.2.2. 저개발국가에서는 현실성이 떨어지는 '비분배 제약'의 원칙

두 번째로는 지평을 전 세계로 확장하여 저개발국가를 포함하여 살펴보겠다. 이 국가에서 이루어지는 협동조합, 공제조합 또는 결사체 활동의 주된 목적은 이윤을 창출하여 그 수익을 나누어가짐으로써 구성원의 삶의 조건을 향상하는 것이다. 이런 상황에서 이윤비분배의 제약이 적합한지 의문을 제기할 수밖에 없다. 물론 이들 국가에서 제3섹터라는 개념 자체가 불분명한 측면이 있다. 왜냐하면 민간 자본주의 부문은 대도시로 한정되어 있고, 많은 측면에서 국가는 존재하지 않거나 미약한 실정이기 때문이다. 따라서 북부 선진국에서 형성된 개념을 가난한 남부국가에 기계적으로 적용하기보다는 다양한 형태의 조직이 수행하는 주된 역할을 강조하는 것으로 족할 것이다. 이 조직들은 상호부조와 상호편익을 보다 넓은 지역사회 전체의 편익과 연결하여 관개시설을 건설하고, 곡물은행을 설립하며, 토양의 사막화를 멈추는 공동체적 실천을 개발하고 있다. 그러니 지역 NGO 및 국제 NGO와 그들이 지원하는 지역 조직, 그리고 사회연대경제의 가치와 원칙을 가진 유사한 조직들의 존재를 어떻게 무시할 수 있겠는가!

5.2.3. 사회연대경제의 틀 속에서 사회적기업을 더 잘 이해할 수 있다

세 번째 논쟁은 거의 전 세계 대부분의 지역에서 놀라운 속도로 발전하고 있는 사회적기업가 방식 또는 사회적기업 현상과 관련된 것이다. 이 주제는 6장에서 다룰 것이므로 이 장에서는 다음과 같은 사실만 확인하고자 한다. 사회적기업의 모델이 워낙 다양하다 보니 그 중 일부는 사회연대경제의 범주에 들지 않는 경우도 분명히 있다. 하지만 가장 최근의 연구에 기초해 살펴보면 가장 흔히 볼 수 있는 사회적기업 모델은 핵심적인 사회연대경제 기업들이 혁신한 사례로 드러났다(Defourny & Nyssens, 2016). 이런 면에서 프랑스의 사회연대경제법은 전통적인 사회적경제의 법적 지위를 채택하지 않은 상업기업이 실제 운영에서는 참여적 지배구조, 제한적인 영리성, 사회적 목적을 실행하면서 창출하는 '사회적 유용성'이라는 사회적경제의 주요 원칙을 지키는 경우 사회적경제에 포함되는 것으로 간주한 점은 아주 시의적절했다고 판단된다. 그런데 만약 비영리라는 접근법으로 제3섹터를 사고했더라면 사회적 목적이 중심이 되나 기업활동의 현실적 제약으로 인하여 (제한적이나마) 자본에 대한 보상을 할 수밖에 없었던 많은 사회적기업은 배제되었을 것이다.[52] 반대로 사회연대경제는 사회적기업의 대부분을 포함할 이유가 너무나도 많다. 왜냐하면 사회적기업의 주된 모델은 '사회적협동조합'이기 때문이다. 사회적협동조합은 현재 협동조합의 이상을 담은 새로운 방식으로 여겨진다. 왜냐하면 사회적협동조합에서는 사회적 목적을 중심에 두면서도 이해당사자들의 참여를 보장하고 상호편익을 제공하는 참여경영을 실현하기 때문이다.

결론적으로 사회연대경제라는 호칭은 언어학적으로나 학술적으로 다른 나라에 이식하기는 쉽지 않은 문제다. 하지만 사회연대경제로 드러나는 현실은 제3섹터에 아주 적합한 '내용'을 담고 있다. 이러한 측면에서 사회연대경제의 접근법은 공익을 제공하는 결사체 및 재단과 같은 공익적인 면을 조명하기 위하여 NPO에 대한 연구를 통합한

52 – 사회적기업의 대규모 등장이 시사하는 바가 무엇인지 인식한 살라몬(Salamon)과 소콜로프스키(Sokolovski, 2016)는 이윤비분배 제약을 거의 보장하는 사회적기업을 제3섹터에 포함할 것을 제안하였으나 현재까지는 비영리 접근법의 협소함에 대한 무수한 비판만 불러일으켰을 뿐 별다른 성과를 보지 못했다(Defourny et al., 2016).

다면 국제 학술계에서도 통용될 수 있는 개념으로 정립될 것이다. 이 책의 3장에서 보여주듯 1970년대부터 NPO에 관한 방대한 양의 이론적, 실증적인 연구가 이루어져왔다. 두 연구를 통합하기 위한 현실적 움직임은 이미 시작되었지만 두 분야를 잇는 튼튼한 가교는 이제 막 건설되는 중이다. 하지만 이 작업은 아주 중요하다. 이를 통해 사회연대경제가 더욱 신빙성과 가시성을 획득할 수 있을 것이기 때문이다.[53]

53 – 2년마다 개최되는 국제 제3섹터연구회(International Society for Third Sector Research), EMES 국제연구네트워크(EMES International Research Network), 또는 CIRIEC의 컨퍼런스는 다양한 접근법이 격돌하고 논의되는 대표적인 장이다.

6. 과거의 교훈과 미래의 전망

1장 전반에 걸쳐 우리는 사회연대경제 역사의 기원부터 가장 최근의 현상까지 염두에 두면서 두 지점을 연결하며 이해하려고 노력했다. 우리는 또 사회연대경제의 주요한 특성으로서 상호편익과 공익의 두 축이 동시에 존재하지만 이 둘 간의 상호작용이 빈번하다는 분석 또한 강조하였다. 이제 우리는 역사적 입장과 분석적 입장을 결합하여 사회적경제의 발생 조건 및 현대 개인주의 사회에서 사회연대경제의 전망과 관련한 몇 가지 교훈을 도출하면서 이 장을 마무리하고자 한다.[54]

6. 1. 사회적경제, 필요의 딸

협동조합이든 공제조합이든, 아니면 결사체 조직이든 역사가 우리에게 가르쳐주는 것은 이들 조직은 충족되지 않은 중요한 필요가 있었고, 극심한 어려움에 대응하기 위하여 만들어졌다는 것이다. 이런 의미에서 우리는 사회적경제의 탄생에 '필요의 조건'이 있었다고 말할 수 있다.

19세기에 서구 대부분의 국가에서 등장한 상호공제금고는 열악한

54 – 애초에 협동조합에만 적용했던 분석을 사회연대경제 전체로 확장한다(Defourny, 1995). 하지만 여기서 시대의 혼선을 피하기 위하여 과거의 교훈 부분에서는 사회적경제라는 용어를 사용하고, 미래의 전망에서는 사회연대경제라는 용어를 사용할 것이다.

조건에 처해 있어 보건서비스를 거의 받을 수 없었던 노동자나 농민 집단에 의해 설립되었다. 소비협동조합은 생계수단이 변변찮았던 사람들이 더 나은 가격에 생필품을 구매하기 위하여 집단적인 노력으로 만들어진 것이다. 노동자생산협동조합(오늘날의 노동자협동조합)은 장인 노동자들이 직업을 유지하고 노동의 주인으로 남는 동시에 임금노동의 굴레에 갇히지 않으려는 저항의 표현이었다. 당시의 임금노동은 오늘날 우리가 획득한 사회적 성과를 전혀 누리지 못하였으며, 노동자들은 생산수단으로부터 소외되어 자본주의의 변화에 따라 실업의 상황으로 내몰렸다. 그리하여 노동자들 여럿이 모여 그들 스스로의 기업을 설립함으로써 대응하고자 했던 것이다.

19세기 전체와 20세기 상반기에 걸쳐 이와 유사한 예는 수없이 많이 들 수 있다. 사람들은 등이 휘어질 정도로 경제적 압박 또는 사회경제적 압박이 극심해졌을 때 서로 똘똘 뭉쳐 상호부조와 상호편익의 사회적경제 기업을 만들었던 것이다.

이 필요의 조건은 오늘날에도 유효하다. 특히 중앙유럽과 동유럽의 대부분에서처럼 격변하는 경제로 인하여 아주 중요하고 기본적인 욕구가 충족되지 않은 상황에서는 더욱 그러하다. 과거처럼 전 영역을 관장하던 국가에 더 이상 의지할 수 없기에 시민들은 사회적경제[55]를 재발견하게 되었다. 물론 이들 나라에서는 협동조합의 경우처럼 공산주의 체제가 독점한 탓에 그들이 시도하는 활동에 다른 이름을 부여하는 경우가 많다.

서구 산업화된 국가에서도 필요의 조건은 분명히 존재하며, 25~30년

55 – 주로 유럽사회기금을 통해 유럽연합의 다양한 프로그램이 명시적으로 사회적경제 활동을 장려하고 있다. 특히 실업문제를 해결하기 위한 프로그램이 대표적이다.

전보다 강도가 심해졌다. 특히 복지국가의 후퇴와 고용위기로 인하여 과거에는 사회보장제도의 보호를 받던 수많은 이들조차 곤궁한 상황에 빠졌다. 일반적으로 오늘날에는 새로운 사회적 요구가 생겼는데 이러한 필요에 대해 시장도, 정부도 적절한 대응책을 마련하지 못하거나 하지 않는 실정이다. 이로 인하여 공익적인 목적을 지닌 새로운 영역이 열렸으나 사회연대경제만이 유일하게 해결책을 제시하거나 여러 가능한 대안의 하나로 등장하고 있다.[56] 예컨대 노동시장에서 밀려난 사람들을 위한 재훈련 및 직업 통합, 낙후된 도심 마을 재개발, 인구가 소멸되고 있는 농촌지역 활성화 사업 등이 이에 해당한다. 프랑스의 노동통합기업, 중개단체, 지역관리기업, 이탈리아의 사회적협동조합, 독일의 고용·재훈련회사[57], 벨기에의 노동을 통한 훈련기업이나 사회작업장[58], 영국의 커뮤니티 비즈니스, 캐나다의 커뮤니티 경제개발기업 등 최근 수십 년 동안 다양한 조직이 날로 심각해지는 필요에 부응하기 위하여 등장했다.[59]

현대 사회가 처한 새로운 도전은 일일이 헤아리기 어려울 정도이다. 이러한 도전은 공익을 제공하는 새로운 사회적경제(혹은 사회연대경제)의 출현을 요구한다. '신빈곤'과 무주택자의 증가, 청소년 범죄, 노인의 고립, 이민자 통합의 어려움, 아동돌봄 조직의 부족, 학업 실패, 환경파괴 등이 바로 그 도전의 현장이다.

56 – NPO에 대한 대부분의 연구는 이러한 유형의 활동이 '시장의 실패'와 '국가의 실패'에 기인한다고 강조한다.

57 – Beschäftigungs und Qualifizierungsgesellschaft(BQG).

58 – Sociale werkplaatsen.

59 – 노동통합을 지원하는 새로운 사회적경제에 대한 국제비교연구로 드푸르니 등(Defourny et al., 1998), 가르댕 등(Gardin et al., 2012)을 참조하기 바란다.

6. 2. 사회적 자본으로서의 집단적 정체성

만약 필요의 압박만으로 사회적경제 활동이 탄생하는 데 충분한 조건이 되었다면 오늘날 사회적경제는 이전보다 훨씬 더 개발되었을 것이다. 특히 북부 선진국 사회에서 가장 소외된 계층에서 그 압박의 정도는 아주 강력하다. 그런데 이런 환경에서는 오히려 각자도생의 생존전략이 횡행하고, 특히 대도시에서는 더욱 그러하다. 사실 사회적경제의 역사는 우리에게 또 다른 요소가 중요한 역할을 할 뿐 아니라 필요의 조건만큼 본질적인 조건임을 가르쳐준다. 그것은 집단적 정체성 또는 공동의 운명으로 묶인 끈끈한 사회적 집단에의 소속감이다. 실제 19세기와 20세기 상반기에 사회적경제의 역동성은 계급문화가 표출된 것이었다. 이 계급은 피지배층이었으나 넓게 연대를 이루고 있었다.

공업지역에서 협동조합과 공제조합, 그리고 다른 노동결사체의 구성원들은 삶과 노동의 조건, 민중문화, 그리고 뚜렌느Touraine의 표현처럼 '갈등적 통합'을 경험하게 하는 투쟁으로 연결되어 있었다. 사회적경제는 사회 전환의 지렛대가 되고자 하는 운동에 의해 추진되었다. 농업협동조합 및 공제조합, 농촌신용금고, 농민단체 등 농촌에서 시작된 사회적경제 또한 같은 전통을 가진 것으로 조사되었다. 많은 경우 종교, 가족, 마을공동체 등 전통적인 사회문화적 요소가 굳건히 이어져 농촌에서 협동조합이나 공제조합과 같은 집단적 프로젝트가 탄생하는 데 필요한 사회적 결속력을 다졌던 것이다.

하지만 이 집단적 정체성의 중요성은 몇몇 놀라운 성공적 실천 경험의 이유가 무엇인지 설명하는 데 더 유용하다. 퀘벡의 데자르댕Desjardins 협동조합운동이 약 100년 전 수많은 농촌금고를 설립하고, 이

것이 현재 벨프로뱅스Belle Province라는 은행망을 구축할 수 있었던 것은 북미에서 앵글로색슨계의 프로테스탄트 문화가 지배하는 상황에서 가톨릭계 불어권의 정체성을 지키고자 한 민중의 의지가 발현되었기 때문이다. 오늘날까지 강력한, 벨기에 플랜더스 지역 농업협동조합의 역사 또한 같은 방식으로 읽힌다. 즉, 플랜더스어만 사용할 줄 아는 소농들이 그들의 삶의 조건을 개선할 뿐 아니라 불어를 사용하는 부르주아와 귀족들이 지배하는 환경에서 그들만의 정체성을 유지하고자 했기 때문이다. 어디 이뿐인가? 2차 세계대전 후 재건의 필요성은 '필요의 조건'을 설명해주는 것이지만, 몬드라곤 협동조합복합체의 탄생과 발전의 핵심 동력 또한 카스틸라의 헤게모니에 대응하여 바스크족의 정체성을 지키기 위함이었다는 것을 부인할 수 없을 것이다.

6. 3. 오늘날 우리에게는 어떤 의미가 있을까?

사회적경제의 등장과 발전의 핵심 동력에 대한 우리의 이해방식을 현재의 산업화된 나라에서 이루어지는 새로운 사회적경제에도 적용할 수 있을까? 경제위기 이전에는 필요의 압박이 아주 강했다면 오늘날에는 사회적 결속을 저해하는 요소가 너무나 많고, 이는 집단적 정체성을 형성하는 데 걸림돌로 작용하고 있다. 개인주의가 팽배할 뿐 아니라 종교, 도덕, 노동조합주의 등으로 구축된 전통적 결속은 약화되었다. 실업문제, 특히 장기실업과 신빈곤이 사회관계를 해체하는 방향으로 작용하고 있음도 분명하다.

하지만 오늘날에도 진정한 지역사회의 역동성이 발휘되는 토양이 있고, 사회적경제 활동의 대부분은 그 토양에 뿌리를 내리고 있다. 현대에 결사체와 협동조합이 범람하는 것을 과거와 같이 강력한 집단적 정체성의 표현으로 볼 수는 없을 것이다. 그것은 오히려 우리 개발모델의 한계와 위험에 직면하여 견고한 집단적인 각성이 이루어진 데서 그 연유를 찾을 수 있을 것이다. 기후위기, 불평등의 심화, 화급한 에너지전환의 과제, 이민위기, 농식품 문제, 청년의 구조적 실업 문제와 같은 이슈들을 통하여 다각도로 '운명공동체'가 형성되고 있고, 이를 기반으로 사회연대경제의 다양한 시도가 이루어지고 있다. 예컨대 재생에너지 시민협동조합, 유기농생산자소비자 농업협동조합, 학업지원을 위한 숙제학교, 새로운 공정무역 영역 개발, 예술가와 창작자 공제조합 등이다. 이는 또한 순환경제, 기능성경제économie de la fonctionnalité, 협력경제collaborative economy, 수거 및 재활용 산업, 연대금융, 경제활동을 통한 노동통합, 고령자를 위한 근린서비스 등 새로운 활동분야, 아니 새로운 경제활동 모델의 탄생을 알린다.

반대로 일부 오래된 사회적경제 분야의 현재 상황을 보면 놀랍게도 앞서 언급한 필요의 조건과 집단적 정체성이라는 두 가지 조건이 약화되었거나 거의 사라지다시피 한 상태라는 것을 발견하게 된다. 유통, 보험, 신용대출, 농업 분야에서 이미 일반 기업이 비슷한 조건에 같은 재화나 서비스를 제공하고 있는 까닭에 협동조합이나 공제조합의 필요성은 훨씬 약화되었다. 마찬가지로 수만 명, 수십만 명의 조합원을 두는 이용자협동조합에서 구성원들 간의 집단적 정체성은 찾아보기 어렵게 되었다. 반면 고객은 엄청나게 다변화되었고 비조합원 이용자도 점점 더 많아지는 추세이다.

달리 말하면, 역사적으로 사회적경제의 탄생과 발전의 두 조건은 일부 전통적인 산업 분야에는 더 이상 통하지 않게 되었으며, 이는 최근 몇십 년간의 변화과정을 설명해준다. 유통 부문에서 19세기와 20

세기 초에 설립된 소비협동조합은 크게 후퇴하였고, 때로는 완전히 자취를 감추기도 했다. 이와 다른 경우에는 'coopitalism'[60]으로 이행하여 반향을 일으키고 있다. 세계화와 경쟁의 격화로 일부 거대 협동조합들은 그들 활동의 일부분에 자본 집중화, 비협동조합 그룹과의 통합, 조합원들이 더 이상 통제할 수 없는 자회사의 설립 등 지배적인 기업방식을 도입하는 데 이르렀다.

이러한 경향으로 인하여 도대체 사회적경제 기업 본래의 정체성이 무엇인지 의구심이 들고, 일정한 규모를 넘어설 경우에, 특히 격심한 경쟁과 급속한 자본 집중화의 상황 속에서 사회적경제의 특성을 유지할 수 있는지 자문하게 된다. 하지만 어쩌면 이러한 경향 때문에 더욱 더 사회연대경제는 필요의 조건과 집단적 정체성을 통하여 오늘날 우리 사회에 창조적이고 유의미한 기여를 할 수 있는 것인지도 모른다. 한편으로는 일반 영리기업이나 공공부문에 의해 제대로 충족되지 않는 중요한 욕구가 있는 영역에 힘을 쏟고, 다른 한편으로는 민주주의와 마찬가지로 끊임없이 영양분을 공급해야 할 참여경영에 승부를 걸면서 말이다.

60 – coop(협동조합)과 capitalism(자본주의)가 결합된 신조어로서 외향은 협동조합이지만 실제 운영은 자본주의 기업의 방식을 도입한 경우를 말한다. '자본주의화된 협동조합' 정도로 번역할 수 있겠다. –옮긴이

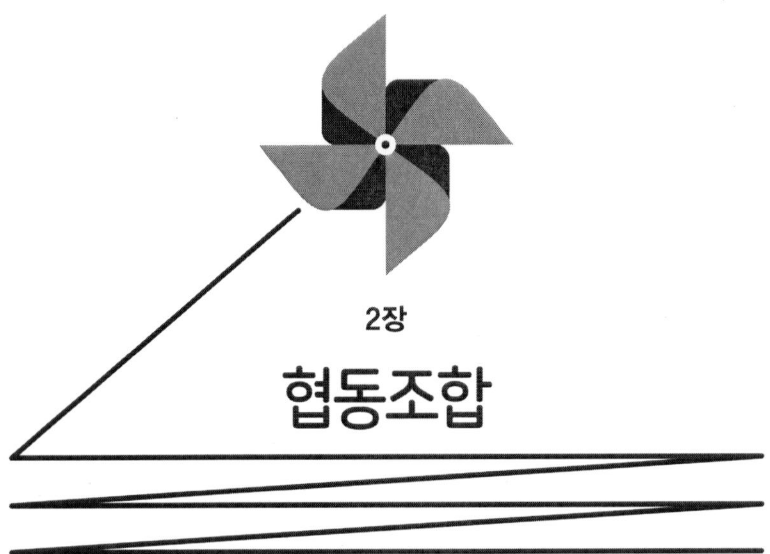

2장

협동조합

나딘 리셰-바떼스띠, 자끄 드푸르니 지음 | 김신양 옮김

1. 협동조합의 역사적 뿌리
2. 협동조합의 정체성
3. 현대의 협동조합
4. 자주관리기업에 대한 경제학 이론
5. 협동조합에 대한 신제도주의적 접근 : 기업이론과 정당성 사이에서
6. 경제와 사회 시스템 쇄신의 중심에 있는 협동조합
7. 협동조합 이론과 실천의 기여와 한계

서론

사회연대경제의 핵심 구성요소인 협동조합은 오래된 사회경제적 운동으로서 첫 번째 산업혁명에 의해 발생한 사회문제에 대응하기 위해 19세기 초기에 등장했다. 비에네(Vienney, 1994)는 다양한 협동조합 유형을 조합원 집단과 그들이 수행하는 활동에 따라 분류한다. 이에 따르면 협동조합은 생산활동(조합원이 노동자인 경우), 소비활동(소비협동조합이나 주택협동조합, 학교협동조합과 같은 이용자협동조합의 경우), 예금이나 신용대출 활동(조합원은 예금자나 대출자)에 해당될 수 있다. 그리고 기업가협동조합(농업협동조합, 장인협동조합, 어업협동조합, 운송협동조합, 상인협동조합)이 있는데 조합원은 기업가이다. 마지막으로 1990년대부터는 사회적 목적, 연대, 공익적 성격을 가진 사회적협동조합이 등장했다. 이들은 종종 다중이해당사자multi-stakeholder, multi-sociétariat 구조와 공익적 성격을 가진 것으로 특징지어진다. 이렇듯 새로이 등장한 협동조합은 때로는 '협동조합적 충격'[61]으로 받아들여지기도 했는데, 2차 세계대전 이후 70년대 들어 유럽 국가들이 경제적 쇠퇴기를 맞이하면서 태동되어 발전된 것이다. 이 다양한 협동조합들은 나라와 시대에 따라 각기 다른 비중을 차지하지만 그들은 단지 경제적인 역할을 넘어 사회

61 – 프랑스의 소비와 사회적경제 장관인 브누아 아몽(Benoît Hammon)이 2014년 사회연대경제법 제정 준비 당시 이런 표현을 사용한 바 있다.

전환의 목적을 가진 광범위한 사회운동을 이루고 있다.

거의 두 세기에 걸쳐 존재해왔고 변화를 멈추지 않는 이 독창적인 기업을 더 잘 이해하기 위해서 우리는 이 장을 다음과 같이 구성하고자 한다. 첫 번째 부분에서는 협동조합의 역사적 뿌리를 환기하고 협동조합의 정체성과 현재의 모습을 소개할 것이다. 그 다음은 보다 이론적인 부분으로 신제도주의적 접근법에서 출발하여 자주관리기업 이론을 거쳐 협약주의conventionalism의 틀에서 협동조합을 분석하는 방식으로 다양한 분석방법을 소개할 것이다. 이를 통해 결론에서는 협동조합 이론과 실천의 기여와 한계를 다룰 것이다.

1. 협동조합의 역사적 뿌리

협동조합에 대한 이론적 작업은 협동조합운동이 형성되고 변화되어온 과정과 맥락을 같이한다. 비록 사상의 역사가 꼭 실천의 역사가 될 수는 없지만 겹치는 경우가 있고, 특히 협동조합 분야에서는 협동조합의 이론가들이 그 사상을 구체적으로 실현하는 실천의 주체인 경우를 종종 볼 수 있다.

우선 '협동조합'이라는 용어는 처음부터 보편적으로 사용되었던 개념이 아니었음을 밝히고자 한다. 프랑스에서는 노동과 연대, 상호부조와 결사체주의의 의미를 담은 '노동(자)결사체'라는 표현을 사용했다. 1831년에 설립된 빠리목공노동자결사체와 영국의 맨체스터 근처에서 1844년에 설립된 로치데일협동조합이 각 나라마다 어떻게 다른 용어를 사용하는지 보여주는 좋은 예이다. 협동조합이라는 용어는 원래 영국에서 시작되었는데 19세기 전반에 걸쳐 점차 확산되어 나갔던 것이다.

결사체주의와 협동조합의 차이는 어디에서 생겼던 것일까? 드무스띠에(Demoustier, 2001)에 따르면 노동결사체는 생산결사체, 노조결사체 등 모든 형태를 아우르며 다차원적이고 거대한 집단 프로젝트의 성격을 가진다고 강조했다. 이와 비교해서 협동조합은 보다 기업가적인 논리를 따르며 자유로운 선택과 계약을 중시했다. 이러한 관점에서 볼 때 프랑스식 결사체주의는 협동조합보다 더 급진적이고 혁명적인 사상적 토대를 가진다고 할 수 있다.

협동조합의 등장과 발전과정을 개략적으로 소개하기 위해 믈라데나츠(Mladenatz, 1933)[62]의 이론에 영감을 받은 데로쉬(Deroche, 1976)의 연구성과에 기초할 것이다. 데로쉬는 협동조합운동을 세 시기로 구분했다. 첫 번째 시기는 '유토피아 시기'로서 19세기 초에서 중반 이후까지 이어지며, 영국의 로버트 오언, 프랑스의 앙리 드 생시몽과 샤를르 푸리에, 루이 블랑이 대표적인 인물이다. 그 다음은 '경험의 시기 또는 실험의 시기'로서 특히 프랑스의 필립 뷔셰Philippe Buchez, 영국의 윌리엄 킹과 로치데일의 공정개척자, 그리고 독일의 프리드리히 라이파이젠과 헤르만 슐체-델리치가 대표적이다. 마지막은 '성찰의 시기'로서 이 시기 동안에는 19세기와 20세기 초의 다양한 사상적 흐름을 가진 이론가들의 작업이 종합되었다.

1. 1. 유토피언들과 이론가들의 사상에 추동된 시기

18세기 말과 19세기 초에는 아직 산업혁명의 여파가 그리 크지 않았다. 인구의 대부분은 농촌지역에 살았고, 장인들의 기업이 다수였으며, 부르주아와 귀족의 대립도 구조화되어 있던 시기였고, 인구의 대부분은 빈곤한 상태였다. 이러한 때에 자유주의와 경쟁논리에 대적할 이념으로 등장한 결사체주의는 빈곤을 물리치고 더욱 정의로운 사회를 만드는 데 기여할 수 있는 사상으로 구축되었다. 여러 저자들은 우

62-루마니아의 경제학자로 1933년에 《협동조합 이론(독트린)의 역사*Histoire des doctrines cooperatives*》를 빠리에서 발간했다.-옮긴이

애와 연대의 강화, 교육의 발전과 같은 사안을 강조했다. 그들은 자본이 인간해방의 수단이지 그 자체로 목적이 아니라고 간주했다. 결사체주의 모델의 중심은 사람이며, 조직이란 사람에 복무하기 위해 존재하는 것이다. 그래서 결사체가 경제적으로도 효과적일 뿐 아니라 사회정의를 구현하는 핵심동력이라 사고했다. 여러 저자들은 이러한 생각에 동의하면서도 연대적인 제도를 구축하는 데 있어 국가의 역할이나 어느 정도로 집산화collectivisation할지에 대해서는 이견이 있었다.

이 장에서는 역사 속의 유토피아적 결사체 모델과 함께 자유주의에 대한 대안으로서 협동조합의 발전에 기여한 주요 이론가들을 소개하고자 한다. 이 첫 번째 시기의 주요 저자들은 대부분 영국이나 프랑스 출신이다.

로버트 오언(1771~1858)은 영국 소비협동조합 모델의 창설자이다. 그는 원래 가난한 집안 출신이었으나 일찍이 부유한 자선사업가가 되었다. 보다 공정한 사회질서를 추구하던 그는 협동조합의 기본이 되는 원칙을 공포하였다. 특히 노동자들의 해방과 운명의 개선에 관한 문제에 민감했던 오언은 자본 축적이 가격 상승의 원인이라 여겼으며, 생산의 사적 소유 때문에 사회정의가 실현될 수 없다고 생각했다(Gueslin, 1987). 오언은 화폐가 매개가 되어 이윤이 생기는 것이기 때문에 노동시간에 따라 생산물의 가격을 정하는 '노동쿠폰labour notes'으로 화폐를 대체해야 한다고 했다. 그는 또한 공동체적인 조직에 꼭 필요한 교육의 문제와 노동자들을 위한 사회적 권리 획득의 필요성을 강조했다. 이러한 그의 생각을 실험하기 위하여 오언은 미국의 인디애나주에 뉴하모니New Harmony라는 자급공동체를 세웠으나 실패로 끝났다. 하지만 공동체의 실패에도 불구하고 오언은 일반적으로 협동조합의 창설자이며(Gueslin, 1987) 최초의 위대한 유토피언일 뿐만 아니라 근대

협동조합의 아버지로 간주된다(Mladenatz, 1933).

윌리엄 킹(1786~1865)은 〈협동조합인The Co-operator〉이라는 잡지의 창간자이다. 이 잡지는 영국에서 1825년부터 1830년까지 발간되었는데, 협동조합의 활동에 따른 모든 잉여금은 적립하여 가용 자본을 증가하도록 해야 한다는 생각을 옹호했다. 또한 그는 자주결정의 중요성과 노동중심성을 강조했고, 특히 자본에 대하여 집단 노동의 중요성을 강조했다.

프랑스에서는 영국과 달리 결사체주의가 자율적으로 발전했다. 생시몽(1760~1837)은 비록 귀족 출신이었으나 놀고먹는 부유층 엘리트가 지배하는 사회를 비판했다. 그는 결사체를 '산업'[63], 즉 노동의 발전을 이룰 수 있는 경제활동 조직 양식으로 간주했다. 이를 통해 생산을 증가시킬 수 있고, '사회적인 행복'을 누릴 수 있을 것이라 생각했다. 이렇듯 결사체가 연대의 확산에 기여하는 반면 국가는 모든 경제활동을 조정하는 임무를 맡아야 한다고 주장했다.

샤를르 푸리에(1772~1837)는 기존 질서를 맹렬히 비판하며 자유주의에 문제를 제기했다. 그리하여 그는 모든 경제적, 도덕적 힘을 모아 모든 사람들을 위해 복무하는 대안적인 모델의 원칙을 발전시켰다. 이 모델을 그는 결사체라고 불렀으며, 생시몽과 마찬가지로 결사체를 통하여 사회적 행복을 이루어야 한다고 했다. 그래서 이를 실현하기 위하여 팔랑스떼르Phalanstère라 이름붙인 공동체를 창안했다. 이 모델은 삶이 완전히 통합된 생활공동체와 같다. 드라프리(Draperi, 2012, p.19)

63 – 생시몽은 항상 '산업'이라는 표현을 사용했지만 후세대의 많은 학자들은 의미를 '노동'이라고 해석하는 것이 타당하다고 판단하고 있으며, 저자 또한 그렇게 해석하고 있다. 역자 또한 저자의 생각에 동의한다. – 옮긴이

는 푸리에를 '프랑스 협동조합의 유토피언'으로 여긴다.

삐에르-조제프 프루동(1809~1865)의 사상은 불의의 원천이 되는 '소유제도' 문제를 중심으로 비판한다. 그는 소유권으로 인해 부가가치가 만들어지므로, 창출된 부가가치를 소유주가 독차지하게 되어 교환에서 불평등이 생기는 근원이 된다고 여겼다. 프루동은 사람들 간의 불평등 문제의 심각성을 강조했다. 그는 결사체를 집단의 힘을 만드는 수단이자 분업을 조직하는 방안으로 여겼으며, 결사체를 통하여 자본중심에서 노동중심으로 바꿔나가야 한다고 했다. 또한 그는 개인들 간의 호혜적인 보장을 마련하는 공제조합이라는 개념을 발전시켰다. 1848년에 프루동은 무상의 상호신용대출, 현금지불제도 폐지와 교환쿠폰의 전면적 실시라는 원칙에 근거한 교환은행에 대해 이론적 기초를 세웠다. 그는 1년 후 이 구상을 실현하기 위해 노력하였으나 실패했다. 이후 그는 결사체가 공제조합을 전파하고 공동체와 소유권을 통합하는 수단이라 생각했다.

루이 블랑(1812~1882)은 경쟁을 빈곤과 비참함의 주범이라고 여겼으며, 결사체를 이에 대응할 수 있는 방안으로 간주하여 노동자생산결사체의 설립을 권고했다. 그는 이 노동자협동조합을 '사회작업장 ateliers sociaux'이라 지칭했는데, 그 안에서 모든 노동자는 평등해야 한다고 생각했다. 그는 국가가 노동부를 통하여 이 사회작업장을 만들어야 한다고 했다. 또한 그는 노동자들이 저축할 돈이 없기 때문에 국가가 빈곤층을 위해 은행가의 역할을 담당해야 한다고 했다. 이런 점을 볼 때 그는 협동조합의 발전과 극빈층의 생활조건 향상을 위해 국가가 중요한 역할을 맡아야 한다고 생각했음을 알 수 있다.

1.2. 선구자들의 업적

초기 결사체주의 이론가들이 그들의 이상을 실현하고자 시도한 노력들은 별로 성공을 거두지 못했다. 하지만 그들의 시도는 이후에 펼쳐진 다양한 선구적인 실험들에 많은 영감을 주었다.

특히 1844년에 맨체스터에서 설립된 로치데일 공정개척자회는 협동조합 실천의 특성을 규명하여 원칙을 제시하는 데 상당히 기여했다. 이 원칙은 이후 1895년에 같은 장소인 맨체스터에서 국제협동조합연맹International Cooperative Alliance, ICA이 결성되었을 때 계승되었다. 이 사례가 어떻게 시작되었는지 살펴보자. 당시에는 플란넬 판매가 증가하여 그것을 제작하는 작업장들이 번성하던 시기였으나 방직공들은 고용주에게 임금을 올려 받지 못했다. 그리하여 방직공들은 그들과 가족의 구매력과 생활수준을 향상시킬 수 있는 다른 방도를 찾다가 결사체를 조직하여 협동조합 상점을 열기로 결정했다. 이 협동조합은 판매와 구매 시 현금 지급, 배송된 품목의 질 관리, 자본이 아닌 구성원들의 이용고에 따른 잉여의 배당(인센티브 제도) 등 다양한 원칙에 기반했다. 이로써 소비협동조합이라는 특이한 협동조합이 탄생한 것이다. 이 협동조합을 통하여 구성원들은 더 나은 조건으로 소비재를 구할 수 있게 되었다. 로치데일의 공정개척자들은 민주주의(1인 1표), 인센티브 제도(이용고배당), 출자금제도(구성원들의 자본참여), 가입의 자유, 구성원 교육 등 협동조합의 대원칙을 제시했다.

프랑스에서는 생시몽의 제자였다가 그와 점차 멀어진 필립 뷔셰(1796~1865)가 있었다. 그는 노동자결사체를 통해 자본가의 기업을 대체하는 데 집중했다. 그리하여 자본 소유자인 기업가의 착취를 막기 위하여 노동자에게 나누어주는 잉여금의 일부분을 나눌 수 없는 공동의 적립금으로 만들어 사회적 자본(출자금)을 형성하였다. 뷔셰는 오늘날까지도 노동자협동조합의 중심축을 형성하는 '나눌 수 없는 적립금(비분할 적립금)'의 개념을 도입했을 뿐 아니라 협동조합 구성원들의 '이중 자격의 원칙(노동자이자 나눌 수 없는 적립금을 공동 소유하는 동업자)'을 도입하기도 했다. 1834년에 뷔셰는 '금세공노동자 기독결사체Association chrétienne des bijoutiers en doré'의 설립을 지원해서 나눌 수 없는 공동의 자본 형성을 진흥했다. 또한 그는 노동자협동조합의 대원칙을 제시했다. 그 원칙은 "노동자들은 노동의 도구로서 양도할 수 없는 공동의 자본을 형성하지만 노동을 결사하는 것이지 자본을 결사하는 것이 아니다. 그리고 공동의 자본은 모두의 이익을 위해 구성원 중 한 사람에게 관리를 맡긴다."는 것이다.

이후 19세기 하반기에는 장-밥티스트 고댕Jean Baptiste Godin(1817~1888)이 우아즈Oise에 '기즈가족공동체Familistère de Guise'를 설립했다. 이는 협동조합 역사에서 가장 놀라운 실험 중 하나로서 샤를르 푸리에와 당시에 새로이 일어나는 협동조합운동에서 영감을 받은 것이다. 기즈가족공동체는 노동자 가족들을 위한 공동주거지이다. 이곳은 고댕이 운영하던 기업의 이윤으로 운영되는 곳으로 집과 교육공간과 놀이공간으로 이루어져 있다. 과거에 공장 노동자였던 고댕은 주물화로로 큰 성공을 거두었고 그리하여 자본과 노동의 관계를 바꾸고 노동계층이 빈곤에서 벗어날 수 있도록 노력하는 대표적인 기업가로 변신할 수 있었다. 그는 기업의 이윤분배 원칙을 새로이 정했다. 그리하여 노동자들은 많은 사회적 혜택을 얻을 뿐 아니라 임금에 더하여 10년간 동결되는 출자금 계좌를 개설하도록 했다. 그는 또한 투표제도를 도입함으로써 최초로 산업민주주의의 형태를 시도하기도 했다. 노동자들의 참여를 이끌어내는 그의 노력은 중요한 의미를 가진다. 기즈가족공동체가 한참 번성할 때 그것을 노동자협동조합으로 전환했는데 1,500명의 노동자들이 참여했다. 고댕 상표의 난로는 이후 1960년대까지 해당 분야 시장의 선두 그룹에 속했다.

당시 아직도 프러시아였던 독일의 경우 19세기 말 협동조합은 신용협동조합의 형태가 주류였으며 자선사업가의 전통 속에서 이루어졌다. 대표적인 인물은 농촌지역의 농업 분야에서 활동한 프리드리히 빌헬름 라이파이젠(1818~1888)과 도시의 장인 중심으로 활동한 헤르만 슐체-델리치(1808~1883)이다. 이 두 선구자들은 노동계층의 해방을 위해 기여하는 것을 목적으로 하지는 않았다. 그들은 노동자들이 자신들의 미래를 스스로 책임질 수 있도록 하여 사회주의가 발전하는 것을 막으려고 했다. 라이파이젠은 저축신용대출금고를 설립하여 소농들이 생산수단[64]을 소유할 수 있도록 하고, 고리대금을 없애려 했다. 구성원 간의 무한 연대와 한정된 지역에서의 운영이라는 원칙으로 운영함으로써 그는 출자금제도를 두지 않고 저축과 신용대출이 가능하게 했다. 그의 모델은 독일에서 라이파이젠은행으로 발전했고, 스위스와 오스트리아에서 라이파이젠금고가 설립되는 데 영향을 미쳤으며, 프랑스에서는 농업신용대출Crédit Agricole과 공제조합신용대출Crédit Mutuel, 벨기에에서는 지역저축신용대출금고Cera, 네덜란드에서는 로보은행Robobank, 캐나다 퀘벡에서는 데자르댕금고가 설립되는 데 영향을 미쳤다. 슐체는 도시의 장인들과 중산층을 지원하면서 자본 없는 결사체에는 반대했다. 그는 보다 자유주의적인 협동조합은행 모델을 개발했는데 프랑스의 민중은행Banque Populaire이 그의 모델에 영향을 받

64 – 이때 생산수단이란 농사에 필요한 가축인 소를 뜻한다. 라이파이젠은 은행에서 돈을 빌려 70마리의 소를 사서 농민들에게 장기 임대해주었다. –옮긴이

았다. 라이파이젠이 배당금제도와 운영자에 대한 보상제도를 금지하면서 협동조합금고를 통해 도덕교육을 하고자 했다면, 슐체는 반대로 자본과 운영자에 대한 보상제도를 중시했다. 이러한 차이에도 불구하고 그 둘은 신용대출협동조합이 발전하는 데 큰 역할을 했다고 할 수 있다.

1. 3. 협동조합운동의 격동적인 도약기

앞서 보았듯 협동조합운동은 다양한 형태를 취하며 대부분 산업혁명에 대한 대응으로 유럽, 특히 영국과 프랑스, 독일에서 탄생했다 (Toucas, 2005).

프랑스에서는 원래 협동조합과 상호공제조합이 '결사체주의'라는 개념 아래 만들어졌다. 그리고 영국에서 일어났던 것과는 달리 프랑스에서는 노동자생산협동조합이 소비협동조합을 앞질렀다. 이러한 결사체운동은 직능별 결사체와 연대공동체 형태를 금지하는 공권력에 대응하기 위함이었다. 프랑스혁명 후 공권력은 국가가 일반적 이익(공익)을 보장하는 유일한 기구이므로 시민과 국가 사이의 모든 중간조직의 뿌리를 뽑고자 했다. 이러한 상황에서 특히 장인들 사이에서 노동자결사체가 활발했던 까닭은 임금노동이라는 예속과 착취에서 벗어나려 했기 때문이다.

1848년부터 협동조합운동은 영국에서는 소비 분야에서, 프랑스에서는 노동자협동조합 분야에서 확산되었다. 이후 20세기 초에는 협동조합의 유연성이 발휘되어 생산, 소비, 유통, 장인, 상업 등 다양한 형태의 협동조합이 농업, 어업, 공업 및 서비스 등 다양한 경제 부문에서 발전되었다. 1920년대에는 프랑스에서 노동자협동조합이 정체된 반면 소비협동조합을 중심으로 협동조합운동이 비약적으로 발전하기 시작했다. 소비협동조합은 비싼 물가에 대처할 수 있는 수단이 되었기 때문이다.

셀(Celle, 2014)은 프랑스 협동조합운동을 떠받치던 이념적 모태가 어떻게 변화하고 다변화되었는지 보여준다. 라베르뉴Lavergne[65]는 신고전주의 이론에 기초하여 분석했고, 뒤브레이유Dubreuil는 신자유주의의 관점에서 협동조합운동을 분석했다. 반면 포께Fauquet[66]나 모스와 같은 이론가들은 사회주의의 전통을 계승했다.

프랑스에서 노동자협동조합의 경우 그 수는 2000년대 초부터 꾸준히 증가했다. 프랑스 노동자생산협동조합뿐 아니라 공익협동조합Sociétés Coopératives d'Intérêt Collectif, SCIC을 아우르는 노동자생산협동조합총연맹CGSCOP[67]에 따르면, 2015년에 이 두 유형의 협동조합은 2,855개 기업의 51,500명의 임금노동자를 포함하며 총매출은 45억 유로에 달한다고 한다. 최근 이들 협동조합은 빠른 성장을 보일 뿐 아니라 지속가능성의 측면에서 일반 기업들에 비해 두각을 나타낸다. 5년 이상 지속율을 보면 일반 기업은 50%인 반면 SCOP과 SCIC은 65%로 그들의 회

---

65 – 베르나르 라베르뉴(Bernard Lavergne)는 지드와 함께 〈협동조합 연구리뷰(Revue des Etudes Coopératives, 1921)〉를 창간했다. 그는 경제적, 정치적 질서에서 '소비자를 우위'에 둠으로써 사회를 완전히 재조직해야 한다고 생각했다. 그는 협동조합 모델에 근거한 새로운 정의롭고 자유로운 질서를 통해 새로운 형태의 자본주의에 사회정의와 자유 확대를 결합하여 국가주의의 파행을 막을 수 있다고 여겼다.

66 – 조르주 포께(Georges Fauquet, 1942)는 협동조합운동의 한계를 인식하고 있었기에 샤를르 지드와 에르네스트 뿌아쏭이 발전시킨 협동조합공화국(République coopérative) 사상을 수용하지 않았다. 오히려 그는 자본주의 및 국가와 비교하여 협동조합의 상대적 역할을 구분하며 다양한 협동조합 유형을 통합한 '협동조합 부문(secteur coopératif)'에 대한 이론을 발전시켰다.

67 – 프랑스에서 노동자협동조합은 일반적으로 역사적인 명칭인 노동자생산협동조합회(Sociétés Coopératives Ouvrières de Production)의 전통을 따라 SCOP이라고 불린다.

복력이 높다는 것을 알 수 있다.

2차 세계대전 후 협동조합운동은 쇠퇴하기 시작했고, 특히 1960년대에 들어 그 정도가 심해졌다. 하지만 그 중 일부만 1980년대부터 눈에 띌 정도로 협동조합운동을 쇄신하면서 쇠퇴의 흐름을 막아왔을 뿐이다. 쇠퇴의 원인은 경제활동과 기업의 경쟁 격화와 세계화 과정으로 특징지어지는 자본주의의 거대한 전환과 연결되지만 복지국가의 발전과도 무관하지 않다. 이러한 전환은 협동조합을 약화시키는 결과를 가져왔다. 이 점에 대해서는 차후에 살펴볼 것이다. 우선은 아래의 글 '협동조합 모델과 발전경로의 다양성'에서 보이는 것처럼 협동조합 모델과 발전경로의 다양성 정도만 기억하고 넘어가도록 하자.

1. 4. 협동조합의 등장과 발전의 조건

가장 최근의 발전에 대해 언급하기 전에 협동조합운동은 어떤 조건에서 등장했는지, 그리고 어떤 단계를 거치며 성장했는지 협동조

협동조합 모델과 발전경로의 다양성

협동조합은 결사한 조합원이나 법인들이 어떤 도전을 극복하고자 했는지에 따라 아주 다양한 모델이 만들어졌다.
프랑스에서는 개인기업이나 가족기업들의 협동조합에는 농업협동조합, 장인협동조합, 운송협동조합, 어업협동조합, 그리고 소매상협동조합 등이 있으며 조합원은 기업

가이다. 이 협동조합들은 애초에 공동구매를 위해 모인 사람들이 품질관리, 경영 전산 시스템, 커뮤니케이션과 마케팅 등 점차 서비스의 영역을 넓혀가면서 협동조합으로 발전해나간 것이다. 이 협동조합들을 통해 개별 사업자조합원들은 그들의 독립성을 유지하면서도 일부 기능을 상호부조함으로써 발전할 수 있게 된다.

이러한 유형 안에서 특히 농식품협동조합을 집중 조명해보면, 대규모의 제휴와 집중 전략을 관찰할 수 있다. 그 결과 협동조합 그룹의 발전이나 규모화 경쟁이 첨예하게 되었다(Mauget & Duchamp, 2012). 예컨대 2011년에는 프랑스의 선두 20개 농업협동조합들의 총매출이 전체 농업협동조합 3,900개 매출의 46%를 차지했는데, 2000년의 수치는 30%였다. 이러한 기업 집중 전략을 통해 시장점유율을 높이고, 구매자와 공급자들에 대해 시장의 힘을 발휘할 수 있으며 국제화가 용이하게 되었다. 때로는 자본기업과의 제휴도 이루어져 하이브리드 협동조합이라는 형태가 등장하기도 했다(Spear, 2011). 그렇지만 유럽의 선두 25개 협동조합 안에 들며 프랑스 농업협동조합 가운데 1위인 인비보InVivo는 네덜란드, 독일, 덴마크 협동조합에 뒤처져 유럽에서는 11위에 머물 뿐이다. 이 세 나라의 선두 농업협동조합들은 엄청난 기업 집중을 추진해왔다. 로컬푸드의 등장에도 불구하고 농업 시장은 점점 더 세계화되는 추세에서 프랑스는 북유럽의 협동조합들에 비하면 아직 갈 길이 멀다. 그러나 이 집중화 현상이 농민 조합원들과의 관계에 영향을 미쳐 이 그룹 협동조합들의 지배구조 및 운영방식에 문제가 발생하기도 한다. 이러한 현상은 거대 농업협동조합들의 진부화 과정일까? 이는 자본주의 기업들에 대한 모방이나 그들과 비슷해지는 동형화isomorphism 현상이라고 봐야 하지 않을까?

협동조합은행들도 비슷한 현상을 보인다. 이들 협동조합은 아주 세계화된 시장을 무대로 운영되며, 농업협동조합 부문에서 관찰되는 방식과 유사하게 내외적으로 집중화를 추진하고 있다. 이들 또한 조합원들과의 관계 문제가 대두되어 해결하기 어려운 난제로 남아 있다. 그리하여 협동조합은행들은 2000년부터 협동조합다운 지배구조에 대한 성찰을 강화하고 조합원의 참여와 확대를 위한 창의적 도구를 개발하면서 문제를 해결하려고 노력하는 중이다(Richez-Battesti & Gianfaldoni, 2006).

합의 역사를 통해 몇 가지 교훈을 얻는 것도 유익할 것이다. 드푸르니(1995)는 특히 '필요의 조건'과 '집단적 정체성 혹은 운명공동체'라는 두 가지의 핵심적인 조건을 꼽는다. 데로쉬가 말했듯 협동조합은 우선 '필요의 딸'이다. 왜냐하면 협동조합은 자본주의 사기업 부문과 국가가 해결해주지 못하는 중요한 필요(니즈)에 해결책을 제시하려고 하기 때문이다. 하지만 협동조합은 두 번째 조건이 충족되지 않으면 만들어질 수 없다. 개인이 아니라 집단적으로 해결하도록 사람들을 결속하는 것이 있어야 한다. 즉, 같은 소속감(노동자 혹은 농민, 사회주의자, 기독교인, 바스크, 플랜더스나 퀘벡 등)에 기반하거나 아니면 예컨대 오늘날 거대한 환경문제에 직면하여 형성되는 의식처럼 근대적인 방식의 운명공동체 정신에 기반하여 집단의 결속이 있어야 하는 것이다.

이 두 조건에 더하여 협동조합의 발전은 협동조합이 효율적으로 대응할 수 있는 특정한 시장 부분을 발굴하여 개발하는 능력에 달려있다는 점을 강조하고 싶다. 하지만 이 점에 대해 논하자면 처음부터 효율성의 근거가 무엇인지 제시해야 하고, 그 근거를 통해 협동조합에 대한 다양한 분석틀을 가진 이론적 경향들 간의 공론화 과정을 거쳐야 하는 복잡한 일이 된다.

자마니(Zamagni, 2005)의 경우 협동조합은 산업의 발전으로 생긴 일종의 예상치 못한 결과로 간주한다. 하지만 협동조합에 기대할 수 있는 효과는 긍정적이며, 그뿐 아니라 더욱 발전된 사회에서 기업가방식의 쇄신을 이루는 징후로 볼 수도 있다고 한다. 어쨌든 협동조합이 예컨대 드레퓌스(Dreyfus, 2005)나 드라프리(2012)에 의해 사회운동 차원에서 분석되기도 하지만, 점차 경제적이고 기업가적인 측면에서 접근하는 경향이 강해지고 있다고 할 수 있다. 그도 그럴 것이 사실 협동조합은 자원과 개인 또는 기업을 결합한 형태를 취하며, 다양한 활동

분야를 망라하기 때문이다. 하지만 협동조합은 여전히 독창적인 기업이며, 이러한 점에서 협동조합은 정의와 해방의 이상을 담고 있다고 할 수 있다.

2. 협동조합의 정체성

로치데일 공정개척자회의 정관은 협동조합 역사에서 빼놓을 수 없는 참고자료이다. 하지만 협동조합의 정체성에 대한 논의는 계속 이어져왔고, 다양한 연구작업과 국제협동조합연맹ICA의 총회가 거듭되면서 진화해왔다. 그 까닭은 ICA가 확대됨에 따라 협동조합의 실천이 계속 다변화되었기 때문이며, 또 역사의 변천에 따른 상황 역시 변화했기 때문이다.

2. 1. ICA에 따른 협동조합의 정체성

ICA는 비정부기구인 독립적인 결사체로서 협동조합을 알리고 발전시키며 협동조합의 정체성을 특징짓는 역할을 한다.

ICA는 영국협동조합연맹의 주도로 1895년 8월에 설립되었다. 영국에서 개최된 제1차 총회에는 4개의 주요 협동조합 분야(농업, 소비, 신용대출, 생산) 소속 200명의 대표자가 참석했다. ICA의 정관은 이듬해 파리에서 개최된 총회에서 채택되었다. 드라프리(2012, p.170)는 1835년 영국, 1867년 프랑스, 1869년 영국에서 국제협동조합운동을 설립하려는 세 번의 시도가 좌절된 후 1895년에야 비로소 ICA가 설립되었음을 강조했다.

원래 ICA는 영국 출신이 압도적으로 많았으나 먼저 유럽 각국에서, 그 다음에는 러시아와 개발도상국 등 신규 가입 국가로 확장되면서 그 영향력이 차차 줄어들었다. ICA는 또한 임금노동자의 참여가 핵심인 노동자협동조합과 전통적인 임금노동자를 고용하면서 소비자 고객이 조합원인 소비협동조합 사이에 긴장관계가 형성되기도 했다.

2.1.1. ICA의 이정표가 되는 시기

여러 저자들이 ICA 역사의 일부나 전체를 시기별로 구분하려고 시도해왔다. 드라프리(2012, pp.17~18)는 "지드는 ICA의 초기를 경제 및 사회 이론에 따라 부르주아 시기(1895~1902), 사회주의자 시기(1902~1910), 자율적인 시기(1910년 이후)로 구분했다."고 밝혔다. 믈라데나츠(1933)는 협동조합의 지배적인 유형에 의거해 생산협동조합, 소비협동조합, 농업협동조합의 시기로 구분한 바 있다. 데로쉬(1976)는 로치데일의 원칙을 둘러싼 논의에 근거하여 시기를 구분했고, 왓킨스(Watkins, 1970)는 ICA 차원의 구체적인 활동에 근거하여 구분했다.

미뇨 등(Mignot et al., 1999)은 협동조합의 확산 정도를 역사적, 지리적 분석에 따라, 즉 한 국가에서 하나 이상의 협동조합에 가입한 인구 비중(이 인구집단이 ICA에 직간접으로 가입한 연합조직에 속하는 경우)에 기초하여 구분하는 방법을 취했다. 그리하여 여러 나라의 협동조합 밀도를 분류하고, 다른 한편으로는 각국의 1인당 GDP에 근거하여 협동조합의 발전 수준을 분류함으로써 그는 협동조합의 확산은 그 나라의 발전 수준과 함께 증가한다는 사실을 확인했다. 드라프리(2012)는 ICA의 쟁점과 그에 따른 집단적 협상 과정과 결과를 중심으로 시기를 구분했다.

2.1.2. 세월에 따라 진화하는 협동조합의 원칙

ICA의 초기에 협동조합의 원칙은 로치데일 공정개척자들이 만든 원칙, 특히 민주주의 원칙(1인 1표), 자유로운 가입, 구성원의 기여도에 따른 잉여의 분배, 자본에 대한 제한적 보상, 정치적·종교적 중립 등의 원칙에 많은 영향을 받았다. 그때부터 지금까지 민주주의 원칙이 협동조합의 중심축을 이루는 반면, 나머지 네 원칙 중 두 원칙에 대해서는 격렬한 논쟁이 벌어졌다. 사실 정치적·종교적 중립의 원칙은 20세기 초에 폐기되었다가 1937년 파리에서 개최된 총회에서 다시 권고되었다. 두 번째 논쟁은 잉여가 누구에게 돌아가야 하는지의 문제이다. 이 사안에 대해 소비자에게 인센티브를 제공할 것을 요구하는 '협동조합주의자들'과 결사한 노동자들을 우선시하는 '참여주의자들'이 대립했다. 이 문제는 드라프리(2012)가 잘 정리했듯, '진정한 참여'란 무엇인가가 쟁점이다. ICA는 노동자들이 단순히 협동조합의 잉여분배에 참여해야 한다는 논리에 만족하지 않고 1900년 이후 '공동파트너십'을 권장하기로 선택했다. 즉, 노동자들에 대한 잉여의 분배와 자본 및 경영(임원)에 노동자들의 기여라는 두 가지 요소를 결합하기로 한 것이다.

다른 한편, 협동조합의 원칙은 고정된 것이 아니다. ICA 설립 이후 이 원칙들은 토대가 되는 원칙과 경제적 상황(성장의 시기와 위기의 시기), 사회적 상황(빈곤), 정치적 상황(계획경제, 독재, 시장경제) 등에 따른 갈등 요소를 반영하면서 세 차례에 걸쳐 재정립되었다.

1937년 파리 총회에서는 가입의 자유, 민주적 통제, 거래에 따른 잉여의 분배 세 가지 원칙을 '의무' 원칙으로 하고, 정치적·종교적 중립, 현금판매, 교육의 발전에 대한 원칙은 '권고' 원칙으로 구분하였다.

1966년에는 협동조합이 한창 변화하던 상황을 고려하여 협동조합 실천의 특성을 더욱 잘 드러내기 위한 6가지 원칙이 정립되었다. 드라프리(2012, p.193)는 이때의 상황을 협동조합의 사회적 역할에 대한 관심은 줄어들었고, 협동조합이라는 존재를 일반적인 이익, 즉 모든 개인의 해방을 위한 수단으로 사고하기보다는 협동조합만을 위한, 그리고 조합원들의 이익만을 위해 활동하는 기업의 실천을 의미하게 되었다고 해석한다.

1995년 100주년 기념 총회 때 ICA는 7대 원칙을 확립했다. ①자발적인 가입, ②구성원에 의한 민주적인 권력, ③경제적인 활동에 참여, ④자율과 독립, ⑤교육, 훈련, 정보제공, ⑥이종 협동조합들 사이의 협동 또는 협동조합들 사이의 협동, 마지막으로 ⑦지역사회에 대한 참여의식이다.[68] 이 원칙들은 아직도 유효하다. 그리고 이 원칙들은 협동조합의 토대가 되는 가치를 실현하게 한다는 점도 기억해야 할 것이다. 그 가치는 개인적·상호적 책임, 민주주의, 평등, 공정함과 연대이다. 그리고 ICA는 협동조합을 다음과 같이 정의한다(www.ica.coop).

"협동조합은 공동으로 소유되고 민주적으로 통제되는 사업체(기업)를 통하여 공통의 경제, 사회, 문화적 필요와 열망을 충족하기 위하여 자발적으로 결속한 사람들의 자율적인 결사체이다."

협동조합은 수단과 자연인이나 법인을 묶은 형태를 취한다. 종합적으로 분석해보면 협동조합은 다음과 같은 4가지 원칙에 의해 다른 기업과 구별된다고 할 수 있다.

---

68 – ICA의 7대 원칙은 언어에 따라 조금씩 달리 번역되었다. 이 책에서 저자가 소개하는 7대 원칙은 불어권에서 사용하는 원칙으로 영어로 된 원칙에서 사용하는 용어나 의미와는 조금 차이를 보인다. –옮긴이

- 협동조합은 자연인이나 법인의 자유롭고 자발적인 가입에 기초하며, 구성원들은 이중의 자격을 가진다(구성원은 공급자, 고객, 임금노동자의 어느 경우든 협동조합의 동업자이면서 동시에 협동조합이 제공하는 서비스의 수혜자이다).
- 비조합원인 제3자와 일을 할 때[69]는 그에 해당하는 특별한 법조항이 있으며, 정관에 명시할 때만 허용한다.
- 구성원에 의해 민주적으로 운영된다. 각 구성원이 기여한 자본이나 활동량과 무관하게 총회에서 '1인 1표'의 규칙을 행사할 수 있다.
- 협동조합은 투기하지 않는 사업모델이다. 조합원이 보유한 출자금에 대한 이율은 총회에서 결정해야 하며, 영리기업이 발행하는 채권 수익률의 상한선을 넘지 않아야 한다. 잉여의 일부는 나눌 수 없는 적립금에 할당해야 하며, 나머지는 이용자들의 활동(이용)에 따라 인센티브로 분배할 수 있다.

이 원칙들은 협동조합이 두 차원에서 운영된다는 점을 반영한다. 우선 협동조합은 필요와 사업계획과 목표를 가진 사람들의 결사체라는 점이고, 또 하나는 이 사업계획을 실현하는 수단으로서 공동의 기업이라는 점이다.

69- 예컨대 노동자협동조합의 경우 비조합원인 임금노동자를 고용하여 함께 일을 하는 경우, 교육이나 보건사회서비스를 제공하는 협동조합의 경우에 조합원 외의 이용자에게 서비스를 제공하는 경우 등을 의미한다. -옮긴이

2. 2. 결사체-기업 이원론(二元論)

포께(1942, p.19)는 "협동조합이 탄생하고 발전해온 기원과 환경, 사회계층을 보면 협동조합은 모든 형태의 민중결사체와 닮아 있다. 협동조합은 각기 적합한 방법으로 이 사회계층을 지키고, 생활수준을 높이고, 해방시키기 위한 노력을 기울이는 조직이다. 협동조합은 다른 활동이나 민중결사체와는 다르게 조직된 경제활동, 즉 기업을 통하여 그 목적을 추구했다."고 강조했다. 이렇듯 협동조합 결사체는 사람들의 결사체이자 공동의 기업이라는 두 요소가 연결되어 있으며, 포께는 이를 들어 '이원론'으로 표현한다. 민주적 측면과 기업가적 측면을 똑같이 중요하게 여기는 점이 협동조합의 본질적인 특성이다. 하지만 이 민주주의라는 것은 조합원들이 노동자인 노동자협동조합 외 다른 협동조합에서는 조합원들에게만 작동하는 것이지 기업의 임금노동자들에게는 해당되지 않는다.

드라프리(2012)는 협동조합 기업이 경제의 영역에서 어떻게 공화국의 근본 가치를 실현하는지 독창적인 방식으로 보여준다. 그는 자발적인 참여는 공화국의 자유의 원칙에, '1인 1표'의 규칙은 평등의 원칙에, 구성원 간의 연대는 우애에 해당된다고 한다. 그리하여 그는 협동조합 기업을 경제적 민주주의와 사회·정치적 민주주의를 조율하는 정치적 영역에 위치시킨다.

3. 현대의 협동조합

ICA는 현재 258개의 회원조직(부문별 연합회와 중앙총연합회)을 아우르며 10억여 명의 조합원을 대표한다. 이 절에서는 전 세계적 차원에서 협동조합 현황의 특징을 소개하고, 그 다음에는 유럽, 특히 프랑스 협동조합의 상황을 중심으로 살펴볼 것이다. 그 다음에는 남부국가의 협동조합과 최근에 이루어지고 있는 협동조합의 쇄신에 대해 소개하고자 한다.

3. 1. 세계의 협동조합

최근의 연구에 따르면, G20 국가에서 협동조합이 차지하는 총고용 비율은 12%이며, 간접 고용이나 협동조합으로 유도된 고용을 제외하고 전 세계에서 협동조합이 고용한 인원은 2억5천만 명으로 집계되었다(Roelants et al., 2014). 〈세계 협동조합 모니터World Co-operative Monitor〉(2015)에 따르면, 가장 큰 규모의 협동조합 300개는 주로 보험(40%), 농업(32%), 상업(17%), 은행(5%)에 분포되어 있다고 한다. 세계적으로 가장 큰 규모의 협동조합 10개는 보험부문에서 일본과 미국 협동조합이, 상업부문에서 프랑스와 독일의 협동조합이, 농업부문에서 한국과 미국의 협동조합이, 은행부문에서 프랑스의 협동조합이 차지하고 있다. 〈세계 협동조합 모니터〉는 또한 위기에 직면한 협동조합의 회복력을 강조한다. 그리고 어떤 협동조합운동은 각별히 개척자 정신을 보여주었다고 한다. 예컨대 일본 소비자들의 시도로 탄생한 일본의 생활클럽 소비자협동조합연합은 양질의 먹거리를 진흥하는 데 기여하며 유럽 많은 나라의 로컬푸드 운동에 영감을 주었다.

유럽에서 이탈리아(41,000개의 협동조합, 조합원 수 1천3백만 명, 임금노동자 100만 명 이상), 스페인(24,000개 협동조합), 프랑스(23,000개 협동조합, 2천6백만 명의 조합원, 1백만 명의 임금노동자[70]), 독일(2천만 명의 조합원과 8십만 명의 임금노동자) 4개국은 다른 나라에 비해 협동조합 부문의 비중이 크다. 임금노동자 수가 가장 많은 부문은 산업서비스와 농업서비스 부문이며, 그 다음으로 주거, 은행, 소비부문이 뒤따른다. 반면 조합원 감소가 가장 현격한 부문은 은행과 상업부문이다. 유럽에서 전체 경제활동인구의 17%가 하나 이상의 협동조합 조합원이다.

프랑스의 경우 두 개의 협동조합이 세계 300대 협동조합에 들어간다. 하나는 소매상협동조합인 에두아르 르끌레르Edouard Leclerc이고 다른 하나는 은행부문의 선두 주자인 크레디아그리꼴그룹Groupe Crédit Agricole이다. 부문별 현황과 선두 100대 협동조합을 보면 매년 프랑스 전체 경제와 지역개발에 협동조합의 중요성이 커지고 있음을 알 수 있다. 2012년 기준, 프랑스의 23,000개 협동조합은 전체 임금노동자의 4.5%를 차지하는데 이 비율은 2008년 이후 지속적으로 증가 추세이다(연평균 4.2% 증가). 이들의 총매출은 3천억 유로이다. 특히 프랑스의 협동조합은 지역화 경향이 강하여 본사의 76%가 지방에 소재한다. 전

70 – 이 최근의 수치는 포괄적인 계산법에 따른 것으로 협동조합의 직업 임금노동자 320,000명(이 책 1장의 표 2와 2권 1장의 표 2에서 볼 수 있음)과 모기업이 협동조합인 자회사의 일자리 180,000개, 그리고 상업협동조합 가게의 판매점에서 일하는 500,000명을 포함한 수치이다.

통적인 부문 외에도 물 관리, 재생에너지(특히 전기 분야 재생에너지에서 에네르쿱Enercoop), 주거, 문화, 건강, 연대적 상점 등 새로운 분야에서 협동조합이 발전하고 있다. 이러한 실천의 쇄신과 더불어 공익협동조합SCIC과 같은 새로운 법적 지위도 등장했다.

하지만 이러한 수치에도 불구하고 최근 몇십 년 동안 협동조합이 당면한 어려움을 감출 수는 없을 것이다. 사실 1980년대부터 협동조합의 '탈협동화(영리기업화, dimutualization)'[71] 물결이 이어졌는데, 이는 특히 영국과 캐나다, 남아프리카에서 심했으며, 오스트레일리아의 경우 생명보험 공제조합이 거의 사라지다시피 한 실정이다. 영국 보험부문의 노위치유니언Norwich Union은 1990년경에, 에티커블Ethicable은 1991년에 영리기업으로 변했고, 미국의 경우에도 이러한 현상을 볼 수 있었다. 탈협동화가 된 까닭은 기업의 발전을 위해 재정 접근성을 용이하게 하기 위한 의도와, 기업 발전을 위한 최소한의 규모에 도달하기 위한 목적으로 구조조정을 했기 때문이다. 소비협동조합 역시 극심한 위기를 겪으며 탈협동화 전략이 동반되었으며, 특히 캐나다의 경우가 그러하다. 아일랜드의 낙농협동조합의 경우도 동일한 길을 걸었다.

이러한 까닭에 어떤 이들은 협동조합 퇴화의 위험을 지적하기도 한다. 이는 조합원들의 소극적인 투자, 소극적인 통제권 행사, 그리고 협동조합의 구성원이 되고자 하는 관심 약화에 기인한다는 것이다(Coté, 2001). 퇴화의 경향은 특히 지주회사협동조합이나 협동조합과 자본기업으로 구성된 협동조합 그룹에서 보인다. 어떤 이들은 이러한 퇴화

---

71 – "탈협동화는 협동조합이나 저축금고, 또는 공제조합이 일반적으로 투자자가 소유하는 주식회사 같은 다른 형태의 기업으로 전환하는 것을 뜻한다. 이러한 전환은 자산의 주식화, 특히 장기간 축적한 적립금을 주식으로 전환하면서 이루어진다. 또한 합병이나 인수 또는 협동조합이나 공제조합이 아닌 기업이 포함된 매수의 결과로 이루어지기도 한다."(Fulton & Girard, 2015, p.4).

가 이들 그룹 구성원 간의 이해 차이로 발생했다고 보기도 하고, 구성원 사이에 생긴 갈등이 일정 기간 그룹의 결속력과 성과에 영향을 미친 결과라고 보기도 한다. 또 어떤 이들은 협동조합의 이상이 약화된 탓이라는 점을 강조한다. 이 문제와 관련한 논쟁은 예컨대 프랑스의 크레디아그리꼴과 같은 은행협동조합 부문을 두고 벌어지는데, 비단 프랑스뿐 아니라 다른 나라의 다른 부문도 무관하지 않다. 특히 스페인 바스크 지방에 근거한 몬드라곤 협동조합그룹은 국제무대에서 자본주의 기업을 매수하면서 발전했는데, 그 중 대표적 기업인 가전제품 제조사 파고르Fagor가 2013년에 파산신청을 했다.

3. 2. 남부국가의 협동조합

남부국가의 협동조합들은 종종 큰 국제협력기구들에 의해 강력한 개발의 도구로 소개된다. 예컨대 UN은 이에 관해 두 개의 결의안을 채택한 바 있는데, 이에 따라 협동조합을 UN의 원조프로그램 실행기구에 포함시켰으며, 2012년을 국제 협동조합의 해로 정했다. 농업생산자 조직, 장인들의 결사체, 이용자들의 모임, 연대 네트워크, 사회적기업 등 20여 년 전부터 남부국가들에서는 협동조합의 성격을 가진 많은 시도들이 폭발적으로 이루어졌다. 많은 분야의 활동이 해당되지만 특히 농촌경제 분야와 소액금융 분야가 두드러지게 많다. 그 결과 아프리카 인구의 약 7%가 최소한 하나의 협동조합에 속한 것으로 추산된다. 협동조합은 특히 가나, 케냐와 같은 나라에서 역동적이다. 인도의 경우 수적인 면에서나 다양성 측면에서 대표적인 남부국가로 꼽힌다. 하지만 이 모든 나라에서 협동조합과 관련한 통계 수치를 내는 것은 너무 복잡한 일이다. 왜냐하면 많은 경우 비공식적으로 이루어지고 해당 국가들이 신뢰할 만한 통계 도구를 갖고 있지 않기 때문이다.

이러한 협동조합 물결은 우연의 산물이 아니다. 민주적 지배구조와 조직의 지속성 측면에서 협동조합은 지속가능한 개발[72]이라는 요구에 딱 들어맞는 형태이기 때문이다. 협동조합은 또한 전통적인 농촌경제와 시장경제 간 '이행의 갑문'으로 소개되기도 한다. 소생산자들에게 협동조합은 조직되어 집단의 힘을 강화하거나 기본적인 서비스에 접근하는 수단으로 여겨진다. 또한 여성들에게는 경제활동에 참여하고, 글을 깨치고, 기업가 능력을 갖게 하여 해방의 수단이 되기도 한다. 인도의 대규모 운동인 SEWA(여성공동창업협회, Self-Employed Women Association)는 여러 분야에서 활동 중이며, 특히 모든 소상업 분야를 아우르는 거대한 여성협동조합 네트워크로서 상징적인 의미를 가진다.

새로운 협동조합의 등장은 우선 공정무역과 같이 보다 공정한 교환을 하고자 하는 사회적 요구에 의하여 촉진되었다. 때로는 파산한 자본주의 기업을 살리는 대안으로 협동조합을 만들기도 한다. 아르헨티나의 경우 2000년대에 들어 문 닫을 상황에 처한 많은 공장을 그 공장의 노동자들이 인수했다. 마지막으로 협동조합의 발전은 국가의 실패를 대체하기 위한 보다 광범위한 운동의 일환으로 이루어졌다. 그리하여 안으로는 해당 국민의 지지로, 밖으로는 효율성과 정당성을 찾는 재정지원 조직들의 지원으로 뒷받침되었다.

그러나 북부국가에서와 마찬가지로 남부국가에서도 협동조합은 비판의 대상이 되기도 한다. 때로는 주로 지역 유지들에게 혜택이 돌아간다는 비판, 전통적인 노하우가 사라지는 데 일조한다는 비판, 영

72 – 모로코의 아르간오일 부문이 좋은 예이다.

리기업의 다른 얼굴이라는 비판, 가장 가난한 이들을 배제한다는 비판을 받기도 한다.

3. 3. 새로운 협동조합운동의 탄생 : 사회적목적협동조합과 공익협동조합

1980년대부터 협동조합에 대한 관심이 부쩍 높아졌다는 사실을 확인할 수 있다(Birchall, 1997). 아르헨티나에서처럼 어떤 경우에는 한 국가의 파산에 기인하기도 하지만 주된 요인은 사회적협동조합과 같은 새로운 지위의 협동조합이 등장한 데에 있고, 또 퀘벡에서 프랑스로 주거협동조합의 확산, 영국의 관광협동조합, 일본의 여성농민협동조합, 이탈리아의 치료사협동조합 등 새로운 활동부문이 발전한 데서도 찾을 수 있다. 어떤 경우이든 이 새로운 협동조합들은 사회적 목적과 일자리 창출을 우선으로 삼고, 때로는 한 걸음 더 나아가 대량 실업과 복지국가 후퇴로 어려워진 경제 상황에 대응하여 공익을 우선으로 삼기도 한다. 또 새로운 협동조합의 탄생은 지속가능한 개발(Gijselinckx et al., 2007)과 사회정의에 대한 관심에서 비롯되기도 한다.

1980년대부터 유럽 각국에서는 시기를 달리하며 새로운 법적 지위가 만들어졌다. 이탈리아에서는 선구적으로 1980년대 후반에 사회적협동조합이 등장하여[73] 1991년에는 노동시장에서 배제된 이들의 노동통합과 지역사회 서비스 제공을 목적으로 하는 사회적협동조합

73 – 이탈리아의 사회적협동조합은 1960년대 후반에 등장한 사회연대협동조합에 기원을 둔다. 저자가 1980년대 후반이라고 쓴 까닭은 사회연대협동조합이라는 명칭이 제도화를 추진하던 1980년대 후반에 사회적협동조합으로 변경되었기 때문이라고 판단된다. – 옮긴이

이라는 법적 지위가 공식적으로 인정되었다. 벨기에에서는 1995년에 '사회적목적회사société à finailté sociale, SFS'라는 지위가 도입되었는데, 대부분 협동조합이다. 그 다음에는 1997년에 캐나다의 퀘벡에서 '연대협동조합coopérative de solidarité'이, 1998년에는 포르투갈에서 '사회연대협동조합'이, 1999년에는 스페인에서 '사회적소명협동조합'이, 2001년에는 프랑스에서 '공익협동조합'이, 2004년에는 헝가리에서 '사회적협동조합'이, 2006년에는 폴란드에서, 그리고 2013년에는 한국에서도 이와 같은 새로운 지위가 등장했다. 이 모든 시도들은 다양성을 넘어 협동조합의 새로운 경향을 보여주는데, 그 경향이란 사회적 임무를 펼치며 다중이해당사자 구조를 선호한다는 점이다.

프랑스와 벨기에에서 생긴 '사업고용협동조합coopérative d'activités et d'emplois, CAE'은 유럽 협동조합의 지형에서도 아주 독창적인 유형으로 자영업자라는 특별한 지위에 따른 문제를 해결하기 위한 것으로 인식된다.(131쪽의 '프랑스의 새로운 협동조합' 참고)

3. 4. 협동조합 실천에 대한 이론적 검토

역사와 지리, 부문을 아울러 광범위한 협동조합의 지평을 살펴보았으니 이제부터 다양한 학문분야에서 연구된 분석틀을 통해 협동조합이라는 독창적인 기업의 등장과 발전뿐 아니라 세계화와 자본주의적 원칙과 목적, 행동이 우세한 경제 상황에서 놀라우리만큼 끈질긴 생명력을 지닌 협동조합의 특성에 대해 알아보고자 한다(Spear, 2000). 우선 신고전주의 패러다임에 따른 경제이론을 검토하고, 신제도주의 경제학과 관련된 이론들을 검토한 후 보다 최근의 흐름인 행동경제학

프랑스의 새로운 협동조합

프랑스에서는 2014년 7월에 사회연대경제를 인정하는 법이 제정될 때 두 개의 새로운 협동조합 지위가 포함되었다. 이는 최근 진화한 협동조합의 상황을 잘 보여준다.

우선 2001년 7월 법은 다중이해당사자의 원칙에 근거한 공익협동조합SCIC의 설립을 허용하는 법이다. 공익협동조합의 독창성은 최소한 세 범주 이상의 조합원을 포함해야 한다는 데 있다. 협동조합의 임금노동자, 유상 혹은 무상으로 협동조합 활동의 혜택을 입는 사람들 두 유형은 반드시 포함해야 하며 나머지는 다음과 같은 유형 중 최소한 하나 이상을 포함해야 한다. 협동조합의 활동에 자원봉사로 참여하기를 바라는 자연인, 공공부문 조직이나 그들의 그룹, 다른 방식으로 협동조합의 활동에 기여하고자 하는 법인이나 자연인 등이다. 이 새로운 지위는 지방자치단체를 대표하는 조합원 제도를 도입함으로써 협동조합과 협동조합이 정착한 지역 사이에 더욱 긴밀한 관계를 형성하게 해준다.

사업고용협동조합CAE은 다른 방식으로 창업하도록 해주는 협동조합이다. 개별 기업가는 자신의 기업을 설립하는 대신 협동조합 기업(노동자협동조합이나 공익협동조합)에 자신의 임금노동 일자리를 만들고, 그뿐 아니라 다른 개인 기업가들도 그와 마찬가지로 임금노동자로서 조합원이 된다. 그러니까 이 협동조합은 일종의 공유기업으로서 임금노동자 기업가들은 임금노동을 보호하는 제도의 혜택을 누리면서도 기업활동의 자율성도 누리며 집단적인 협동의 힘(공과금 절약 및 능력의 부조, 사업 기회 및 재정 수단의 공유)으로 인한 장점도 누릴 수 있다. 하지만 고객과의 관계에서 임금노동자 기업가들은 여전히 기업의 대표이다. 그러니 고객에게 어떤 서비스를 제공하고 어떻게 영업할지 스스로 정한다. 반면 CAE와의 관계에서 기업가들은 조합원이자 임금노동자이기에 노동계약을 체결한다. 그리고 이에 따라 노동자로서의 권리를 누리고 사회보험 분담금도 지출해야 한다(Devolvé & Veyer, 2011).

과 진화경제학, 그리고 사회경제학 쪽의 입장을 살펴볼 것이다.

이 책에서 이 모든 연구결과를 세세하게 다 검토할 수는 없고 핵심적인 부분만 간단히 언급할 것이다. 쟁점은 협동조합이라는 기업이 얼마나 많은 반향을 불러일으켰는지, 그리고 경제 분석과 사회경제학의 분석에서 협동조합이 얼마나 진지하게 다루어졌는지 파악하는 것이다. 왜냐하면 협동조합은 존 스튜어트 밀이나 알프레드 마셜과 같은 저명한 경제학자들에게 성찰의 지점을 제공했기 때문이며, 일명 자주관리기업이라 불리는 노동자협동조합은 1950년대 말부터 모델로 제시되었기 때문이다.

4. 자주관리기업에 대한 경제학 이론

협동조합의 지형에서 노동자협동조합은 각별한 자리를 점하고 있다. 사실 대부분의 다른 협동조합들은 이용자협동조합으로 구성원들은 구매, 재화의 변형이나 판매, 저축·신용대출이나 보험 및 주거 서비스 등 넓은 의미에서 서비스를 이용하기 위해 공동으로 조직하는 경우이다. 이와는 달리 노동자협동조합의 구성원은 그들의 노동력을 상호부조하는 일, 즉 공동으로 일자리를 만드는 것이다. 이 기업 노동자들의 목표는 함께 생산하는 것이기 때문에 때때로 영어로는 생산자협동조합producer cooperative이라 하고 프랑스에서는 생산협동조합 혹은 SCOP이라 부른다.

하지만 노동자협동조합은 다른 큰 협동조합 부문과 마찬가지로 모든 나라에 존재하지만 농업협동조합이나 신용협동조합 혹은 소비협동조합만큼의 비중을 갖기엔 한참 부족하다. 서양에서 보면 이탈리아와 스페인, 프랑스에 수천 개가 있으나 다른 많은 나라에는 수백 개 정도가 있을 뿐이다. 그 대부분은 중소기업 규모이고, 일부만 천여 명을 고용하고 있다. 전통적으로 건설 분야에서 강세이나 물질 서비스 및 지적 서비스 분야에서 점차 발전하는 추세이다. 대부분의 경우 신규 설립이지만 폐업의 위기를 맞은 일반 기업의 노동자들이 인수하여 설립된 경우도 있다. 이 경우보다 쉬운 방법은 후계자가 없는 소유주가 자신의 건강한 기업을 노동자들에게 이양하는 제3의 방식도 점차 늘어나는 추세다.

상대적으로 양적인 면에서는 중요성이 떨어지지만 노동자협동조합은 1970년대와 80년대부터 다수의 이론적, 경험적 연구의 대상이 되었다. 보닌Bonin과 퍼터먼Putterman(1987)은 1969년과 1983년 사이에 경제학회지에 자주관리기업labour-managed firm과 노동자협동조합 또는 농업생산협동조합(토지공동경작)에 대한 글이 1,000개 실렸다고 〈경제학문헌저널Journal of Economics Literature〉에 밝혔다. 농업생산협동조합의 경우 당시 남반부의 여러 정부가 자본주의와 중앙집권적 사회주의가 아닌 제3의 개발전략을 모색한 까닭에 널리 장려한 결과이다.

노동자협동조합은 기업 차원에서 경제민주주의를 모색하는 상징으로서 자주관리기업에 가장 가까운 구체적 현실태이지만 노동자협동조합만이 자주관리기업의 유일한 형태는 아니다. 서구에서 문화나 보건 분야에서 비시장적 또는 반(半)시장적 활동을 하는 결사체들 또한 자주관리를 실천하고 있다. 예컨대 벨기에에서 번성한 비영리 결사체인 '의료의 집maisons médicales'은 보건 및 보건사회 분야의 직업인 모두가 평등한 관계로 결합한 경우이다.

기술한 경제적 연구의 주요 성과를 검토하기 전에 자주관리는 정치적인 측면과 이념적인 측면을 포함한다는 점을 강조하고자 한다. 이 절에서는 간단히 다룰 것이지만 이러한 측면이 많은 성찰의 요소를 제공한다는 점 또한 밝혀두고자 한다.[74]

---

74 – 자주관리의 뿌리를 살펴보면 협동조합의 뿌리와 겹치는 부분이 많지만 한 걸음 더 나아간 면이 있다. 뷔셰는 1834년에 금세공노동자 기독결사체를 설립하여 노동자협동조합의 아버지로 인정되는 반면, 프루동과 콜(G. D. Cole), 룩상부르(R. Luxembourg)는 자주관리기업의 선구자들로 인용된다. 왜냐하면 자주관리기업의 실천은 1848년이나 1871년 빠리꼬뮌과 같은 혁명의 시기와 관련되어 있으며, 사회 전체의 전환 프로젝트 속에서 이루어졌기 때문이다. 비교적 최근에는 부르데(Y. Bourdet, 1970)와 로장발롱(P. Rosanvallon, 1976)이 자주관리의 유토피아에 대해 풍부히 다루었으며, 마이스터(A. Meister, 1958)와 메르모즈(M. Mermoz, 1978)는 자주관리기업의 일상이 얼마나 풍성하면서도 어려운지에 대해 대단히 훌륭한 글을 쓰기도 했다.

마지막으로 이미 오래된 연구성과들을 검토하는 까닭은 그것들이 당시 격렬한 논쟁을 불러일으켰을 뿐 아니라, 그 중 다수는 노동자협동조합과 더불어 자주관리와 관련한 다양한 실천을 분석하는 데도 여전히 유효한 논점을 제공하기 때문이다.

4. 1. 워드Ward – 도마Domar – 바넥Vanek : 자주관리기업의 모델링

워드(1958), 도마(1966), 바넥(1970)은 신고전주의 관점에서 최초로 자주관리기업의 모델링을 시도한 연구자들이다. 그들은 자주관리기업이 자본주의 기업과는 다른 두 가지 특성이 있다고 했다. 첫 번째는 직능이나 자격과 무관하게 모든 노동자는 평등한 결정권을 가진다는 점이며, 두 번째는 영업비용과 자본비용 공제 후 기업의 순수익은 모든 노동자가 평등하게 나눈다는 점[75]이다. 하지만 이렇게 설명하면서 자본 소유양식에 대해서는 전혀 언급하지 않았다는 점에 유의할 필요가 있다.

이 첫 번째 모델링 방식은 단순하지만 역공급곡선(공급 축소)을 부각시키며 많은 추가 연구를 불러일으켰기에 의미가 없진 않다. 즉, 생산제품의 판매가격이 상승할 경우 가격 상승에 따라 노동자들의 순수입이 증가하는데, 자주관리기업은 평균순수입에 미치지 못하는 낮은 생산력을 가진 노동자들을 해고하거나, 이들을 대체할 인력을 채용하지 않는다는 것과 관련된 연구이다.

75 – 이 노동에 대한 보수는 선불로 지급될 수 있다. 그러나 여러 요소 중 기업의 성과와 관련한 위험을 감수하는 것이 노동이라는 요소이기 때문에 어떤 임금도 미리 정해져 있지 않다는 점을 유의해야 할 것이다.

이 연구에서 어떤 시사점을 찾을 수 있을까? 우선 워드의 원래 모델과는 조금 달리 구체화함으로써 자주관리기업의 '부정적 대응'과 관련한 부분을 삭제할 수 있게 되었다는 것이다. 그 다음으로, 많은 연구자들이 기능-목표라는 너무 도식적인 분석틀보다 더 현실적이면서도 섬세한 분석틀을 활용하여 다른 결과를 얻었다는 점이다.[76]

보다 구체적으로 살펴보면, 노동자 수를 축소하리라는 이론적 예측을 실증적으로 검증하기 위해 다양한 시도가 있었으나 전체적으로 볼 때 어떤 설득력 있는 결과도 보여주지 못했다고 할 수 있다. 반면 보닌 등(Bonin et al., 1993)이 보다 섬세한 공식을 통해 다양한 실증적인 사례를 연구한 결과 실제 자주관리기업은 제품 가격의 변동과 무관하게 일자리 안정성이 아주 높았음이 드러났다. 같은 선상에서 펜카벨 등(Pencavel et al., 2006)과 버딘과 딘(Burdín & Dean, 2009)은 자주관리기업이 수요가 변동할 때 고용을 조정하기보다는 급여를 조정하는 것으로 관찰되었다고 했다. 제비(Zevi, 2005)의 경우 실증적 조사에 의거하여 고용안정이 노동자협동조합의 결정에 가장 영향을 미치는 핵심 목표라고 했다.

다른 한편, 일부 노동자협동조합에서 다음과 같은 사실을 확인할 수 있다. 노동자 조합원들(즉, 결정자들)은 때로는 비조합원 노동자들을 고용하고자 한다. 그리고 그들에게는 조합원 평균 소득보다 낮은 임금을 제공한다. 이러한 경우는 미국의 합판산업 협동조합에서 많이 조사되었다(Gunn, 1984). 그렇지만 동시에 비조합원 노동자에서 조합원 노

76 – 대표적으로 스타이너(Steinherr, 1975), 로(Law, 1977), 그리고 아일랜드와 로(Ireland & Law, 1981)는 금전적 소득뿐 아니라 고용안정 및 기업의 의사결정 구조에 실질적인 참여라는 노동자들의 개인적인 유용성 극대화라는 측면으로 넓혀 연구하였다.

동자로 전환할 것을 권장하는 경우가 많다는 사실 또한 발견할 수 있다. 그러나 이렇게 제안 받은 비조합원 노동자 중 일부는 귀찮아서, 또는 이러저러한 이유로 비조합원으로 남아 있기를 선호한다고 한다.

4. 2. 자주관리기업의 투자 능력 및 위험의 문제

다른 중요한 주제는 자주관리기업의 재정에 관한 것이다. 여러 연구자들은 자주관리기업이 동종의 자본주의 기업보다 투자를 적게 하는 경향이 있다는 의견을 제시했다. 소유권에 대한 이론가인 페조비치(Pejovich, 1969)와 푸루보튼과 페조비치(Furubotn & Pejovich, 1970), 그리고 바넥(1977)에 따르면 노동자 조합원들은 공동적립금(비분할 적립금)을 축적하면서 투자를 위한 재정조달에 참여할 유인이 별로 없다는 것이다. 왜냐하면 그들은 늘어나는 공동적립금이라는 기업의 자산에 대해 어떠한 개인적 소유권도 가질 수 없기 때문이다. 실제 그들은 조합원으로서 자본에 대한 지분을 갖지만 액면가로만 환급받을 수 있다. 달리 말하면, 지분은 어떠한 부가가치가 없다는 것이다. 이러한 상황에서 노동자 조합원들은 기업의 이윤을 적립하기보다 임금상승이나 상여금 등의 방식으로 최대한 나누자는 결정에 더 큰 이해를 가질 수 있다. 이렇게 획득한 자금은 노동자가 개인적으로 결정하여 조합 내부의 저축계좌에 적립하거나 외부의 은행계좌에 저축할 수도 있다.

물론 이러한 투자기피는 다른 요소에 의해 균형을 이룬다는 반박이 있을 수 있다. 노동자들이 기업에 대한 투자에 참여함으로써 기업의 경제적(자본 생산성 향상), 재정적(부채 감소) 성과를 향상시켜 노동자들에게 돌아가는 보상이 커지는 결과를 낳을 것이라는 주장이다. 그렇지만 이전 가능한 개인소유권이 없으므로 노동자 조합원들은 기업에 남아 있는 한에서만 향상된 기업성과의 혜택을 받을 수 있을 것이다. 특히 노동자의 연식이 높거나 퇴직이 가까워 자신의 노동을 통해 즉시 보상을 받을 수 있는 가능성에 비해 투자에 따른 미래의 혜택을 누릴 기한이 짧아지는 경우일수록 더욱 그러하다.

투자 결정에 있어 노동자의 행동에 관한 문제는 '위험risk에 대한 태도'라는 또 다른 각도에서도 강조되었다. 이와 관련한 논쟁을 가장 잘 정리한 사람은 미드(Meade, 1972)다. 그에 따르면, 자본가들이 어렵지 않게 그들의 자본 투자를 다양한 회사에 배분함으로써 위험을 분산시킬 수 있는 반면, 노동자들은 그들의 노동력을 여러 일자리로 나눌 가능성이 없다는 것이다. 일자리를 통한 위험의 분산이 불가능한 점을 감내해야 하는 노동자들은 자기 돈으로 투자하든 대출을 통해 투자하든 어쨌거나 투자 대상이 자신의 기업이 된다는 점 때문에 그 위험이 더욱 커진다는 것이다. 그 결과 위험부담이 큰, 최적이 아닌 투자 결정에 대한 거부감이 더욱 커질 뿐이라는 것이다. 또한 그는 경제 전반에 걸쳐 노동자협동조합이 소수일 수밖에 없는 이유도 핵심적으로 이 때문이라고 진단한다. 나아가 "그래서 노동을 고용하는 벤처캐피탈은 볼 수 있어도 자본을 고용하는 벤처노동venture labour은 볼 수 없는 까닭도 이 때문이다."라고 했다(Meade, 1972, p.426).

노동자협동조합의 저투자 문제에 대한 그의 이론적 예언은 수많은 실증적 연구를 자극하여, 특히 노동자협동조합 내 자본/노동의 관계에 대한 연구와 공동적립금의 비중에 대한 연구가 활발히 이루어졌다. 그러나 보닌 등(Bonin et al., 1993)은 미드의 이론이 타당성을 확인할 근거가 없는 논리일 뿐이라고 강조했다. 또한 보닌을 비롯한 연구자들은 자주관리기업의 모델링을 최초로 시도했던 이들이 얼마나 노동자협동조합의 특성에 대해 무지하고, 경제이론에서 말한 여러 효과를 줄이거나 발생하지 않도록 하기 위해 노동자협동조합들이 얼마나 많은 제도적 노력을 기울였는지에 대해서도 무지하다는 점을 지적했다. 단적인 예로 프랑스 노동자생산협동조합인 SCOP과 몬드라곤협동조합의 경우 수십 년 전부터 협동조합 내부계좌제도를 두어 인센티브의 전부 또는 일부를 저축해왔다. 그리하여 몇 년 동안 이 계좌에 쌓인 돈이나 출자금으로 전환한 돈은 세제혜택을 받게 된다. 여러 다른 방법이 있을 수 있지만 바로 이러한 방식이 개인 소유와 투자를 위한 자본의 유동성을 결합하는 메커니즘이며, 경제이론의 논리를 반박할 수 있는 제도인 것이다. 제비(2005)와 나바라(Navarra, 2008)는 또한 높은 내부자본 축적을 이룬 이탈리아 협동조합들의 경우, 노동자들이 이러한 대책을 그들을 위한 최상의 고용안정책으로 간주하고 있음이 조사되었다고 했다.

4. 3. 노동자 참여가 생산성에 미치는 효과 : 토론 종합

자주관리기업을 둘러싸고 많은 연구자들이 관심을 갖는 핵심적인 질문이자 대안적인 경제 실천에 대한 많은 연구의 주제가 되는 질문은 다음과 같다. 자본주의의 규칙을 완전히 벗어나는 기업이 투자자들/주주들이 아닌 다른 이해당사자들에게 결정 권한을 부여하면서도 경제적으로 생존가능한가 혹은 자본주의 기업에 필적할 만한(또는 그보다 더) 성과를 낼 수 있는가?

여기서 토론의 중심이 되는 이해당사자는 물론 노동자들로 구성된다. 자주관리기업 내에서 그들의 관여와 특권은 세 가지 형태의 참여방식으로 이루어진다. 기업 경영에 대한 참여, 기술한 초기 모델에서 보듯 기업의 이윤분배에 대한 참여, 노동자협동조합의 경우에서 보듯 기업 소유에의 참여이다.

기업에서 노동자들의 이중 혹은 삼중의 역할로 인한 결과는 경제학 연구에서 폭넓게 논의되었다. 하지만 이미 강조한 이론의 한계지점을 볼 때 토론의 지배적인 주제는 자주관리기업에 대한 형식적인 이론이 아니다. 그보다는 다른 이론체계에서 비롯된 비판적 시각에 직면하거나, 다른 한편으로는 특히 계량경제학과 같은 실증적 분석의 대상이 된 자주관리기업에 우호적인 일련의 논거들이다. 이러한 접근법을 중심으로 이 절을 구성해보고자 한다.

4.3.1. 노동자들의 생산능력에 대한 효과

자주관리 분야뿐 아니라 보다 넓은 분야에서 이루어진 노동자 참여에 대한 분석을 보면, 허시먼(Hirshman, 1970)과 프리먼(Freeman, 1976)은 더욱 민주적인 분위기, 원활한 정보의 유통, 그리고 보다 편안한 갈등 해결 방식 덕분에 노동자들의 변동이 줄어들며, 그 결과 직업 경험이 더욱 잘 축적되어 인적 자본에 긍정적인 효과를 미친다고 강조했다. 레빈(Levin, 1984)은 협동조합 외부에 되팔 수 없는 출자금 지분의 낮은 유동성 또한 인력 변동을 줄인다고 덧붙였다.

바넥(1970)의 경우 자주관리기업에서 인적 자본은 정신적, 물질적 유인책을 통해 축적된다는 점을 강조한다. 정신적인 유인책은 노동자가 기업의 성공을 자신의 성공과 동일시하는 경향이 더 크기 때문이며, 이는 내적 동기부여의 원천이 된다(frey & Jegen, 2005). 또한 노동자들은 이윤참여를 통해 재정적 혜택을 누릴 가능성이 더 많기에 물질적인 유인책이 된다.

인적 자본의 보다 확실한 축적은 다양한 형태로 나타난다. 첫째는 예컨대 동료가 결근했을 때 그 자리를 메우려는 욕구가 커지므로 노동자들이 다기능적으로 훈련된다. 둘째는 선임자들이 자신의 노하우를 전수하고자 하기 때문에 후임자들이 더 좋은 학습의 기회를 가질 수 있다. 마지막으로 보다 체계적인 관점에서 보면 매케인(McCain, 1973)이 지적하듯, 집단적 기업가 방식은 기업능력을 보존할 수 있는 강력한 도구가 된다는 것이다. 이러한 점은 다른 경제체제가 잘 활용하지 않고 소모하는 투입요소input인 것이다.

하지만 웹(Webb, 1920)은 노동자의 경영참여는 임원들의 핵심적인 권한인 권위와 재량권을 약화시키기 때문에 경영적 투입력을 감소시킨다고 지적한 바 있다.

4.3.2. 노동자들의 노력에 미치는 효과

이쯤 되면 밀(Mill, 1909)이나 제번스(Jevons, 1887) 같은 19세기 말의 저명한 경제학자들이 했던 주장이 떠오른다. 참여주의 조직에서 노동자들은 노동에 대해 더욱 긍정적인 인식과 높은 책임의식을 가지며 자신들의 소득을 높이고자 하는데, 이는 기업의 성과에 직접 연결된 문제이므로 더욱 강도 높은 노력을 투여하고 생산의 질에 더욱 심혈을 기울인다는 것이다. "사람들은 자신을 위해 일할 때보다 더 잘할 수 없다."는 민중의 지혜가 담긴 말도 있지 않은가?

하지만 노동자들의 동기를 불러오는 핵심적인 원천이 무엇인가에 대해서는 여러 학자들이 의견을 달리한다. 바넥(1970, 1975)은 경영참여가 가장 중요하다고 하고, 호르바트(Horvat, 1982)와 오크쇼트(Oakeshott, 1978)는 공동소유자로서 소유의식을 더욱 강조하는 반면,

케이블과 피츠로이(Cable & Fitzroy, 1980)는 이윤참여가 가장 중요한 동기가 된다고 보았다.

또 다른 성찰 지점은 한 노동자의 적극적인 관여가 동료들의 생산성에 미치는 효과에 관한 것이다. 밀(1879)과 마셜(1964)이 이미 이 주제에 대해 언급한 바 있으나 케이블과 피츠로이가 이 문제에 대해 더욱 공들여 분석했다. 이에 따르면, 노동자들의 집단 사이에서 '비공식적인 압력 및 제재peer pressures'가 이루어지는데, 이때 가장 열심히 일하는 노동자들에 반하여 '부정적인 결탁'이 이루어지며 이것이 생산성 기준이 높아지지 않도록 작용하게 된다는 것이다. 반대로 이러한 반목이 공동의 목표 실현을 위한 구성원 간의 협동으로 대체된다면 관계의 역동성은 긍정적인 결탁으로 전환되고, 집단의 압력은 상호 감독horizontal monitoring 체계가 되어 자리 이탈을 줄이고, 게으름과 낭비를 벌하게 된다는 것이다. 레빈(1982)은 한 걸음 더 나아가 전통적인 노동계약은 개인이나 기업의 성과와 무관하게 시간당 급여를 정하므로 암묵적인 게으름 유인책이 될 수 있다고 주장했다.

이와는 정반대로 여러 연구자들은 노동자들에게 동기를 부여하는 데 있어 이윤의 분배가 지닌 한계가 명백하다고 강조한다. 특히 앨치언과 뎀세츠(Alchian & Demsetz, 1972)는 정보비용에 관한 논문에서 다음과 같이 밝혔다. 팀별 노동에서 개인의 생산성 척도, 즉 전체 제품을 만드는 데 노동자 각각의 노력이 어느 정도씩 투입되었는지를 측정하는 것은 아주 어려울 뿐 아니라 비용이 많이 든다. 그래서 팀의 각 구성원은 무임승차처럼 자신은 노력을 덜 해도 그에 따라 보수는 줄어들지 않으므로 꾀를 부리게 된다는 것이다. 같은 논리로 노동자들의 이윤참여에 대해서도 보자면, 각각의 노동자들이 노력을 더하여 그에 따른 부가적인 수익이 발생하여 보상을 받지만, 너무 많은 사람들이 나누어갖기 때문에 각자가 실제 얻는 이윤은 얼마 되지 않아 적절한 유인책이 될 수 없다고 한다. 따라서 이 두 연구자는 상호관리체계는 거의 실행하기 어려우며, 팀의 감시자/작업반장monitor이 필요불가결하다는 결론을 내린다. 그러나 감시 체계는 중앙감시자central monitor가 있을 때 효율적이다. 이 중앙감시자는 동시에 잔여청구권자residual claimant로서 기업의 순수입을 다 가져가는 사람이다. 이는 소유권학파의 핵심 아이디어 적용 사례 중 하나이다. 즉, 기업은 소유자가 기업 자본에 대해 완전한 소유권과 그 순수입 전체를 가져갈 권리를 누릴 때만 효율적일 수 있다는 것이다. 그런데 이런 조건을 충족하는 것은 규제 없는 자본주의에서나 가능한 일이지 어떤 노동자 참여제도에서도 가능하지 않다.

4.3.3. 조직의 효율성에 미치는 효과

노동자 참여의 옹호론자들은 참여가 조직의 비효율성을 규명하는 데 유리한 상황을 만들 수 있다고 한다. 그러나 고정 급여를 받는 비협동조합 기업의 노동자들은 이러한 문제를 굳이 드러낼 필요가 없을 것이다. 바넥(1970)과 레빈(1982), 그리고 여러 연구자들에 따르면 자주관리기업의 노동자들은 기술적 진보를 이루고자 하며, 그들의 전문분야에서 스스로 혁신적인 제안을 하고자 하는 욕구가 크기 때문에 임원단위에서 결정한 사항을 최대한 잘 적용하고자 하는 이해와 의지가 있다고 강조한다.

또한 노동자들의 내적 동기와 경영참여는 자주관리기업에 큰 유연성과 넓은 운신의 폭을 가져올 수 있다. 예컨대 어떤 필요와 사건으로 인해 노동시간과 조건을 변경해야 할 때 그러하다. 브래들리와 겔브(Bradley & Gelb, 1981)는 어떤 기업이든 어느 정도의 수직적 통제가 항상 필요하기는 하지만 이런 통제 역시 노동자들의 저항이 적은 자주관리기업에서 더욱 효과적일 수 있다고 한다.

이런 낙관적인 시각과는 반대로 효율적인 의사결정을 방해하면서 비효율적인 결정에 이르게 하는 요소들을 많은 연구자들이 강조한다. 예를 들어 마셜(1919)은 자주관리기업의 경우에 경영의 경험이 적은 많은 노동자 집단에게 상당한 정보를 제공해야 할 필요성 때문에 그렇다고 한다. 젠슨과 메클링(Jensen & Meckling, 1979)은 한 걸음 더 나아가 각 개인의 선호가 다른 상황에서 집단적 선호를 정하는 문제의 어려움을 들었다. 보닌과 퍼터먼(1987)이 '공공선택이론public choice theory'에서 많이 다루었듯, 다수결에 의한 의사결정은 합리성과 정합성 측면에서 심각한 문제가 있을 수 있다는 점을 지적했다. 사이먼(Simon, 1975)의 경우 대규모 협동조합처럼 큰 조직에서의 의사결정 과정은 위계질서를 따를 수밖에 없다고 주장한다. 왜냐하면 제한적인 합리성을 고려할 때 그렇게 해야 복합적인 정보비용을 최소화할 수 있기 때문이다. 윌리엄슨(Williamson, 1975) 또한 다른 논리를 들어 같은 주장을 한다. 그는 다양한 채널을 가진 의사소통 네트워크가 위계체계에 대한 대안이 될 수 있지만 과부하가 걸릴 뿐 아니라 소통의 주체가 많아지면 거래비용의 상승을 초래할 수 있다고 한다.

4. 4. 노동자협동조합의 성과에 대한 경험 분석

우리는 몬드라곤 협동조합복합체와 같이 상징적인 노동자협동조합의 역동성과 이슈, 성공과 한계에 대한 탁월한 연구를 여러 글에서 찾아볼 수 있다. 또 프랑스의 노동자생산협동조합과 같은 운동 전체에 대한 분석도 아주 흥미로운 연구 주제이다.

그렇지만 앞서 다룬 바와 같은 논리를 바탕으로 이 절에서는 노동자들의 경영참여, 소유참여, 이윤분배 참여라는 세 가지 참여양식이 가진 효과를 포착하는 실증 사례를 다루고자 한다. 이러한 관점에서 우리는 크게 세 가지의 연구방식을 채택할 수 있을 것이다. 첫 번째는 협동조합 가운데 일부 특정 집단들을 같은 업종의 일반 기업들과 비교하는 경우이다. 그런데 이러한 연구는 수집된 자료가 부족할 뿐 아니라 본격적인 조사에 앞서 사전조사 단계에서 가장 많이 활용되는 방법이라 할 수 있다. 두 번째 단계는 여러 해에 걸쳐 수집된 상당한 양의 노동자협동조합 표본을 대상으로 위에 언급한 세 가지 참여양식이라는 변수를 통해 장기간의 생산함수를 산출하는 경제분석이다. 데이터베이스를 제공할 수 있는 나라를 대상으로 에스트린 등(Estrin et al., 1987)이 이러한 종류의 평가를 진행했다. 마지막 단계는 더욱 혁신적인 통계 방법이나 계량경제학의 방법을 찾는 것이다. 예컨대 드푸르니(1992)는 10년에 걸쳐 프랑스의 노동자생산협동조합 500개의 기술적 효율성과 동일한 업종의 일반 중소기업 전체의 평균적인 기술적 효율성을 비교하기 위하여 '확률적 변경 생산stochastic frontier production'을 산출했다(146쪽의 '노동자생산협동조합SCOP의 경제적 성과 비교' 참고). 다른 측면에서 두쿨리아고스(Doucouliagos, 1995)는 자신이 직접 선별한 43개의 연구결과를 종합 분석하기 위하여 메타분석을 사용했다. 이 연구들은 모두 노동자의 세 가지 참여양식이 노동자협동조합이나 다른 참여기업의 생산성에 미치는 효과에 대한 것이다.

이러한 실증적 경험의 연구에서 어떤 시사점을 얻을 수 있을까?[77]

77 – 이 부분은 에스트린 등(1987), 보닌 등(1993), 그리고 두쿨리아고스(1995)의 결론에 기초한다.

노동자생산협동조합SCOP의 경제적 성과 비교

노동자협동조합에 대한 경험 연구에서 프랑스 노동자생산협동조합에 대한 연구가 특히 관심을 가질 만하다. 이 연구가 'Les SCOP'으로 이름을 변경한 노동자생산협동조합 총연맹 CGSCOP[78]에 대해 현재까지 가장 빠짐없이 세세한 데이터베이스를 제공했기 때문이다. 특히 SCOP과 동업종의 자본주의 기업의 기술적 효율성을 비교하기 위해 장기적 생산함수 방법론과 확률적 변경 생산 방법론, 그리고 보다 고전적인 분석방법인 수익성과 지불능력, 유동성, 그리고 평균노동보상[79]의 재정비율 분석을 결합한 드푸르니(1988, 1992)의 연구는 기업의 규모 문제가 핵심이라는 점을 밝혔다. 다수를 차지하는 중간 규모의 SCOP은 노동자 수 10~50명 사이이고, 부문에 따라 100명에 달하기도 한다. 이 기업들의 결과는 13~14개 업종 내 같은 규모의 자본주의 기업에 비해 모든 면에서 우월한 결과를 보였다. 좀 더 종합적으로 살펴보면 이 결과에 따라 다음과 같은 가정을 해볼 수 있다. 즉, 작은 SCOP은 자본 부족과 때로는 '과도한 민주주의'로 인해 힘겨운 초기단계를 겪을 수 있다. 반대로 이 기업들이 10~20명 선이라는 고비를 넘게 되면 순풍을 타면서 이윤을 공동적립금에 할당하게 될 뿐 아니라 기업 내 개인 계좌에도 불입할 수 있게 된다. 이 개인 계좌의 돈은 기업 입장에서 볼 때 대출과 마찬가지여서 기업은 재정과 고유자산을 강화하게 된다. 나아가 이 SCOP은 더욱 성숙하고 조직화된 노동자들의 실질적인 참여에 적합한 규모를 유지할 수 있다. 어쨌든 연구결과는 규모라는 요소가 참여를 가장 잘할 수 있게 해주는 조건이라는 점과 소유 및 이윤참여와 노동생산성 사이에 상관관계가 있음을 보여준다. 반대로 100명 이상의 SCOP에서는 성과 측면에서 동종의 자본주의 기업과 비교할 때 별로 차이가 없는 것으로 드러났다.[80]

78 – 이 부분은 저자의 오류로서 노동자협동조합총연맹(CGSCOP)의 명칭은 바뀌지 않았다. 오류가 생긴 까닭은 노동자생산협동조합이 참여협동조합으로 명칭을 변경했고, CGSCOP이 만든 새로운 협동조합인 공익협동조합(SCIC)과 사업고용협동조합(CAE)을 아우르는 홈페이지로 개편하면서 홈페이지의 명칭을 Les SCOP으로, 홈페이지 주소를 www.les–scop.coop으로 변경했기 때문이다. –옮긴이

79 – 여기서 데이터 출처는 SCOP에서 10여 년간에 걸쳐 축적된 300~500개의 연간 회계자료이다.

80 – SCOP의 성과에 대해 다른 각도에서 조사한 연구는 파흐파흐와 페로탱(Fakhfakh & Perotin, 2000), 파흐파흐 등(Fakhfakh et al., 2012)을 참조하기 바란다.

각각 사용한 데이터와 방법론이 달라서 생기는 분석의 차이를 넘어 모든 연구는 다음과 같은 주된 결과를 얻었다. 첫째, 전체적으로 볼 때 상이한 형태의 참여양식이 생산성에 미치는 효과가 없다는 가정은 폐기되어야 한다는 것이다. 그 다음으로 각 참여양식을 하나씩 따져볼 때, 이 세 참여양식은 나라와 업종에 따라 상이한 효과를 가진다는 점을 알 수 있다. 그럼에도 일반적인 경향성은 확인할 수 있었는데, 이윤참여profit sharing가 생산성에 미치는 효과가 가장 크다는 것이다. 소유참여와 이보다는 덜하지만 지배구조 참여 또한 긍정적인 효과가 있음이 빈번하게 확인되었다. 여러 연구결과를 종합해보면, 생산성과 지배구조 참여가 결합될 때 이윤참여와 소유참여가 가장 큰 효과를 내는 것으로 드러났다(Kato & Morishima, 2002 ; Perotin & Robinson, 2003).

하지만 이러한 결과를 분석할 때 신중을 기해야 하며, 참여의 '효과'나 '영향력'이라는 용어를 언급할 때 그 언어가 다소 남용될 수도 있다는 점을 인정해야 할 것이다. 사실 대부분의 연구에서 엄밀한 분석에 기초하여 인과관계가 밝혀지지 않았기에 참여와 생산성 사이에 긍정적이고 상당한 상관관계가 나왔다는 결과 또한 참여와 생산성 사이에 관계가 있다는 것이 확인되었다는 정도로 받아들여야 할 것이다.

정리해보면, 비록 오래 전의 이론적 논쟁을 다루고 있지만 이 광범위한 문헌들은 새로운 형태의 참여기업을 분석하거나 사회적협동조합과 같이 노동자협동조합에서 조직적 특성을 차용한 새로운 유형의 협동조합을 분석할 때 유용한 직관과 시각을 제공한다는 점에 주목해야 할 것이다. 마지막으로, 우리가 함께 검토한 문헌들에서 보였던 이론과 실천의 간극을 조금씩 메워줄 수 있는 이론적이면서도 경험적인 연구가 꼭 필요하다는 점을 강조하고 싶다.

5. 협동조합에 대한 신제도주의적 접근 : 기업이론과 정당성 사이에서

노동자협동조합을 넘어 태생과 형태의 측면에서 협동조합은 경제학적 분석과 경제사회학적 분석의 대상이 되었다. 이 절에서는 노동자들에 의한 자주관리가 아니라 이용자이자 조합원이라는 협동조합인의 이중 자격에 초점을 맞추고자 한다. 이용자로서 협동조합인은 활동에 기여한 바에 따라 상대적인 보상을 받는다. 구성원으로서 협동조합인은 '1인 1표'의 원칙에 따라 의사결정에 참여한다.

이러한 협동조합의 특징을 제대로 조명하기 위하여 기업의 통제와 소유에 초점을 맞추어 '신제도주의 경제학'의 분석으로부터 시작해 보고자 한다. 그 다음에는 협동조합을 포함한 기업 전체의 수렴특성convergence behavior에 대한 이론을 다루며 협동조합의 정당성에 관한 문제도 제기할 것이다. 마지막으로 우리는 행동경제학과 진화이론의 영향을 받아 표준경제학이 확장하면서 등장한 새로운 정당화 논리와 그것이 협동조합의 성과와 발전을 설명하는 데 기여한 바를 보여줄 것이다.

5. 1. 소유양식과 자본통제양식에서 협동조합은 어떤 자리를 차지하는가?

경제학에서 신제도주의학파에 가장 큰 영감을 준 코즈(R. Coase, 1937)

는 논문 "기업의 본질The Nature of the Firm"에서 다음과 같은 질문에 답을 찾으려고 했다. 시장이라는 거대한 무의식적 협동의 대양에서 어떻게 기업이라 부르는 의식적 협동의 섬이 등장할 수 있는 것일까? 코즈에 따르면, (완전한 정보라는 신고전주의의 가정에 문제를 제기하면서) 가격시스템에 대한 의존은 거래비용을 초래하며, 이러한 문제 때문에 거래비용을 줄이는 데 기여하는 기업이나 행정조직과 같은 집단적 구조가 형성된다는 것이다. 거래비용의 전형적인 예는 경제학 이론에서 오랫동안 망각되어온 시장조사 비용이다. 이것은 시장에서 통용되는 최고가를 알기 위하여 잠재적 고객을 만나는 데 필요한 시간, 최적의 계약을 작성하고 계약 만기 시 재계약에 필요한 시간과 흥정에 들어가는 비용을 포함한다.

코즈의 선구적인 연구를 재발견하며 1970년대부터 모든 신제도주의 문헌이 발표되기 시작했다. 그 연구자들은 앞서 노동자협동조합에서 언급한 이들도 포함되어 있다. 앨치언과 뎀세츠(1972)는 기업 안에서 무임승차에 이끌리는 여러 주체들의 행동에서 비롯된 불확실성을 줄이기 위한 효율적인 관리시스템의 필요성에 대하여 연구했고, 푸루보튼과 페조비치(Furubotn & Pejovich, 1970), 젠슨과 메클링(1979), 파마와 젠슨(Fama & Jensen, 1983)은 소유권이론에 대해 연구했다.

이 연구자들에 따르면 소유는 일반적으로 잔여통제권residual control rights과 잔여청구권이라는 두 유형의 형식적인 권리를 통해 정의할 수 있다고 한다. 잔여통제권은 법이나 계약을 통해 다른 이해당사자들(특히 기업 경영자)에게 주어지지 않는 통제권을 말한다. 이 권리는 이사회를 뽑을 수 있는 권리, 그리고 제3자에게 기업을 양도하거나 해산하는 것과 같이 중요한 의사결정에 관한 것으로 제한된다. 잔여청구권은 기업활동에서 창출된 잉여를 받을 수 있는 권리이다. 이론적으로는 잔여통제권과 잔여청구권을 결합할 필요는 없지만, 한스만(Hansmann, 1988)에 따르면 현실적으로는 보통 이 두 권리가 연결되어 있는 것으로 관찰된다고 한다. 그는 잔여이윤을 극대화하고 그것을 소유하려는 의지가 조직을 가장 효율적으로 통제하는 유인책이 된다고 강조한다.

한스만은 이러한 유형의 분석을 모든 형태의 협동조합뿐 아니라 모든 비영리조직에 적용함으로써 그의 연구(1980)는 이 분야의 준거가 되었다. 그는 소유형태 및 이와 연계된 지배구조 형태에 기초하여 가능한 모든 조직모델을 검토한다. 그에 따르면, 한 이해당사자는 만약 소유와 연계된 비용이 시장에서 감당해야 할 거래비용보다 낮으면 소유자의 역할을 맡을 준비가 되어 있다고 한다. 따라서 하나나 둘 이상의 이해당사자들에게 소유권을 부여하는 것은 시장에서의 계약체결 비용과 조직의 다양한 범주의 주인patron의 소유비용 사이에서 임의로 정해지는 것이다.[81] 소유비용은 모니터링, 정보, 커뮤니케이션, 의사결정 전달 등과 관련된 비용(Jensen & Mekling, 1976)뿐 아니라 기회주의적 경영, 집단적 의사결정 또는 잔여청구와 관련된 비용에 해당한다. 결국 시장에서의 계약체결비용과 모든 주인의 소유비용을 합한 거래비용 전체를 최소화하는 조직의 형태가 시장에서 살아남는다는 것이다.

하지만 한스만은 어떤 이해당사자에게 소유권을 줄 것인지 선택하는 문제는 기업의 우선순위가 무엇인가에도 달려있다고 한다. 예컨대 투자자에게 소유를 맡기면 자본조달이 쉬워져서 재정시장에서 계약체결에 드는 비용보다 낮은 비용으로 기업의 발전을 꾀할 수 있다.

81 – 한스만(1988, p.270)에 따르면 주인(patron)이란 "노동자, 제품의 구매자, 자본기여자 또는 다른 투입 제공자 등의 자격으로 기업과 거래하는 모든 사람"으로 정의한다.

따라서 그는 모든 상황에 일률적으로 적용할 수 있는 최적의 해결책은 존재하지 않는다고 결론짓는다.

한스만의 논리를 따라가다 보면 당연히 다양한 범주의 기업주들에게 소유권이 부여되는 기업들을 생각할 수 있다. 즉, 원재료 공급자, 자본 제공자, 노동자, 고객 등과 같이 조직이 거래하는 다양한 범주의 경제 주체들이 소유권을 갖는 기업 말이다. 이에 따라 한스만은 여러 형태의 협동조합을 분석한다.

예컨대 고객이 조합원이 되는 소비자협동조합이 등장한 배경을 한스만은 소비자들이 시장에서의 계약비용을 줄이기 위함이라고 설명한다. 이 비용이 높은 까닭은 비협동조합 소매상 공급자가 소비재 시장을 거의 독점하다시피 하여 강력한 시장 권력을 행사할 수 있는 상황 때문이다. 이에 대응하여 소비자들은 협동조합으로 모여 시장에 영향력을 행사할 수 있게 되고, 비협동조합 기업들의 힘을 줄일 수 있게 되는 것이다. 반면, 이 협동조합들은 불안정하고, 분산되어 있으며, 조직하기 힘든 많은 수의 소비자조합원들을 모으기 때문에 높은 소유비용에 직면한다. 이로 인하여 유럽과 미국에서 소비자협동조합의 발전이 제한적인 것이다. 반면, 이 협동조합들이 직면하는 극심한 경쟁은 생산을 표준화하는 경향이 있어 공급의 측면에서는 정보의 비대칭 문제를 줄이는 효과가 있다. 한편, 같은 간판과 공동구매 물류센터 중심으로 모인 상점의 주인들이 조합원인 상인협동조합의 경우 시장점유율이 더 높아지고 있다. 이 협동조합들이 구성되는 주된 논거는 시장의 힘, 규모의 경제, 마케팅 경제를 추구한다는 것이다. 이 경우에도 소유비용 문제의 본질은 같다. 빈번한 거래와 낮은 투자비용이 유동성의 위험과 제약을 줄이기 때문에 협동조합 방식이 선호되는 것이다.

한스만은 노동자협동조합을 분석할 때 선행 이론들과 유사한 논거를 대지만, 더 일반적인 이론을 동원한다. 협동조합은 계약비용과 소유비용의 측면에서 임금노동자들 스스로가 기업의 소유를 선택하는 데 유리하게 작용한다. 계약비용은 노동시장에 잠금효과lock-in effect가 있기 때문에 생기는데 이는 노동자인 소유자들이 제한할 수 있다. 또 노동자들의 업무 수행에 있어 자율성과 관련된 정보의 비대칭 문제는 보통의 경우 노동자들의 통제를 어렵게 만들고 수직적인 구조를 만들게 되나, 노동자협동조합에서는 기업과 임금노동자들 간의 이해가 상충하는 것을 제한할 수 있게 된다. "기업이 노동자들을 소유할 수 없기 때문에 노동자들이 기업을 소유할 수 있는 것이다."라고 한스만은 결론을 맺는다(1988, p.292). 소유비용과 관련해서 보자면, 노동자들이 항시 업무공간에 있으므로 기업의 상황에 대한 정보를 쉽게 얻을 수 있다. 반면, 이 노동자협동조합들은 자본조달에 어려움을 겪고, 노동자들이 직접 자본을 조달하지 않는다면 자본비용이 들어가므로 위험부담이 아주 크다고 할 수 있다. 하지만 노동자들이 그들의 인적 자본(직업 전문성)과 저축을 통한 투자를 잘 엮어 위험을 분산시킴으로써 위험을 줄일 수 있다. 마지막으로 한스만은 잘 운영되는 노동자생산협동조합들에서는 노동자들 간 수행하는 업무의 동질성이 강하여 이해공동체 형성에 유리하다고 한다.

좀 더 확장해서 살펴보면, 한스만이 기업의 주인이 누구냐에 따라 이해가 달라진다고 봤던 사실을 기반으로 기업 안에서 이용자들과 임금노동자들과 같은 주인의 입장이 달라지는 상황을 고려에 넣을 수 있을 것이다. 그러므로 다중이해당사자로 구성된 소유구조의 장점과 위험을 고려할 수 있고, 다중이해당사자협동조합과 같은 새로운 형태의 협동조합을 분석하는 데 새로운 길이 열릴 것이다. 이러한 관점에서 볼 때 상이한 유형의 기업주들에게 소유권을 주는 경우 각각의 이해당사자들이 동의할 수 있는 지점에 이르게 되면 다양한 거래과정에서 발생할 수 있는 이해충돌을 줄일 수 있게 된다.

요약하면, 협동조합의 가장 큰 장점은 어떠한 상황에서 거래비용과 시장의 불완전성을 줄일 수 있다는 점이다. 하지만 한스만은 또한 협동조합이 집단적 의사결정에 드는 비용과 그것이 조직에 미치는 결과에 따른 한계도 있음을 지적한다. 하이브레츠와 메르텐스(Huybrechts & Mertens, 2014)는 협동조합의 장점이 드러나는 세 가지 상황을 규명한 바 있다. 첫째, 협동조합이 소유비용이 과도하게 증가하지 않고 시장에서 협상비용을 최소화할 수 있을 때. 둘째, 협동조합이 시장에서의 힘이 강할 때(독점 또는 준독점 상황). 셋째, 예컨대 새로운 사회적협동조합의 경우처럼 협동조합이 준공공재를 생산하여 외부효과externality를 창출할 때이다.

보르자가 등(Borzaga et al., 2011)에 따르면 한스만의 분석은 협동조합에 이행transition의 역할을 맡기거나, 시장과 국가의 실패가 크다는 특정한 맥락에 한정하여 협동조합의 역할을 부여한다고 평가한다.

5. 2. 환경의 제약과 행동의 수렴 : 협동조합의 정당성은 무엇인가?

제도주의 학파 내 다른 쪽을 보자면, 디마지오와 파월(DiMaggio & Powell, 1983)은 이미 고전이 된 '제도적 동형화institutional isomorphism' 이론을 발전시켰다. 이 이론은 같은 영역에 속하지만 애초에는 행동양식이 달랐던 조직들 간 행동양식이 일정하게 수렴되는 경향이 있음을 드러낸다. 국내외적으로 극심한 경쟁, 자본주의의 변화, 국제적 규제

강화 등의 상황이 압박으로 작용하여 상이한 조직들의 실천과 모델이 단일화되는 경향을 관찰할 수 있다. 그리고 그 과정은 각각 나름의 정당성legitimacy을 가진다. 디마지오와 파월은 이를 세 유형의 동형화로 구분한다.

- '규범적 동형화'는 훈련과 업종 네트워크의 표준화, 그리고 통일된 경영 방법의 전파를 통해 조직 구성원들의 전문화와 더불어 발전한다.
- '모방적 동형화'는 불확실한 상황으로 인하여 합리적 판단이 어려울 때 가장 쉽게 규명할 수 있고 가장 많은 조직들이 채택하여 해당 영역에서 정당하게 보이는 행동을 모방하는 것을 뜻한다. 이 유형의 동형화는 새로운 해결책을 찾기 어려울 때 발생한다.
- 마지막으로 '강압적 동형화'는 국가나 여타 조직들이 일정한 행동양식을 부과하기 위하여 압력을 행사할 때 발생한다. 이러한 과정을 통해 표준화가 용이해진다.

이러한 유형의 분석을 통해 우리는 협동조합에 영향을 미치는 어떠한 압박이 있다는 것을 알게 된다. 그리고 이로 인하여 협동조합은 자신의 정체성을 위협할 수도 있는 실천을 받아들이게 된다. 이러한 경향은 특히 은행이나 금융과 같이 국제적 규제가 강하거나 농산물 생산과 같이 국제 시장의 발전이 상당한 부문에서 관찰된다. 이렇듯 동형화는 협동조합이 현실의 지배적인 상황과 가치에 맞추면서 새로운 정체성을 갖도록 한다. 그 과정에서 협동조합은 애초에 지녔던 협동조합의 이상이 약화되는 것이다. 이러한 분석의 연장선상에서 서치먼(Suchman, 1995)은 세 가지로 정당성의 유형을 구분한다.

- 우선 '도덕적 정당성'은 조직활동의 가치 평가에 연관된 것으로, 활동의 절차와 구조의 관점에서 조직활동에 대해 평가를 내리는 것이다.
- '실용적 정당성'은 결사한 조직의 이해당사자들이 조직을 어떻게 인식하는가 하는 문제이다.
- '인지적 정당성'은 습관에 뿌리내린 생각과 사고방식에 관련된 것이다.

하이브레츠와 메르텐스(2014)는 협동조합들이 대부분 실용적 정당성의 혜택을 입는다는 것을 보여준다. 실제 자본참여에 따른 직접적 혜택을 거의 취할 수 없는 외부 투자자들, 그리고 더 낮은 가격에 더 나은 서비스를 제공하는 협동조합과 맞닥뜨려야 하는 경쟁자들을 제외하면 협동조합의 이해당사자들은 일반적으로 실용적 정당성을 인정한다. 한편 협동조합에 있어 도덕적 정당성은 별 문제가 되지 않는다. 왜냐하면 사람들은 협동조합의 성공과 실패에 대해 아주 비판적인 상황을 제외하고는 보통 협동조합에 대해 우호적인 이미지를 갖고 있기 때문이다. 그런데 역설적으로 문제가 되는 것은 오히려 인지적 정당성이다. 협동조합이 우호적인 이미지를 갖기는 하지만 일반적으로 제대로 알려져 있지 않고 참고할 만한 자료도 별로 없다는 것이다. 협동조합은 전통적으로 받아들여지는 경제와 사회의 경계를 구분하지 않고 사업(경제적) 모델과 사회적 모델의 경계에 있는 복합적인 조직이다. 즉, 협동조합은 인정받기 쉽지 않은 혼종(하이브리드) 조직인 것이다(Battilana & Dorado, 2010).

종합-협동조합 발전의 한계

이 장에서 소개한 분석들은 협동조합의 발전에 제동을 거는 요소가 무엇인지 이해하는 데 도움을 준다. 실제 협동조합들은 세 가지 주요한 어려움에 처해 있다.

첫 번째 어려움은 금융 접근성이다. 협동조합들은 시장에서 직접적으로 재정을 조달할 수 없기 때문에 저자본화의 위험에 직면한다. 이 문제의 해결방도 중 하나로 제시되는 것이 출자금을 늘리기 위하여 조합원 수를 확대하여 협동조합의 크기를 키우는 것이다. 하지만 조합원 수의 증가는 민주주의의 실현을 어렵게 만들어 협동조합의 신뢰자본을 줄일 수 있다. 협동조합은 또한 외부 투자자들을 유치할 수 있다. 하지만 이 경우 상이한 조직의 구성원들 간의 이질성이 높아질 위험을 감수해야 한다. 달리 말하면, 이 이질성은 이해상충을 초래하여 협동조합의 기능-목적 간의 관계를 변화시켜 자본기업의 기능-목적과 유사해질 위험이 존재한다.

두 번째 어려움은 협동조합 지배구조의 특성상 집단적 의사결정과 '1인 1표' 원칙 적용의 무거움에 있다. 그리고 이 무거움은 조직의 크기가 클수록 더욱 심해진다. 이에 대하여 민주적 원칙의 약화와 기술관료 구조의 강화로 무게를 줄이려는 시도가 생기는데, 이 경우 협동조합의 퇴행을 면치 못할 것이다.

세 번째 어려움은 협동조합 기업의 정당성 추구와 그것이 동형화의 측면에 미치는 효과에 대한 문제, 그리고 협동조합의 현실에 대한 이해부족으로 인하여 생기는 인지적 정당성 결여와 관련된 문제이다.

그런데 위의 글 '종합-협동조합 발전의 한계'에서 간략히 소개한 어려움에도 불구하고 협동조합들은 사라지지 않았다. 아니 오히려 협동조합들은 위기의 시기에 특히 놀라운 적응력과 회복력을 보이며 지속되었다(Spear, 2000 ; Birchall & Ketilson, 2009). 그 비결은 무엇일까?

5. 3. 행동경제학과 진화주의 : 협동조합 모델의 지속과 발전에 대한 이해

협동조합운동이 지속될 뿐 아니라 심지어 상당한 발전을 이룬 사실을 설명하기 위하여 보르자가 등(2011)은 새로운 이론적 접근법의 잠재력을 강조한다. 이를 보여주기 위해 저자들은 조직의 '루틴'[82] 분석에서 출발하여 행동경제학(개인의 행동, 동기, 그리고 심리적 메커니즘)과 진화주의 연구를 앞세운다.

이 저자들에 따르면, 행동경제학은 협소한 개인적 이해를 넘어 동기의 폭을 확장해준다고 한다. 외재적 동기extrinsic motivation와 내재적(본질적) 동기intrinsic motivation를 구분한 데시(Deci, 1975)의 연구, 그리고 자기 중심의 선호와 타인 중심의 선호, 과정 중심의 선호를 구분한 벤너와 퍼터먼(Ben-Ner & Putterman, 1998)의 연구를 결합하여, 저자들은 내재하는 사회적 선호(예컨대 호혜성)를 분석하면 개인들이 협동하는 동기가 무엇인지 새롭게 이해할 수 있다고 한다. 이뿐 아니라 가녜와 데시(Gagné & Deci, 2005)의 '자기결정이론'에 근거하여 저자들은, 적응된 사회적 선호[83]를 고려하면서 개인이 외부로부터 부과된 규칙을 점차 내면화한다는 점을 보여준다. 그 결과 꼭 도구적 목적이 없어도 개인들이 협동할 동기가 많이 있다는 결론이 도출된다. 하지만 특히 저자들은 이러한 접근법을 통하여 "협동조합 및 사회적기업의 지배구조와 운영 규칙이 왜 개인의 이익 추구를 넘어 가치와 공동의 목적을 공유하도록 돕는지 이해"할 수 있다는 점을 강조한다(Borzaga et al., 2011,

82 – 진화경제학에서는 반복적이면서 예측 가능한 기업의 행동패턴을 루틴(routine)이라 부른다. – 옮긴이

83 – adaptative preference: '적응된 선호', 혹은 '적응 기호'로 번역된다. 이 용어는 보통 사람들이 자신의 처지를 좀 더 견디기 쉽도록 상황을 재해석할 때 사용된다. – 옮긴이

pp.40~41). 따라서 개인들이 내린 결정은 자신만의 이익을 위해서만이 아니라 이타주의에 대한 선호, 호혜와 정의 등을 고려한 결과이며, 이러 까닭에 협동조합이 존재할 수 있다는 것이다.[84]

보르자가 등의 공동저자들은 협동조합에 대한 두 번째 접근법으로 진화이론(Nelson & Winter, 1982)을 동원한다. 이들 분석의 중심 요소는 사회친화적인 동기가 아닌 '조직의 루틴'으로 구성된다. 이 이론에서 조직들은 생산 기능을 중심으로 연구되지 않고, 생산과정에서 발생하는 문제를 해결하는 공간으로 간주된다. 조직의 루틴이란 규칙적이고 예측 가능한 개인들의 행동모델을 의미한다. 이 루틴 덕분에 사람들 간의 조정이 쉬워지고 변화에 적응할 수 있게 되는 것이다. 이 루틴은 시간이 흐름에 따라 축적되는 공식적, 암묵적 지식에 의거하며, 집단 전체에서 조직적인 학습이 이루어지게 해준다. 이 루틴에 근거하여 기존의 루틴을 활용하거나, 아니면 새로운 행동을 도입함으로써 기존의 루틴과 단절하며 새로운 루틴을 도입하는 조직의 전략을 수립하게 된다.

이러한 이론에 근거하여 보르자가 등(2011)은 협동조합을 조직의 진화에 있어 특별한 경향성을 띠는, 즉 강한 내적 정합성을 가지면서도 다양한 협동의 형태를 수용할 수 있을 만큼 충분히 개방적인 특성을 지닌 조직으로 분석할 수 있다고 본다. 그러므로 독창적인 조직적 루틴이 다양한 형태의 협동조합에 공통적으로 보이는 협동조합의 정체성을 형성하는 것이다.

진화이론에서 저자들이 두 번째로 관심을 보이는 것은 협동조합이

84－개인의 선호 문제에 대하여 개인들은 '성찰과 소통 역량'을 갖추고 있다는 아마르티아 센(A. Sen)의 연구를 인용한 바레토(Barreto, 2011, p.205)를 참조했다.

단순히 이윤의 극대화와 비용의 최소화가 아니라 경제적, 사회적 잉여를 추구한다는 것을 설명해줄 수 있다는 점이다. 더 넓은 경제적, 사회적 잉여를 추구하기에 비용의 최소화라는 도그마를 버리고 집단적인 이익이나 보편적인 이익에 기여하고 사회적 욕구를 충족시킬 수 있는 것이다.

진화이론은 협동조합이 지역개발에 미치는 영향을 설명하는 길을 열어준다. 즉, 지역의 지식과 자원을 조직 역량의 중심에 자리 잡게 하고, 지배구조에 다중이해당사자들을 포함시키도록 하기 때문이다. 이때 조직은 상이한 이해당사자들의 이해를 조절하는 기제로 간주할 수 있게 된다. 진화이론은 이렇듯 협동조합에 대한 시각을 새로이 할 수 있는 흥미로운 관점을 제공한다.

6. 경제와 사회 시스템 쇄신의 중심에 있는 협동조합

지드Gide를 중심으로 한 19세기의 사상적 흐름을 계승한 최근의 연구 주제 중 하나는 자본주의의 대안을 만드는 데 협동조합이 어떻게 기여하는가, 혹은 좀 더 소박하게 보다 민주적이고 정의로운 경제모델을 진흥하는 데 협동조합이 기여하는 바에 관한 것이다. 협동조합운동 내에서는 과거를 거울삼아 오늘날 새로이 노동자협동조합 모델에 대한 관심이 커지고 있다.

협동조합에 대한 새로운 연구를 특징짓는 요소는 세 가지 정도로 정리할 수 있겠다. 첫째, 소유관계보다는 (노동, 생산, 소비를 통한) 이용관계를 중심에 두는 기능경제(Tertre et al., 2011)의 발전이다. 둘째, 경제와 민주주의의 관계를 강조하며 특히 사회적협동조합을 이 관계를 상징적으로 보여주는 협동조합으로 보는 흐름으로, 이는 폴라니에게서 영감을 받은 연구다(Hilenkamp & Laville, 2013). 마지막은 새로운 기업 분석 방법(Segrestin & Hatchuel, 2012 ; Segrestin et al., 2014)으로서, 지배구조의 중요성과 공동 프로젝트로서의 기업의 중요성을 다루는 연구다.

하지만 우리는 여기서 위에 언급한 세 가지 요소가 아닌 네 번째 요소에 대한 분석에 집중할 것이다. 즉, 베르나르댕칼리지[85]의 최근 연구결과를 중심으로 협약주의conventionalism 이론이 협동조합을 이해하는

85 – www.collegedesbernardins.fr.

데 기여한 측면이다. 협약주의는 기존 표준이론의 방법론적 수단과 분석틀로는 복합적 성격을 가진 협동조합 기업의 특성을 포착할 수 없다고 강조한다. 이런 방식으로는 기업 내 경제민주주의와 사회 내 정치 민주주의 간의 관계를 은폐하고 가치와 정의에 관련된 질문도 은폐한다는 것이다. 위에서 살펴보았듯, 신제도주의와 거래비용 경제학에서 분석할 때 기업의 내부 운영을 고려한다면 기존의 표준이론은 효율성을 우선시하면서 일반적으로 자본주의 기업이 우월하다는 결론을 맺는다.

하지만 협약주의 경제학은 정의로운 것과 선한 것에 대한 질문을 동시에 하면서 생산의 민주적 형태에서 분석을 시작한다. 즉, 주체의 궁극적인 목적과 그들의 성찰을 다루는 것이다. 기업은 더 이상 최적화와 효율성 추구의 장이 아니다. 기업은 기업활동의 궁극적인 목적에 대해, 그리고 기업 발전의 틀을 이루는 규칙에 대해 질문하는 공간이 되었다. 여기서는 위에서 다룬 디마지오와 파월의 분석과는 반대로 제도적 환경이 더 이상 제약으로 작용하지 않는다. 환경이란 집단적 행동의 산물이며, 그 환경은 다시 주체의 행동과 조정 양식에 영향을 미치게 된다.

2000년 초에 베르나르댕칼리지의 학제간 연구팀(Baudoin, 2012)[86]이 착수한 연구는 협동조합의 토대를 쇄신하기 위해 협동조합 기업에 대한 기존의 이론적 접근에 대해 문제를 제기하는 데 집중했다. 이 팀은 자본주의와 민주주의[87] 사이의 갈등을 전제하면서 개인적 행동

86 – 파브로(O. Favereau)와 로제(B. Roger)의 책임 하에 베르나르댕칼리지에서 수행한 학제간 연구프로그램 '기업, 소유형태 그리고 사회적 책임'.

87 – 역사적으로 볼 때 정치적 민주주의는 자본주의 시장경제 하에서 발전했다는 점을 상기하고자 한다. 하지만 경제적 민주주의는 기업 내에서 발전하기 어려웠다. 왜냐하면 '1주 1표'라는 자본주의적 소유의 근본적인 규칙과 '1인 1표'라는 협동조합의 원칙이 대립되기 때문이다.

의 복합성과 개인들의 성찰 역량을 규명하려고 했다. 바레토(Barreto, 2011)는 이 작업을 토대로 흥미로운 결론을 도출했다. 그는 기존의 표준이론을 비판하고, 노동자협동조합인 자주관리기업에 대해 비표준적인 이론에 근거한 분석의 관점을 전개했다. 여기서 그의 분석 일부를 소개할 것인데, 그 분석은 단지 노동자협동조합에만 해당되지 않고 대부분의 협동조합에 해당되는 것으로 간주한다.

6. 1. 정치적 과정으로 협동조합 기업의 특징을 짓다 : 숙의 과정의 중요성

바레토(2011)는 허시먼(1970)이 전개한 voice(발언)와 exit(퇴장) 개념으로 정치적 영역과 경제적 영역의 조응관계를 보여준다. 그에 따르면(2011, p.202) exit가 시장에 의한 조정을 특징짓는다면(달리 말하면, 어떤 고객이 별 이유 없이 어떤 제품에 등을 돌리는 경우), voice(발언과 정당화)는 반대로 시장에 의한 조정의 부재를 의미한다. 그런데 "자주관리기업을 퇴장보다 발언이 훨씬 더 큰 비중을 차지하는 기업으로 특징지을 수 있다." 그리고 그러한 까닭에 조직에 대한 애착이 커지는 효과가 생긴다는 것이다. 이러한 애착에 더하여 출자금 부담으로 비용이 많이 들고, 한 번 들어가면 퇴장이 쉽지 않은 기업참여권리(조합원 가입권리), 그리고 보다 수평적인 위계모델과 결합하여 조합원들의 충성심이 더욱 커지는 결과를 볼 수 있다. 최근에 프랑스에서 이루어진 여러 연구는 이러한 분석을 뒷받침한다. 이 연구들은 협동조합을 비롯한 사회연대경제 내부가 참여경영의 역동성이 상당함을 보여준다(Juban et al., 2015 ; Richez-Battesti et al., 2014).

발언은 보통 가치의 이름으로 행해지고 소통과 성찰의 과정을 통해 이루어져 행동의 변화를 이끌어낸다. "자주관리기업은 독창적인 정치·경제적 형태가 되어 목표, 규칙, 가치와 관련한 집단적 성찰이 표현될 수 있도록 한다. … 여기서 자주관리기업은 제도(규칙, 가치, 목표 등)의 형성을 용이하게 하는 조직적 틀로 간주된다."(Barreto, p.206). 따라서 협동조합 기업과 일반 기업을 구별 짓는 것은 '숙의 영역'의 존재 여부이다. 이 숙의 영역은 다음과 같은 두 가지 역할을 한다.

한편으로는 조정과 의사결정을 가능하게 하는 공통의 틀을 만들고, 다른 한편으로는 제도적 환경을 만들어 그 안에서 주체들이 발전하고, 다시 이 제도적 환경은 주체들에게 영향을 미친다.

달리 말하면, 협동조합의 주체들은 스스로 기업의 궁극적인 목적과 주체들 간의 조정을 위한 제도적 환경을 집단적으로 결정할 역량이 있다는 뜻이다(Barreto, p.210).

6. 2. 어떻게 가치에 토대를 둘 것인가 : 가치를 부여하는 힘의 다양성

기업활동의 궁극적인 목적과 제도적 규칙을 둘러싼 질문은 아주 정치적인 측면을 띠고 있다. 또한 이 질문은 가치에 대해 그리고 가치를 수립할 수 있는 주체들의 역량, 즉 '가치를 부여하는 힘'에 대해 성찰하도록 한다(Eymard-Devernet, 2008, p.186). 가치를 부여하는 힘이란 무엇을 평가하고 어떤 평가 기준을 가질 것인가에 대해 토론하고 합의를 이루는 과정을 전제한다(Barreto, 2011). 이 과정은 협동조합 조직 내에서 노동자들 사이에서 이루어질 수도 있고, 노동자들과 임원들 사이에서도 이루어질 수도 있다. 또는 더 넓혀 소비자, 공급자 등 이해당사자들 사이에서 이루어질 수도 있는데, 이 경우 가치를 부여하는 힘이 다양하여 이들 사이에서 긴장이 생길 수도 있다. 이 말은 외부의 제약으로 인하여 기업 구성원들이 제도적 틀을 정하는 능력과 노동자들의 힘이 제한될 수 있음을 뜻한다.

결론적으로 협약주의 이론에 비추어 볼 때, 협동조합 기업은 숙의 과정과 '정의'의 가치를 만들어내는 과정에 토대를 둔 조정기관의 역할이 중심이라고 할 수 있겠다.

7. 협동조합 이론과 실천의 기여와 한계

오늘날 협동조합은 경제학자들을 비롯하여 많은 사회과학 연구자들에게 새롭게 관심을 끌고 있다. 19세기에는 협동조합이 유럽의 사상가들과 선구자들에 의해 발전되었다면, 1960년대와 1970년대부터는 새로운 연구의 흐름이 형성되기 시작했다. 한편으로는 영미 경제학계의 연구로서, 노동자 참여가 자주관리기업의 성과에 미치는 영향에 대한 광범위한 이론적, 경험적 연구가 한 축을 이루고, 협동조합 일반의 한계를 이론적으로 규명하는 신제도주의 경제학의 발전이 다른 한 축을 이룬다. 다른 한편으로는 프랑스 쪽의 연구로서, 경제와 민주주의의 관계를 규명하고 기업을 재해석함으로써 협동조합을 재평가하는 작업이다.

사실, 신고전주의 모델은 거래비용이론이나 행동이론에서 보듯 지속적으로 다듬어져왔으나 기업의 이윤, 경제 주체의 합리성, 시장이나 위계를 통한 개인 행동의 조정 등을 중심으로 한 연구의 지평을 넘어서는 데 한계를 보였다. 경제에 대한 성과주의적 사고, 경제 주체의 개인적인 만족에 치우친 경제 개념은 협동조합의 핵심이 되는 집단적인 행동에 대해 고려하지 못하는 한계를 노정한다.

이러한 의미에서 프랑스에서 광범위하게 이루어진 협약주의 연구들은 협동조합에 대한 이론적 연구를 쇄신하는 데 신선한 입김을 불어넣었다. 이 연구들은 협동조합을 다루는 데 활용할 수 있는 경제이론이 아주 풍성하다는 것을 강조하면서도 19세기의 전통을 계승하여 사회운동과의 접점에 대해서도 다루었다. 이러한 연구는 주주기업들과 기업의 금융화 추세가 복지의 전반적 향상과 더 공정한 경제모델의 수립에 어떤 타당성을 갖는지 문제를 제기하고 있다.

다른 한편, 협동조합에 대한 연구가 증가함에 따라 기업 형태의 다양성과, 한걸음 더 나아가서 사회의 생산 집단의 다양성에 대한 가설을 심화할 수 있게 되었다. 그뿐 아니라 개인의 복합적인 행동과 기업 목적의 다양성에 대한 정제된 분석을 통하여 경제이론을 재구성하는 데 기여했다. 하지만 아직 집단 소유, 의사결정과 민주주의, 경쟁과 협동, 노동과 노동의 의미, 지속가능성 등의 주제에 대한 이론적 과제도 남아 있다. 이러한 측면에서 세그레스땡과 아취엘(Segrestin & Hatchuel, 2012)의 연구는 기업과 공동창업 프로젝트의 토대를 다시 정립하는 과제에 대해 성찰하게 한다. CAS가 진행한 한 연구(2011)는 사회적 성과와 임금노동자 참여의 관계를 강조한다. 하지만 이 연구는 전체적인 개념화가 결여되어 있다. 이 외에도 어떤 연구방법들은 파편적인 문제를 다루기보다는 상관관계를 다루는 데 가능성을 보여주기도 한다. 하지만 이러한 작업들은 경제를 다양한 새로운 평가모델로서, 그리고 이 해당사자들에 의해 공동생산되는 것으로서 다루지는 못하고 있다.

마지막으로, 사회적 욕구 충족에 더 중심을 두는 새로운 형태의 협동조합이 등장했다는 것은 협동조합 모델의 역사와 사회적 연대의 실현 방식에 전환점이 도래했다는 것을 의미한다. 이러한 주제는 새로운 연구의 기회를 제공하고 있으며, 유럽 및 다른 대륙의 연구자들(EMES 국제연구네트워크)이 사회적기업 개념을 중심으로 연구를 진행하고 있다.

협동조합에 대한 연구와 협동조합의 역사적 발전에 대한 연구는 협동조합이 걸어온 길에서 맞닥뜨린 도전에서 어떤 교훈을 얻을 수 있을지 알게 해준다. 첫 번째 교훈은 협동조합에 대한 이해 부족이 지속된다는 점이다. 일부 연구자들이 협동조합에 대해 다시 관심을 갖게 되었지만 대학교육에서는 별로 고려되지 않고 있으며, 노동자협동조합에 대한 연구가 상대적으로 큰 비중을 차지하긴 하지만 대부분의 유럽 국가들에서 이들은 여전히 소수 기업에 불과한 실정이다. 두 번째 교훈은 협동조합 기업의 일부에 해당하는 제도적 동형화 문제이다. 이 문제는 기업의 금융화와 협동조합 프로젝트의 약화와 관련되어 있다. 이러한 경향은 농업 및 은행 부문에서 특히 두드러지지만 다른 활동부문 또한 피해가지 못한다. 세 번째 교훈은 협동조합의 실천과 민주적 의사결정 과정을 제대로 실현하는 문제이다. 협동조합 안에서 발언voice과 숙의 과정을 구축하는 것은 어려운 일이며, 이를 위한 경영방식이 충분히 정착되지 않았다. 노동자결사체나 이해당사자들 전체의 결사체가 바람직한 것으로 여겨지고, 집단적 역동성(집단 소유, 노동공동체 등)이 재차 확인되지만 현실적으로는 체계적으로 조직되지 못하고 있다. 마치 참여와 공동체는 조직하지 않아도 당연히 존재하는 것이라 여기기라도 하는 것처럼. 이런 까닭에 쉬피오(Supiot, 2005)는 노동자들이 기업 안에서 시민으로서 역할을 하는 것이 중요하다고 강조한 바 있다. 하지만 이러한 시민으로서의 권리는 조합원의 출자금 소유에 종속되어야 한다는 점 또한 덧붙였다. 조합원들의 참여를 제대로 조직하기 위해서는 독창적인 지배구조 모델의 중요성도 거론해야 할 것이다. 하지만 가장 중요한 것은 참여를 이끌어내고 민주적인 기업이 되도록 하기 위해서는 반복되는 집단적 학습이 필요하다는 점이다. 협동은 개념으로 만들어지는 것이 아니다. 그것은 조금씩 만들어지는 것이고, 학습을 통해 배워가야 하는 것이다. 이것이 협동조합의 설립과 확산의 조건이다.

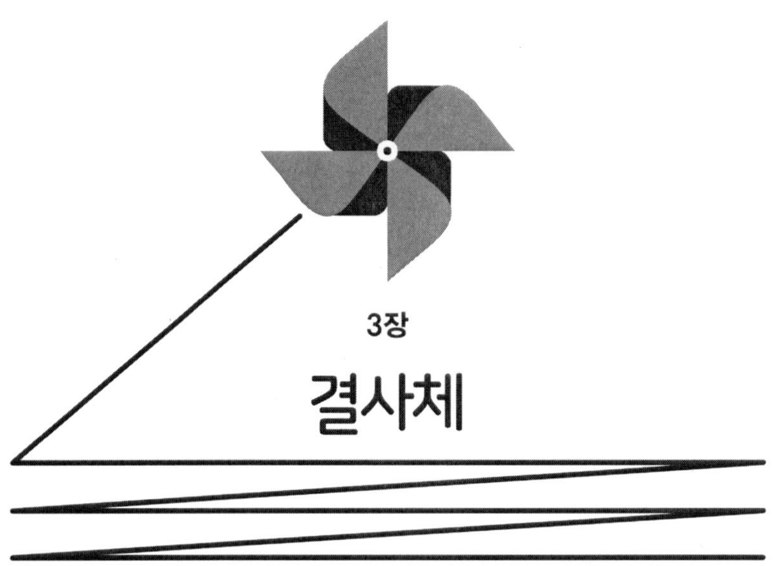

3장

결사체

마르뜨 니센 지음 | 김신양 옮김

1. 앵글로색슨 접근법의 역사적 뿌리

2. 비영리조직의 존재이유

3. '비영리' 접근법의 장점과 한계

서론

몇 해 전부터 세계 각국에서는 결사체의 역할을 인정하기 시작했고, 국제적 차원에서도 마찬가지 현상이 관찰된다. 이로 인하여 여러 분야의 연구자들이 이 조직에 대해 연구를 진행하게 되었다. 특히 경제학자들은 결사체association 부문의 경제적 비중과 영리기업 및 국영기업이 광범위하게 존재하는 경제영역에서 결사체의 존재이유에 대해 조사했다. 학술문헌에서 결사체는 비영리 민간조직 개념으로 통용되며, 공공조직 및 영리기업business sector과 구분된다.

비영리적 접근에서 비영리성은 '이윤비분배의 제약', 즉 조직의 관리자들에게 금전적 잉여를 분배할 수 없다는 뜻이다. 이러한 측면에서 비영리는 사회적경제와 구별된다. 사회적경제에서는 투자 대비 금융소득의 극대화를 추구하지 않고 구성원이나 공동체에 봉사하는 것이 조직의 목적이라는 것으로 비영리성을 설명하기 때문이다. 따라서 사회적경제에서는 잉여의 일부를 재분배하는 것을 금지하지 않는다. 다만 엄격하게 제한되어 있고, 협동조합 조합원의 출자에 대해 잉여의 일부를 재분배하는 정도이다.

비영리적 접근은 앵글로색슨 쪽에서 광범위하게 뿌리내린 개념으로, 자선charity, 필란스로피philanthropy, 또는 자원활동 등과 같은 개념과 함께 이들 국가에서 시민사회 활동을 구성한다. 이런 이유로 우리는 우선 이 개념들의 역사적 뿌리에 대해 살펴보고자 한다. 사실 제도적 맥락과 역사적 유산에 따라 '제3섹터'에 대한 개념이 달라지기 때문이다. 이와 더불어 우리는 존스홉킨스대학에서 진행한 비영리부문에 대한 광범위한 비교연구Johns Hopkins Comparative Nonprofit Sector Project, CNP의 결과로 정착된 비영리부문의 정의 문제도 다룰 것이다(Salamon & Anheier, 1997). 이 연구의 목적은 비영리부문의 규모를 측정하고 국제비교를 하는 것이었다.

두 번째 부분에서는 민간 영리기업과 공기업의 다른 한편에 있는 비영리조직의 존재이유를 분석하는 앵글로색슨 쪽의 경제학 문헌을 종합적으로 정리해볼 것이다. 사실 신고전주의 패러다임에서 시장경제 안에 이러한 조직이 있다는 사실은 다소 납득하기 어려운 상황이다. 따라서 어떤 조건 하에서 비영리조직이 시장경제 안에서 특정 역할을 담당하는지 살펴볼 것이다. 이러한 연구를 통해 결사체 전체를 낱낱이 파헤치며 설명할 수 있다고 장담할 수는 없을 것이다. 하지만 '시장제일주의' 이념이 지배하는 상황에서 시장의 한계에 관심을 기울이게 하는 실용적인 목적은 달성할 수 있을 것이다. 따라서 우리의 연구는 정교한 분석틀에 기초하여 시장적 활동으로만 축소할 수 없는 비영리조직의 현실에 관심을 둘 것이다. 이러한 전망 하에서 마지막 부분에서는 비시장적 논리에 따라 움직이는 조직에 적용된 표준경제학 패러다임의 장점과 한계를 도출하는 것으로 결론을 맺고자 한다.

1. 앵글로색슨 접근법의 역사적 뿌리

1. 1. 미국의 경우

미국에서 비영리부문은 명확히 시민사회에 뿌리내리고 있다. 이 나라의 창건자들에게 중간계층이 주도하는 시민사회 활동은 덜 위계적이고 국가의 지배가 덜한 사회를 건설하는 데 선호되는 방식으로 여겨졌다. 왜냐하면 이들은 유럽에서 국가의 힘이 지나치게 크다고 인식했기 때문이다(Anheier, 2005). 시민사회에 대한 이러한 관념은 공권력의 권위보다 개인의 자유와 책임을 우위에 두는 자유주의적 철학에 바탕을 둔다. 그리하여 미국에서는 결사체의 확산으로 공동체를 일구었던 것이다. 프랑스 정치학자 알렉시 드 토크빌(Alexis de Tocqueville, 1835)은 19세기 초에 미국을 발견했을 때 그의 책 《미국의 민주주의에 대하여》에서 미국사회를 다음과 같이 묘사했다.

"미국은 결사체에서 많은 것을 취했고, 이 강력한 행동 수단을 가장 다양한 대상에 적용한 나라이다. 꼬뮌commune, 도시, 카운티 등의 이름으로 법에 의해 설립된 영구적인 결사체와는 별개로 수많은 다른 결사체들은 개인들의 의지로 설립되고 발전되었다. 미국 주민은 태어나자마자 삶의 어려움과 악을 헤쳐나가기 위해 스스로에게 기대야 한다는 것을 배운다. 그는 사회적 권위에 의심과 우려의 시선을 던질 뿐이며, 어찌할 수

없는 경우에만 그 힘에 의지할 뿐이다. (중략)

미국에서는 공공 안전과 상업, 산업, 도덕, 종교 등의 목적으로 결사한다. 오직 인간의 의지만이 개인들의 집단적 힘을 모은 자유로운 행동으로 이룩할 수 있는 것을 좌절시킬 수 있다. 차후에 결사체가 시민의 삶에 만들어내는 효과에 대해 말할 기회가 있을 것이다. 결사의 자유가 인정되면 시민들은 다른 방식으로 그것을 활용할 것이다."

– 토크빌(1835), 4장, 2권

그리고 토크빌은 이렇게 덧붙인다. "민주주의 국가에서는 결사체에 대한 학문이 모든 학문의 어머니이다. 다른 모든 학문의 진보는 결사체 학문의 진보에 달려있다"(De Tocqueville, 1835, 5장, 2권).

매카시McCarthy는 1700년에서 1865년 사이 미국의 시민사회가 구축된 과정을 세 단계로 구분한다. 첫 번째 단계는 상호부조의 원칙에 입각한 결사체와 지역의 필요에 부응하기 위해 자선의 원칙에 입각한 결사체의 등장이다. 이 조직들은 대부분 수많은 종교집단에서 비롯되었다. 두 번째 단계는 미국사회에서 '사회문제'를 어떤 방식으로 관리할 것인가 하는 주제에 관해 치열한 정치적 토론이 일어난 상황과 관련되어 있다. 이때 결사체가 만개한 것은 공동체의 필요를 책임지게 하는 참여민주주의 정신을 반영할 뿐 아니라 공공재 관리와 관련하여 다른 관점이 존재할 수 있고, 상충하는 이해를 드러내기 위한 변호활동(옹호와 로비advocacy and lobbying)을 발전시키는 방식이라는 점을 반영한다. 마지막으로 세 번째 단계는 미국의 북부와 남부의 긴장상태가 고조되었던 상황이다. 북부와 남부 사이의 긴장은 내전으로 이어졌는데, 이 당시 여성의 권리와 공민권 수호를 위한 사회운동이 등장했다. 이 운동은 모든 소수자를 위해 평등한 정치적 권리를 획득할 뿐 아니라,

한 걸음 더 나아가 미국사회 안에서 사회정의를 강화하기 위해 투쟁하는 것이 목적이었다.

결사체와 더불어 미국 시민사회의 구성요소인 재단도 언급할 필요가 있다. 20세기 초에 등장한 재단은 그 목적이 극빈층을 구호하는 조직의 발전을 지원할 목적으로 재정자원을 재분배할 뿐 아니라 사회문제의 구조적인 원인을 분석하고 장기적인 해결책을 제시하는 것이다(Anheier, 2005). 이 재단들이 모금한 엄청난 금액은 록펠러, 포드, 카네기 등 산업자본이 축적한 막대한 재산에서 나온 것이다. 재단들은 일종의 "소득 재분배가 제한적인 사회에서 발생하는 과도한 재산 문제에 대한 아주 독특한 미국식 대처법"이라 할 수 있다(Anheier, 2005, p.303). 재단들은 중요한 독지가로서 미국사회에서 공공선에 기여할 목적으로 인적, 재정적 자원을 자발적으로 동원하는 실천방식이다(Zung, 2012).

1. 2. 영국의 경우

영국에서 자선의 원칙은 시민권 개념과 맥을 같이한다. 자선은 사회적 원칙이며, 민주적인 사회에 필요한 구성요소로서 '이타적이고 자발적인 참여'를 통해 민주적 사회를 조절하는 데 기여하고 있다(Evers & Laville, 2004). 영국에서는 자원부문voluntary sector이 제3섹터의 의미로 쓰이는데 이는 비영리부문의 활동을 펼치는 데 있어 자원봉사가 가진 상징적인 의미를 강조하기 위한 표현이라 할 수 있다.

자원부문은 자선사업이라는 긴 전통 속에 뿌리를 내리고 있다. 엘리자베스여왕 하에서 제정된 1601년의 구빈법은 주로 지역교구의 활동에 근거하여 빈곤층을 구호한다는 원칙을 도입했다. 이 법의 전문(前文)에는 자선사업의 대상으로 삼을 수 있는 자선의 명분을 열거하고 있다.

> "노인, 장애인, 빈곤층 구호 (…) 아프거나 부상당한 육군과 해군 관리, 견습학교, 자유학교와 대학 (…) 다리, 부두, 항구, 차로, 교회, 제방, 도로 수리 (…) 고아들의 교육과 진보 (…) 소년원 원조, 식량보급 또는 유지 관리 (…) 빈곤 가족 결혼 (…) 청년노동자, 장인, 장애인 지원, 원조, 구호 (…) 수감자나 포로 구호 또는 구원, 세금 납부가 어려운 모든 빈곤주민 보조 및 경감."
>
> – 자선사업대상법(Charitable Uses Act, 1601)[88]

1834년 구빈법 개혁 시기, 공공부조는 최후의 보루로 여겨져 "자격이 없는 사람들"만을 대상으로 하고, "자격이 있는 사람들"(자신의 상황에 대한 책임이 없는 사람들)은 민간 자선의 몫이 되었다. 이러한 관점에서 빅토리아정부는 시민사회가 자주적으로 운영할 수 있도록 규칙과 지침의 틀을 제공하는 것을 목표로 삼았다. 지역 교회에서 비롯된 결사체들은 국가로부터 그들의 자선활동에 대한 재정지원을 받지 못했다. 또한 19세기에는 도움의 증여자와 수혜자 사이의 매개역할을 하는 필란스로피 활동단체들 또한 번성했다(Taylor, 2004). 이 지역 필란스로피 활동단체들은 사회부조를 제공하고 이를 통해 "사회를 통제"하는 데 가장 효과적인 수단으로 여겨졌다.

88 – 데이비드 스티븐스(David Stevense, 2002), 《비영리회 운영자를 위한 안내서》(캐나다 산업부(Industrie Canada))에서 인용.

영국의 사회적 활동의 역사는 비단 성공회의 필란스로피 엘리트층의 활동에 한정되지 않는다. 노동계층도 그들만의 조직을 발전시켰다. 우애조합friendly society은 연대의 정신으로 생명보험과 질병보험과 같은 형식의 정책을 시행하는 데 기여한 시스템 중 하나이다(Taylor, 2004). 소비협동조합과 주택공제회building societies 또한 거론할 수 있을 것이다. 이러한 활동들은 1871년에 왕실위원회로부터 빈곤극복의 핵심 주체로 인정받았다. 상호부조의 원칙에 더욱 비중을 두는 이 조직들은 필란스로피나 자선의 전통보다는 사회적경제의 노동결사체 전통에 더 가깝다는 데 의심의 여지가 없다.

자선, 필란스로피, 비영리, 자원활동 등의 다양한 개념들은 앵글로색슨계 사회를 형성하는 데 기여했다. 그리고 이 개념들은 '타인에게 좋은 일을 한다'는 것, 보다 구체적으로는 자발성에 기초하여 가장 빈곤한 사람들에게 나누어주기 위하여 풍족한 계층의 자원을 동원한다는 뜻으로 대중의 의식에 자리 잡았다.

이러한 관점에서 볼 때 비영리는 일반적으로 구성원에게 잉여를 분배하지 않는다는 제약으로 접근한다는 것을 알 수 있다. 비분배 제약을 통해 조직의 공익public benefit적 성격을 보장한다. 즉 일반적으로 주수혜자가 조직의 구성원이 아니므로 이타주의와 더불어 내부 구성원들이 축재(蓄財)를 하지 않는다는 사고를 명확히 드러낸다. 이러한 점이 비영리 역사의 이념적 근간을 이룬다.

포드재단

포드재단은 에드슬 포드Edsel Ford가 기부한 25,000달러를 가지고 1936년에 설립되었다. 그의 아버지 헨리 포드는 포드자동차회사의 창립자이다. 이 재단의 설립헌장에는 자원은 "모두 공공선을 위한 과학, 교육, 자선의 목적에 사용"되어야 한다고 적혀 있다. 이 헌장은 2015년에 다음과 같이 수정되었다.

"우리는 모든 개인들에 내재한 존엄을 믿는다. 하지만 이 세상에는 수십억에 이르는 사람들이 그들의 삶을 형성하는 정치, 경제, 문화 시스템에 온전히 참여하지 못하고 배제되어 있다. 우리는 이 근본적인 불평등이 이 시대의 가장 큰 도전이라 생각한다. 이 도전은 도처에서 모든 개인들의 잠재력을 제한하고 있다. 불평등에 대한 투쟁은 우리의 모든 활동의 중심이다."

불평등을 만드는 5가지 요인

- 공정함과 관용, 포용을 해치는 문화적 담론
- 자원과 정부의 의사결정 권한에 불평등한 접근성
- 여성뿐 아니라 소수민족, 소수인종, 소수계급에 반하여 지속되는 차별과 편견
- 경제에서의 기회와 결과 측면에서 불평등을 증폭시키는 규칙
- 교육 및 자연 자원과 같은 사활이 걸린 공공재에 투자하고 지키지 못하는 무능함

이러한 불평등 요인에 대응하고 해결책을 마련하기 위하여 포드재단은 여섯 가지의 활동 축을 수립했다.

- 시민참여와 정부
- 창의성과 자유로운 표현
- 젠더 정의와 인종 및 민족 정의
- 포용적 경제
- 인터넷 자유
- 청년을 위한 기회와 배움

2014년에 포드재단의 자본은 120억 달러에 달했고, 전 세계 50개국에 걸쳐 민주주의 증진, 지역경제 개발, 교육, 문화, 인권 분야에 약 5억 달러를 지원했다. 포드재단은 오랫동안 미국의 재단들 중 선봉에서 활동해왔다. 하지만 현재는 빌과 멜린다 게이츠 재단이 포드재단을 성큼 앞지르고 있다. 2014년에 게이츠 재단의 자본은 420억 달러에 달했고, 총 36억 달러를 지원에 사용했다.

참고자료 : http://www.fordfoundation.org/. http://www.gatesfoundation.org/

1. 3. 'NPO' 개념

미국에서 비영리부문은 연방조세법에 의해 정의되고 있으며, 이 법에 따라 특정한 조직은 소득세를 면제 받는다. 연방법 제501조 (c) 단락에는 특정한 연방세를 면제 받는 29개 유형의 비영리조직 목록이 나열되어 있다. 다른 한편, 제501조 (c)(3)에 의해 정의된 한정된 조직(자선, 종교, 교육, 과학이나 예술 분야)은 모두 더 우호적인 세제혜택을 받을 수 있다. 특히 이 조직의 기부자들은 기부에 따른 세제감면 혜택을 받을 수 있다.

영국의 자선위원회Charity Commission[89]는, 자선조직으로 인정받아 세제혜택을 받고자 한다면 해당 조직의 활동이 극빈층 구호, 교육이나 종교 또는 다른 공익적 목적의 진흥에 해당해야 하며, 다른 한편으로는 조직의 활동으로 인한 수혜 집단이 분명히 규명되어야 한다고 정하고 있다.

89 – http://www.charity-commission.gouv.uk/. 자원부문에 속하는 모든 조직이 모두 자동으로 자선단체로서 승인을 받지는 않는다.

이 두 나라에서 비영리조직이 취할 수 있는 법적 지위는 아주 다양하다. 이 조직들은 영리조직이 취하는 법적 지위와 동일한 형태의 상업적 지위도 택할 수 있다. 이런 점에서 볼 때, 관습법의 전통을 가진 이 두 나라는 민법의 전통을 가진 다른 나라들과는 구별된다. 다른 나라들에서는 일반적으로 특정한 법적 틀을 기준으로 제3섹터를 정의하기 때문이다.[90]

1990년에 착수한 존스홉킨스대학의 비영리부문 국제비교연구 프로젝트는 대부분의 국가에서 비영리조직이 존재하며 상당한 규모의 사회경제적 활동을 개발하고 있지만, 그들의 운영방식이 전통적인 국가회계시스템에 들어맞지 않아 통계에 제대로 잡히지 않는다는 사실 확인으로부터 연구를 출발한다. 그래서 국제비교를 위해 비영리부문의 정의를 다음과 같은 기준을 동시에 충족하는 조직 전체로 정했다. 공식적인 존재, 민간부문 소속, 활동의 통제에 있어 모든 다른 기구로부터의 독립, 구성원에 대한 이윤의 비분배, 조직 참여의 비의무성이다.

이 정의는 국제적 차원에서 비영리부문을 다룰 때 가장 폭넓게 받아들여지고 있다. 프랑스에서 이 정의는 1901년 결사체에 관한 법의 특징과 부합하며, 벨기에에서는 비영리 결사체ASBL와 유사하다.

90 – 이 책의 '1장 사회적경제'를 참고할 것.

2. 비영리조직의 존재이유

간략히 말하자면, 앵글로색슨의 문헌들은 주로 정부 정책에 의해 다소나마 조절되는 민간기업이 지배하는 시장경제에서 비영리조직의 존재이유에 주목하고 있다. 이 학제 간 연구 가운데 우리는 가장 고전적이라 여겨지는 경제학적 분석에 집중할 것이다(Steinberg, 2006).

우리는 먼저 경제학자들이 민간 비영리조직의 존재이유를 설명하기 위해 활용한 여러 분석틀을 소개하고, 그 다음에는 그들의 분석결과에 기초한 해석 가운데 비영리조직의 존재와 행동을 이해할 목적으로 내세운 논거를 살펴볼 것이다. 이 지점에서 두 가지 큰 흐름을 관찰할 수 있다. 첫 번째는 수요의 측면에서, 다양한 이해당사자들(소비자, 기부자, 보조금을 부여하는 기관 등)은 왜 비영리조직에 도움을 청하는가 하는 질문이다. 두 번째는 공급의 측면에서, 왜 이해당사자들은 비영리기업 활동이라는 모험에 뛰어들었는가 하는 점이다.

2. 1. 시장의 실패 : 민간 비영리조직에 대한 경제적 분석의 출발점

보통 비영리 민간부문의 운영은 경제학의 관심을 끌지 못할 것이라고 생각하기 쉽다. 왜냐하면 경제학은 이윤극대화가 목적인 기업으로 구성된 경제의 효율성을 설명하는 학문이기 때문이다. 하지만 이러한 선입견은 비영리조직의 존재이유를 설명하는 데 바쳐진 여러 이론이 발전하면서 깨어졌다(Steinberg, 2006). 그래서 이와 같은 연구를 진행하기 위하여 경제학은 사회적 수익과 조직이론이라는 두 가지 분석틀을 동원한다.

사회적 수익 이론은 두 가지 기본 정리(定理)에 근거한다. 하나는 시장이 이윤을 극대화하는 소비자와 기업들로 구성되었을 때 시장을 통한 자원 할당이 효율적이라는 것을 보여준다. 이러한 결과를 직관하는 전통은 애덤 스미스의 연구로 거슬러 올라간다. 이후 그의 사상은 연구가 거듭되며 일련의 수학공식으로 표현되기도 했다. 그 중 가장 결실을 맺은 연구는 애로우와 드브뢰(Arrow & Debreu, 1954)에 의해 이루어졌다. 이 이론적 틀에서 효율성은 파레토Pareto의 기준으로 정해진다. 즉, 자원을 할당할 때, 최소한 다른 한 사람의 몫에 손해를 끼치지 않고서는 어떤 사람들의 편익이 증가하도록 자원을 할당할 수 없는 상태일 때 파레토 최적Pareto optimal이라 할 수 있다. 하지만 이러한 결과는 완전한 경쟁을 위한 조건들이 완벽히 충족되었을 때만 얻을 수 있다. 만약 이 조건 중 어느 하나라도 충족되지 않으면 시장을 통한 자원 할당은 파레토 최적상태에 이를 수 없다. 이때 시장실패 상황이 도래하는 것이다. 게다가 효율성이라는 기준은 자원분배와 관련한 언급을 전혀 하지 않으며, 따라서 형평성을 고려하지 않는다. 경제학자들은 시장실패가 남긴 발자국으로부터 탐구해 들어가 국가의 개입뿐 아니라 실물경제에서 민간 비영리조직의 존재를 설명한다.

두 번째 출발점으로 삼는 조직이론은 시장 외 대안적 조정양식으로서 조직의 존재를 설명한다. 이미 코즈(Coase, 1937)는 시장에서 많은 거래가 발생시키는 비용을 기업 설립으로 줄일 수 있음을 강조했다. 하지만 20세기 말에 이르러서야 비로소 경제학자들이 기업이라는 블랙박스를 열어 내부 운영 및 기업이 자원 할당에 미치는 영향을 본격적으로 분석하기 시작했다. 이러한 과정을 통해 시장경제에서 조직의 존재이유를 규명하기 위해 노력을 기울였다. 여러 이론의 일부 혹은 전체를 재구성하여 그 중 몇 가지를 언급하면, 신제도주의 경제학, 거래비용이론, 대리인이론agency theory 혹은 본인-대리인 이론principal-agent theory, 소유권학파 등을 들 수 있다. 신고전주의 이론과 마찬가지로 이 조직경제이론들은 대부분 개인의 최적화하는 합리성[91]을 전제로 한다. 하지만 거래비용이론과 같이 이 이론들 중 일부는 경제적 행위자들이 완전한 합리성에 기초하여 행동한다는 가정에 문제를 제기하며 제한적 합리성과 같은 개념을 발전시키기도 한다(Simon, 1951).[92]

위의 각기 다른 이론들 전체에서 기업에 대한 견해가 둘로 나뉜다. 첫째는 기업 내 다양한 이해당사자들 사이의 관계에서 위계적이고 권위적인 측면을 강조한다. 이 견해는 코즈의 연구를 계승하여 특히 사이먼(1951)이 임금노동관계와 노동계약의 특성에 대한 분석을 통해 발전시켰다. 두 번째 견해는 반대로 기업을 법적 허구, 즉 상이한 개인들 사이의 계약관계의 결합으로 간주하는 것이다(Jensen & Meckling, 1976). 이러한 견해에 따르면 기업은 가격 메커니즘을 대체하는 메커니즘이 아니라 기업의 구조 속에 가격 메커니즘을 통합한다고 본다.

---

91 – 이 경우 저자들은 합리적 선택 이론에 근거한다. 이 이론은 세 축으로 구성되어 있다. 첫째, 방법론적 개인주의로서 모든 사실(fact)은 개별적 구성체의 합을 통해 설명될 수 있다고 가정한다. 둘째, 모든 행위자에게 완전하고 경과적인 선호가 존재한다. 셋째, 제약이 있는 상황에서 행위자는 최적화하는 행동을 한다는 것으로, 이 행위자는 자신의 선호를 위해 최선의 행동을 한다는 점에 근거한다. 이 가정은 경제 행위자들이 오로지 물질적인 이익에만 추동된다는 점을 내포하지 않는다.

92 – 제한적 합리성 이론에 따르면 행위자는 어떤 사건이 발생하여 그가 거래로 얻을 수 있는 결과에 영향을 미칠 수 있을지 예측할 수 있는 인식능력이 없다고 전제한다. 그 뿐 아니라 만약 모든 것을 예측할 수 있다고 가정하더라도 거래를 위한 계약 조항에 그로 인해 발생할 수 있는 모든 결과를 담는다는 것은 시간적, 비용적인 측면에서 불가능하다는 것이다.

그래서 이 견해를 가진 이론가들은 시장에서의 거래(자발적인 교환)와 기업 내에서의 거래(권위에 의한 관계)를 분리하는 사고에 반대한다. 이 견해에 따르면, 기업과 시장의 경계는 모호해진다. 왜냐하면 어떤 방법으로도 기업 내 계약관계와 기업 외부, 즉 시장에서의 계약관계를 분명히 구분할 수는 없기 때문이다.

그런데 각각의 이론이 가진 차이에도 불구하고 하나의 공통적인 특징이 있다. 경제학의 중심 개념인 거래비용과 효율성이라는 개념이 그들이 펼치는 논거의 핵심을 이룬다는 점이다. 2009년 노벨 경제학상 수상자인 윌리엄슨은 시장에서 특히 많은 비용을 발생시키는 거래의 속성을 부각하며 거래비용의 개념을 발전시킨 바 있다(Williamson, 1975 ; 1985 ; 1996). 거래비용이란 조정비용일 수도, 동기비용일 수도 있다(Milgrom & Roberts, 1992). 이 두 비용은 경제 행위자들이 '기회주의적' 속성을 가질 때 발생한다. 즉, 이익이 된다면 사기를 칠 수도 있다는 뜻이다. 정보의 불완전성이라는 상황에서 이 동기비용은 주로 행위자들을 통제하는 데 드는 비용이다. 거래비용이 있을 때 기업은 이 비용을 줄임으로써 시장보다도 더 나은 성과를 보일 수 있다. 그러니 우리는 이 시점에서 한 걸음 더 나아가 비영리조직이 다른 조직들보다 더 효율적이지 않을까 하고 자문할 수 있을 것이다.[93]

요약하면, 비영리조직의 존재이유에 대해 분석하는 대부분의 연구는 그 존재이유를 시장의 실패에서 찾거나 기업의 실패에서 찾는다고

93 – 이 질문에 답하기 위해 그 유명한 코즈의 정리에 근거할 수 있겠다. 코즈는 거래비용이 증가하고 소유권이 명확히 정해지지 않았을 때, 소유권의 분배는 자원의 할당과 그에 따른 효율성에 영향을 미친다는 것을 보여준다. 이 경우 특별한 소유형태인 비영리조직이 효율적인 조직형태일 수 있다. 반면, 거래비용이 존재하지 않고 소유가 명확할 때는 애초의 소유권 구조가 최종적인 자원의 할당에 영향을 미치지 않을 것이나, 이해당사자들 사이의 비용과 혜택 분배에는 영향을 미칠 수 있다. 이 문제에 대해서는 이 책의 2권 3장 지배구조에서 다룰 것이다.

할 수 있다. 이 이론들은 서로 다른 정리로부터 출발할지라도 유사한 논거를 동원하고 있다. 이 논거는 수요의 측면과 공급의 측면으로 나누어 검토할 수 있을 것이다.

2. 2. 수요이론

수요이론은 수요와 관련된 이해당사자들이 비영리조직에 의탁하는 이유를 분석한다. 여기서 '이해당사자들'이라는 용어는 일반적으로 소비자, 민간 투자자, 노동자 등과 같이 조직의 목표와 생산에 이해가 걸린 모든 사회경제적 주체를 지칭한다(Freeman, 1984). 벤너와 후미센(Ben-Ner & Hoomissen, 1991)에 따르면 수요와 관련한 이해당사자란 서비스 공급 자체에 관계된 이들로서 이용자들, 특히 제품의 질에 관심 있는 노동자들, 그리고 일부 공권력과 민간 기부자들을 지칭한다. 위 저자들은 수요에 대하여 꽤 광범위한 개념을 취한다. 그래서 '이타적인' 수요 또한 포함시킨다. 조직 안에서 수요와 관련한 이해당사자들의 이해는 넓은 의미로 이해되어 제3자를 위해 생산된 재화나 서비스에 관한 공익까지도 포함시킨다. 공급 관련 이해당사자들은 금융 소득에 대한 대가를 바라며 조직에 자원을 공급한다(투자자, 공급자, 노동자 등).

이 수요이론의 범위에 신뢰이론, 집합재에 대한 초과수요이론, 국가와 비영리조직 사이의 상호의존이론 등을 포함시킬 수 있다.

2.2.1. 정보와 조직 : 신뢰이론

신고전주의 패러다임에서 시장이 파레토 최적의 균형을 이루기 위한 조건 중 하나는 시장이 완벽한 정보의 상태에 있어야 한다는 것이다. 하지만 현실에서는 특정 경제 주체가 거래의 조건 및 방식에 대해 더 많은 정보를 소유하고 있어 '정보의 비대칭'이라는 결과를 초래한다. 사회적 수익 이론에 따르면, 이러한 조건 하에서 시장에 의한 자원의 할당은 더 이상 효율적이지 않다는 것이다. 이뿐 아니라 경제 주체의 제한된 합리성을 고려할 때 미래에 일어날 수 있는 모든 상황을 예측해 거래 실현 조건을 명시하는 조항을 작성하기엔 너무 큰 비용이 들거나 거의 불가능하기에 계약은 필연적으로 '불완전'할 수밖에 없다. 왜냐하면 각 이해당사자는 자신의 이해를 추구하기에, 정보의 장애(정보의 비대칭, 계약의 불완전함)는 경제 주체가 기회주의적으로 행동하게 하고, 그 결과 다른 경제 주체들에게 해를 끼칠 수 있기 때문이다. 이러한 일탈 상황을 피하려면 기회주의적인 행동의 가능성을 줄이고 상이한 이해당사자들 사이에 신뢰를 불어넣기 위한 조직 방식과 절차를 개발해야 한다.

이러한 관점에서 민간 비영리조직의 경우 거래비용을 줄임으로써 이해당사자들 사이에서 신뢰를 형성하여 더 큰 효율성을 발휘하게 된다는 점을 살펴볼 것이다. 이를 위하여 한편으로는 정보가 불완전한 상황, 다른 한편으로는 정보의 불완전함으로 인해 발생할 수 있는 결과를 이해해야 할 것이다.

불완전한 정보의 상황

현대 경제학 문헌에 따르면 불완전한 정보는 재화나 서비스 자체의 성격, 또는 거래에서 이해당사자들의 입장과 연결된 문제일 수 있다.

우선 첫 번째 상황을 살펴보자. 여기서 불완전한 정보는 보건, 교육 등의 서비스가 제공될 당시에 그 질을 평가하기 어려운 서비스와 관련되어 있다. 이러한 경우 차선책으로 서비스가 제공된 후에 평가할 수는 있다. 물론 서비스 제공이 완전히 다 이루어질 수 없는 경우는 제외된다. 이런 문제는 거동이 불편한 이에게 제공되는 재가도우미 서비스나 아동돌봄 등 특히 '관계적' 서비스라 일컫는 서비스 영역에서 두드러진다. 왜냐하면 서비스 제공자와 이용자의 관계가 서비스 제공에 있어 가장 중요하기 때문이다(Laville & Nyssens, 2006). 사실 이용자는 경험을 통해 이 관계의 질을 평가할 수밖에 없다. 그래서 매 거래마다 각기 다른 상황을 맞이하게 되고, 서비스 관계는 이용자와 서비스 제공자가 함께 만든 결과물이 된다.

그런데 이러한 관계 형성은 이용자 측에서 보면 일종의 특별한 투자가 되는 셈이다. 특별한 투자인 까닭은 서비스 이용자가 어떻게 하느냐에 따라 관계가 변할 수 있고 때에 따라 의존적인 상황에 처해지는 경우도 배제할 수 없기 때문이다. 이러한 상황에서 이용자는 제공되는 서비스와 제공자에게 일종의 포로가 된다. 그러니 서비스 제공자로서는 이러한 의존 상황을 틈타 이용자에게 손해를 입히면서까지 이용자의 투자로부터 이익을 취할 수도 있다(Gui, 1991).

또한 일부 서비스는 다차원적인 특성(물질적 원조, 심리적 지원, 지식 제공)으로 인하여 서비스의 질을 평가하는 데 아주 복합적인 정보가 필요할 수도 있다.

두 번째 상황은 정보의 비대칭성이 거래 이해당사자들의 특정한 상황으로 인하여 발생할 수 있는 경우이다. 예컨대 이해당사자의 한쪽이 거래 시 그 자리에 없는 명백한 비대칭의 상황이다. 아이를 탁아소에 맡기는 경우 또는 가사도우미 같은 서비스 제공자를 고용한 이가 해당 공간에 없을 때 서비스가 제공되는 경우를 생각해보면 쉽게 이해될 것이다. 이해당사자 중 어느 한쪽이 부재한 상황은 특히 서비스 비용을 지불한 사람이 서비스의 직접 이용자가 아닌 경우, 예컨대 정부가 서비스의 비용을 부담하지만 제3자에게 서비스를 제공받게 하는 경우이다. 이때 서비스 비용을 지불하는 이는 자신이 지불한 비용이 제대로 쓰였는지 실질적으로 통제하기 어렵다.

불완전한 정보의 결과

서비스의 성격과 거래 당사자 각자의 입장은 질적으로 나쁜 정보가 생산될 수 있는 상황으로도 작용할 수 있다. 그렇다면 이러한 상황은 자원의 할당에 어떤 영향을 미칠까? 여기서는 거래 전과 후에 발생할 수 있는 문제 상황을 구분하여 살펴봐야 한다.

계약 전 기회주의

계약 전 기회주의는 거래의 한 이해당사자는 거래의 질을 사전에 알고 있으나 다른 이해당사자는 모르는 경우이다. 이런 조건에서 다음과 같은 질문들이 나올 수 있을 것이다. 어떻게 이용자가 양질의 서비스 제공자를 선택할 수 있을까? 어떤 단체에 기부하는 것이 나을까? 국가는 누구에게 서비스 제공을 위탁해야 할까? 이러한 문제들을 해결하기 위해서는 숨겨진 정보를 밝혀내야 하는데, 이 일에는 상당한 비용이 든다. 실제 이러한 정보가 없으면 '역선택'[94] 문제가 발생한다.

---

94 – 역선택(逆選擇, adverse selection) : 의사결정에 필요한 정보가 충분하지 않아 자기에게 유리하게 하려고 상대편에게 불리한 것을 고르는 일. 공급자와 수요자가 갖고 있는 정보가 각각 다르기 때문에 발생하는 경제 현상이다. 예를 들어 보험 계약을 할 때 주로 보험금을 탈 가능성이 큰 사람이 자신에게 유리한 보험을 선택함으로써 보험회사의 편에서는 불리한 조건을 선택하게 되는 경우가 해당한다(출처: 우리말샘) – 옮긴이

이용자는 서비스 제공자가 자신에게 제공할 서비스의 질에 대해 사전에 알지 못한다는 점을 상기하자. 유일한 지표인 가격만으로는 '좋은' 서비스 제공자인지 '나쁜' 서비스 제공자인지 구별하기 어려울 뿐 아니라 거의 불가능하다. 이러한 상황에서 시장가격이 너무 낮을 경우 좋은 서비스 제공자들은 들이는 노력에 비해 충분한 보상을 받지 못한다고 판단하여 시장에서 물러날 것이다. 반대로 시장가격이 너무 높을 경우 나쁜 서비스 제공자들이 과하게 보상을 받아 이용자들이 손해를 볼 위험이 있다. 그래서 만약 가격만이 질을 판단할 수 있는 유일한 지표가 된다면 시장에서 나쁜 제공자가 좋은 제공자들을 내쫓게 될 수 있고, 심지어 이용자들은 이런 위험이 있다는 것을 인식해서 시장에 들어가지 않게 될 것이다. 여기서 시장에 의한 조절의 딜레마가 생긴다. 즉, 서로 만날 수 있는 수요자와 공급자가 있음에도 불구하고 거래가 이루어지지 않는 것이다.

계약 전 기회주의 문제에 대한 처방으로 경제학은 여러 가능성을 제시한다. 첫째는 가격 외에 다른 질적 판단 신호를 찾는 것이다. 예컨대 서비스를 제공하는 노동자들의 자격을 생각해볼 수 있다. 객관적으로 봤을 때 필요한 자격 요건을 갖추지 않은 사람보다 제대로 자격을 갖춘 사람이 제공하는 서비스의 질이 더 나을 것이라고 충분히 생각할 수 있을 것이다. 또 다른 가능성은 '평판'이다. 어떤 거래가 일정한 기간 내 반복적으로 이루어지는 경우 한 이해당사자에게 좋은 평판을 얻는 서비스 제공 조직은 이 평판을 활용하여 관련 정보가 부족한 이해당사자들에게도 신뢰를 얻을 수 있는 발판으로 삼을 수 있다. 또한 널리 알려져 있는 중개조직의 도움으로 서비스 제공자에 대한 인증제도를 실시함으로써 불확실성을 줄일 수도 있다. 예컨대 공공기관이 승인하는 방식이나 민간 네트워크가 서비스 제공자의 질을 인증하거나 라

벨을 부여하는 방식이 있다. 이러한 수단은 비영리조직이든 아니든 모든 형태의 조직이 동원할 수 있는 방안이다.

하지만 민간 비영리조직은 그들만의 특정한 '신뢰의 신호'를 갖고 있다. '비영리'조직이라는 법적 지위는 이윤을 분배할 수 없다는 법적인 제약을 받는다는 뜻이다. 이로 인하여 두드러지는 특징이 있다. 이윤분배가 금지되어 있다는 것은 곧 외부의 이해당사자들에게 비영리조직이 정보의 비대칭이나 정보의 불완전성을 이용하여 이익을 취하려고 하지 않는다는 신호가 된다. 또한 조직 운영에 자원봉사자들이 참여한다는 것은 비영리조직이 추구하는 목적이 영리에 한정되지 않는다는 보장이 될 수 있다. 그리고 이 조직들이 주식시장에 상장되지 않는다는 사실 또한 수익의 압박을 받지 않음으로써 기회주의적 행동을 할 필요가 없다는 것을 알려준다(Steinberg, 2006).

이러한 유형의 설명은 오랫동안 비영리조직에 대한 앵글로색슨쪽 연구의 중심을 이루었다(Hansmann, 1987). 하지만 오늘날에는 이 조건이 신뢰관계를 구축하는 데 충분하지 않다고 받아들여진다. 게임이론에 따르면 영리 목적이 존재하지 않는다고 해서 비영리조직의 경영자가 조직이 천명한 궁극적인 목적과는 반대의 목적을 실현하는 것을 막을 수 없다고 한다. 예컨대 비영리조직에서 서비스를 제공하는 노동자가 과도한 급여를 수령하거나 임원들이 현물로 이익을 추구한다면 서비스 수혜자의 이익에 해가 될 수 있다는 것이다(Glaeser & Shleifer, 2001). 실제 일부 결사체들이 '비영리의 탈을 쓴' 기업으로 드러났다. 이들 조직은 보조금이나 세제혜택 같은 자원을 노리거나 소비자들을 끌기 위한 목적으로 비영리라는 지위를 채택한 것이다.

계약 후 기회주의

계약 후 기회주의로 불리는 행동은 거래의 한 이해당사자가 어떤 행동을 취하는데도 다른 이해당사자가 그 행동이 실행되는 것을 관찰할 수도, 통제할 수도, 막을 수도 없는 경우에 발생할 수 있다.

이러한 이상한 상황이 불러올 여파를 제대로 이해하려면 세 가지 경우를 생각해보아야 한다. 첫째는 경제 주체의 제한적인 합리성으로 인한 계약의 불완전성, 둘째는 정보의 비대칭(도덕적 해이), 셋째는 수요가 공급을 초과하는 특정 부문에서 특정 조직이 갖는 힘이다.

첫째 경우를 살펴보면, 기회주의적 행동은 애초의 계약에서 예상하지 못한 상황이 도래할 때 발생할 수 있다. 예컨대 어떤 노인의 건강상태가 점점 나빠져서 더 많은 돌봄이 필요해지는 경우이다. 이럴 때 애초의 계약이 불완전하기에 서비스 제공자가 그 상황을 이용하여 재협상을 통해 더 많은 이익을 취하려는 유혹을 받을 수 있다. 이러한 유형의 기회주의적 행동은 서비스 이용자인 노인과 그 주변인들의 관계적 투자와 같이 각별한 투자가 진행되는 거래에서 종종 발생한다. 이런 거래에서는 기존의 서비스 제공자에게 독점적인 지위가 부여된다. 그러다 보니 비록 서비스 이용자가 완전히 만족하지 않을지라도 이미 그 관계에 투자했던 특별한 비용이 아까워 쉽게 다른 서비스 제공자로 바꾸지 못하게 되는 것이다.

둘째 경우는 '도덕적 해이' 상황이다. 아이돌봄이나 정부 보조금 사용, 기부 등 어떤 행위가 이루어지는 상황을 가정해보자. 이해당사자 중 어느 한쪽이 그 상황에 있지 않고 정보를 취득하지 못하는 경우에는 그 행위의 결과를 지켜볼 뿐 그 안에 어떤 노력이 깃들었는지 알 수 없다. 이런 정보의 비대칭 상황이 기회주의적 행동을 유발할 수 있다. 그런데 어떤 경우에는 아주 심각할 정도로 문제가 될 수 있다. 특히 정부에게 보조금을 지급받은 어떤 서비스 제공자가 애초에 공식적으로 약속했던 의무를 제대로 이행하지 않았으나 정부는 이런 관행을 통제할 방도가 없을 때이다. 예컨대 보조금 지급을 위한 협약 내용에 서비스의 대상을 적시해놓지 않았을 경우 서비스 제공자는 가장 비용이 적게 드는 이용자들을 선택하고, 만족시키기 어려운 이용자들은 방기할 수 있다.

그런데 모든 이해당사자가 거래의 순간에 있다고 해서 도덕적 해이 문제가 완전히 없어지지 않는다는 문제도 있다. 일례로 재가서비스의 경우 이해당사자들이 같은 곳에 있다 해도 그 서비스의 질을 평가하는 건 아주 어렵다.

세 번째 경우는 환경의 구조와 이 환경에서 특정한 주체가 가진 힘으로 인해 발생한다. 비영리조직들은 실제 수요가 공급을 초과하는 영역에서 활동하는 경우가 많다. 그런데 정부의 보조금은 적고, 자본을 마련하기는 어렵고, 투자회수 또한 불가능한 환경이면 새로운 서비스 제공자가 진입하기 어렵게 된다. 이러다 보니 특정한 서비스 부문은 이미 제공 조직이 정해져 있어 독점하는 경우를 볼 수 있다. 이렇듯 애초에 경쟁이 벌어지기 어려운 환경에서 일부 서비스 제공자들은 독점적 상황을 이용하여 자신들의 이익을 취하기도 한다. 실제 서비스 제공 조직의 수가 적을 때 이용자들은 다른 곳을 찾아봐도 뾰족한 수가 없으므로 중간에 이용을 그만두기 어렵다. 이 경우 이용자들이 피해를 입는 까닭은 정보의 비대칭이나 계약의 불완전성 때문이 아니라 시장에서 형성된 특정 주체의 힘 때문이다.

조직이론은 계약 후 기회주의 문제를 줄이기 위하여 여러 방도를 제시한다. 예컨대 서비스 제공자가 들이는 노력을 통제하거나, 성과에 따라 보상하는 '인센티브 계약' 제도를 도입할 것을 제안한다. 성과에 따른 보상제도를 도입할 경우 성과를 측정하는 게 관건이다. 그런데 서비스가 너무 복합적이거나 다차원적일 때, 또는 서비스 제공자가 통제할 수 없는 외부 요인이 있는 경우에는 이러한 사정들이 최종 결과에 영향을 미칠 수 있다. 이럴 때에는 결과 중심의 의무사항보다는 과정 중심의 의무사항을 계약에 명시하는 것이 낫다(절차적 계약). 이 경우는 경제 주체들의 합리성이 제한적이고 계약은 근본적으로 불완전할 수밖에 없다는 특성을 인정하는 상황이다.

앞서 제안한 해결책들은 다양한 유형의 조직들이 실제 시도할 수 있는 것들이다. 하지만 앞서 언급했듯 역선택의 위험을 막는 데 있어 특히 다양한 신호가 많은 비영리조직들이 다소 믿을 만하다. 이들 조직은 신뢰자본을 형성하고 있어 이해당사자들이 믿음을 가질 수 있다.

사용자와 노동자 사이에서도 노동자들의 성과를 통제하기 어려울 때 기회주의적 행동이 발생할 수 있다. 이런 문제와 관련하여 계약이론(Besley & Ghatak, 2005)은 비영리조직이 동기부여가 높은 노동자들을 유인할 수 있는 역량이 있으며, 그리하여 기회주의적으로 행동할 가능성이 적다고 주장한다. 비영리조직의 노동자들은 화폐적 이익만을 추구하지 않고 조직의 비영리적 사명에 깔린 비화폐적 혜택을 중요한 가치로 여긴다(François, 2001 ; Benz, 2005).

경제학자들은 심리학의 동기에 대한 이론과 관련하여 내적 동기와 외적 동기로 구분하는 이론을 취한다(Deci & Ryan, 1985). 노동자들이 어떤 노동을 하는 동기가 임금 등과 같이 자신의 투자로 얻을 수 있는 결과물에 달려있을 때 그 노동은 '외적 동기'에 의해 이루어진다고 할 수 있다. 반대로 어떤 노동을 그 자체로 가치 있는 것으로 여기며 그 일을 수행하는 과정에서 만족을 느낄 때 '내적 동기'에 의해 움직인다고 할 수 있다.

경제학과 심리학의 교차로에서 발전한 최근의 연구들은 '친사회적인' 비영리조직에서 노동자들의 동기가 가진 성격을 분석한다(De Cooman et al., 2011). 즉, 이런 조직의 노동자들은 양질의 서비스를 제공하는 데 기여하고자 하고, 자신이 몸담고 있는 조직이 표방하는 생각을 알리고자 하며, 사회에 바람직한 재화를 생산하는 데 기여하고자 한다는 것이다(Benz, 2005). '노동증여' 이론(Preston, 1989)에 따르면, 비영리조직은 노동자들에게 일반 영리기업보다 더 낮은 보수를 제공할 수도 있다고 한다. 이에 대해 발렌티노프(Valentinov, 2007)는 비영리조직이 노동비용을 줄이면서도 노동자들에게 더 큰 만족을 줄 수 있다는 점이 핵심적인 비교우위라고 주장한다.

결국에는 께넥(Queinnec, 2012)이 지적하듯, 신뢰이론에 근거한 이 논거들은 어떤 한 부문에서 정보의 불완전성이 심각할 경우 영리를 추구하는 기업은 활동하기 어렵다는 결론에 이를 수 있다. 그럼에도 불구하고 많은 부문에서 비영리조직과 일반 영리기업이 공존하고 있다. 이에 대해 께넥은 '리스크가 있는' 의사결정 과정으로 빚어진 결과라고 주장한다. 불확실한 상황에서 어느 정도의 정보를 가진 취약한 소비자들은 그 조직들에 대해 비교우위를 견주게 된다. 그러나 이 공존의 이유는 영리기업과 비영리조직의 공급에 차이가 있기 때문이기도 하다(Ballou, 2005). 어떤 비영리조직들은 더 복합적이고 불확실성이 강한 특정한 수요에 대해 일반 영리기업보다 더 신뢰를 불러일으키기도 한다.

마지막으로, 비영리조직이 줄 수 있는 혜택에 대해 이윤비분배의 제약으로 이해당사자들 사이에 신뢰를 구축할 수 있다는 점만을 인정하는 경제학 연구의 한계를 지적하고자 한다.

대인서비스와 불확실성: 벨기에의 서비스쿠폰 제도

2001년에 벨기에 정부는 서비스쿠폰 제도를 만들었다. 이 제도는 소비에 대한 보조금 방식을 띠는 국가의 재정지원으로서 서비스 이용자들이 근린서비스 제공에 지불할 수 있게 해주는 것이다. 관련 서비스는 주로 과거에는 신고되지 않은 비공식노동으로 이루어졌던 가사도우미 서비스이다.

프랑스의 '보편적 고용 – 서비스 수표' 제도와는 달리 서비스쿠폰 제도는 서비스가 필요할 때마다 거래가 이루어지는 제도이다. 벨기에 정부는 서비스 관계의 '삼자구도'를 형성하게 하여, 국가가 승인한 기업만 제공하도록 하고, 국가는 이 기업에 대해 어느 정도 관리감독을 행사할 수 있도록 했다. 따라서 서비스쿠폰 제도하에서는 이용자가 직접 노동자를 고용하는 것은 공식적으로 금지되었다. 이 준시장quasi-market에는 비영리기업, 노동통합기업이나 재가도우미 단체와 같은 사회적경제 조직, 그리고 공적 기관이 나란히 존재했다.

이 제도에서 노동과 서비스의 질은 핵심적인 문제이다. 왜냐하면 이 준시장에서는 거래의 조건과 양식에 대해 특정 경제 주체가 다른 이들보다 더 많은 정보를 갖고 있기에 정보의 비대칭 문제가 허다하기 때문이다. 우선 이용자들은 서비스 제공자들을 선택할 당시에는 서비스의 질을 알 수가 없다. 서비스는 이용을 해봐야 알 수 있는 것이기 때문이다. 다른 한편으로 대부분이 비숙련 여성인 노동자들의 입장에서 보면, 고용주가 제안하는 일자리의 질을 선험적으로 판단하기 어렵기에 고용주를 선택하는 데 어려움이 따른다. 이런 문제에 더하여, 일단 이용자와 노동자의 선택이 이루어지고 나서도 고용주와 노동자 사이의 거리로 인하여 정보의 비대칭 문제가 등장한다. 왜냐하면 가사서비스는 이용자의 가정에서 제공되기 때문이다. 실제 고용주는 노동자가 요청된 서비스를 제대로 제공했는지, 이용자의 집에 제시간에 도착했는지, 허용된 업무만 제공했는지 알 도리가 없다. 게다가 이용자의 집을 방문하지 않고서는 고용주가 위생 상태를 평가하거나 이용자가 부과한 노동을 완수했는지 확인할 길이 없다. 마지막으로, 청소 같은 경우 이용자가 사후에 쉽게 서비스의 질을 확인할 수 있는 반면, 대부분의 경우 이용자는 서비스 제공 시 집에 있지 않기 때문에 그의 부재 시 노동자의 행동(도착 및 마치는 시간, 전화사용 등)에 대해 확인할 길이 없다.

정보의 비대칭 문제는 국가와 서비스 제공자 사이에서도 존재한다. 행정당국은 아주 다양한 제공자들에게 재정을 지원하고 사업을 위탁하지만 그들이 제도를 준수하며 실행에 옮기는지 모든 실행과정을 확인하기 어렵기 때문이다.

정보의 비대칭 문제는 기회주의적 행동이 일어날 위험을 증가시켜 고용과 서비스의 질에 부정적인 영향을 미칠 수 있다. 그러므로 준시장에서의 불확실성을 줄일 수 있는 질과 신뢰의 신호 문제를 제기한다. 서비스쿠폰 제도에서는 서비스 제공자 승인, 제도에 대한 공적인 평가 등과 같은 다양한 신호를 두어 신뢰를 키운다. 민간이든 공공부문이든 비영리 서비스 제공자들은 특별한 신뢰의 신호를 자부한다. 이들은 정관에 의거하여 잉여분배를 금지하기에 원칙적으로 이윤을 극대화하여 소유자들에게 분배하기 위해 가진 정보를 이용하지 않을 것이라 생각할 수 있다. 하지만 이윤비분배의 제약은 이윤을 바라는 소유자들로부터 압박이나 제재가 없기 때문에 조직운영의 효율성을 약화시킬 가능성도 배제할 수 없다.

방금 언급한 불확실성을 줄일 수 있는 제도에 더하여 '입소문'과 같은 방식도 고려할 수 있다. 서비스쿠폰 제도의 이용자들이 서비스 제공자를 선택하는 첫 번째 방법은 친구나 지인, 또는 가족 구성원들의 의견에 기대는 것이다. 하지만 이런 정보유통 방식에는 한계가 있다. 어떤 이용자가 경험한 서비스의 질은 그 서비스를 제공하는 노동자의 질, 그리고 이용자와 노동자가 맺은 관계에 좌우되는데, 같은 조직이라도 다른 노동자가 서비스를 제공한다면 동일한 결과가 나올 것이라고 장담하기 어렵다.

고용과 서비스의 질에 관해 불확실성이 지배하는 준시장에 대해 우리 연구(Defourny et al., 2010)가 다룬 핵심 질문은 다음과 같다. 서비스쿠폰의 서비스 제공 조직의 목적과 소속된 부문은 고용과 서비스 조직 방식에 영향을 미치는가? 특히 사회적 목적을 추구하는 서비스 제공 조직은 이 두 영역에서 더 나은 결과를 보여줄 것인가?

고용과 서비스 조직 방식의 질에 대한 분석 결과를 간단히 요약하면, 노동자, 고용주, 이용자로 이루어진 '서비스 관계의 삼자구도'로 명명할 수 있는 역동성의 견지에서 분석결과를 조명할 수 있다. 이에 따라 불확실성이 심한 준시장 안에서 잘 짜인 서비스 삼자구도는 거래의 이해당사자들에게 신뢰의 원천이 된다는 가설을 세울 수 있을 것이다. 고용(훈련, 노동자 관리, 계약의 유형)의 질 분석과 서비스 조직 방식(특히 가정 방문)의 질에 대한 분석 결과에 따르면 여러 유형의 서비스 제공 조직이 서비스 관계의 삼자구도에 부여하는 중요성이 각자 다르다는 것이다. 실제 노동통합이나 재가서비스 제공과 같은 사회적 목적을 추구하는 서비스 제공 조직은 일반적으로 노동자와 이용자 관리에 더 큰 비중을 두는 반면, 비영리부문의 인력파견기업에서는 서비스 관계의 삼자구도가 그리 형성되지 않는 경향을 보였다. 이들 조직은 이용자와의 상업적 관계를 우선시하기에 계약기간, 노동시간, 서비스 제공 시간대 등과 고용 및 서비스의 탄력성을 우선시했다. 아래 그림에서 보듯, 이 조직들에서는 삼각형이 납작해진다. 삼각형의 꼭대기는 낮아지고 이용자와 노동자 사이에 수평적인 관계가 지배적인 형태로 이동한다. 또는 서비스쿠폰 제도의 고용주가 계약 관리, 임금 지불 등 행정서식과 서비스 조직을 담당하는 위탁 서비스 제공 방식으로 이동한다. 그런데 이 경우 고용주는 이용자와 노동자 사이에서 형성되는 서비스 관계에 대한 관리는 거의 실행하지 않게 된다. 이 경우 이용자가 사실상의 고용주의 처지에 놓이게 된다.

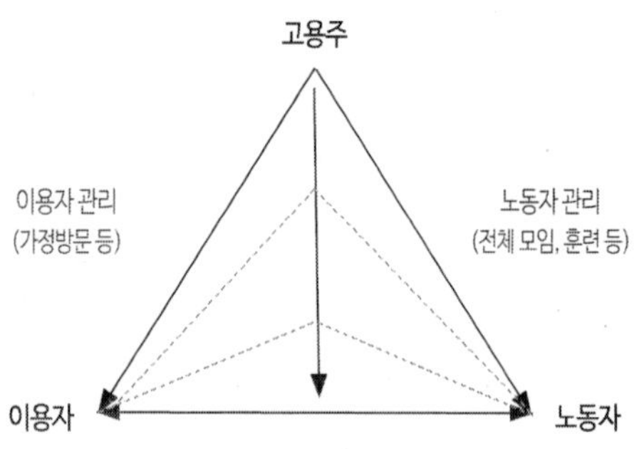

서비스 관계의 수평화

2.2.2. 집합재 또는 준집합재를 위한 초과수요이론

시장은 환경보호와 같이 소비를 나눌 수 없는 공공재나 불완전 공공재를 생산할 능력이 없다는 것은 널리 알려진 사실이다. 불완전 공공재는 비경합성과 비배타성의 측면을 어느 정도 가진 재화를 뜻한다.[95]

또 시장은 가격 메커니즘을 통해 '내부화'되지 않는 외부성externality을 띠는 사적 재화의 경우 실패하게 된다(경제학자들은 경제 주체들간의 상호작용이 가격시스템을 통해 조절되지 않는데도 한 경제 주체의 행동이 다른 주체들의 이익에 부정적이든 긍정적이든 어떤 효과를 일으킬 때 '외부성'이라는 개념을 사용한다는 점을 상기하자). 이러한 외부효과가 발생할 때 흔히 고려되는 해결책은 시장 메커니즘이 부재한 곳에 시장 메커니즘을 도입하는 것이다.[96] 예컨대 유아돌봄서비스 사업은 부모들의 적극적인 참여로 노동시장의 작동을 크게 개선할 수 있다. 그런데 이러한 혜택은 시장 메커니즘에서는 고려되지 않는다. 또한 재가도우미 서비스의 경우 거동이 불편한 이들의 고립을 줄여 '사회결속'에 기여하고, 이러한 예방활동으로 사회보험 지출을 줄일 수도 있다. 다른 한편, 시장에 의해 내부화될 수 없는 집합적 외부효과의 문제를 넘어서 또 다른 문제가 제기된다. 시장은 자원의 할당에서 형평성의 문제를 고려하지 않는다는 점이다. 그런데 형평성의 문제는 이러한 종류의 서비스에서는 핵

95 – 비경합성은 한 개인의 소비가 다른 이들이 이용가능한 양 전체에 아무런 영향을 주지 않는 경우이며, 비배타성은 어떤 재화로부터 한 개인을 배제하는 것이 거의 불가능하거나 막대한 비용이 드는 경우이다.(가로등 불빛이 비경합성의 대표적인 예이고 순찰과 같은 치안이 비배타성의 예이다. – 옮긴이)

96 – 하지만 이 방법이 늘 가능한 것은 아니다. 특히 외부성이 집합적일 경우, 즉 비경합적이고, 비배타적이며 한 집단 전체에 해당하는 경우에는 거의 적용불가능한 것으로 확인 된 바 있다(Mas-Colell et al., 1995).

심적인 사안이다. 이러한 서비스에서는 비록 이용자와 소비자가 개별적이기에 공공재라고 할 수는 없지만, 집합적인 외부효과나 형평성의 측면에서 집합적인 편익이 있는 서비스이므로 준집합재로 간주할 수 있다.

이런 여러 상황들은 시장의 한계를 보여준다. 따라서 집합적 편익을 제공하는 집합재나 준집합재를 공급하려면 세금을 통한 재정지원이 필요하다. 이러한 까닭에 재정지원이 필요한 집합적 편익을 선택할 것인지의 여부는 정치적 선택에 달려있다. 그래서 표준경제이론 역시 경제적 현실이 정치적 측면을 가진다는 점을 간과하지 않는다. 이 분야에서 가장 널리 사용되는 이론은 '공공선택이론public choice theory'이다. 이 이론은 정부의 재정지원 결정은 중위유권자들의 기대에 부응하는 방식으로 이루어짐을, 즉 중위유권자들의 선호도를 넘어서는 요구는 들어주지 않는다는 것을 보여준다. 이러한 방식으로 자원할당이 이루어질 때 파레토 최적의 효과를 볼 수가 없다.

시장과 국가의 실패라는 이중의 실패에 기초하여 와이스브로드(Weisbrod, 1977)는 민간 비영리조직의 존재를 설명한다. 그에 따르면 민간 비영리조직의 기능은 시장과 국가가 충족하지 못하는 수요에 부응하는 데 있다는 것이다. 그런데 충족되지 않은 수요는 사회가 사회, 문화, 종교, 언어적으로 아주 이질적일 때는 커다란 중요성을 갖게 된다. 이런 상황에서 공적 서비스를 통해 수요를 충족하지 못한 시민들은 결사체에 직접 비용을 지불할 준비가 되어 있다. 그리하여 결사체들은 국가의 재정지원을 받지 못하지만 시장 소득에 더하여 자발적인 기부도 받게 되어 서비스를 제공할 수 있는 것이다. 그의 논리에 따르면 민간 비영리조직은 조직의 활동에 대해 공적 지원을 받지 못한다는 사실을 가정하고 있다. 왜냐하면 국가의 실패로 인하여 모든 수요를 충족시킬 만큼의 세금을 징수하지 못하기 때문이다. 그러므로 이러한 유형의 논거는 결사체들이 기부와 자원봉사로 운영비의 대부분을 충당하는 자유주의 제도의 특성을 가진 국가에 적용될 수 있을 것이다.

하지만 현실은 이와 좀 다르다. 실제 자유주의적 제도를 가진 나라에서도 많은 결사체들이 자발적인 기부와 정부 보조금을 동시에 받고 있기 때문이다. 예컨대 NGO들은 개발 협력사업을 하기 위하여 기부와 정부 보조금을 활용하고 있다. 이러한 상황을 설명하기 위해서는 두 단계로 나누어 사고해야 한다. 우선 와이스브로드의 논거를 따라 생각해보면, 많은 결사체들이 자발적인 자원을 동원하는 능력 덕분에 정부의 재정으로 충족하지 못하는 특정한 요구에 부응하며 보완적인 서비스를 개발할 수 있다고 가정할 수 있다. 남은 문제는 그렇다면 왜 유럽의 많은 나라에서 국가가 특히 NGO 같은 비영리조직에 재정을 지원하며 집합재나 준집합재의 생산을 위임하는지 설명해야 한다. 이 질문에 답하기 위해 정부와 비영리조직 간의 상호의존이론을 살펴보도록 하자.

2.2.3. 비영리조직과 국가 사이의 상호의존이론

앞서 살펴보았듯이 초과수요이론은 비영리조직에 잔여적인 역할을 부여한다. 왜냐하면 비영리조직들이 시장과 국가의 결핍을 채우는 것으로 여기기 때문이다. 하지만 현실은 좀 다르다. 비영리조직의 역사를 보면 이 조직들이 많은 영역에서 국가에 앞서 다양한 서비스를 제공했음을 알 수 있다. 심지어 과거부터 오늘날까지 새로이 등장하는 사회적 요구에 부응하는 선구자 역할을 해왔다. 그리고 그들이 제공하는 재화와 서비스는 집합적인 편익을 제공하며, 이러한 측면에서 종종

노인서비스에서 결사체, 국가, 그리고 시장의 관계

노인서비스가 구조화된 역사를 보면 결사체들이 이 영역에서 사회혁신의 역할을 했음을 알 수 있다. 자선이나 상호부조의 가치에 기반한 결사체들은 불충분한 가족돌봄의 문제를 해결하기 위해 선구적인 역할을 했다. 특히 벨기에와 프랑스에서는 2차 세계대전 직후 핵가족화와 이웃 간의 연대가 약화됨에 따라 발생한 새로운 요구에 부응하기 위하여 최초의 가사도우미 활동이 결사체에 의해 시작되었다. 이러한 흐름은 영국에서도 볼 수 있다. 영국에서는 노년 빈곤층을 지원하는 자선단체와 더불어 구성원들 간 상호부조의 원칙에 입각한 우애조합이 발전하였다. 이 혁신의 단계에서 결사체들은 많은 자원봉사자들의 참여로 운영되었고, 기부 및 일부 수혜자들이 지불하는 비용으로 재정을 충당하였다. 이러한 자발적인 자원은 혁신적인 활동을 지원하였다. 그리하여 결사체들의 활동은 집합적인 편익을 제공하였고, 어떠한 이윤도 추구하지 않았기에 상업적 공급자들은 발을 들여놓지 않았다.

두 번째 단계는 복지국가의 발전과 더불어 시작된다. 이때 결사체들은 정책적인 지원을 조직하기 시작했다. 그리하여 재정지원과 서비스 조절을 위해 정부의 참여를 촉진하여 집합적 편익이 큰 일부 서비스가 더욱 체계적으로 발전할 수 있도록 하였다. 따라서 결사체들의 매개로 이 서비스들이 복지국가 프로그램에 포함되었던 것이다.

프랑스, 벨기에, 독일, 오스트리아 같은 나라에서는 가사도우미 서비스 제공에 있어 정부가 거의 대부분의 재정을 지원하면서도 공공부문과 결사체부문 간의 파트너십을 우선시했다. 반면, 영국과 퀘벡, 노르웨이의 경우 결사체들의 활동을 이어받아 공적 서비스를 확장하는 방식을 택했다. 공공부문과 결사체 간의 상호작용에 차이가 발생하는 까닭은 복지국가에 대한 구상이 달랐기 때문이다. 영국의 경우 1990년대에 대대적인 개혁을 추진한 후 중심 역할을 지방정부에 부여했고, 지방정부는 공개입찰을 통해 공공부문, 비영리부분, 영리부문 가운데 서비스 제공자를 선택하는 방식을 취했다.

그런데 결사체들이 이룬 사회혁신은 과거의 일만은 아니다. 가사도우미에 관한 최근의 역사를 보면 결사체들이 여전히 사회혁신을 이루고 있음을 알 수 있다. 퀘벡의 사회적경제 기업이나 이탈리아의 사회적협동조합의 예에서 보듯 이 부문에서 결사체나 협동조합에 토대를 둔 수많은 새로운 시도가 분출하고 있다. 이 조직들은 사회경제적 취약계층의 증가와 인구의 고령화, 가족의 변화, 그리고 여성 경제활동 인구의 증가로 특징지어지는 커다란 사회변화 속에서 자신의 활동을 기획하고 있는 것이다.
초기의 결사체들이 주로 필란스로피의 가치에 기반했다면, 최근에는 다양한 이해를 반영하는 다양한 주체들이 등장하고 있음을 관찰할 수 있다. 이들은 특히 지역공동체에 뿌리내리고 있다. 실제 이들 조직은 직업전문가들, 이용자, 지역개발 주체들, 심지어 지자체까지 아우르고 있다. 예컨대 퀘벡에서는 1990년대 이후 점증하는 수요에 부응하지 못하는 공공부문과 민간 영리부문의 문제에 대응하기 위하여 여성집단, 자원봉사자, 서비스 부문 결사체들이 조직되어 사회적경제 기업들이 발전하였다. 또한 벨기에의 경우에도 최근 몇 십 년 동안 자원봉사자들과 임금노동자들의 참여에 기초하여 재가서비스(간병, 거동이 불편한 자의 이동 지원, 장보기, 단순 수리 등) 혜택을 받지 못하는 저소득층 이용자들의 수요에 부응하기 위하여 결사체들의 활동이 발전하였다. 노동자, 이용자, 자원봉사자 등 복합적인 이해당사자 형태의 독특한 지배구조를 가진 이탈리아의 사회적협동조합 모델 또한 '다중이해당사자 기업'의 유형이다. 이렇듯 다양한 이해당사자들의 참여로 이루어지는 조직은 잘 드러나지 않는 수요를 더욱 잘 발굴할 수 있으며, 기업의 목적이 어떤 특정한 집단의 이해를 충족시키는 데 한정되지 않도록 보장하는 방식일 수 있다. 실제 다양한 주체들의 공동 참여의식에 기반하여 운영하는 까닭은 서비스 접근성의 공정함이라는 집합적 편익을 추구하기 때문이며, 사회결속과 지역개발을 추구하기 때문이다.

* 출처: 라빌과 니센(Laville &t Nyssens, 2001 a).

사회혁신을 일으키기도 했다. 공적인 서비스가 제대로 구축되지 않은 초기에 비영리조직들은 자원봉사와 기부와 같은 자원을 동원하며 활동해왔던 것이다. 이러한 선구적인 노력이 이루어진 후 그들의 활동은 정책을 통해 제도화되었고, 정부는 그들이 제공하는 서비스를 지원하고 통제하기 위하여 개입했다.

살라몬(Salamon, 1987)이 강조했듯, '자원조직의 실패voluntary failures'라 불리는 비영리조직의 한계 또는 약점이 있기에 정부의 개입은 필요한 것으로 여겨졌다. 이 책의 2권 2장에서 살펴보겠지만 사실 공공정책에 있어 필란스로피 또한 한계가 분명하다. 특히 무임승차free rider[97]의 문제로 인하여 자발적인 자원을 충분히 동원하는 데 한계가 있는데, 이를 '필란스로피의 부족'이라 일컫는다. 또한 특정한 집단에 대해서는 활동을 꺼리거나 특별한 상황에서만 개입하는 '필란스로피의 특수성' 문제도 있다. 세 번째로 지원서비스에 재정을 투여하는 이들이 임의로 도움이 필요한 상황을 규정하는 '필란스로피의 온정주의' 문제가 있다. 마지막으로 시장의 규제를 벗어나 활동하고, 이윤비분배의 제약으로 인하여 활동에 따른 금전적인 보상을 기대할 수 없으므로 조직의 효율성을 도모할 유인책이 부족하다는 '필란스로피의 비효율성' 문제가 있다.

필란스로피의 한계에 대처하기 위하여 살라몬(1995)이 제안한 방법은 정부의 참여를 유도하는 것이다. 왜냐하면 정부의 의사결정 및 운영이 가진 특성으로 인하여 자원활동의 결함을 부분적으로 보완할 수 있기 때문이다. 정부의 개입이 필요하다는 사실이 비영리조직이 정부의 활동에 비해 비교우위가 없다는 뜻은 아니다. 정부의 활동에도 자체적인 한계가 분명히 존재한다. 따라서 이 상호의존이론의 의의는 경쟁을 강조하기보다는 많은 영역에서 결사체와 공공부문 간의 상호보완성과 실질적인 협력을 강조하는 데 있다고 할 수 있다.

---

97 – 여기서 무임승차란 많은 시민들이 어떤 대의를 따르면서도 다른 사람들이 기부하겠거니 생각하면서 자신은 기부에 동참하지 않는 경우를 일컫는다.

하지만 경제이론은 나라별로 다 다른 협력방식의 다양성을 모두 설명하기에는 역부족이라는 점을 지적하고 싶다. 왜냐하면 각 나라의 복지정책이 수립된 유형에 따라 자원활동이 제도화되었기에 재정지원과 통제가 이루어지는 방식이 다 다르기 때문이다. 보편주의 복지국가 제도를 가진 나라에서 공적 서비스는 사회서비스 조직의 책임으로 간주된다. 이 경우 결사체들은 여러 요구사항을 제출하지만 지속적인 서비스 생산자로서의 위치를 갖지 못한다. 정부가 결사체들의 활동을 이어받아 책임지는 것이다. 조합주의 제도의 특성을 가진 프랑스와 벨기에 같은 나라에서는 사회서비스 공급에 있어 정부와 결사체 간의 협력이라는 오랜 전통을 가진다. 결사체들은 사회혁신의 단계를 지나서도 서비스 공급자로 남아 있으면서 정부의 규제를 받는다. 이 경우 경제적 분석은 달라져야 한다. 이들 나라에서는 중앙집권화되고 관료적인 운영양식으로 인하여 재정지원 능력이 없어서가 아니라 종종 다변화되고 이질적인 요구에 부응하는 재화 및 서비스를 공급할 능력이 없어서 서비스 영역에 따라 전체나 일부 서비스를 결사체부문에 위임하는 것이다. 초과수요이론에서 지적한 재정의 한계 문제가 아니라 국가의 기능 문제에 봉착하기 때문인 것이다.

영리기업, 국가, 민간 비영리조직의 제도적 삼각형을 구축하고, 이 그림 위에 이 세 주체들의 실패 요인(파레토 최적상태에 도달하지 못하는 무능함)을 위치시켜 수요이론과 관련한 상이한 논거를 정리해보면 다음과 같다.

수요이론	핵심 개념	강점	약점
시장의 실패 (market failure): 신뢰이론	불완전한 정보, 신뢰의 신호로서 이윤비분배의 제약	재화 및 서비스 성격의 관점에서 비영리조직과 영리조직의 비교	이윤비분배의 제약은 공공부문 또한 동일한 원칙을 가지므로 NPO의 특성을 강조할 수 없음 결사체의 지배구조에 대한 연구 부족: 이윤비분배의 제약에 한정 불완전한 정보 문제에 다른 가능한 제도적 대책을 고려하지 않음
국가의 실패 (state failure): 초과수요이론	이질적 수요, (준)집합재, 중위유권자, 기부	시민사회와 (준)집합재	국가와 결사체 간의 경쟁을 가정, 비영리조직 보조금에 대한 설명 부재
비영리부문의 실패 (voluntary failure): 상호의존이론	사회혁신, 필란스로피의 한계	비영리조직과 정부 간의 협력을 위한 공간	국가의 역할에 대해 문제의식을 갖지 않음

표 1 수요이론

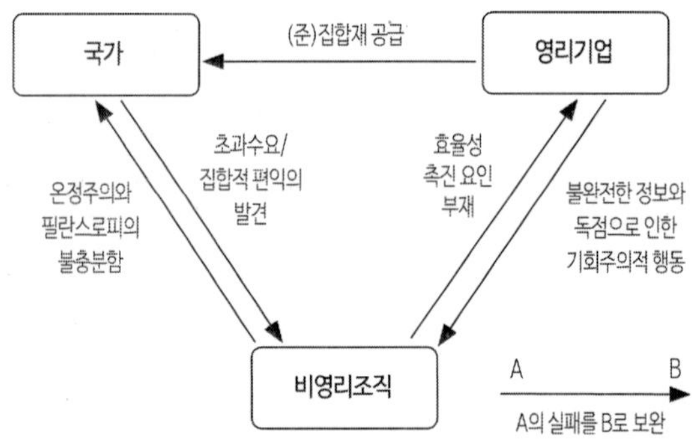

그림 1 수요이론과 제도적 삼각형[98]

98 – 이 도식은 바델트(Badelt, 1990)에서 영감을 받았다.

2. 3. 비영리 기업활동non-profit entrepreneurship 이론

우리가 검토한 이론들은 이용자, 기부자, 정부 등 수요와 관련한 이해당사자들이 비영리조직을 필요로 하는 동기를 설명하는 것이었다. 하지만 이 이론들은 비영리조직에 토대를 두는 기업가들의 동기에 대해서는 언급하지 않고 있다.

2.3.1. 비화폐적 동기에 기초한 기업활동

비영리조직 기업가들의 동기와 관련한 경제이론 중 첫 번째 유형은 이들의 경제활동 동기를 영리추구라는 한 가지 동기로만 축소할 수 없다는 이론이다.

이 유형의 대표적인 이론가인 데니스 영Denis Young은 1983년에 《영리 목적이 아니라면 무엇이 목적일까?*If Not For Profit, For What?*》라는 책을 발간했다. 이 책은 사회적기업가들의 동기를 분석한 선구적인 작업으로 간주된다. 그는 이 책에서 아주 다른 동기에 이끌린 일련의 기업가들의 프로필을 묘사했다. '예술가'는 창조의 공간을 추구하고, '직업전문가'는 그 직업의 표준과 규범을 철저히 준수하고, '신념가'들은 대의에 자신의 몸과 마음을 바친다. '권력추구자'는 무엇보다도 권력을 추구하며 알려지기를 원하고 큰 집단에 영향을 미치기를 바란다. '소득추구자'는 무엇보다도 물질적 이익에 이끌린다. 기업가는 사회서비스, 개발협력, 문화 등 자신이 일하고 싶은 업종 부문을 정하고 나서 선택한 업종, 기호, 동기에 따라 공/사 또는 영리/비영리 조직을 정한다.

제임스(James, 1986)에 따르면, 비영리 기업활동은 비재정적인 이익의 극대화를 추구하는 경쟁적인 이념집단이나 종교집단에 의해 역동성이 발휘된다고 한다. 비재정적 이익이란 이념이나 신앙의 전파, 가입자 증대, 영향력의 확장 등을 뜻한다. 이 경우 개인적인 기업활동보다는 집단적인 활동으로 이루어지며, 기술한 목적을 달성하기 위하여 설립한 비영리조직은 이용자나 사회 일반이 중요하다고 생각하는 문제를 건드리는 교육이나 보건 같은 영역에 자리 잡으며, 특정 윤리를 발전시키는 데 꼭 맞는 현장을 제공한다. 이들 조직이 제공하는 서비스는 관계적 측면이 아주 강하고, 서비스 접근권에 따른 형평성의 문제를 제기하므로 윤리적 성격을 강하게 띠는 것이다. 많은 나라에서 공공부문과 결사체부문의 병원 네트워크나 교육기관이 공존하는 것을 볼 때 제임스의 이론이 타당할 뿐 아니라 그 이론에 깔린 문제의식 또한 예리함을 알 수 있다(207쪽의 '벨기에의 공공자유 교육네트워크는 두 얼굴을 가진 공적 서비스인가?' 참고).

룸킨과 와이스브로드(Roomkin & Weisbrod, 1999), 스타인버그와 와이스브로드(Steinberg & Weisbrod, 2005)는 생산된 서비스의 집합적인 측면과 재분배 목적의 가치를 강조한다. 로즈-애커먼(Rose-Ackerman, 1997)의 경우 비영리기업가의 이타적 동기를 들어 그들에게는 이념적 참여의식이 중요함을 강조한다. 안하이어(Anheier, 2005)의 이론에 의거하면 앞서 제시한 다양한 논거는 집합재나 준집합재에 대한 초과수요이론에 대한 답이 될 수 있을 것으로 보인다. 사실 초과수요이론 또한 사회집단의 이질성을 가정하며, 다양한 이해당사자들이 집합적 편익을 가진 서비스를 제공하는 결사체에게 재정을 지원한다고 설명하고 있다. 이 경우 기업가는 기부자에게 신뢰를 주기 위하여 비영리 형태를 취하게 된다(Bilodeau & Slivinski, 1998).

벨기에의 공공자유 교육네트워크는 두 얼굴을 가진 공적 서비스인가?

벨기에와 같이 일부 국가에서 교육체계는 공교육과 결사체 교육에 기초를 둔 이중구조로 조직되었다. 결사체 유형의 조직으로 운영되는 학교들은 프랑스와는 달리 '사립'이 아니라 '자유교육'이라 불리는 네트워크를 형성한다. 이 학교들은 공적 서비스 임무를 수행하며, 국가의 관리를 받으면서 공적 자원을 이용한다. 그래서 교육방법론에서의 자율성과 강한 국가의 관리를 겸하고 있는 셈이다. 벨기에의 취학연령대 인구의 약 절반이 자유교육기관에 다니고 있다.

벨기에 자유교육의 역사는 다양한 기원에 뿌리를 두고 있다. 단연 다수를 차지하는 가톨릭계열은 교회와 변증법적인 관계를 가지며 발전해왔다. "19세기와 20세기에 교육사업을 맡았던 다양한 종파의 신도집단들은 교회와의 공식적인 관계에서 종속적인 위치가 아닌 자유와 자율성을 가지고 독립해왔다."(De Munck, 2012, p.10). 이 신도집단들 중 일부는 보수적인 성향을, 다른 일부는 진보적인 성향을 가지며 가톨릭계 내부의 다양성을 반영해왔다. 1970년대부터는 신도집단들이 한걸음 물러나고 교육자, 부모, 시민사회의 대표들로 이루어진 교육공동체들이 등장하기 시작했다.

자유교육의 다수가 가톨릭계열이라 하더라도 종교학교가 아닌 경우도 있었다. 19세기 말에는 자유주의자들이 드크롤리Decroly에 이어 혁신적이고 진보적인 교육방법론에 입각하여 학교를 세우기도 했다. 이 학교들은 메세나의 지원을 받았다. 다른 학교들은 특히 프레네 교육에 영향을 받아 20세기 전반에 걸쳐 부모나 교육자에 의해 설립되었다. 21세기 초에는 새로운 학교가 등장하기도 했다. 브뤼셀 자유대학은 역사적으로 루뱅가톨릭대학의 파급력에 맞서기 위하여 프리메이슨에 의해 설립되었다. 이 두 대학은 결사체 형태의 조직방식으로 운영되었다.

국가와의 관계에서 자유교육의 자율성 문제는 끊임없이 많은 논쟁을 불러일으켰다. 드뭉크(De Munck, 2012, p.10)에 따르면 이 논쟁을 통해 "정치계 출신 집단의 무차별화 시도에 맞서 시민사회로서의 정체성을 확인하는 과정이었다. 선거민주주의에 맞서는 시민사회 내의 강력한 힘으로 결사체민주주의를 확고히 했다." 드뭉크는 또한 다음과같이 덧붙였다. "'새로운 지배구조' 모델이 유행하게 되면서 학교의 자율성을 지킨다는 공약은 다소 모호해진 측면이 있다. 이 공약은 한편으로는 조직구조의 측면에서 자율적인 공간임을 보장하지만 다른 한편으로는 교육의 궁극적인 목적을 학교가 자율적으로 정하는 것이 아니라 학교 밖의 시장이나 국가가 정한 성과기준과 경쟁에 맞추어 정해지는 추세이다. 따라서 학교의 자율성은 강화된 학교 시장으로 향하면서 틈새시장을 만드는 기회주의적 논리를 따르도록 하고 있다. 이에 따라 입학 접근성, 성과 및 기준의 불평등이 강화되고 있다. 이 시장화 경향에 대응하기 위하여 천편일률적인 공교육 이념을 대안으로 세우는 것 또한 무용할 것이다. 왜냐하면 공교육은 현대 사회의 복잡한 논리에 현명하고 유연하게 대응하기 어렵기 때문이다."

2.3.2. 기업활동과 수요의 이해당사자

벤너와 후미센(1991)은 빈번한 정보 비대칭성 문제와 같은 신뢰이론의 전제에서 출발하여 비영리조직의 이윤비분배 제약이 제공 서비스의 질을 보장하는 데 충분하지 않다고 주장한다. 그들에 따르면, 정보를 가장 적게 제공받은 수요의 이해당사자들은 조직구조에 참여함으로써 최소한 수행된 활동을 통제할 수 있는 모니터링의 권리를 가져야 한다고 한다. 그런데 이 이해당사자들이 조직에 적극적으로 참여하기 위해서는 그로 인한 순이익이 긍정적이어야 한다. 왜냐하면 조직에 참여하기 위해서는 최소한 시간과 에너지를 투여해야 하고, 때로는 역량도 투여해야 하기 때문이다. 이때 시간과 에너지와 역량의 투여로 발생한 비용이 그 활동(Gui, 1991)으로 인해 이해당사자들이 얻을 수 있는 이익보다 커서는 안 된다.

벤너와 후미센(1991)은 또한 비영리조직의 기원을 두 가지로 구분한다. 이 조직의 일부는 수요의 이해당사자들이 직접 조직과 생산에 참여하기 위하여 필요에 따라 전문직업인들을 고용하여 설립한 경우이다. 다른 하나는 정보 비대칭 문제의 심각성을 인식한 전문직업인들이 수요의 이해당사자(이용자들)의 대표들과 결합하여 신뢰의 신호를 더함으로써 그들의 활동을 발전시킬 목적으로 설립한 경우이다.

한스만(1996)은 벤너와 후미센의 주장을 수용하여 기업의 소유형태에 관한 그의 분석을 확장했다. 그에 따르면 정보의 불완전 상황에 놓인 수요의 이해당사자들이 소유에 따른 거래비용(집단적 의사결정에 따른 비용, 관리비용, 위험 감수 비용 등)이 증가하는 한이 있더라도 조직의 소유라는 책임을 맡을 준비가 되어 있다고 한다. 또한 이렇게 들어가는 비용이 시장을 통해 서비스 계약을 체결할 때 드는 비용을 상회하더라도 기꺼이 감당한다고 한다.

이와 유사한 분석은 사회적기업에 관한 유럽의 연구에서도 볼 수 있다. 이 연구는 다중이해당사자 소유 개념(Borzaga & Mittone, 1997)을 도입함으로써 비영리조직의 소유구조에 참여하는 임금노동자, 자원봉사자, 이용자 등 이해당사자들의 다양성을 강조한다. 이러한 소유구조는 많은 경우 정보의 불완전과 집합적 편익을 고려하지 않는 시장의 실패에 대해 적절한 해결책을 제시한다.

이해당사자들의 다양성 외에도 자원의 복합성과 참여적 지배구조에 관한 연구가 유럽 사회적기업 연구의 중심을 이룬다. 이러한 분석을 통하여 결사체 및 사회적기업의 특성에 대해 이해하게 되어 단순히 잉여를 분배하지 않는다는 제약을 넘어서 비영리조직에 대한 이해를 심화할 수 있을 것이다.

2.3.3. 비영리 기업활동 : 비영리 기업가를 위한 최적의 형태

비영리조직에 대한 마지막 이론가 집단은 완전히 다른 성격의 논거에 기반한다. 게임이론에서 발전시킨 모델은 오로지 돈만 추구하는 기업가들이 어떤 특정한 상황에서는 비영리 목적의 조직을 선택하는 이유를 설명한다. 글레이저와 슐라이퍼(Glaeser & Shleifer, 2001)에 따르면, 정보의 불완전성으로 인하여 부분적으로 생산물의 질을 확인할 수 없는 상황에 처했을 때, 소비자는 그 생산기업이 영리기업일 경우 비용을 줄이기 위하여 제품의 질을 떨어뜨려 수익을 높일 것이라는 의심을 하게 마련이라는 것이다. 이러한 까닭에 일부 소비자들은 비싼 가격을 지불하더라도 비영리 형태의 결사체 생산자들을 선택하게 된다는 것이다. 다시 말하면, 비영리라는 형태가 더 높은 가격을 지불하는

이론	핵심 개념	강점	약점
'영리 목적이 아니라면 무엇?' 이론	기업활동의 이상적 유형	영리 추구라는 단일한 동기로 축소할 수 없음	동기에 대한 개념이 취약함
이념적, 종교적 신념을 가진 기업활동 이론	사회적 목적	집합재의 이질적 수요와의 연관성	가치에 대한 '단순주의적' 사고
수요의 이해당사자들에 의한 통제 이론	불완전한 정보, 수요의 이해당사자들의 참여	수요와 공급의 역동성 통합	신뢰재에 대해서만 강조
다중이해당사자 소유 이론	이해당사자들의 다양함, 불완전한 정보, 집합적 편익	집단적 기업활동, 복합적인 지배구조	기업가가 어떤 인물인가에 대한 설명 부재
때로는 영리추구 기업가에게 최적인 비영리 형태 이론	제품의 질 확인 불가, 고객의 지불 용의	신뢰이론과의 연관성	비영리 형태의 법적 지위를 기회주의적인 선택으로 축소시킴

표 2 비영리 기업활동 이론

고객을 끌 수 있도록 한다는 것이다. 물론 이 경우 비영리조직이기 때문에 기업가는 직접적으로 이익을 취할 수 없다. 하지만 총매출 상승에 따른 이익을 현물 형태의 이익으로 전환하여 이익의 금전적 분배를 금지하는 제약을 보완할 수는 있다.

3. '비영리' 접근법의 장점과 한계

'비영리'조직이라는 개념은 앵글로색슨계 국가에 뿌리를 내린 것으로 대중에게는 자발적인 의사로 타인을 돕는다는 의미로 받아들여진다. 이러한 맥락에서 볼 때 잉여(이윤) 비분배의 제약이 핵심이 될 수밖에 없다. 왜냐하면 이러한 제약은 회원들이 부를 추구하지 않는다는 것을 보장하기 때문이다. 이렇듯 선명한 핵심원칙으로 인하여 비영리라는 접근법은 사회 전반에 걸쳐 촘촘히 엮여 있는 결사체들의 활동을 떠올리게 하며 전 세계에 걸쳐 많은 반향을 불러일으켰다. 그리하여 비영리 개념은 정착이 되었고, 많은 이론적이고 실천적 연구에서도 다루어져 다수의 통계작업 또한 이루어졌다. 그 결과 한 국가에서 결사체가 차지하는 경제적 비중을 가늠할 수 있게 되었으며 국제적 비교 또한 발전되어 왔다.

비영리라는 개념을 둘러싼 주요 이론들의 목적은 특히 시장경제에서 결사체의 존재이유를 파악하는 것이다. 이 장에서 관련된 모든 경제이론들을 훑었다고 할 수는 없다. 하지만 최소한 이 작업을 통해 결사체에 대한 분석이 경제학의 관심사라는 건 알 수 있다. 신고전주의 패러다임 안에서도 오직 시장만이 효율적이라는 신자유주의적 이념을 인정하지는 않는다. 더 정확히 말하자면, 비영리조직이 시장과 국가의 한계에 직면하여 해야 할 역할이 있음을 부인하기 어렵다.

사실 우리가 이 장에서 분석한 이론들은 보다 넓은 영역에서 다룬 것으로 '확장된 표준이론'으로 명명할 수 있을 것이다. 이러한 연구 동향이 가진 독창적인 특징 중 하나는 현대 경제에서 조직과 제도의 생성과 발전을 탐구하는 데 있다. 그래서 이 이론들은 신고전주의 패러다임이 항시 봉착하는 딜레마를 극복하려고 하면서도 애초에 시장논리를 연구하기 위해 개발된 합리적 선택이라는 공리에 의존하고 있다. 즉 파브로(Favreau, 1989)가 강조했듯, 경제 주체가 최적의 효과를 추구하려는 합리성과 시장논리의 분석이 맞아떨어진다는 것이다. 이런 측면에서 볼 때 신고전주의 이론이 확장되어도 그 이론적 정합성이 훼손되지 않는 것 아니냐는 의문을 가질 수 있다.

하지만 그 이론이 비록 확장되었다 하더라도 신고전주의 모델의 한계에 대해 의문을 제기해봐야 할 것이다. 물론 일부 이론적 접근법은 합리적 선택이라는 전제를 폐기하지 않고 제한적 합리성이라는 개념에 의거하여 거래비용이론과 같은 독창적인 개념을 발전시키기도 했다. 하지만 그 모든 접근법은 개인의 이익과 효율성 추구만이 경제활동을 설명할 수 있다는 것이 핵심이라는 점은 부정할 수 없다.

이런 점에서 결사체 영역에서 신뢰의 역할에 대한 논의는 표준경제이론이 맞닥뜨리게 되는 난관이 무엇인지 밝혀준다. 신뢰가 중요하다는 것은 단지 정보의 비대칭이나 불완전한 계약 문제 때문만이 아니다. 그보다 더 근본적인 문제는 서비스 관계에 있는 당사자들의 생각과 행동을 이끄는 정보라는 것이 근원적으로 불완전할 수밖에 없다는 점이다. 그러므로 제한적인 합리성이라는 유일한 가정을 넘어 정보라는 것은 서비스가 제공되는 관계 속에서 만들어지는 것이라는 점을 고려해야 한다. 이런 틀에서 볼 때 경제 주체들 간의 신뢰 문제는 단지 계약에 반영해야 하는 요소나 긍정적인 혹은 부정적인 신호로 한정해서 볼 수 없는 것이다. 신뢰는 노인돌봄서비스나 취약계층 및 장애인

돌봄서비스에서 보듯 서비스 공급자와 이용자 간의 관계를 통해 만들어지는 것이다.

경제이론에서는 이윤비분배의 제약이 신뢰를 구축하는 데 충분한 조건이 될 수 없다고 하지만 그렇다고 이념적, 종교적 신념에 기반한 기업활동에 관한 이론에서 다룬 것처럼 규범과 원리만으로 경제를 설명할 수는 없는 일이다. 어떤 한 이해당사자의 참여의식이 단지 도구적 합리성에서 비롯되었다고 할 수 없고 그가 속한 조직의 미션과 함께 어우러지는 가치에 기반하고 있다. 이런 점에서 비영리조직은 금전적인 유인책도 작용하지만 비금전적인 유인책 또한 중요하다. 비금전적 유인책은 조직의 사회적 미션과 관련한 개인의 참여의식을 강화하기 때문이다(Enjolras, 2004).

경제이론이란 것이 모든 측면을 고려하여 분석하지 않는다는 건 분명한 사실이다. 그래서 대부분의 이론들이 주로 결사체의 생산적인 측면에 초점을 맞추며 정치적인 측면을 소홀히 여긴다. 그래서 옹호와 로비 같은 활동을 통해 드러나는 측면이나 경제민주주의를 추구하는 활동은 간과되는 것이다. 하지만 사회적경제와 연대경제에서는 오히려 경제민주화가 핵심적인 연구과제이다.

또한 비영리에 관한 경제이론들은 다중이해당사자 구조와 같이 사회적기업의 토대가 되는 집단적 역동성을 밝혀내지 못한다. 그리고 사회적기업이 강조하는 신뢰의 문제는 결사체의 장점인 집합적 편익에 관한 논의에서 후순위로 밀려난다. 그런데 역설적이게도 비영리라는 개념은 바로 이 공익을 추구하는 데서 비롯되었다.

앞서 강조했듯, 이 경제이론들은 비영리조직과 정부 간의 상호작용에 대해서도 제대로 분석하지 못하고 있다. 하지만 비영리조직과 정부 간의 조절 문제는 제3섹터의 '정치적 배태political embeddedness' 문제를 포착하는 데 중요한 요소이다(Evers & Laville, 2004).

따라서 경제이론은 제3섹터의 운영이 가진 복합적인 면을 제대로 밝히지 못하고 단지 한 면만 조명하고 있음이 분명하다. 하지만 이런 사실 확인에도 불구하고 성급한 결론을 내지 않아야 할 것이다. 왜냐하면 이 이론들은 결사체의 존재를 정당화할 수 있음을 보여주고, 한걸음 더 나아가 결사체의 효율성을 설명해준다는 점에서 의의가 있기 때문이다. 그래서 이러한 유형의 분석이 가진 한계에도 불구하고 우리가 검토한 결과를 토대로 다양한 학문과 학파들의 논의를 촉발할 수 있다고 생각한다. 이러한 과정을 통해 각각의 이론이 가진 장점과 한계가 더욱 심도 깊게 논의될 수 있을 것이다.

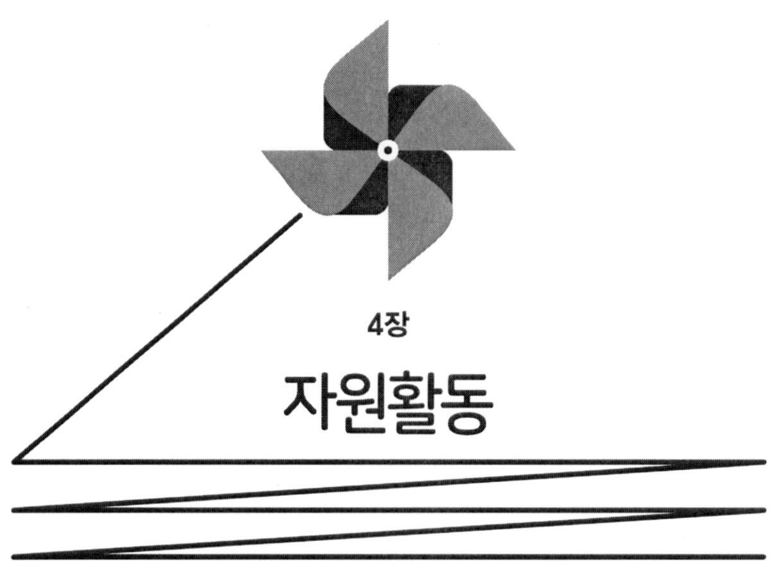

4장

자원활동

리오넬 프루또 지음 | 엄형식 옮김

서론

전체 경제 규모와 만들어진 일자리의 양이라는 측면에서 민간단체association는 프랑스 사회연대경제의 가장 중요한 부분이다. 그러나 이들에 대한 공적 토론은 과도하게 민간단체의 재정자원 문제에 대해서만 초점을 맞추어 왔다. 물론 이 주제도 결정적으로 중요하지만, 많은 민간단체들에서 핵심 역할을 하는 자원활동 시간이라는 또 다른 자원이 존재함을 잊어서는 안 된다. 자원활동 시간의 화폐가치 환산을 위해 몇 가지 시도가 있었지만, 기술적으로 까다롭고 화폐가치 환산이라는 원칙 자체에 대한 반대에 직면하였다. 하지만 이 시도들은 적어도 민간단체 부문이 공공부문에서 지원되는 재정과 민간에서 충당되는 재정으로만 구성된다는 아이디어를 재고시켰다는 점에서 의미가 있다. 또한 많은 징후들은 자원활동이 민간단체 부문에서 무시할 수 없는 관심사임을 보여준다. 가령, 2014년 프랑스 국립통계경제연구소Insee가 수행한 민간단체 관련 조사자료에 따르면 실무자를 고용하고 있는 민간단체의 약 18%(특히 스포츠 분야에서는 28%)가 조사 직전 3년 동안 자원활동가를 안정적으로 동원하는 데 점점 더 어려움을 겪고 있으며, 약 25%가 새로운 자원활동가를 구하는 데 어려움이 증가하고 있다고 한다.

자원활동을 생산적 기여라는 성격으로만 축소하면 안 된다. 민간단체가 상업적 목적을 감추기 위한 알리바이로 만들어졌거나 공권력의 일방적 주도로 만들어진 경우를 제외한다면, 자원활동은 민간단체의 공식적 설립 이전 단계부터 존재하면서 비영리적 성격을 정당화하는 자발적 활동의 요체라는 점에서 민간단체 존재 자체의 조건이라 할 수 있다. 또한 자원활동은 일상의 사회관계망을 엮는 데 기여하는데, 1차적 사회관계망과 2차적 관계망을 매개하면서 사람들 사이의 관계를 채워내는 요소이다. '자원활동'이라는 표현이 쓰이기 전에 자주 사용되었고 지금도 종종 선호되는 '운동가militant'라는 표현이 보여주듯이, 자원활동은 공적 공간에서 참여와 실천을 위한 매개물이기도 하다. 이렇듯 자원활동 행위양식에 대한 다양한 이해방식을 고려한다면, 자원활동이라는 주제에 대해 다양한 인문사회과학 연구자들이 관심을 갖는 것도 놀라운 일이 아니다.

이 장의 첫 번째 절에서는 "자원활동가bénévole"와 "자원활동bénévolat"이라는 표현의 기원을 살펴본다. 특히 이들 표현의 기원이 기존 자원활동, 특히 사회복지 분야에서의 활동이 점점 더 임금노동에 의해 대체되는 경제사회적 변화와 밀접하게 관련된다는 것을 강조한다. 자원활동의 이미지가 분명치 않은 경우가 많은데, 특히 유급 실무자들의 경우에는 더욱 그러하다. 이러한 모호함은 이 표현의 발생 시기에 지배적이었던 조건들과 무관하지 않다. 두 번째 절에서는 자원활동의 개념정의를 다룬다. 이 개념정의는 대중의 상식으로부터는 도출될 수 없다. 왜냐하면 상식은 사회문화적으로 규정되기 이전 상태에서 관찰되는 다양한 행위양식들에 대한 이해와 자원활동을 뒤섞고 있기 때문이다. 연구자들의 작업도 자원활동가들의 참여 범위, 그리고 이와 관련한 제약 및 보상수준에 대한 합의에 어려움을 겪고 있다. 세 번째 절은 자원활동에 대한 이론작업을 다룬다. 사회학과 심리학 접근들도 살펴보지만, 경제학적 분석을 보다 주요하게 살펴볼 것이다. 이러한 선택은 어느 정도 필자의 전공과 관련 있기도 하지만, 불어권 문헌에서 자원활동 경제학에 대한 종합적 소개가 별로 없다는 문제에 답하려는 의지이기도 하다. 끝으로 마지막 절에서는 이들 다양한 접근법이 자원활동에 대한 이해의 지평을 넓히는 데 기여함을 확인하면서, 동시에 이들의 한계와 보다 심화시켜야 할 연구방향을 제기한다. 무엇보다 관련된 다양한 학문분야 사이의 긴밀한 협력이 필요함을 강조한다. 각각의 패러다임이 가진 한계 때문에 어느 하나의 학문분야도 자신만이 자원활동을 이해하는 유일한 통로라 자임할 수 없을 것이다.

1. 개념의 역사적 기원

《라루스 불어어원역사사전》에 따르면 불어 표현 '자원활동bénévolat'은 13세기 후반에 나타난 형용사 '자발적인, 호의적인bénévole'에서 파생되었다. 이 형용사는 라틴어 benevolus와 benevolens에서 파생되었는데, '선한' 또는 '온정에 이끌린' 의도를 표현하는 사람이나 행위를 가리켰다. 형용사 'bénévole'이 오늘날의 의미, 즉 어떤 역할에 대해 자발적이고 보상 없이 헌신하는 사람을 의미하기 시작한 것은 19세기부터이다. 명사형 '자원활동bénévolat'과 '자원활동가bénévole'는 훨씬 최근에 사용되기 시작했다.[99] 영어에서 자원활동에 상응하는 표현은 volunteering 또는 volunteerism이고 자원활동가에 해당하는 표현은 volunteer이다.

'자원활동'이라는 표현의 역사가 짧은 것은 적절한 명칭 없이도 오랫동안 존재했던 실체를 뒤늦게 인식하게 된 결과로 보아야 할까? 아니면 새로운 의미와 표현을 가진 새로운 행위방식을 가리키기 위한 필요에 대한 응답일까? 페랑-베슈만(Ferran-Bechmann, 1992, p.136)은 "자원활동은 언제나 존재했지만 급여를 받는 노동이 발전하면서 우리의 인식에 새롭게 부각되었다."고 설명한다. 기억할 수 없는 존재에 대한 이러한 가설은 논쟁적이다. 자원활동은 서구에서 비롯된 경제적 그리

---

99 – 삐에르 질베르의 현대단어사전은 "bénévolat"라는 단어가 1954년 10월 9일 피가로 문학판에서 처음으로 사용되었다고 소개한다.

고 사회적 진화의 산물인 것처럼 보인다. 이러한 진화과정에서 임금노동의 발전은 중요한 역할을 수행했으며, 이 지점에서 우리는 페랑-베슈만의 논거에 동의한다. 이와 관련하여, 자원활동 개념과 실업 개념을 접목하는 것이 엉뚱한 것만은 아니다. 반면 고띠에(Gautié, 2002, p.61)는 "(자원활동의) 등장은 새로운 창작의 결과이지 새로운 실체에 대한 단순한 인식이나 아주 오래된 실체에 대한 새로운 호명이 아니다."라고 지적한다. 실제로 자원활동은 20세기의 창작물이었고, 이와 관련하여 사회복지가 지배적 역할을 했다. 프랑스와 관련된 작업에서, 뽀르뜨 등(Porte et al., 1976, p.60)은 자원활동이라는 단어에서 "새로운 사회복지 인력에 대한 표현이 생성"되고 있다고 보며, "프랑스 어휘에 새롭게 추가된 이 단어가 가리키는 실체는 국가기구의 녹을 받는 이들이나 공공 또는 민간 사회복지 분야의 임금노동자들이 경험할 수 없는 것"이라고 덧붙인다. 그러나 자원활동가와 자원활동의 등장에서 사회복지와 그 변화가 중요한 역할을 담당한 것은 비단 프랑스에 국한되지 않으며, 이는 미국에서도 마찬가지였다(Karl, 1984).

어휘의 등장에 관련된 맥락들은 자원활동 행위가 사회적으로 인식되는 과정에 영향을 미쳤다. 자원활동에 관한 경험적 조사에서 사회복지 및 자선활동 분야가 상대적으로 소수의 자원활동가들을 동원함을 관찰할 수 있지만(2002년 프랑스 자원활동가 중 16%가 사회복지, 보건, 인도주의 및 자선활동 분야, 2014년 벨기에에서는 23%, Prouteau & Wolff, 2004, Marée et al., 2015 참조), 자원활동에 대한 사회적 인식은 이들 분야에 전적으로 또는 적어도 상당한 정도로 집중되어 형성되어 왔다.

자원활동을 현대의 창작물이라 말한다고 해서 자원활동 행위의 토대가 증여와 연대라는 인류학적 성향에 기반하고 있음을 부인하는 것은 아니다. 그러나 이러한 연관성을 인정한다 하더라도 오늘날 자원활동 개념을 통해 과거의 수많은 증여 사례를 해석하는 착오에 빠져서는 안 된다. 과거를 해석하기 위해 현대의 인지적 범주를 사용하는 것은 인식론에서 논쟁거리이다. 미국의 자원활동에 대하여 칼(Karl, 1984)은 실체가 등장한 이후 과거를 재창조하는 것과도 같은 신화의 구성 작업으로 바라본다. 신화는 역사적 진실성에 의해 제약받지는 않지만, 중요한 집합적 가치의 지속성과 역사적 연속성에 대한 감정을 유지시키는 사회적 기능을 수행한다는 것이다. 실제로 미국에서 자원활동은 "자원활동가들의 나라"(Ellis & Noyes, 1990)라는 집합적 정체성을 공고히 하는 데 중요한 역할을 하고 있다. 또한 개발도상국가에서 임무를 수행하는 평화봉사단을 만들어낸 케네디로부터 1989년 "수천의 빛나는 점들thousand points of light"을 활성화하겠다는 조지 부시 1세의 연설에 이르기까지 미국의 정치권력들도 시민사회의 에너지를 동원하기 위해 이러한 담론을 반복적으로 사용해왔다.

이런 설명들은 '자원활동'이라는 단어가 가진 강력한 상징적 차원을 부각한다. 자원활동을 촉진하기 위해 민간단체들과 공권력은 이 단어를 긍정적 의미로 사용하고 있지만, 자원활동 개념이 모호함 없는 명료한 것이라고 결론내리기 어렵다. 실제로 자원활동이란 말은 조심스러운, 심지어 부정적 반응을 불러일으키기도 한다. 이러한 사회적 인식의 양가성은 사회복지 영역에서 이 단어가 등장하던 시기의 맥락에서 그 기원을 찾을 수 있다. 주요한 맥락 중 하나는 사회복지사들이 새롭게 형성된 자신들의 직종을 전문직종으로 인정받고자 했던 것이다. 많은 경우 특정 집단의 위치는 타집단에 대한 반정립을 통해 만들어지곤 하는데, 사회복지사들의 경우, 자신들의 직종보다 먼저 존재했고 현재도 함께 공존하고 있는 자원활동가들로부터 스스로를 구분함으로써 자신들의 활동이 갖는 정당성을 확인하고자 했다. 이러한 맥락은 사회복지 실무자와 자원활동가의 정체성이 서로에 대한 불신, 나아가 서로에 대한 상처가 되는 배경이 된다. 실무자들은 자원활동가들의 도덕주의, 온정주의 및 아마추어리즘에 의문을 제기하는 반면, 자원활동가들은 임노동에 대한 의존이 증가하는 경향에서 수혜자들에게 제공되는 서비스의 관성화와 관료화 그리고 비인간화를 보게 된다. 이미 50년 전에 베커(Becker, 1964)는 자원활동가들이 직접 서비스를 제공하는 영역에서보다 이사회 등에서 간접적으로 활동하는 것이 더 환영받는 미국 사회서비스 분야 상황을 보고한 바 있다. 자원활동가와 실무자 사이의 이런 적대감은 완전히 사라지지는 않았지만 시간이 지나면서 일정 정도 완화되었다. 엘리스와 노예스(Ellis & Noyes, 1990)는 페미니즘의 일각에서 자원활동에 대해 의구심을 갖고 있다고 설명한다. 즉, 자원활동이 여성을 고용 외부에 묶어두는 수단이라는 것이다. 이러한 태도는 과거 여유 있는 사회계층의 여성들이 수행했던 박애주의 활동에 대한 기억에서 나온 것이다. 프랑스에서는 '후원자 부인dames patronnesses', 미국에서는 '친절한 방문객friendly visitors'이라고 불린 이들은 자선활동을 통해 사회적 인정을 받고 자신들이 접근할 수 없는 직업활동에 대한 대체물을 찾고자 했다. 자원활동에 대한 이렇듯 다양한 사회적 인식을 볼 때, 같은 유형의 실천을 지칭하기 위해 어떤 이들은 자신을 운동가라 부르는 반면 또 다른 이들은 자원활동가라 자임하는 건 전혀 놀라운 일이 아니다.

자원활동 개념에 실린 강한 상징적 무게와 함의의 다양성은 자원활동 행위가 문화 및 사회적으로 강하게 규정된다는 것을 보여준다. 메이스 등(Meijs et al. 2003)은 국제비교분석을 통해 자원활동이 구체적으로 의미하는 바가 나라마다 다르게 인식된다는 것을 관찰하였다. 이러한 가변성은 한 사회 내부에서도 발견된다. 이와 같은 상황은 결국 자원활동에 대한 개념정의를 합의하기가 쉽지 않음을 시사한다.

2. 자원활동의 개념정의

뮤직과 윌슨(Musick & Wilson, 2008, p.25)은 자원활동이라는 개념이 대중적이면서도 학술적인 표현이라고 설명한다. 자원활동에 대한 대중의 직관적 인식이 다양하기 때문에, 보다 정교한 개념으로 발전하기 위해서는 상식이라 불리는 사회적 인식과 잠시 거리를 두고, 일상의 언어에서는 찾기 어려운 보다 정확하고 안정적인 내용으로 재구성할 필요가 있다. 그렇다고 해서 직관적 성격을 가진 사회적 인식에 관심을 두지 말자는 것은 아니다. 사회적 인식은 자원활동이라는 단어 사용과 관련한 주요 쟁점에 대해 잘 이해하기 위한 연구의 대상이 될 수 있다. 또한 더욱 적절하게 개념을 정의해내기 위한 기초적 자료를 제공할 것이다.

연구자들 사이에서도 자원활동의 개념정의는 합의되어 있지 않다. 〈세계 자원활동 현황 보고서〉(UN, 2011, p.4)는 "학술문헌과 각국 법제도들은 다양한 개념정의를 보여준다."고 보고하고 있다. 크난 등(Cnaan et al., 1996, p.365)도 이 개념이 "명확하고 일관된 정의"를 갖고 있지 않다고 지적한다. 이 주제에 대한 기존 연구작업들을 기반으로 해서, 저자들은 다양한 방식의 개념수용 과정에서 발견되는 몇 가지 공통의 차원을 다음과 같이 제시한다.

- 활동의 자발적 성격

- 자원활동가들이 받는 보상의 성격
- 활동의 방향, 보다 정확하게는 수혜자들의 정체성
- 활동이 실현되는 맥락

자원활동 행위에 대한 개념정의가 다양한 것은 이들 각각의 차원이 지닌 다양한 내용들 때문이다. 이들 차원을 중심으로 살펴보자.

활동의 자발적 성격과 관련하여 보면, 자원활동은 개인이 법적 강제[100] 없이 스스로 주도성을 갖고 실천함을 의미한다. 따라서 직업활동의 영역은 자원활동에서 제외된다. 직업활동이 기부행위와 완전히 무관하지는 않지만(Alter, 2009), 근본적으로는 고용주에 대한 직원의 복종 상태로 특징지어지기 때문이다. 하지만 어떤 상황에 대해서는 좀 더 논의가 필요한데, 가령 학교에서 학생들이 수행하는 무급 서비스 제공의 예를 들 수 있다. 학위 취득을 위한 의무사항이 아니라면 자원활동의 범주에 쉽게 포함시킬 수 있다. 그러나 졸업장을 위해 자원활동 참여가 필요한 것이라면 어떻게 보아야 할까? 미국에서 사용되는 의무적 자원활동mandatory volunteering과 같은 모순어법이 아니라면(Ellis & Noyes, 1990; Wilson, 2012), '자발적'이라고 볼 수는 없을 것이다. 마찬가지로 법원에 의해 대체형벌로 부과되는 '사회봉사활동'이나 근로연계복지에서 수급권 취득의 조건으로 제시되는 봉사활동 역시 자원활동으로 볼 수 없다.

자원활동 개념정의의 두 번째 차원은 참여하는 사람에 대한 보상에 관한 것이다. 기본적으로 현금 또는 현물 보상의 형태여서는 안 된

100 – 법적 강제와 도덕적 강제를 혼동하지 말아야 한다. 어떤 사람들은 도덕적 의무감으로 행동하게 되지만, 이러한 상황이 관련 활동의 자원적 성격을 부정하는 것은 아니다.

다. 다만 자원활동가들의 활동 수행에 사용된 비용을 환급하는 것과는 구분되어야 한다. 하지만 무보상의 기준은 자원활동에 대한 문헌, 특히 북미지역의 문헌에서 일정한 유연성을 보여준다. 피어스(Pearce, 1993)의 자원활동 행위에 대한 저작물의 경우에, 비록 적은 금액이기는 하지만 재무적 보상을 받는다는 이유로 아메리콥스 비스타AmeriCorps VISTA와 같은 정부 프로그램에 참여하는 사람들을 연구대상에서 제외한다. 그러나 미대륙에서는 이런 관점이 늘 체계적으로 채택되는 것은 아니다. 예컨대 스미스(Smith, 1981)는 유사한 일에 대해 노동시장에서 관찰되는 보상의 수준보다 낮게 지불되는 활동을 수행하면 자원활동이라고 간주한다. 비슷한 관점에서, 멘칙과 와이스브로드(Menchik & Weisbrod, 1987, p.172, note 9)는 직업적 활동으로 하는 것보다 낮은 수준의 보상을 받는 활동을 할 때 한 개인의 자원적 기여가 있다고 본다. 낮은 수준으로 보상받는 '자원활동가'를 미국에서는 "급료를 받는 자원활동가stipended volunteer"라고 부른다. 마찬가지로 유엔의 개념정의도 재무적 보상을 목적으로 하지 않더라도 실비지불을 넘어서는 현금수당을 줄 수 있고 이는 자원활동과 병립할 수 있다고 정의하면서 자원활동의 영역을 매우 넓게 바라보고 있다.

자원활동 개념정의의 세 번째 차원은 수행되는 활동의 방향인데, 활동이 타인을 대상으로 해야 한다는 것이다. 이는 필요불가결한 조건이며 그 기준은 엄격하게 해석될 수 있다. 가장 엄격한 해석에서는 자원활동가는 자신이 수행하는 활동의 수혜자가 될 수 없다. 보다 자주 이용되면서 좀 더 유연한 해석에서는 자원활동가 본인이 유일한 수혜자가 아니라면 서비스 이용자에 포함될 수 있다. 자원활동가에 대한 사회적 인식은 종종 이타적 개인만을 상정하고 있지만(Musick & Wilson, 2008), 다음 절에서 살펴보는 것처럼 자원활동을 헌신의 범주에만 가

두는 것은 큰 논쟁거리가 된다. 따라서 자원활동의 개념정의를 이러한 방향으로만 국한하는 것은 적절치 않다. 또한 관찰자가 행위의 이유를 확실하게 파악할 수 없다는 점에서 이러한 개념정의는 결국 난관에 봉착하게 된다. 이에 우리는 자원활동의 개념정의는 행위주체가 가진 동기와 무관해야 한다고 본다. 마찬가지로, 개념정의는 윤리적으로도 중립적이어야 한다(Ellis & Noyes, 1990). 성매매 노동을 인정해야 한다는 민간단체에 참여한 사람과 성매매 금지를 주장하는 민간단체에서 활동하는 사람은 모두가 동일한 자원활동가로 보아야 한다.

자원활동 개념정의의 마지막 차원, 즉 활동이 수행되는 맥락과 관련하여 제기되는 질문은 자원활동을 조직이라는 조건에서 제공되는 서비스에만 국한하는 것이 적절한가에 대한 것이다. 조직형태를 넘어서 서로 다른 가구에 속한 개인들이 서로에게 시간을 기부하는 것으로까지 자원활동의 범위를 확장해야 하지 않을까? 조직에서 수행하는 자원활동은 조직된 자원활동 또는 공식적 자원활동formal volunteering이라 부른다. 이는 주요하게 민간단체에서 수행되지만 또한 공공기관, 나아가 매우 드문 경우이지만 민간 영리기업에서도 관찰된다. 조직 차원에서 이루어지지 않는 경우 자원활동은 비공식적이고 관리 받지 않으며 자생적 또는 직접적 성격을 가진다. 뮤직과 윌슨(2008)은 상호호혜적 관계에서 수행되는 가구들 간의 도움을 자원활동에서 제외한다. 이러한 관점은 상당한 논쟁거리가 될 수 있는데, 조직된 자원활동에서 상호호혜적 관계가 드물다는 확실치 않은 사실을 전제로 두고 있기 때문이다. 부모들이 자신의 자녀를 포함한 아이들을 돌아가면서 돌보는 공동육아 어린이집의 예를 들어보자. 이는 분명히 공식적 자원활동이다. 그러나 각자의 자원활동이 보다 확장된 상호호혜적 관계에 해당하지 않는가? 자원활동 영역에서 비공식 서비스를 제외하는 것은 연구자들 사이에서도 늘 예외 없이 채택되는 것은 아니다. 하지만 이 장에서는 공식적 자원활동만을 다루고자 하기 때문에 이러한 형태의 자원활동은 더 이상 검토하지 않을 것이다.

자원활동의 개념정의가 지닌 다양한 측면과 각각의 차원이 가진 다양성에 대한 간략한 검토는 두 가지 문제의식을 던진다. 첫째는 개념정의 그 자체의 성격에 대한 것이다. 개념정의를 이분법 방식, 즉 이것은 자원활동이고 저것은 자원활동이 아니라는 구분으로 해야 하는가? 각각의 차원에서 자원활동에 관련되는 것과 그렇지 않은 것을 정확하게 구분하는 선택을 해야 하는가? 아니면 보다 연속적 방식으로, 이를테면 많고 적음의 '정도'를 파악할 것인가? 스미스(1981)는 자원활동가가 되는 것은 "정도의 문제"라고 하면서 후자의 입장을 분명히 취하고 있다. 두 번째 문제의식은 개념정의의 다양성이 자원활동의 중요성을 측정하고 더 나아가 자원활동에 화폐적 가치를 부여하기 위해 필수불가결한 단계인 통계적 도구 개발에 있어서 어려움을 만들고 있다는 점이다.[101]

결국 다양한 접근법들 사이에서 조화를 찾기 위한 노력이 필요하다. 이러한 관점에서 존스홉킨스 대학 시민사회연구센터 국제비교 프로그램에서 진행된 작업들은 중요한 진전이었다. 이 작업의 결과물은 유엔 자원활동 프로그램United Nations Volunteers이 참여하고 국제노동기구 통계국의 후원 아래 시민사회연구센터가 제작한 〈자원활동 측정 매뉴얼〉(ILO, 2011) 출간에 기여하였다. 이 매뉴얼에서 자원활동의 개념에 대해 "보상을 받지 않고 강제적이지 않은 일, 즉 조직을 통해 실행하거나, 자원활동을 하는 사람이 자신의 가구에 속하지 않은 다른 사람을

101 – 자원활동의 측정에 대해서는 사회연대경제의 통계적 이해를 다루는 이 책의 2권 1장을 참조하라.

위해 손수 실행하는 보상받지 않는 활동을 위해 쓰는 시간에 대한 것"이라고 정의하고 있다. 이 개념정의는 자원활동과 다른 유형의 활동을 어떻게 구분하고 있을까? 이 질문에 답하기 위해서는 몇 가지 설명이 필요하다.

2. 1. 자원활동 vs 여가 행위

자원활동은, 그것에 국한되지는 않지만, 무엇보다 '노동'이다. 노동은 타자의 기준을 충족시키는 활동이며, 경우에 따라 보상을 통해 제3자에게 그 수행을 위임할 수 있다(Hawrylyshyn, 1977). 당연히 여가 행위는 타자의 기준에 맞추기 위한 활동이 아니며, 위임을 통해 만족을 얻을 수 없다는 점에서 노동과는 다르다. 하지만 이 기준에 대해 더욱 세밀한 수준에서 검토할 경우에는 논의의 여지가 많이 생긴다. 관계적 성격이 매우 강한 활동은 그것이 보상에 대한 급부로 이루어질 경우, 제공자의 실제 의도에 대해 의구심을 품을 수 있다는 점에서 그 활동의 성격이 본질적으로 달리 평가될 수 있다(Gorz, 1988). 마찬가지로 활동가로서의 의지와 소양이 크게 필요한 실천을 그에 대해 관심이 없는 직원에게 위임하면 기대하는 효과를 얻지 못하는 위험에 빠질 수 있다. 다만 지금 살펴보고 있는 자원활동과 여가 행위의 구별이 단지 개념적 수준에서만 의미가 있다는 점을 밝혀두고자 한다. 경험적 수준에서 보면 자원활동을 수행하는 사람들이 자원활동을 여가 행위처럼 생각할 수 있다는 점을 배제할 수 없다. 그것이 비록 특별한 유형, 즉 '진지한 여가 행위'라 할지라도 말이다(Stebbins, 1996).

2. 2. 자원활동 vs 지불노동

ILO 매뉴얼의 개념정의는 "자원활동은 현금이건 현물이건 간에 보상을 받거나 지불받지 않는다."고 강조한다. 그러나 수행된 활동 범위 안에서 지출된 비용은 실비보상의 대상이 될 수 있다. 자원활동가들에게 식사나 교통편과 같은 서비스가 제공될 수 있으며, 제공된 노동의 양이나 질 또는 결과에 금액이 연결되지 않는다는 조건 하에 장려금을 받을 수도 있다. 이는 여러 나라에서 자원활동을 서로 다르게 이해하는 잠재적 원인이 된다. 반면 기업의 자원활동 프로그램이 재능기부 방식으로 진행되면서 민간단체가 해당 기업의 직원들을 활용하는 경우에 대해 ILO 매뉴얼은 명확하게 규정하고 있다. 직원들이 활동 기간에 기업의 고용주에게 급여를 지불받으면 이들은 자원활동가로 간주되지 않는다.

2. 3. 공식 자원활동 – 비공식 자원활동

어떤 서비스가 가구의 외부에서 제공된다는 조건 아래, 비공식 서비스는 ILO 매뉴얼에서 정의된 자원활동의 범위에 (조직적으로 관리되는 자원활동과는 구분할 것이 권고되지만) 분명하게 포함된다. 매뉴얼은 가족의 개념정의가 갖는 문화적 다양성 때문에 가족이라는 표현보다는 가구(동일한 주거단위에서 함께 사는 사람들 전체)라는 표현을 선호한다. 그럼에도 불구하고, 세대간 동거의 정도가 매우 다르다는 점에서 가구의 구성은 나라마다 다양하다. 이러한 상황은 국제비교에서 편향성의 문제를 야기할 수 있다. 실제로 매뉴얼의 개념정의에 따라 이루어진 조사에서 확인되는 것은, 다른 모든 조건이 동일할 때, 핵가족보다 확대 가족이 일반적인 사회에서 직접적 자원활동이 훨씬 제한적으로 나타난다. 이 때문에 매뉴얼은 "선별된filtering" 질문을 통해 이러한 유형의 문제들을 다룰 것을 제안한다.

ILO 매뉴얼의 개념정의는 자원활동의 개념 구성에서 중요한 의미를 가진다. 개념정의는 시간과 공간을 가로지르는 비교를 가능하게 하지만, 국가별 특이성들로부터 자유로운 완전한 추상화가 가능한 것은 아니다. 자원활동은 끊임없이 사회문화적 맥락을 통해서 표출된다. 예컨대 앞서 지적한 비공식 자원활동에 대한 인지적 기준의 차이뿐만 아니라, 보상받는 활동과 자원활동 사이의 구분에 관련해서도 사회문화적 맥락이 영향을 미친다. 즉, 활동이 노동계약에 의해 규정되는 경우에 이러한 보상받는 활동을 자원활동과 구별하는 것이 훨씬 쉬운 반면, 비공식 부문의 비중이 큰 나라들에서는 이러한 구별이 쉽게 되지 않는 경우가 많다.

이 절을 마치기에 앞서 유사성을 지닌 표현들, 즉 자원활동bénévole, 운동militantisme 및 자원봉사volontariat[102] 사이의 차이에 중요성을 부여하는 것이 적절한지의 문제로 돌아와 보자. 자원활동가라는 단어가 점점 더 거부되고 운동가라는 단어가 선호된다는 것은 이미 알려진 바 있다. 뮤직과 윌슨(2008)은 이 두 단어 사이의 차이(영어로는 volunteer와 social activist)는 행위 자체의 성격이 가진 차이보다는 행위주체들 스스로가 갖기를 원하고 그렇게 보이기를 바라는 정체성에서 기인한다고 본다.

102 – 불어 bénévole과 volontariat는 모두 자원활동으로 번역되며, 일반적으로 동의어로 사용된다. 다만 본문에서 설명하듯이 최근 프랑스에서 두 개념이 구별되어 사용되는 것을 반영하기 위해 여기서는 bénévole을 '자원활동', volontariat를 '자원봉사'로 번역하였다. – 옮긴이

공식 자원활동-비공식 자원활동

몇몇 조사들은 공식/비공식이라는 두 가지 유형의 자원활동을 비교할 수 있게 해주는데, 많은 경우에 비공식 자원활동이 공식 자원활동보다 더 빈번하다는 것을 보여준다.
헝가리에서는 2004년 현재 14세 이상 인구의 10%가 공식 자원활동을 수행하고 있는 반면, 30%가 비공식 자원활동을 수행하고 있었다(Perpék, 2012).
캐나다에서는 2010년 현재 15세 이상 인구 중 공식 자원활동에 참여하는 비율이 47%로 추정되었지만 비공식 자원활동에 대한 참여는 83%에 달하는 것으로 조사되었다(Vézina & Crompton, 2012).
영국에서는 2012년 8월과 2013년 4월 사이에 지역사회 생활 조사Community Life Survey에 응답한 16세 이상 응답자 중 44%는 조사가 있기 전 1년 동안 최소한 한 번 이상 공식 자원활동을 실천한 적이 있다고 답한 반면, 비공식 자원활동을 실천한 경우는 62%였다(국무조정실Cabinet Office, 2013).
반대로 스위스에서는 2010년 현재 공식 자원활동이 15세 이상 인구 중 1/5에 의해 수행되는 반면(남성 중 23% 및 여성 중 16.9%), 비공식 부문은 1/6에 의해서만 실천되었다(여성의 22.7% 및 남성의 13.9%)(연방통계청Federal Statistical Office, 2011).
벨기에에서도 2014년 15세 이상 인구중 공식 자원활동 참여율이 비공식 자원활동 참여율보다 더 높았다(공식 자원활동 참가율 12.5%, 비공식 자원활동 8.8%)(Marée et al., 2015).

우리가 이 장에서 채택하는 관점도 이와 유사하다. 자원활동가와 운동가 사이의 구별은 '치유적 행동'과 '예방적 행동' 사이의 대조 또는 더 나아가 '서비스 제공'과 '대의의 옹호'의 차이를 부각시키려는 상징적이고 정치적인 개념을 동원하는 것이다. 이는 같은 기반 위에서 서로 다른 에토스를 갖고 있다. 따라서 운동가를 자원활동과 구별되는 것이

아니라 도리어 그 변형태들 중 하나로 보는 것이 적절할 것이다.[103]

적어도 프랑스에서는 자원활동가bénévole와 자원봉사자volontaire라는 표현이 동일한 것으로 여겨지지 않는다. 프랑스에서도 과거에는 이 두 단어가 동일한 실체를 의미했다. 자원활동가들을 맞이하고 안내하며 민간단체들의 자원활동가 관리를 지원하는 '프랑스 자원활동France Bénévolat'이 2003년 기존 두 민간단체의 합병을 통해 설립되었는데, 이 두 단체 중 하나의 이름이 '전국자원봉사센터Centre national du volontariat'였다. 그러나 자원봉사volontariat가 이제 하나의 지위를 가리키는 반면, 자원활동은 아직까지 그렇지 않다는 점에서 보다 분명히 구분된다. 자원봉사자는 제한된 기간에 대한 계약을 통해 활동을 하며, 급여가 아닌 실비보상을 받는다. 따라서 자원봉사자의 지위는 임금노동자의 지위와도 구분되고(노동법의 적용을 받지 않는다는 점에서) 자원활동가의 상황과도 구별된다. 프랑스에서 이 지위는 특히 공익서비스service civique에 관련된다.

반대로 벨기에에서 자원봉사와 자원활동은 동의어로 간주될 수 있다. 자원봉사자의 권리에 관한 2005년 7월 3일 법은 자원봉사를 "보수도 강제도 없이 수행되는 모든 활동으로, 활동을 수행하는 당사자가 아닌 다른 사람(들), 그룹이나 조직, 또 지역 일반의 이익을 위해 이루어지고, 그 활동을 수행하는 사람의 가족이나 사적 관계에 있지 않은 조직에 의해 조직되는 것"이라고 정의한다. 이 법의 표현에 따르면 자원봉사는 조직의 공식적 틀 안에서 활동하는 것을 의미한다.[104]

---

103 – 운동가라는 수식어가 유급 노동자들에도 적용될 수 있다. 이런 방식으로 '대안적' 교육을 위해 활동할 때, 교육 운동가라고 말할 수 있다.

104 – 벨기에 2005년 7월 3일 법에서 조직은 "모든 사실상의 민간단체 또는 공법/민법상 비영리 법인체"를 뜻한다.

3. 이론들

지난 30여 년 동안 자원활동에 대한 연구는 인문학과 사회과학의 다양한 분야에서 발전했다. 자원활동에 대한 보다 상세한 경제학적 분석에 앞서, 심리학과 사회학에서 수행된 작업에 대해 간략히 종합해보고자 한다. 우선 이 다양한 학문 영역들 각각이 그 자체로 완벽하지 않다는 점에 유념하자. 이런 이유로 심리학적 접근과 사회학적 접근을 통합하기 위한 시도들이 이루어져왔다. 또한 자원활동에 대한 경제학적 분석도 심리학과 사회학의 작업에서 영감을 받았다.

3. 1. 심리학적 접근들

심리학자들은 특정한 "성향에 관련된 변수들"(Penner, 2002)이 자원활동을 자극하는 방식에 특별한 관심을 가진다. 이 변수들은 개인들이 직면하는 국면적 상황 변화를 넘어서 일정한 시간 동안 안정적으로 존재하고 작동하는 개인적 속성 일체를 가리킨다. 펜너Penner는 이 변수들에 개인의 성격, 가치, 믿음 그리고 동기를 포함시킨다.

'개인의 성격'은 환경에 적응하면서 특정한 방식으로 행동하는 일관되고 지속적인 경향을 의미한다. 오늘날 성격심리학에서는 다음과 같은 다섯 가지 주요 요인, 즉 빅 5Big five를 통해 성격을 유형화하는 기준으로 삼고 있다(John et al., 2008).

- 내향성에 반대되는 것으로, 사회에 대한 역동적 접근과 적극적 사회성으로 해석되는 외향성extraversion
- 반목에 반대되는 것으로, 다른 사람의 필요에 부응하는 태도를 통해 표출되는 친사회적 행동인 우호성agreeableness
- 신경성(회피성향, 근심, 슬픔, 신경과민)에 반대되는 정서안정성emotional stability
- 방향성 부족과 충동적 성격에 반대되는 것으로서, 조직화라는 관점에서 자기통제, 성찰능력 및 목표를 향한 지향을 의미하는 성실성conscientiousness
- 폐쇄성 또는 순응주의에 반대되는 것으로서, 특히 상상력, 호기심 및 창의성으로 표현되는 경험에 대한 개방성openness to experience

자원활동 수행과 성격(또는 성격의 구성요소 중 일부)의 효과에 대한 경험적 연구결과들을 요약하기는 어렵지만, 일반적으로 보면 우호성에 기반하면서 다른 사람의 감정을 느끼는 능력으로 정의되는 '공감'이 자원활동 수행과 긍정적으로 관계된다(Musick & Wilson, 2008; Bekkers, 2005). 펜너(2002)는 이 특징을 친절함과 더불어 '친사회적 성격'의 두 가지 차원 중 하나로 설명한다. 외향성도 자원활동 참여에 긍정적 영향을 미치는 성격으로 간주되지만(Musick & Wilson, 2008; Wilson, 2012), 어떤 연구들에서는 그 효과가 간접적일 뿐이며 특정한 매개, 특히 이 성향을 통해 축적될 수 있는 사회적 네트워크를 통해 실행될 수 있다고 설명한다(Okun et al., 2007). 로시(Rossi, 2001)도 자원활동에 대해 개인의 성격이 갖는 간접적 영향을 강조한다. 그녀는 휴머니즘에 기반한 행동을 이끌어내고 성찰하는 능력에 관련된 보충적 성격으로 "주체성agency"을 추가하면서 빅 5의 유형을 활용한다. 그러면서 우호성, 성실성 그리고 주체성은 자원활동을 위해 사용되는 시간의 양에 직접 영향을 주지는 않지만, 자원활동을 고취하는 "세대계승성generativity"과 긍정적으로 관련된다고 결론 내린다.[105]

자원활동에 영향을 미치는 가치, 규범 및 태도와 관련하여 살펴보면, 자원활동은 물질적 가치를 거부하는 경향과 관계되고(Uslaner, 2002), 사회적 책임성이라는 규범(Rossi, 2001) 또는 지역사회에 환원하겠다는 의지로 표출되는 일반화된 호혜성의 규범(Musick & Wilson, 2008)과 밀접하게 연결된다는 점이 확인되었다. 그러나 토이츠와 휴윗(Thoits & Hewitt, 2001)은 가치, 태도 및 자원활동 사이의 관계에 대한 경험적 연구의 결과는 제한적이라고 설명한다.

심리학자들은 자원활동의 동기에 많은 관심을 기울인다. 동기는 직접 관찰되지 않는다는 점을 환기하자. 발레랑과 틸(Vallerand & Thill, 1993, p.18)의 표현을 취하자면, 동기는 "목적를 향해 나아가는 행동의 촉발, 방향, 강도 및 지속성을 만들어내는 내외부의 힘을 기술하기 위해 이용되는 가설적 구조물"을 의미한다. 따라서 심리학자들은 연구대상 개인들이 갖고 있던 의도와 가치판단에서 동기를 추론하고자 노력한다. 특히 연구들은 동기의 공간을 구조화하는 여러 요소들을 확인하는 데 집중되었다. 크난과 골드버그-글렌(Cnaan & Goldberg-Glen, 1991)은 자원활동의 토대가 되는 다양한 동기들이 자원활동을 실행하는 사람의 내부에서 결합되어 단일한 차원으로 발현되는 것으로 이해

105 - 세대계승성은 타인의 복리에 대한 관심의 연장에서 미래세대의 상황에 대한 개인들의 근심을 해석하는 심리학자 에릭 에릭슨의 개념에서 차용하였다

해야 한다고 주장한다. 즉, 자원활동은 순전히 이타적이지도 않고, 순전히 이기적이지도 않으며 이 두 경향이 결합되어 동시에 동기로 작동한다는 것이다. 반면 다른 저자들은 이타주의 대 이기주의라는 이차원적 모델을 옹호하거나(Frisch & Gerrard, 1981), 이기주의, 이타주의, (집단의 복리에 기여하겠다는) 집단주의 그리고 윤리적 원칙에 기초한 행위(원리주의)라는 네 가지 유형의 동기를 포함하는 모델을 중요시한다(Batson et al., 2002).

보다 광범위한 지지를 받는 것은 기능주의적 접근에 기초한 다인성 모델이다(Clary et al., 1998). 기능주의적 접근은 개인이 유사한 행동들을 통해 다양한 기능에 복무할 수 있다는 점에서 개인의 행동에 의해 실현되는 심리적이고 사회적인 기능에 관심을 가진다. 다인성 모델은 자원활동을 통해 충족될 수 있는 여섯 가지 주요 '동기적 기능'을 구별하는데, '자원활동 기능 목록Volunteer Functions Inventory, VFI'은 다음과 같다.

- 가치 : 자원활동가가 이타심이나 휴머니즘처럼 중요한 것으로 여겨지는 가치에 의해 이끌림
- 의미부여 : 자원활동을 통해 자신의 자존감을 강화시키고자 함
- 사회적 관계 : 자원활동가가 다른 사람들과 상호관계를 추구하거나 그들의 기대에 답하고자 함
- 이해 : 자원활동이 새로운 지식과 경험을 얻거나 사용되지 않는 능력을 실행에 옮길 수 있게 함
- 보호 : 자원활동의 실천이 개인적 문제에 맞서거나 부정적 효과를 경감할 수 있도록 하는 일종의 '치유'임
- 직업적 경력 : 자원활동이 직업활동의 전망을 개선한다는 관점에서 이를 통한 지식과 경험, 인맥의 취득에 의해 동기 부여됨

다인성 모델은 경험적 연구들을 통해 여러 차례 검증되었다. 클레어리 등(Clary et al., 1996)은 미국 성인 인구에 대한 전국 표본집단을 활용하면서 직업적 경력에 연결된 동기를 제외한 모든 기능들에서 자원활동가들이 비자원활동가들보다 높은 수준의 동기를 지니고 있음을 관찰한다. 그러나 동기의 중요성은 자원활동가들의 사회인구학적 특성 및 활동영역에 의해 영향을 받으며, 많은 경우 동일한 한 명의 자원활동가가 여러 가지 동기에 의해 이끌린다는 것도 밝히고 있다.

자원활동에 대한 몇몇 심리학 연구에서는 데시와 라이언(Deci & Ryan, 1985, 2000)의 자기결정이론에서 제시된 내재적 동기와 외재적 동기의 차이를 활용한다. 저자들에 따르면 (자기 스스로를 행동의 원천으로 보는) 자율성에 대한 필요, (주변 환경과의 상호작용에서 효과적이라고 느끼는) 능력의 필요, (다른 사람들과 관계가 있고 집단에 소속되었다는) 소속감의 필요라는 세 가지 근본적 필요가 인간행동의 토대를 구성한다. 내재적 동기는 이들 근본적 필요에 대해 가장 높은 수준으로 만족을 이끌어내며, 따라서 스스로 결정한 행동의 가장 높은 수준에 위치한다. 그렇다고 해서 외재적 동기가 자기결정과 병립 불가능하다는 것은 아니다. 스스로 결정한 행동은 내재적/외부적 동기라는 이분법보다는 이들의 연속선으로 이해되어야 한다.

이러한 접근법을 자원활동 행위에 적용하면 이기주의/이타주의(Chantal & Vallerand, 2000) 또는 앞서 소개한 동기의 다인성 모델(Finkelstein, 2009)과 함께 교차될 수 있다. 부제만과 엘레머스(Boezeman & Ellemers, 2009)는 자율성과 소속감의 필요에 대한 만족이 자신의 조직에서 보상받지 않는 자원활동에 참여할 의향과 긍정적으로 관계된다고 지적했다. 핑클스테인(Finkelstein, 2012)도 내재적 동기와 비공식 자원활동에 투여된 시간 사이에 긍정적인 관계가 있다고 결론을 내린다.

자원활동가들이 표현한 다양한 동기(영국의 사례)

"지역사회 생활 조사Community Life Survey"는 2012년 이후 영국에서 사회참여 주요 분야를 연구하기 위해 국무조정실의 주도로 매년 실시되는 조사이다. 질문지에는 자원활동에 대한 질문이 포함되어 있는데, 가령 공식적 자원활동에 참여하게 된 이유를 묻는다. 이 질문에는 14개의 선택지가 제시되고, 15번째 선택지는 제시된 이유들에서 적절한 답을 찾지 못한 경우를 위한 것이다. 응답자는 5가지 이유를 선택할 수 있다. 아래의 결과는 두 번째 조사에서 나온 것이다.

공식적 자원활동을 참여한 이유 (응답자 중 비율)

참여하게 된 동기의 성격	응답자 중 비율(%)
상황을 개선하고 사람들을 돕고 싶었다	59
이슈가 내게 정말로 중요했다	40
할 수 있는 시간이 있었다	33
내 능력을 이용할 기회를 준다고 생각했다	32
사람들을 만나고 친구를 사귀고 싶었다	30
내 가족이나 친구들의 필요와 관계가 있었다	26
우리 지역사회를 위해 필요하다고 느꼈다	26
새로운 능력을 갖출 수 있는 기회가 되리라 생각했다	25
내 친구(또는 내 가족)가 했다	23
사람을 돕는 것은 내 실존적 철학에 속한다	23
사람을 돕는 것은 내 종교적 확신에 속한다	16
내 경력상의 성공에 도움이 된다	10
이것을 할 다른 사람이 없다고 느꼈다	9
자격을 인정받을 수 있는 기회였다	3
해당 사항 없음	2

주: 복수응답으로 인해 전체 합이 100을 넘음
출처: 영국 국무조정실(2014)

일부 조사들은 자원활동가들에게 몇 가지 선택지를 제시하면서 참여 이유를 묻기도 한다. 이러한 방법으로 얻는 답변들의 유효성에 대해 심리학자들은 매우 유보적이기는 하지만, 그 내용 자체는 흥미롭다. 조사는 자원활동가들이 자신의 자원활동 실천을 보는 (또는 정당화하는) 방식들에 대해 척도를 통해 측정하고자 한다. 그러나 응답자가 자신이 생각하기에 가장 정당하다고 여기는 이유들에 높은 점수를 부여하게 하는 '사회적 바람직함'(특히 '이타적인' 이유에 대한 선호)이라는 편향에 노출되기 때문에, 이 방법론의 결론은 신중하게 받아들여야 한다.

3. 2. 사회학적 관점에서 본 자원활동

주로 영어로 출간되어온 자원활동에 대한 사회학 문헌은 일관된 특징을 보여주지만, 동시에 매우 큰 다양성도 보여준다. 이러한 다양성은 특히 이용된 자료의 차이(작은 규모의 작위적으로 추출된 표본부터 통계적 대표성을 고려한 전국단위 조사에서 나온 표본까지) 또는 검토된 자원활동의 유형에서 기인한다. 얻어진 결과는 자원활동을 하려는 성향 또는 (활동에 투입된 기간으로 이해되는) 실천의 강도를 고려하는 방식에 따라 다양하게 나타나는데, 왜냐하면 이 두 차원은 꽤 여러 가지 결정요인들을 갖고 있기 때문이다. 하지만 이러한 다양성에도 불구하고 이 작업들은 상당한 정도로 서로 수렴되는 몇 가지 결론들을 보여준다. 이들 중 상당수는 '자원資源이론'이라 불리는 접근법에 속하는데, 이에 따르면 자원활동은 다양한 형태의 자본을 끌어들이는 것이 필요하다 (Wilson & Musick, 1997).

경험적 연구들은 이 자원이론을 확고하게 입증해주었다. 먼저 자원활동 참여는 학력수준과 강한 긍정적 상관관계가 있는 것으로 나타났다. 학력자본은 자원활동과 같은 친사회적 활동의 주요 결정요인으로 간주될 수 있다. 또한 자원활동에 참가할 확률은 경제자본의 척도인 가구소득 수준에 따라 함께 높아진다. 이들 작업에서 확인된 또 다른 의미 있는 결과는 자원활동가가 될 확률과 개인이 가진 사회적 네트워크 폭 사이의 강한 긍정적 상관관계이다. 이 관계는 쉽게 이해될 수 있다. 개인이 참여할 기회를 발견하는 것은 이 네트워크 덕분이고, 자원활동을 수행하도록 요청받는 것도 이를 매개로 한다. "상호이해와 상호인정을 바탕으로 일정 정도 제도화된 지속적 관계망을 보유함으로써 가용할 수 있는 실제적이고 잠재적인 자원의 일체"라는 부르디외의 관점으로 이해된 사회적 자본(Bourdieu, 1980, p.2)은 자원활동 참여를 촉진하는 중요한 자원이다. 부모가 자원활동가가 될 경향성이 가구 내 학령아동 수와 연동된다는 사실 역시, 적어도 부분적으로는 네트워크의 효과에 의해 설명될 수 있다. 실제로 아이들은 교육과 여가 활동에서 이들을 동반하는 성인들이 서로 교류하는 범위를 넓히는 동력이 된다(Becker & Dhingra, 2001). 종교시설에 꾸준히 출석하는 것과 자원활동 사이에서 관찰되는 긍정적 상관관계의 토대에도 네트워크 효과가 있다.[106] 많은 사회학적 연구들이 자원활동에 대한 종교의 영향을 다루었다는 점에 좀 더 주목할 필요가 있다. 자원활동 참여는 직접 믿음에 의해 자극되거나 종교에 대한 소속감에서 비롯된 집합적 실천의 결과가 아니다. 종교적 실천은 사람들 사이의 연결망을 확장하는 기회가 되며, 그 결과 자원활동 실천의 기회를 더 많이 알게 되는 동시에 다른

106 – 이와 관련하여 윌슨과 뮤직(1997)은 종교를 문화자본으로 본다.

사람들에게 더 많이 요청받게 된다(Van Tienen et al., 2011). 퍼트넘과 캠벨(Putnam & Campbell, 2010, p.472)은 교회에 자주 다니는 것이 좋은 이웃으로서의 행동과 자원활동에 대해 분명한 효과를 불러온다는 사실은 종교 네트워크로 충분히 설명될 수 있다고 잘 요약하고 있다. 이 지점에 대한 결론을 내리기 위해, 자원활동 참여와 사회적 자본 사이의 관계가 일방적이지 않다는 점을 지적할 필요가 있다. 사회적 자본이 자원활동 참여를 촉진한다면, 반대로 자원활동 참여도 사회적 자본을 풍요롭게 해준다.

사회학적 연구는 자원활동 실천의 세대간 이전 경향을 확인하면서 가족의 사회화가 미치는 영향도 강조한다(Janoski & Wilson, 1995; Bekkers, 2007). 남성과 여성의 자원활동을 비교하면 나라마다 다른 결론을 볼 수 있다. 프랑스와 몇몇 유럽 국가에서는 남성이 여성보다 강한 참여성향을 보여주는 반면, 미국 등 다른 나라들에서는 반대의 경향이 관찰된다. 이러한 차이는 자원활동 실천 영역의 다양성에 각 사회의 구조가 영향을 미침을 시사한다. 하지만 자원활동이 실행된 부문의 다양성을 고려하지 않고, 매우 추상적인 수준에서의 참여에 대한 경험적 조사가 가진 한계를 강조할 필요가 있다. 뮤직과 윌슨은 이 문제를 강하게 지적하는데(Musick & Wilson, 2008), 부문별 차이를 고려한 접근은 매우 일반적 분석에 기초한 자원활동의 '전형' 속에 감추어진 다양성을 이해할 수 있게 해준다. 가령, 여성이 자선, 사회, 종교와 관련된 자원활동을 하는 성향이 강한 반면, 남성이 보다 많이 수행하는 자원활동 영역은 스포츠라는 것이다. 부문별 차이를 고려한 접근은, 프랑스보다 미국의 자원활동이 훨씬 여성화된 이유가 부분적으로는 종교적 자원활동이 보다 중요한 성격을 띠는 미국적 상황 때문임을 설명해준다. 보다 세분화된 연구들은 연령에 따른 자원활동의 차이도 활동부문에 따라 다르다는 것을 보여준다. 사회, 자선 및 종교 영역의 자원활동가들은 평균적으로 스포츠 관련 자원활동가들보다 나이가 많다.

3. 3. 자원활동에 대한 경제학적 분석

경제학자들이 자원활동 행위에 관심을 표명한 것은 꽤 최근의 일이다. 매우 일찍부터 관심을 받았던 현금기부에 대한 연구의 연장선에서 1980년대부터 자원활동에 대해 더욱 큰 관심이 표명되기 시작했다. 비영리부문 연구의 등장은 기부에 대한 관심을 다시 자극하였지만, 이 분야에서 경제학 관점의 자원활동 연구가 차지하는 입지는 도리어 줄어들었다.

자원활동에 대한 경제학적 분석은 자원활동 노동에 대한 공급과 수요라는 두 접근법에 토대를 둔다. 공급중심 접근법의 경우에는 개인과 그들이 시간을 내려고 하는 성향을 강조하는 반면, 수요중심 접근법은 자원활동가를 모집하고 관리하는 조직에 관심을 맞춘다. 공급중심 접근법이 오늘날까지 경제학적 작업의 대부분을 차지하고 있다면, 수요중심 접근법은 매우 제한적으로만 다루어져 왔다.

3.3.1. 자원활동 노동의 공급

지금까지 자원활동 관련 경제학 연구의 대부분을 차지하는 모델이었던 신고전주의 이론에서는 자원활동을 합리적 선택 패러다임을 통해 이해한다. 즉, 자원활동은 화폐자원과 시간자원 할당이라는 제약 아래 자신이 가진 기능적 목적(유용성 함수)을 극대화하고자 한다는 것이다(Menhik & Weisbrod, 1987; Handy & Srinivasan, 2004). 그러나 기부 일반, 특히 자원활동이 가진 일방적 성격은 교환의 관점에서 사고하는 것이 익숙한 경제학자들에게는 도전이 된다. 노동경제학과 비영리부문에 대한 조사에서 스타인버그(Steinberg, 1990)는 다음과 같은 질문을 던진다. "자원활동가들은 정말로 아무런 보상을 받지 않는가?" 이 질문에 대한 답이 "보상받지 않는다"라면, 자원활동 행동은 경제적 인간homo œconomicus 가설의 틀에서 수수께끼가 될 것이고(Clotfelter, 1997), 반대로 보상이 존재한다면 이것이 무엇인지를 확인해야 한다. 일반적으로 경제학자들은 개별적 선호의 성격과 형성에 대해서는 별로 관심을 기울이지 않으며, 이에 대한 연구를 다른 학문분과에 맡기는 것을 선호한다. 하지만 보상에 대한 확인이라는 주제는 경제학자들이 자원활동의 동기에 관심을 갖게 만들었으며, 이를 통해 자원활동에 대한 다양한 경제학적 모델의 토대가 구성되었다.

모델들

종합하자면, 자원활동 행위의 세 가지 모델을 구별하는 것이 가능하다(Schiff, 1990; Duncan, 1999; Hustinx et al., 2010)[107]

- 집합재 생산모델
- 배타적 소비모델
- 투자모델

---

107 – 자원활동 관련 경제학 문헌에서는 멘치크와 와이스브로드(1987)의 논문에서 영향을 받아, 소비모델과 투자모델이라는 두 가지 모델로 축약하는 경우가 많다. 그럼에도 불구하고, 집합재 생산모델과 배타적 소비모델을 소비모델이라는 동일한 범주에 두는 것은 매우 논쟁적인 이슈이다(Duncan, 1999).

집합재 생산모델은 자원활동 참여를 집합재 성격 또는 적어도 집합재의 일부 속성을 가진 서비스 생산에 기여하는 수단으로만 본다.[108] 이 서비스가 자원활동의 목적이며, 자원활동은 서비스 생산의 한 요소일 뿐이다. 서비스는 인도주의 단체의 경우처럼 전적으로 타인을 위한 것일 수 있다. 이타적 자원활동은 실제적 또는 잠재적 기여자들이 수혜자들의 복리에 대해 관심을 공유한다는 점에서 집합재 생산모델에 연결될 수 있다. 그러나 서비스가 자원활동가 또는 그 주변에 혜택을 줄 수도 있는데, 가령 여가 활동 및 스포츠와 같은 회원조직의 경우, 그리고 특히 자원활동이 아이돌봄에 관련된 경우일 때 그러하다. 이러한 이유 때문에 일부 저자들은 벡커Becker와 그로나우Gronau의 가사생산모델에서 영감을 받은 틀을 통해 자원활동 노동의 공급을 분석할 것을 제안한다(예를 들어, 클로트펠터(Clotfelter, 1985)를 참조).

배타적 소비모델은 관련 활동에 실질적 참여 없이는 얻을 수 없는 만족감의 추구가 자원활동 노동의 동기를 부여한다고 가정한다. 이러한 만족감은 매우 다양한데, 특정 자원활동 역할에 관련된 권한의 행사, 자원활동을 통해 얻을 수 있는 유명세 그리고 기부 행위에서 오는 만족감, 즉 순수하지 않은 이타주의에 대한 안드레오니(Andreoni, 1990)의 연구에서 '따뜻한 빛warm glow'이라 부르는 충족감일 수 있다.[109]

---

108 – 종종 공공재라고도 불리는 집합재 개념에 대한 정의에 관련해서는 이 책에서 결사체를 다루는 3장을 보라. 집합재의 일부 속성을 보여주는 재화들에는 '클럽재'가 포함된다. '클럽재'는 클럽에 참여하는 사람들 사이에서는 재화를 얻기 위해 경합할 필요는 없지만(비경합적 성격), 클럽에 참여하지 않는 사람들을 배제하는 성격을 가진다. 즉, 클럽은 자발적으로 구성되지만 사회화 및 배제가 가능한 재화의 소비라는 점에서 구성원들이 상호편익을 얻고 이를 위한 생산비용을 분담하는 집단을 가리킨다(Cornes & Sandler, 1986).

109 – 순수하지 않은 이타주의 모델에서 자원활동은 집합재 생산에 기여할 뿐만 아니라 배타적 만족감의 원천이기도 하다. 학술적으로 보면, 자원활동의 유용성 함수는 추구하는 집합재와 이를 실현하기 위한 시간의 기부로 구성된다.

투자모델은 자원활동 참여가 인적 자본 또는 개별적 연결망의 확장을 통한 사회적 자본의 증가를 목적으로 한다는 가설을 갖고 있다. 이러한 '자원활동 투자'는 일자리에 대한 접근 기회나 전문적 활동에서 얻을 수 있는 이익의 가능성을 높이기 위한 것이다. 분석적으로는 구분되지만 비슷한 관점에서 자원활동은 자신에 대해 그리고 사회참여에 대한 자신의 성향을 외부에 알리는 수단이 될 수 있다(Day & Devlin, 1998; Prouteau, 1999). 이러한 가설은 학생들과 취업준비생들에게 자원활동 경험을 이력서에 포함시키라는 충고와 일맥상통한다. 자원활동에 대한 이러한 접근은 이전에 스펜스(Spence, 1973) 또는 애로우(Arrow, 1973)가 발전시킨 '신호이론'에서 영향을 받았다.

최근의 경제학적 연구들은 자원활동의 내재적 동기와 외재적 동기 사이의 차이를 탐색했다. 프레이와 괴테(Frey & Göette, 1999)는 자원활동가들에 대한 금전적 보상이 자원활동 시간을 줄이는 효과를 가져왔다고 설명하는데, 이는 외재적 동기에 의해 내재적 동기가 축출된다는 가설을 확인해주는 것으로 볼 수 있다(Deci et al., 1999). 그러나 경제학자들이 심리학에서 빌려와 재정의한 외재적/내재적 동기라는 개념은 몇 가지 질문을 불러일으킨다(Bruno, 2013). 먼저 내재적 동기를 친사회적 행동에 밀접하게 연결시키는데, 이는 내재적 동기와 외재적 동기의 구분을 이타주의와 이기주의 대립과 혼동하고 있는 까뻴라리와 뚜라띠(Cappellari & Turati, 2004)의 경우에 그러하다. 또 다른 경우에서 브루노와 피오릴로(Bruno & Fiorillo, 2012) 그리고 마이어와 스투처(Meier & Stutzer, 2008)는 내재적 동기를 이타주의로 환원하지 않지만, 외재적 동기를 인적 자본과 사회적 자본에 대한 투자라는 동기로 환원한다. 반대로 자원활동 동기의 심리적 층위를 구성하면서, 샹딸과 발레랑(Chantal & Vallerand, 2000)은 이타주의가 내재적 동기만큼이나 외재적

자원활동 행위의 경제학적 모델 : 몇 가지 사례들

집합재 생산모델

- 주변지역을 오염시킬 수 있는 산업시설 설치에 반대하여 동네나 주민의 입장을 옹호하는 단체에서 활동하는 것. 여기서 집합재는 환경적 성격을 가지는 동시에, 경우에 따라 집을 소유한 주민에게는 토지와 부동산 가치의 보전에 대한 것이기도 하다.
- 전 세계 기아퇴치 활동을 하는 단체를 위해 기금을 모금하는 것. 여기서 집합재는 기아의 위협을 받고 있는 사람들의 복리이다.
- 종교단체에서 교리문답 교육에 참여하는 것. 여기서 집합재는 신앙공동체의 어린이들에게 종교교육을 하는 것이다.

배타적 소비모델

- 스포츠 활동을 하고, 이를 가르치는 즐거움을 위해 스포츠 단체에서 자원활동 코치를 하는 것.
- 예술가들과 교제하기 위해 문화단체에서 자원활동을 하는 것.
- 권력의 실행을 위해 민간단체의 책임자가 되는 것.

투자 또는 신호 모델

- 장래에 문화유산 복원 분야에서 직업을 구하고자 경험 획득 차원에서 복원 작업장에서 자원활동을 하는 것(인적 자본에 대한 투자).
- 직업을 용이하게 구하기 위해 관계망을 늘리고자(특히 공공기관들과의 연계를 늘리고자) 지역경제 발전 관련 민간단체에서 자원활동을 하는 것(사회적 자본에 대한 투자).
- 이력서에 경험을 기재함으로써 장래 고용주에게 자신의 적극적 참여성향을 잘 보여주고자 학생이 자선단체에서 자원활동을 하는 것(신호모델).

동기에서도 나온다고 강조한다. 이렇듯 경제학자들의 심리학적 개념에 대한 재해석은 일정한 혼동을 일으킬 수 있다. 안토니(Antoni, 2009)는 외재적 동기에 친분관계를 넓히고자 하는 자원활동가들의 바람을 포함시키는 반면, 피오릴로(Fiorillo, 2011)는 동일한 경향을 내재적 동기에서 비롯된다고 간주한다. 자원활동에 대한 경제학적 연구가 이러한 방향으로 의미 있는 발전을 하려면 보다 이론적이고 의미론적인 설명이 보완되어야 할 것으로 보인다.

자원활동의 비용

자원활동가들이 유용성 극대화를 추구한다는 가설 아래, 표준 미시경제학에서는 최적의 시간기부 기간이 이중적 균형을 보여준다고 간주한다.

- 자원활동가가 자신의 실천에서 얻는 한계만족marginal satisfaction과 자신의 시간을 다른 용도로 사용함으로써 얻는 한계만족 사이의 균형
- 자원활동의 한계수익과 한계비용 사이의 균형

그렇다면 자원활동의 비용은 무엇인가? 여기에는 당연히 자원활동에 관련된 경비로 표현되는 교통비, 경우에 따라 발생하는 아동돌봄 관련 비용, 도구의 구입과 같이 실행하는 업무에 관련된 경비 등 화폐적 비용이 포함된다. 물론 자원활동을 동원하는 조직이 경비에 대한 실비보전을 해준다면(이는 보수와 혼동해서는 안 된다), 이 비용은 감소할 수 있다. 자원활동 비용은 또 어떤 행위자가 자원할당에서 하나의 선택을 할 때, 그가 포기해야 하는 것으로 정의되는 '기회비용'으로 구성될 수 있다. 달리 말해, 자원활동의 기회비용은 자원활동 시간만큼 시

간의 대안적 사용을 희생하는 것이다. 이러한 시간할당 모델에서 한계 급여율, 즉 추가적으로 직업활동에 할당되는 한 시간에서 얻어지는 보수는 이 기회비용의 지표가 될 수 있다. 그 결과, 자원활동에 참여하는 사람의 관점에서 이해되는 자원활동의 '가격'은 급여의 요율에 의해 표현될 수 있다. 급여의 상승은 자원활동 공급을 줄일 것으로 가정된다(Menchik & Weisbord, 1987).

그러나 이러한 가설은 몇 가지 이유로 비판받는다. 첫째, 직업활동을 하지 않는 자원활동가라는 문제가 발생한다. 이 경우 기회비용은 사회인구학적으로 유사한 프로필을 가진 임금노동자의 보수로부터 계산된 잠재적 급여를 통해 추론될 수 있다. 즉, 잠재적 급여는 자원활동가가 고용되었다면 얻을 수 있는 급여인 것이다. 그러나 이러한 논리는 그 사람이 직업을 가질지 말지에 대해 진정한 선택권을 갖고 있다고 가정한다는 점에서 현실적이지 않고, 은퇴자와 같은 특정한 인구집단에게는 거의 의미가 없다.

직업을 갖고 있는 사람이라 할지라도, 시간당 급여를 시간에 대한 기회비용으로 간주하는 것은 임금노동자가 직업활동과 다른 활동 사이에서 자신의 시간 활용에 대한 전적인 자유가 있다는 극단적으로 제약적인 가설에 기반하고 있다. 이렇지 않은 경우, 즉 직업활동을 해야 하는 시간이 노동계약에 의해 제약된다면 (또는 선택이 사전에 결정된 시간으로만 제한된다면) 기회비용을 급여율로 일치시키는 것은 더 이상 의미가 없다. 이러한 논리를 바탕으로 브라운과 랭크포드(Brown & Lankford, 1992)는 급여율 대신 한 개인이 자신의 직업활동 외부에서 갖는 시간을 자원활동의 기회비용으로 간주한다.

마지막으로, 자원활동가가 직업활동을 자신의 시간기부에 대한 적절한 대안으로 고려하는지도 분명치 않다. 핸디와 스리니바산(Handy and Srinivasan, 2004)은 캐나다 보건분야 자원활동가 표본조사 결과를 바탕으로, 이들 중 2/3 이상이 자원활동을 중단해야 한다면 그 시간을 여가를 위해 사용하겠다고 밝혔음을 보여준다. 이러한 결과는 자원활동가들이 시간에 대한 비용을 가볍게 여긴다는 것이 아니라, 다만 미시경제학의 전통적 가설에 비해 그 가치평가가 훨씬 더 복잡하다는 것을 보여준다.

급여율을 자원활동 참여에 대한 기회비용의 지표로 간주하더라도, 급여와 자원활동 공급 사이가 반비례 관계라는 가설은 중요한 반대들에 부딪히게 된다. 우선 급여의 인상은 자원활동뿐만 아니라 모든 비직업활동의 기회비용을 증가시킨다. 따라서 '다른 사정에 변함이 없다면'이라는 논리 조건들이 충족되지 않기 때문에, 이러한 증가의 영향을 자원활동 공급에 직접 연결하여 추론하는 것은 가능하지 않다. 최종 영향은 자원활동, 직업활동 그리고 가사 및 여가 활동 사이에서 이루어지는 (보완 또는 대체) 관계들에 달려있을 것이다(Segal, 1993). 프리먼(Freeman, 1997)이 강조하듯이, 자원활동 참여가 보통은 친구, 동료, 부모 등의 요청으로 이루어진다고 할 때, 사회적 자본을 많이 가진 사람이 요청을 받고 결국 자원활동가가 될 확률이 더 높다고 보는 것이 매우 논리적이다(이와 관련해서는 앞서 설명한 사회학적 접근법에서 전개된 논의를 참조하라). 따라서 사회적 자본과 인적 자본은 종종 함께 움직이며, 이는 높은 급여가 높은 자원활동 참여로 이어진다고 추론할 수 있게 해준다. 마지막으로, 집합재 모델에서는 자원활동 행위를 분석하기 위해 고려해야 할 비용이 시간에 대한 기회비용이 아닐 수 있다. 자원활동가에게 동기를 부여한 것은 활동에 투여한 시간이 아니라 그가 참여하고 노력을 기울인 목적인 생산을 위해 이용된 단위의 비용이기 때문이다. 이 비용은 자원활동가가 시간을 들임으로써 포기하는 급여에 따른 것이 아니라 비영리조직에 의해 이용되는 생산모델에 연동된다(Duncan, 1999).

시간기부 또는 현금기부

시간기부와 현금기부 사이의 관계도 경제학자들의 관심을 끈다. 선험적으로 보면 이 두 유형의 기여는 서로 독립적이거나 보완적이거나 또는 대체적일 수 있다. 현금을 기부하는 사람들이 기부를 하지 않는 사람들에 비해 자원활동가가 될 가능성이 높다는 것이 일반적으로 관찰된다. 마찬가지로 자원활동가들이 자원활동을 하지 않는 사람들보다 화폐적 기부를 하는 경향이 더 크다. 따라서 이러한 관찰을 바탕으로 상호보완적 관계가 있음을 유추하려는 시도가 많다. 하지만 경제학적 분석의 관점에서 보면 이는 성급한 결론이다. 미시경제학적 사고에 따르면, 두 재화 사이의 관계는 가격의 교차탄력성의 움직임에 따라서 그 특성이 드러난다.[110] 이러한 관점에서 자원활동과 현금기부 사이의 관계를 검토하려면 각각의 가격을 규명할 필요가 있다. 위에서 언급한 반론에도 불구하고 잠정적 가설로 자원활동가가 포기하는 급여가 자원활동 가격의 지표라고 가정할 때, 현금기부의 가격은 무엇이 될 것인가? 이는 특정한 화폐단위(예컨대 1유로) 기부에 의해 대표되는 비용일 것이다. 기부를 장려하기 위한 재무적 제도들이 있다면, 1유로를 기부하는 것에 반드시 1유로의 비용이 들지는 않는다. 만약 이런 방식으로 납세자들이 자신의 기부금액을 과세대상 소득에서 공제받

110 – 하나의 재화에 대한 수요의 직접적 가격 탄력성은 가격의 상대적 가변성에 대한 수요의 상대적 가변성의 관계라는 점을 환기하자. 이 재화의 교차가격 탄력성은 이 재화의 상대적 가변성이 다른 재화 가격의 상대적 가변성과 맺는 관계가 될 것이다. 수요의 경우, 보완성의 관계는 반비례적인 교차가격 탄력성으로 표현되며, 교체 관계는 정비례 탄력성으로 표현된다.

을 수 있다면, 기부의 가격은 기부금액에서 한계세율을 뺀 금액이 될 것이다. 현재 프랑스의 세액공제 시스템이라면, 화폐기부의 가격은 공제의 최대한도를 넘지 않는 선에서 기부금액으로부터 세금환급분을 뺀 것이 될 것이다. 따라서 경제학적 분석은 현금기부의 가격이 변할 때 시간기부의 변동성, 마찬가지로 자원활동의 '가격'(급여)이 변화할 때, 현금기부의 변동성을 검토해야 할 것이다.

이 관계들에 대한 이론적 예측들은 자원활동의 경제학적 모델에 따라 다를 것이다. 집합재 생산모델은 기여자들 각자의 선택이 기부방식이 갖는 효율성에 따르는 것으로 보면서, 두 기부 방식을 서로 완벽하게 대체할 수 있는 것으로 본다. 논리는 다음과 같다. 즉, 이 모델에서는 기여자들이 추구하는 유일한 목적이 하나의 서비스를 실현하는 것이기 때문에 이를 위해 가장 성과가 높은 기여를 선택할 것이다. 따라서 기여자가 자원활동보다 자신의 일자리에서 일하는 것이 더 생산적이라고 생각한다면, 그는 자원활동을 위해 쓸 수 있는 시간을 직업활동을 위해 사용하고, 대신에 화폐소득을 민간단체에 기부함으로써 보다 효과적으로 임금노동자를 고용하도록 할 것이다. 반대로, 자신의 자원활동이 더 효과적이라고 여긴다면 시간기부를 선호할 것이다. 그럼에도 불구하고 서비스의 실현이라는 목적과 동시에 자원활동가가 이 서비스의 성격에 대한 정보를 얻고자 하거나 또는 이러한 성격에 영향을 미치고 싶어 한다고 가정한다면, 이 모델에서도 두 유형의 기부가 어느 정도 보완성을 가진 것으로 볼 수 있을 것이다. 경우에 따라 자원활동은 현금기부로는 가능하지 않는 활동에 직접 참여할 수 있게 해준다. 따라서 개인은 동시에 시간과 현금으로 기여하고자 할 수 있다.

자원활동의 다른 모델들에서는 이 두 유형의 기부가 서로 대체 가능하다고 볼 이유가 적다. 배타적 소비모델에서 자원활동은 화폐기부가 제공하기 어려운 만족감을 가져다주며, 투자모델에서는 특히 인적 자본과 관련하여 화폐기부를 통해서는 추구하는 목표, 즉 실천을 통해 만들어지는 인간관계를 획득하기 어려울 것이다.

자원활동과 공공정책

집합재 생산을 위한 사적인 기부는 동일한 재화를 위해 이루어지는 공적 지출의 발전에 의해 영향을 받는가? 만약 그렇다면 이 영향은 어떻게 표출되는가? 공적 지출과 사적 기부는 상호 대체적인가 아니면 상호보완적인가? 달리 말해, 공공부문의 지출이 증가하면 민간의 사적 기여를 몰아내는가(구축효과, crowding out)? 아니면 반대로 민간 지출을 끌어들이는가(crowding in)? 이 질문은 1980년대 미국에서 상당히 중요하게 다루어졌는데, 레이건 정부의 국가 역할 축소가 비영리 민간부문에 대한 사적 지원의 증가를 통해 보완될 수 있을지를 알고자 함이었다. 이러한 질문은 보다 최근에 영국 보수당 정부의 '빅 소사이어티' 프로젝트 발표를 기회로 다시 제기되었다. 실제로 영국 사례는 자원부문voluntary sector에 의한 국가의 대체를 겨냥한 것이다.

질문은 경제학자들의 관심을 불러일으켰지만 주로 현금기부에 초점이 맞추어졌다. 드물기는 하지만 자원활동과 공적 지출 사이의 관계에 대한 연구들은 상당히 논리적으로 자원활동의 경제학적 모델을 활용한 예측을 제시하였다. 공공재 모델은 자원활동가들의 산출물만을 고려하기 때문에 구축 관계를 가정한다. 그 결과 자원활동을 통해 얻을 수 있는 산출물이 공적 지출을 통해 얻어질 수 있다면, 잠재적 기여자들은 자신의 시간을 기부할 동기를 잃게 될 것이다. 그러나 정보 추구의 가설이나 산출물의 성격에 영향을 미치려는 의지가 이 모델에 포함되면 문제는 복잡해진다. 이 경우 구축효과가 더 이상 분명하지 않다. 심지어 공적 지원은 자원활동가들의 노력을 촉진할 수도 있다. 또한 공적 재원이 자원활동의 전제조건이 되는 상황들도 고려해야 한다. 가령 스포츠 분야의 사례가 그렇다. 스포츠 단체들이 활동하는 데 필수불가결한 자원활동은 일반적으로 (지역) 공공부문만이 제공할 수 있는 물적 기반이 존재함을 전제한다. 이러한 상황에서는 공적 지출과 사적 기여 사이의 상호보완 관계가 상당한 수준으로 분명하게 존재한다.

공적 지출은 관련 서비스 생산을 보장하기 위해 비영리조직에 지급되는 재정지원의 형태를 취할 수 있는데, 이는 보조금 형태 또는 공공조달의 형태일 수 있다. 이러한 공적 지원은 민간단체 활동의 발전을 촉진하는 성격의 것이기 때문에, 자원활동에 대한 간접적 장려가 된다. 더 나아가 보조금은 민간단체가 제공하는 서비스 가격을 낮춤으로써 수요를 자극하고 이로 인해 더 많이 요구되는 서비스를 실현하기 위해 자원활동가들의 참여를 증가시킬 수도 있다. 하지만 동시에 공적 재정조달은 서비스에 대한 보다 엄밀한 요구를 동반할 수 있으며, 이러한 요구가 자원활동가들의 취향에 반대된다면 부정적 영향을 미칠 수 있다(Rose-Ackerman, 1986). 공적 재정조달은 전문화와 활동의 규범화를 동반하면서 종종 비영리조직들의 작동방식을 변화시키게 되는데, 이는 자원활동을 위축시키고, 자원활동을 단지 무보수 임원들의 역할로만 축소시킬 수 있다. 이렇듯 민간단체에 대한 재정지원 형태를 취하는 공적 지출이 자원활동 참여에 미치는 영향은 예견하기가 매우 어렵다.

사적 소비모델 및 투자모델과 같은 다른 자원활동 모델에서 공적 기여는 선험적으로 볼 때 시간기부에 영향을 덜 미친다. 예를 들어, 자원활동가가 자기의 평판이나 경력을 키우기 위해서만 자원활동을 하고, 공적 지원이 자원활동의 이미지, 내재적 만족감, 지식과 경험을 취득하려는 태도에 영향을 미치지 않는다면 그의 자원활동 참여가 공적 지원에 영향을 받을 이유는 없다.

3.3.2. 자원노동의 수요

자원노동의 공급에 대한 경제학적 작업의 일반적인 가설은 비영리 민간단체들의 자원노동 수요가 무한탄력성을 갖는다는 것이다. 달리 말하면 자원활동을 하고자 하는 모든 사람들은 자신을 받아줄 조직을 찾을 수 있다는 것이다. 이러한 가설은 계량경제학의 식별문제를 배제하는 한에서는 경험적 조사를 수행하기에 기술적으로 편리하다. 이러한 가설이 없다면, 자원활동 수요에 대한 이론을 적용할 수 없기 때문에 자원활동 공급 함수의 모수를 식별할 수 없을 것이다.

반면 스타인버그(Steinberg, 1990)는 일찍이 민간단체들이 자원활동가를 무한대로 받아들일 수 있다는 가설이 큰 논쟁거리가 될 수 있음을 강조하였다. 자원활동이 급여를 지불받는 것은 아니지만 그렇다고 해서 무료도 아니기 때문이다. 채용, 훈련, 감독 그리고 경우에 따라서는 소액의 급여 등 다양한 성격의 비용을 발생시킨다. 이는 또한 작업공간의 재배치와 설치에 관련된 비용 및 자원활동에 대한 보험비용 등이 발생할 수도 있다. 물론 이 비용들은 수행하는 자원활동의 성격, 특히 정기적인 것인가 아니면 일회적인 것인가에 따라 다양할 수 있다.

에마누엘레(Emanuele, 1996)의 글은 자원활동을 관리하는 조직들이 채용에 있어서 일관된 전략을 갖고 있음을 제시한 최초의 작업들 중 하나이다. 드물기는 하지만 이후의 다른 작업들도 이러한 직관을 확인해준다. 이들은 전통 미시경제학을 활용하면서 자원활동을 유치하는 조직이 자원활동이라는 투입물과 관련하여 비용, 생산성 및 대체할 수 있는 대안 등에 따라 합리적 선택을 한다고 가정한다. 캐나다 병원에서의 현장관찰을 통해 핸디와 스리니바산(2005)은 자원노동의 시간당 비용을 추정하고 생산성에 대한 지표를 만들어냈다. 저자들은 자원활동 수요가 비용에 반비례하고 생산성에 비례한다고 결론을 내린다. 데스떼파니스와 마이에따(Destefanis & Maietta, 2009)는 이탈리아 자료를 활용하면서 자원활동의 한계생산성 변화를 검토하는 독창적인 방법론을 통해 동일한 결론에 이른다. 이들은 자원노동의 수요곡선과 같은 움직임을 보일 것이라고 추론하면서 자원활동이 축소할 것이라고 결론 내린다.[111]

만약 자원활동의 수요가 순전히 수동적인 것이 아니라면, 유급노동 수요와의 관계를 검토해야 한다는 문제가 제기된다. 이 둘 사이는 대체하는 관계인가 아니면 보완하는 관계인가? 이미 언급하였듯이 이는 실무자와 노조의 우려를 불러일으키는 질문이다. 자원활동가로 실무자를 대체하는 것은 비영리조직들의 예산에 심각한 제약이 생길 경우에, 특히 공적 재정지원이 줄어드는 시기에 매력적일 수 있다. 그러나 동시에 비영리조직들의 전문화 과정은 반대의 효과를 이끌어낼 수 있다. 핸디 등(Handy et al. 2008)은 자원활동과 유급노동 두 가지 형태의 노동자원이 어느 정도나 서로 대체 가능한지를 연구하였다. 다양한 캐나다 자료들을 이용하면서, 저자들은 실무자에 의한 자원활동의 대체와 그 반대 경우 등 다양한 상황을 관찰하고 있다.

111 – 완전경쟁 체제와 (단기적으로) 자본의 변동이 없다는 전제에 기반한 노동시장의 표준 미시경제학 모델에서, 기업의 노동수요 곡선은 노동의 한계생산가치에서 도출된다.

이 작업들은 탐색적 성격을 갖고 있으며 이에 대해 큰 관심을 기울일 필요가 있다. 자원활동의 '생산성'이라는 측면에 좀 더 특별한 관심을 가질 필요가 있는데, 자원활동의 화폐적 계량화 시도에 있어서 중요한 함의를 갖기 때문이다. 일반적으로 자원활동의 생산성은 실무자들의 생산성보다 낮다고 여겨진다. 피어스(Pearce, 1993)는 민간단체들이 부득이하게 자원활동의 낮은 성취도를 받아들이는 경향이 있고, 기여의 효과성보다 공통의 목적에 대한 참여에 우선순위를 부여한다는 점에서 이러한 관점을 지지한다. 그러나 이러한 시각은 보다 완곡하게 해석할 필요가 있다. 더 나아가 특정한 상황에서는 실무자보다 자원활동가의 성취도가 더 높게 나타날 수도 있음을 고려할 필요가 있다. 이 시나리오는 특히 업무가 높은 수준의 관계적 요소를 갖고 있고, 상당한 수준의 질적 차원을 포함하고 있을 때 관찰될 수 있을 것이다. 핸디와 브러드니(Handy & Brudney, 2007)가 강조하듯이, 노동의 효과성에 있어서 제공되는 서비스의 품질이 고려되어야 하기 때문이다. 이러한 고찰들은 서비스, 특히 관계서비스에 대한 생산성 개념 적용이 어떠한 지점에서 문제가 될 수 있는지를 환기시켜준다(Gadrey, 1991).

4. 기여와 한계 그리고 잠재적 쟁점들

자원활동과 관련하여 수행된 심리학, 사회학 그리고 경제학의 연구들은 자원활동 행위를 이해하는 데 중요한 기여를 해왔다. 자원활동은 일상적 사회성을 유지시키는 요소이며, 민간단체를 통한 공적 공간 참여의 매개체이다. 이러한 맥락에서 자원활동은 동원되는 수단인 동시에 정체성과 정당성을 부여하는 적극적 역할을 한다. 또한 자원활동은 많은 민간단체들에게 없어서는 안 될 중요한 생산적 자원이다. 앞의 절에서 검토된 연구들은 자원활동 행위양식의 여러 측면들을 밝히기 위해 노력하고 있다. 그러나 이들 연구는 한계를 안고 있으며 많은 지점이 여전히 연구대상으로 남아 있다. 이 절에서는 그 가운데 중요한 몇 가지를 살펴보고자 한다.

자원활동에 대한 심리학적 작업들은 논쟁을 불러일으켰다. 행위자의 성향이라는 변수들이 얼마나 안정적인 것인지에 대해 신중할 필요가 있다. 제도적 요소와 사회적 맥락이 미치는 영향을 평가절하한다는 점에서 이 변수들을 중시하는 것이 반박된다. 많은 사회학자들은 자원활동의 동기를 근본적 필요 해결을 위한 행동의 추동력이라기보다 타자와의 상호작용이라는 틀 속에서 설명한다. 이 관점에서 보면 동기는 사회적으로 결정된다. 사회심리학의 여러 작업들은 개별적 속성과 맥락적 변수를 모두 고려하면서 자원활동 행위에 대한 통합적 이해를 높이고자 노력했다(Penner, 2002; Penner et al., 2005; Matsuba et al., 2007). 여기서 역할 정체성이라는 접근법은 개인이 자신의 행동에 대하여 타자로부터 오는 인식과 자신의 정체성이 되는 역할 내재화(여기서는 자원활동가의 역할)를 조합함으로써 심리학적 관점과 사회학적 관점을 결합하는 흥미로운 시도이다(Grube & Piliavin, 2000). 특히 이 접근법은 참여가 상당 기간 이루어지도록 하는 요인들을 보다 잘 이해할 수 있게 해준다.

자원활동에 대한 사회학 문헌들은 개별적 또는 미시맥락적(가족, 사회관계망) 결정요인들을 연구하는 데 무엇보다도 집중해왔지만, 거시적 변수의 영향에 대해서는 오랫동안 매우 신중한 상태로 있었다. 하지만 상황은 점차 변해왔는데, 특히 계량경제학 다층모형을 이용하면서 자원활동과 거시사회적 맥락(국가 수준 또는 일부 경우 하부국가infranational 수준) 사이의 관계에 대한 작업들이 발전해왔다. 여기서는 자원활동 참여를 한편으로 하고, 국가의 발전 정도, 공권력의 개입 수준, 사회보장체제, 정치체제 유형 및 민주주의 수준, 인종적 다양성, 국가적 종교성 정도, 사회적 불평등 수준 등을 다른 한편으로 하는 관계들이 연구의 대상이 되었다(Baer et al., 2016). 이들 작업이 이끌어낸 결론들은 탐색적 성격을 띠며, 이러한 유형의 조사작업이 다양한 어려움에 봉착하는 만큼 더욱 심화된 접근이 필요하다.

우선, 이 조사작업에 기반한 국제비교연구들은 동일한 방법론에 따라 여러 나라에서 취합된 자료가 있음을 가정하지만, 현재로서는 자원활동에 대해 그러한 방식의 국제적 조사가 존재하지 않는다. 따라서 자원활동 참여에 대한 질문을 포함하고 있는 보다 일반적인 조사, 즉 '세계 가치조사World Values Survey', '유럽 가치조사European Values Survey', '유럽 사회조사European Social Survey' 등을 참고할 수 있다. 자원활동 참여와 다른 행동이나 태도 사이의 교차분석을 가능케 한다는 점에서 이들 조사의 중요성을 부인할 수 없지만, 자원활동과 관련한 조사들이 취합하는 정보가 제한적인 것도 사실이다. 향후에 ILO의 자원활동 통계 메뉴얼에 포함된 권고들이 실현된다면 이러한 정보들은 보다 풍부해질 수 있을 것이다.

자료 문제에 덧붙여, 이 장의 초반부에서 언급한 자원활동의 사회적 인식 문제를 돌아볼 필요가 있다. 자원활동에 대한 국가별 표상에 영향을 미치는 사회적 인식은 국가간 비교가 갖는 타당성에 어느 정도나 영향을 미치는가? 이런 문제들이 있음을 감추지 않는다는 전제 아래, 자원활동과 거시맥락적 변수들 사이의 관계는 흥미로운 관점들을 제공하며, 다학제간 협력 특히 사회학자들과 경제학자들 사이의 협력 기회를 넓혀준다.

자원활동 행위에 대한 경제학적 분석은 다양한 한계를 보인다. 경제학 모델들의 경험적 테스트는 불확실한 결과들을 보이기 때문이다.[112] 이는 이용된 자료의 다양성 및 실행된 계량경제학적 전략들 사이의 차이에서 기인하는 것일 수 있다. 그러나 이러한 상황은 또한 모델들이 매우 약한 예측능력을 지니고 있음을 보여준다. 이는 특히 사적 소비모델의 경우에 그러하다. 이 모델은 추구되는 개인적 만족감이 특정되지 않거나 기부의 즐거움과 같이 모호한 표현으로 제기될 때 그 유효성을 검증하기가 매우 어렵다. 가령, '따뜻한 빛' 가설은 좀 진부한 방식을 보여주는데, 바슬리와 서그덴(Bardsley & Sugden, 2006, p.751)의 표현을 따르자면, 이 가설은 "설명이 필요한 행동에 대해 합리성을 가정"하고 있

---

112 – 자원활동 행위에 대한 연구에서 다양한 모델들 각각의 중요성에 대한 합의는 거의 이루어지지 않고 있다. 브루노와 피오릴로(2012)는 투자모델에 대한 소비모델의 우위로 결론을 내리는 반면, 하클 등(Hackl et al., 2007)이 여성 모집단만을 대상으로 한 결과는 사우어(Sauer, 2015)의 결과와 마찬가지로 투자모델의 우위라는 결론을 보여준다.

기 때문이다. 집합재 생산모델의 경우, 원칙적으로 보다 분명한 가설들(현금기부와 시간기부의 대체, 공적 지출에 의한 자원활동의 구축)을 허용하지만, 앞서 강조되었듯이 영향력 또는 정보에 대한 추구 가설을 도입하게 되면 상황은 보다 불투명해진다. 투자-신호 모델은 주요하게 자원활동가가 자신의 직업활동의 일환으로 기대할 수 있는 추가적인 보상이라는 관점에서 검토되었다. 그 결과 자원활동 참여가 시간당 급여에 미치는 영향을 검토하기 위해 급여의 방정식이 추정되었다. 그러나 실행된 연구들은 많지 않으며, 이들은 자원활동의 실행을 통해 얻어지는 급여적 '추가보상'에 대해 체계적으로 입증하지 못했다. 이러한 '추가보상'이 확인되는 경우라 하더라도 그 정도는 각각의 연구마다 천차만별인데, 브루노와 피오릴로(2016)의 이탈리아 사례에서 제시되는 3%부터 하클 등(2007)의 오스트리아 사례에서 18.5%까지 다양하게 나타난다. 더욱이 이러한 유형의 조사에서 나온 결과들은 개인들의 관찰되지 않은 이질성, 즉 자원활동과 비자원활동 사이의 서로 다른 특징들의 존재로 인해 발생하는 편차로부터 영향을 받을 수 있다. 이러한 이질성은 추정에서는 고려되지 않지만 자원활동을 하려는 성향 및 급여의 수준에 동시에 영향을 미칠 수 있다. 몇몇 저자들은 투자모델을 고용에 대한 접근 기회라는 관점에서 검증하는 것을 선호한다. 관찰되지 않은 이질성에 의해 제기되는 문제를 해결하기 위해 부가르 등(Bougard et al., 2014)은 실험 방법을 채택하였다. 실제 고용공고에 응모하면서 자원활동 관련 내용을 제외하고는 서로 비슷한 청년들의 가짜 이력서들을 보냈다. 실험은 프랑스에서 진행되었고 정보통신과 자산관리라는 제한된 업종을 대상으로 했다. 고용주들의 응답에서는 자원활동 참여가 미치는 어떠한 긍정적 영향도 관찰되지 않았다. 같은 유형의 실험이 보다 많은 업종을 대상으로 바에르트와 부이치(Baert &

Vujić, 2016)에 의해 벨기에에서 진행되었는데, 이 경우 자원활동 경험을 언급한 채용후보자들이 고용주들, 특히 여성 고용주들에게 보다 긍정적인 대답을 받았다.

이렇듯 자원활동 행위에 대한 지금까지의 경제학적 작업들이 확실한 결과물을 도출할 수 없었음을 확인할 필요가 있다. 한편 자원활동 경제의 연구는 자원활동이라는 생산적 자원에 대한 수요, 즉 자원활동가들을 받아들이는 조직들의 행동에 훨씬 더 많은 관심을 기울여야 한다. 이미 강조하였듯이 자원활동 노동의 무한한 수요라는 가설은 설득력이 없다. 조직들은 어떻게 자원활동가들을 선발하는가? 자원활동가들을 어떻게 동원하고 어떻게 활동과 연결시키며, 그 기능은 어떠한 것인가? 이 조직들이 겪는 변화와 전문화 과정들은 자원활동에 관련된 조직들의 기대를 어떻게 변화시키는가?[113] 엘리스와 노예스(Ellis & Noyes, 1990)가 이미 20년 전에 지적했듯이 자원활동의 관리와 행정은 미국에서 전문영역이 되었다. 동시에 자원활동가들의 가용가능성도 이데올로기 중심 소속감의 축소, 실용/실천적 태도의 증가, 활동들이 근린공간에 보다 천착하는 경향과 같은 변화들에 따라 변하고 있다(Barthélémy, 2000). 이옹(Ion, 2001)은 기존 "소속에 기반한 참여"를 대체하고 있는 "얽매임이 없는 참여"에 대해 이야기한다. 이러한 자원활동 행위의 변화는 또한 새로운 형태의 참여가 보여주는 보다 개별화된 접근을 강조하는 뮤직과 윌슨(2008)에 의해서도 확인된다. 새로운 형태의 참여는 많은 경우 간헐적이고, 중요한 이슈와 조직 그 자체보다는

---

113 – 이 장에서 여러 번 사용된 전문화라는 표현은 여러 의미를 지닌다(Bourdoncle, 2000). 이는 사람이나 활동뿐만 아니라 집단과 조직에도 적용될 수 있다. 여기서는 다양한 의미가 내포되어 있음을 보여주기 위해 "전문화 과정들"이라고 복수로 표현하였다. 특히 민간단체의 전문화는 인력의 유급 실무자화로 제한될 수 없다는 점을 강조해야 한다. 자원활동의 전문화 역시 민간단체 전문화의 일환이기 때문이다.

일회적 이벤트에 보다 우선순위를 부여한다. 자원활동 행위와 민간단체의 기대에서 발견되는 이러한 변화는 각각에 새로운 기회와 잠재적 긴장을 가져온다. 이 긴장들의 해소는 자원활동의 미래에 있어서 간과할 수 없는 중요한 쟁점이 된다(Rochester et al., 2012). 이 문제들에 관련해서도 여러 전공의 연구자들 사이에서 대화가 이루어지고 있다.

자원활동에 대한 연구작업들의 한계는 경험적 연구에 사용될 수 있는 자료가 없거나 있더라도 관련 주제에 적합하지 않다는 데 일부 그 원인이 있다. 자원활동에 대한 모든 연구가 양적 접근에 기반해야 한다는 것은 아니며, 자원활동을 이해하기 위해 질적 접근을 활용하는 것을 부정하는 것은 더욱 아니다. 하지만 그렇다고 해서 활용할 수 있는 적합한 통계자료가 별로 필요 없다는 것도 아니다. 국제비교와 관련하여 이 문제는 이미 강조된 바 있다. 적합한 통계자료가 충분히 있다면 연구자들은 활동부문별로 연구를 할 수 있을 만큼 상세한 수준의 정보를 얻을 수 있을 것이다. 가령, 공공지출과 시간기부 사이의 관계가 갖는 성격을 연구하는 것은 활동부문 수준에서 이 두 유형의 기여가 검토될 수 있을 때에만 실제적 의미를 가질 수 있을 것이다. 또한 심리학, 경제학 또는 사회학에서, 동원할 자원의 유형에 관련된 가설들이 업무의 성격에 따라 다양할 수 있기 때문에, 자료를 활용한 연구작업은 자원활동가들이 실행한 업무를 보다 잘 이해할 수 있게 해줄 것이다. 시간의 경과에 따른 자원활동 행위의 지속성 정도와 생애주기의 주요한 사건들이 자원활동 행위에 미치는 영향을 연구하기 위해서는 패널자료를 활용하는 것이 매우 유용할 것이다.

이외에 참여에 대한 결정요인과 그 강도를 결정하는 요인들을 보다 잘 확인하는 것이 중요하며, 이를 위해서는 자원활동가들이 자원활동에 투여하는 기간을 최대한 정확히 알 수 있어야 할 것이다. 끝으로,

자원활동의 수요를 이해하려면, 실무자와 자원활동가의 인적 자원에 관련한 민간단체들의 경제모델과 관련 관행을 보다 잘 이해할 수 있는 민간단체 대상 조사자료가 필수불가결하다. 프랑스에서는 국립통계경제연구소INSEE가 민간단체들을 대상으로 2014년 수행한 조사를 통해 이러한 방향으로의 중요한 진전이 이루어졌다.

적합한 자료에 대한 접근성이 자원활동 연구를 풍부히 하는 데 필수불가결한 조건이기는 하지만, 그렇다고 해서 그것이 충분조건인 것은 아니다. 앞서 여러 차례 강조되었듯이, 자원활동 행위에 대한 이해는 서로 다른 접근법의 상호보완성을 언급하는 것을 넘어서 이 접근법들 사이에서 조절과 조합을 위해 노력하는 다학제적 접근이 필요하다. 허스팅스 등(Hustinx et al., 2010)이 디마지오(DiMaggio, 1995)의 보다 일반적 주장을 인용하면서 적절하게 강조하듯이, 자원활동에 대한 "좋은" 이론은 다차원적이고 혼합적일 수밖에 없다.

이러한 관점은 각각의 학제에서 자신들의 이론적 접근이 가진 한계를 인정할 줄 알아야 함을 전제한다. 이는 특히 경제학자들에게 더욱 그러하다. 만약 경제학자가 자원활동을 단지 자원(생산요소 또는 노동)으로만이 아니라 참여의 형태이자 사회성의 표현이라는 점에서 그 다양한 측면들을 이해하기 원한다면, 그는 자원활동 행위가 사전에 완벽하게 정해진 목표에 대한 수단(여기서는 주요하게 시간)의 효과적인 활용에 대해 이루어지는 순수한 선택으로 환원될 수 없다는 점을 받아들어야 한다. 달리 말하자면, 자원활동에 대한 연구는 반드시 합리적 선택 패러다임에서 벗어날 필요가 있음을 인정해야 한다. 그 패러다임의 유효성은 자원활동의 대안적 활용에 대해 최적화 논리에 따른 자원분배의 문제해결로 국한되어 버리기 때문이다. 합리적 선택 패러다임을 특징지우는 합리성이 가진 근본적으로 도구적인 개념정의는 자원활동 행위에 관련된 모든 의미들을 담지 못하며, 자원활동이 가진 노동의 성격을 분석하는 데도 충분하지 않다. 합리적 선택 패러다임에서 행위는 계산으로 환원되고 행위자는 (계산된 행위만을 좇는) 수동적 존재로 간주된다. 이에 따라 사회적 관계들에서 목적 그 자체가 아니라 순전히 행위자 외부에 있는 목표를 달성하는 수단만을 본다면, 사회적 특징은 전혀 이해될 수 없다(Bruni, 2005).

자원활동가들에게도 계산적 성격이 있다는 점을 부정하는 것이 아님을 분명히 하자. 관계의 추구가 사회적 자본에 대한 투자를 위해 촉진된다는 것은 분명 그 자체로 이상한 가설이 아니다. 그러나 개인들 사이의 관계가 그 자체로 추구되는 경우도 많다는 것도 잊어서는 안 된다. 앞서 언급되었던 사적 소비모델이 타인과의 관계를 효용함수에 대한 변수의 하나로 포함시키면서 관계 자체를 추구하는 동기의 가능성을 검토하고 있음을 부정할 수 없다. 하지만 이러한 접근 방식은 개인들 사이의 관계가 이미 존재하는 재화가 아닌 사람들 사이의 상호작용에서 나온 결과이고 공동구축co-construction이라는 과정을 통해 나온다는 관계의 근본적 성격을 손상시킨다. 이러한 관점에서 보면, 생산과 소비가 동시에 이루어지는 지역 수준의 집합적 재화로 정의되는 "관계재"의 개념(Uhlaner, 1989; Gui, 2000, 2005)은 분명 흥미롭고 유망한 개념이다. 그러나 개인적 정체성의 형성과정을 충분히 파악할 수 없는 합리적 선택모델의 틀에서 이러한 개념이 자신의 잠재력을 온전히 발휘할 수 있을지는 매우 불확실하다.[114] 따라서 이는, 베르메르쉬(Vermeersch, 2004, p.683)의 표현을 취하자면, "고전적 사회화 구조들이

114 – 애컬로프와 크랜턴(Akerlof & Kranton, 2000)은 개인적 정체성을 효용함수의 변수로 포함하는 모델을 제안한다. 하지만 하그리브스 힙(Hargreaves Heap, 2005)은 이러한 방식은 선호구조가 두 가지 구별되는 수준에서 제시되지 않는다면 막다른 골목에 부딪힘을 보여준다.

불안정하게 되는 사회 속에서, 집단에의 소속 또는 재소속의 가능성과 자기 정체성을 뒷받침할 수 있는 가능성"이 자원활동 참여를 이어나가게 하는 것이다. 이러한 정체성 이슈는 종종 목표보다 수단 자체가 중요해질 수 있음을 설명해준다(Musick & Wilson, 2008). 정체성 이슈는 또한 참여의 "내생적 역동성"이 묻혀버리지 않도록 자극하며(Ion, 2001), 행동을 수행하는 과정에서 목표를 재고할 수 있게 한다. 덜 제한적이고 보다 포괄적인 행동모델에 이르기 위해서는 지배적 사고체계의 한계를 넘어설 수 있는 경제학적 분석이 요구되며, 이를 통해 자원활동의 다차원적 성격을 파악할 수 있을 것이다.

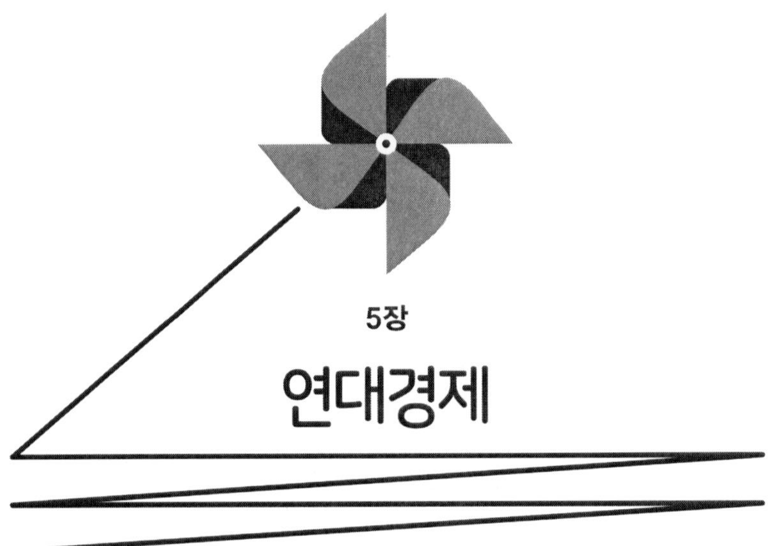

5장

연대경제

로랑 가르댕, 장-루이 라빌 지음 | 엄형식 옮김

1. 경제에 대한 폴라니의 관점
2. 역사적 및 이론적 접근
3. 연대경제의 개념화
4. 연대경제의 (사회)경제적 차원
5. 연대경제의 (사회)정치적 차원

서론

연대경제 개념은 1990년대 이후 프랑스에서 형성되고 이론화되면서 1980년대 초부터 사회적 인정을 받기 시작한 사회적경제 개념의 대응물로 빠르게 자리 잡았다. 사회적경제 개념의 인정이 협동조합, 상호공제조합 및 민간단체의 주요 대형 연합회들을 통해 주도되었다면, 연대경제는 협동조합-상호공제조합-민간단체라는 주요 법적 지위에 관계없이 현장에서의 다양한 실천들이 보여주는 사회경제적 그리고 사회정치적 차원을 강조하는 '아래로부터'의 운동을 대표하고자 하였다.

보다 정확하게 말자하면, 연대경제는 다음과 같은 두 지점을 강조하면서 사회적경제의 개념을 확장할 것을 제안한다.

- 비자본주의 기업이라는 접근을 넘어서 폴라니가 제기한 경제, 그리고 경제원리의 다원성에 대한 근본적 성찰
- 대상 조직들이 갖는 민간부문의 사적인 성격을 넘어서 이 조직들이 공적 차원과 불가분의 관계에 있다는 사실을 강조

이 장은 연대경제가 지닌 이러한 특징들을 설명하기 위해 5개의 절로 구성된다. 첫 번째 절에서는 연대경제가 폴라니의 관점, 특히 그의 인류학적 관점을 받아들임으로써 경제와 정치의 전통적 경계를 넘

어서고 있음을 보여준다. 두 번째 절에서는 경제를 자연스럽게 존재하는 실체가 아니라 제도화 과정을 통해 끊임없이 변화하는 구성물로 바라보는 칼 폴라니의 역사적이고 이론적 접근을 소개한다. 세 번째 절은 연대경제 개념화의 독창적 성격을 살펴보고, 네 번째와 다섯 번째 절에서는 연대경제가 기반하고 있는 현장의 주도적인 실천들이 지닌 이중적 차원, 즉 사회경제적 차원과 사회정치적 차원을 각각 상세하게 분석한다.

1. 경제에 대한 폴라니의 관점

연대경제 개념은 어떠한 이론적 토대에 바탕을 두고 있는가? 연대경제에 대한 개념정의(Eme & Laville, 1994, 2006; Laville, 1994(2009, 2013))는 1980년대에서 90년대로 넘어가는 전환기에 폴라니의 이론적 작업을 기반으로 형성되었다. 연대경제는 경제에 대하여 형식적 접근이 아닌 실질적 접근을 제안하는 폴라니의 분석을 수용하였다. 경제에 대한 형식적 정의는 자원희소 상황에서 교환되는 재화와 서비스의 수요 및 공급, 그리고 이 과정에서 이루어지는 합리적 선택에 관심을 기울이며 이를 제도적으로 보장하는 시장 메커니즘을 중시한다. 반면 경제에 대한 실질적 정의는 "사람들이 자연 및 다른 사람들에 대해 갖는 의존성"을 가리키며, "사람과 그를 둘러싼 자연 및 사회환경 사이의 교환"을 의미하는데, "이 교환을 통해 사람들은 욕구를 충족할 수 있는 수단들을 확보한다."(Polanyi, 1975, p.239) 오랜 역사의 관점에 기반하여 폴라니는 역사에서 시장이 늘 지배적이지 않았음을 보여주며, 호혜성, 재분배, 가정살림domestic administration라는 다양한 메커니즘의 역할들을 통해 시장의 지배적 성격이 상대화되어야 한다고 제안한다.

폴라니는 인류학자 브로니슬라프 말리노프스키와 리하트르 투른발트의 서부 멜라네시아 트로브리안드 제도에 대한 연구작업에서 호혜성의 원칙이라는 개념을 가져온다. 트로브리안드 제도의 경제는 전체를 종합적으로 결산하고 수치화할 수 없지만 "'행위의 대칭성'에 조응하는 '사회조직의 대칭성'"(Malinowski, 1926, p.24)에 기반하고 있음은 알려져 있다. "우리는 행위의 대칭성을 '호혜성'의 원칙이라 부르고자 한다. 이 원칙은 인류의 감성적 생활에 깊이 뿌리박혀 있다. 이것은 적절한 반응으로서 사회생활에서 언제나 중요한 역할을 담당한다." (Thurnwald, 1921, p.10, Malinowski, ibid.에서 인용) "호혜성은 수학적 평등이 아닌 적절한 응답을 요구한다."(Polanyi, 1975, p.100)

폴라니가 언급한 사례들에서 재분배는 생산물과 사냥물의 상당한 부분을 마을의 대표들을 통해 섬 전체의 수장에게 전달하는 것으로 시작된다. 이러한 축적 시스템은 축제, 행사, 향연을 통해 재분배로 이어진다. 재분배는 노동의 분업을 가져오는데, 이렇게 다양한 재화들이 집중되고 다시 분배되면서 생산물이 순환하게 된다. 재분배는 "관료적으로 집중된 전제군주제"의 형태를 취했던 대규모 경제(함무라비 왕국, 바빌론, 이집트 신제국)에서 지배적이었다(Polanyi, 1983, p.81).

또 다른 가정살림의 원칙은 스스로 이용하기 위해 생산하는 것이다. 폴라니는 이용하기 위한 생산œconomia과 돈을 벌기 위한 생산chrematistic을 구분한 아리스토텔레스로부터 이 원칙을 차용한다. 가정살림은 다양한 제도적 핵, 즉 가족에서는 성(性), 마을에서는 장소, 도시에서는 민주적 또는 전제적 정치권력이라는 자급자족 단위에 기초하고 있다(Polanyi, 1983, p.83).

끝으로 시장은 매우 오랜 기원을 갖고 있으며(Polanyi, 1983, p.71), 여러 교환유형 중 특정한 하나의 유형이다. 폴라니는 세 가지 교환유형을 구분한다. 하나의 대상물이 한 손에서 다른 손으로 이동하는 경우처럼 "장소의 변화"로서 단순한 공간적 이동(기능적 교환operational exchange)이 발생하는 한편, 고정된 비율(결정적 교환decisional exchange) 또는 협상된 비율(통합적 교환integrative exchange)로 소유권이 이동하는 교환이 발생하기도 한다. 시장교환은 협상된 비율을 통해 소유권이 결정되는 상황에서만 상업적 통합의 형태로서 등장한다(Polanyi, 1975, p.248). 교환이 고정된 비율로 이루어질 때, 경제는 이 비율을 결정하는 (시장이 아닌) 다른 경제적 행위에 의해 통합된다. 이 행위들은 호혜성일 수도 있고 재분배일 수도 있다. 즉, 변동 가능한 가격이 다른 경제 기제들에서 시장을 구분시켜주는 요소이다.

이러한 인류학적 관점은 시장을 당연한 것으로 여기는 태도에 내재된 자문화 중심주의를 피할 수 있게 해준다. 또한 이 관점을 채택함으로써 오늘날의 사회에도 다양한 원칙들에 상응하는 다양한 경제적 행동이 존재함을 파악할 수 있게 된다. 일반적으로 시장사회에 대한 비판 때문에 폴라니가 인용되고 있다면, 연대경제 이론은 현대사회에서 경제의 다원적 개념화를 위한 토대를 제공한다는 점에서 폴라니의 이론을 채택한다. 위르겐 하버마스(Habermas, 1987, 2권, p.379)에 따르면, 현대사회는 "자본주의와 민주주의" 사이에서 "극복할 수 없는 긴장관계"가 존재한다. 그러나 그러면서도 자발적 참여와 실천, 연대를 위한 네트워크 등을 통해 다양한 집단과 사람들이 상호의존 관계를 맺는 평등한 호혜성의 등장도 가능해졌다. 연대경제는 이러한 평등한 호혜성이 민간 영리기업 및 공공기관뿐만 아니라 다른 사회연대경제 조직들과도 구분되는 경제적 작동에서 중심적 역할을 한다는 가설을 제기한다.

한편, 연대경제는 대의민주주의와 복지국가를 통해 정당한 기반을 갖게 된 시장과 재분배(국가) 자원을 동원할 수 있다. 따라서 연대경제는 호혜성과 가정살림에 기반한 자원을 완전히 새로운 형태로 재구성하면서 평등을 강조하는 민주적 제도의 틀에 통합하는 것이다. 가령,

연대경제의 일부 활동들은 기술적 관리에 대한 무지, 신뢰의 부족, 도구의 결핍, 노하우를 실행할 수 있는 공간의 부재 등과 같은 다양한 이유로 무언가를 '스스로 할 수 있는' 가능성을 갖지 못한 사람들을 대상으로 주거 또는 정원관리 등 여러 영역에서 독립적 생산활동[115]을 할 수 있도록 촉진한다.

표 1은 호혜성, 재분배, 가정살림 및 시장이라는 네 가지 경제행위

행위 / 기준	시장	재분배	호혜성	가정살림
행위주체와 교환 대상물 사이의 관계	재화 간 가치상응 관계	중앙권력과의 위계적 관계	물려받은(가족, 인종 등) 또는 만들어진(상부상조, 공제조합 등) 소속에 기반한 대칭적 관계	폐쇄된 집단 내부에서의 관계
관계 유형	계약에 기반한 관계	비계약적 / 지속적 관계	비계약적 / 지속적 관계	비계약적 / 지속적 관계
현대적 성격의 제도들	자본주의 기업	국가, 지자체, 준공공조직	평등한 호혜성에 기반한 연대경제	가구
제공 유형	재화와 서비스의 구입 및 판매	보조금, 협약	자원활동, 자발적 기여, 가입	가족 사이의 비화폐적 기여
지배적 원칙	사익, 이득	공익, 의무	대칭성	자체이용을 위한 생산

출처 : 가르댕(2006, 41쪽 및 2013, 119쪽)

표 1 다양한 경제행위를 구분하는 기준들

115 –'독립적 생산활동'은 불어 autoproduction의 번역인데, 이 글의 맥락에서는 현대사회에서 상실된 자급자족적 생산활동을 의미한다. 연대경제 논의에서는 사회시스템에 의한 개인의 소외를 극복하고, 개인의 전인적 성장과 실현을 위한 방법으로서 자급자족적 생산활동의 중요성을 강조한다. 가령, 자신의 집과 정원을 자기 스스로 관리하고, 작은 텃밭을 가족과 함께 만드는 활동 등은 단순한 여가 행위를 넘어서 노동과 생산을 삶의 온전한 부분으로 통합하는 과정으로 볼 수 있다. 연대경제 개념의 주요 주창자들은《새로운 사회계약을 향하여*Vers un nouveau contrat social*》라는 책을 통해 시장-국가 시스템에 과도하게 의존했던 복지국가에 대한 사회협약을 재구성하는 방안 중 하나로서 자급자족적 생산활동의 가치를 인정하고 온전한 경제활동으로 통합할 것을 제안하고 있다(Roustang et al., 1996). –옮긴이

를 구별하는 기준을 보여준다.

연대경제는 이들 서로 다른 경제행위를 동원할 수 있다. 실제로 연대경제는 (호혜성의 원칙에서 나오는) 자원활동, (가정살림의 원칙에서 도출되는) 이용에 대한 참여, 그리고 (재분배의 원칙에서 이루어지는) 보조금을 동원함으로써 (시장원칙에 기반한) 재화와 서비스의 판매를 보충한다. 연대경제의 개념화에서 생기는 쟁점은 자본주의 기업이 시장의 전형적 제도를 대표하고 국가와 지자체가 재분배원리를 대표하듯이, 연대적 실천들이 다른 자원들을 동원하면서도 평등한 호혜성이 결정적 역할을 하는 경제를 대표할 수 있는가를 파악하는 데 있다.

2. 역사적 및 이론적 접근

근대 초기에는 영리활동의 촉진과 부의 축적이 예측가능성과 지속성이라는 장점을 가진다는 점에서 구체제로의 회귀를 피하면서도 새롭게 등장하는 사회질서의 현실적 토대를 제공할 수 있으리라 보았다. 그러나 시장경제는 자신이 약속했던 사회적 평화를 실현하지 못했으며, 반대로 시장경제의 전파는 19세기 동안 예기치 못했던 빈곤의 심화와 확장을 통해 심각한 수준의 사회문제를 발생시켰다.

2. 1. 선구적 결사체주의

이러한 사회문제에 직면하여 자유주의자들은 구체제의 위계적 사회구조에서 벗어나는 과정을 가속화하고 이익추구[116]에 기반한 경제질서의 정착을 보다 강력하게 추진하는 것이 중요하다고 생각했다. 반면 극심한 불평등과 비참한 빈곤 상황을 마주한 많은 사상가와 노동자들은 이익추구에 대응하는 조절 메커니즘으로서 결사체로 방향을 돌렸다. 19세기에는 정치적 토론과 경제적 실천 사이의 새로운 결합방식이

116 – 원문의 표현은 interest이지만, 단순히 '이해', '이익' 자체를 의미하기 보다는 이에 대한 추구를 강조하기 때문에 '이익추구'로 번역하였다. – 옮긴이

나타났다. 노동자들이 주도한 상호구호회나 초기 협동조합 경험은 그 다양성에도 불구하고[117] 두 가지 특징을 공유하고 있었다.

- 경제활동을 수행함으로써 유지되는 구체적, 경험적 그리고 실천적 사회관계를 통해 자율적 운영을 위한 자원을 얻는다. 활동에 대한 참여와 이의 바탕이 되는 사회관계는 구분될 수 없었다.
- 구성원 사이의 평등에 기반하고 있으며, 구성원들은 공동의 행동을 통해 제도를 변화시키기 위해 목소리를 내고, 행동하기 위한 능력과 자원을 갖추게 된다.

결사체들은 경제와 정치 모두에 관련되는 이중적 성격을 가짐으로써 경제활동 능력과 힘을 키우는 동시에 자본에 기반하지 않는 독립적 활동의 정당성을 주장할 수 있었다. 이런 방식으로 결사체주의는 평등한 호혜성을 자신의 특징으로 삼게 되었다. 그러나 결사체들이 만들어낸 집합행동은 엄청난 억압에 직면하게 되었다. 또 자본주의 시스템을 통해 생산수단 집중이 가능해진 덕분에 시장경제가 유례 없는 발전을 가속한 반면, 결사체주의를 바탕으로 한 실험과 경험들은 점차 약화되었다. 이와 함께 산업혁명과 도시화로 인한 빈곤의 비참함은 더 심화되었다. 시장경제의 확산에 따라 나타난 많은 혼란과 고통을 교정하기 위해 국가가 정의의 사회적 규범을 수립하고 실행해야 할 필요가 강력히 제기되었다. 가령, 노동자들의 압력에 밀린 정부들은 아동노동 금지와 노동시간 제한을 도입하였다. 국가는 점차 사회일반의 의지를 수용하면서 공익의 담지자가 되었고, 행정을 통해 공익을 실천할 수 있게 되었다.

117 – 라빌(Lavill, 2016)과 이 책의 1장과 2장을 참조하라.

2. 2. 사회적경제를 통한 제도화

19세기 후반은 국가가 점차 보호자로서의 역할을 정착시켜 가던 시기였다. 그래서 과거에는 결사체주의가 발전시키고 스스로 담당하고자 했던 사회적 책임을 국가가 맡게 되었다. 새로운 제도적 체제는 불평등을 완화하는 공적 재분배와 결합된 시장경제에 기반하고 있었으며, 이 체제는 20세기 후반에 그 절정에 이르게 되었다.

시장과 사회국가의 상호보완적 관계 속에서 결사체주의 경향은 사회적경제 조직과 노동조합에 관련된 다양한 법적 지위를 통해 지속되었다. 그러나 법적 지위를 통한 제도화는 역동적인 초기 결사체주의에서는 찾아보기 어려운 다양화와 분절화를 가져왔다. 노동조합은 노동자들을 대변하는 역할로 국한되었고, 협동조합은 생산 또는 소비의 기능에 집중하면서 상호부조 기능에 집중된 상호공제조합과 구별되었다. 집합적 정체성을 지키기 위해 만들어진 활동들은 시스템의 일부가 되면서 그 규칙들에 통합되었고, 결과적으로 자신들의 기원이었던 상부상조 관계를 근본적으로 바꾸어 놓았다. 상대적으로 포괄적인 목적을 가질 수 있는 결사체의 지위는 경제활동에 제약을 받게 되었다. 선구적 결사체주의에서 비롯한 다양한 구조들은 점점 더 분화되었고, 이러한 추세는 계속되었다.

이러한 전개과정을 통해 분화된 세 가지 법적 지위, 즉 협동조합, 상호공제조합, 민간단체는 점점 더 강화되는 시장경제와 사회국가에 기반한 경제사회 발전모델의 영향 아래에 놓인 하위체제가 되었다. 협동조합은 경제영역에서 활동하는 기업으로 인식되었고, 민간단체는 사회영역의 구조물로 간주되었다. 이들 조직은 서로 다른 행위방식에 기반하는 것으로 구성되고 인식되었으며, 이는 사회적경제가 하나의

'부문'으로서 일관성을 유지하는 것에 대해 의문을 갖도록 하였다. 이런 방식으로 시장경제와 비시장경제 사이의 위계화 및 상호보완적 환경 속으로 사회적경제 조직들이 통합된 것은, 사회적경제에 속하는 여러 구성요소들 사이의 분화라는 결과를 만들어내었다.(표 2)

1960년대 이후 생활방식이 급격히 변화하면서 "이전에는 포착되지 않거나 전통적 관행을 통해 실행되던 사회적 행위들이 담론영역"에서 등장하게 되었다(Giddens, 1994, p.20). 대량생산과 규격화된 서비스 공급에 따르는 수요의 "표준화된" 접근이 비판을 받았고, 마찬가지로 임노동자들과 이용자들이 일과 소비에 대해 영향을 미칠 수 있는 가능성의 결핍이 비판을 받았다. 보다 높은 삶의 질에 대한 요구가 나타나고, 점점 더 질적 성장, 더 나아가 반성장에 대한 요구가 나타나며 양적 성장과 대립했다. 이는 생활양식mode de vie의 정치를 통해 생활수준niveau de vie의 정치를 대체하는 것이었고(Roustang, 1987), 사회생활의 다

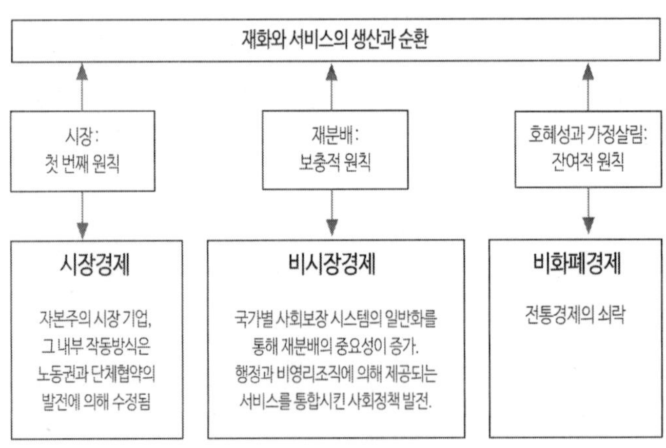

출처 : 라빌(2013)의 설명을 기초로 구성한 표(라빌, 1994 참고)

표 2 20세기에 이루어진 경제들의 분화와 위계화

양한 영역에 대한 참여를 확장하며 환경을 보전하고, 성(性)과 나이의 차별에 기반한 관계들을 변화시키는 것이었다.

이러한 자기성찰 능력은 부분적으로 페미니즘이나 생태주의와 같은 신사회운동을 통해 표출되었다. 동시에 사회운동을 통해 증폭되지는 않았지만 시장의 불완전성을 치유하기 위한 공적 개입 능력에 대해 의구심을 제기하는 목소리가 높아졌다. 이용자들은 재분배를 담당하는 공공기관의 관료적이고 중앙집중화된 논리를 비판하였다. 이들은 혁신의 결핍이 관성, 사회적 통제, 온정주의를 낳고 있다고 보았다. 보다 심각하게는 재분배 기능이 다양해지는 삶의 상황에 적응하지 못하면서, 표면적으로는 평등을 지향하는 것처럼 보이는 사회 시스템 이면에 여전히 심각한 불평등이 허용되고 있다고 보았다.

공적 영역에 대한 참여방식이 점차 변화하면서 새로운 목소리와 실험들이 더욱 증가하였다. 장기적 전망을 지향하면서 높은 수준의 연합구조에 힘을 집중하는 방식으로 사회변혁을 추구하던 사회운동의 흐름은 노조 조직화와 이데올로기적 소속감이 낮아지는 등으로 점차 약화되었다. 제도화된 민간단체들에서는 자원활동의 위기가 심화되는 반면에 새로운 결사체적 열정도 등장하였다. 새로운 결사체적 흐름은 제한된 기간 동안 특정한 문제에 집중하였고, 구체적 실천을 통해 긴급한 문제에 즉각적으로 대응하는 양태를 보였다(Ion, 1997; Barthélémy, 1994). 참여와 실천의 방식에서 변화를 보이는 흐름 가운데 일부는 경제적 차원에서 사회 변화의 의지와 결합되었다.

점차 연대경제라는 표현으로 알려진 1960년대 이후의 주도적 실천들이 강조한 것은 무엇보다도 "다른 경제"(Lévesque et al., 1989)의 정치적 차원이었다.

1970~80년대 주요 실천들은 "조직내 민주주의"를 실험하고 "노동

의 집합적 수행방식"을 지향했던 "자주관리"기업 또는 "대안"기업들이었다(Sainsaulieu & Tixier, 1983). 이러한 경험들 중 많은 수가 이데올로기적 대립 속에서 소진했다는 점을 부인할 수 없지만, 이들은 다른 관점에 기반한 접근법과 다른 사회집단들에 의해 재수용되고 재해석되면서 적지 않은 영감을 불러일으켰다. 이는 시민참여에 기반한 경제민주화 의지가 1980년대 이후 실업과 배제의 증가에 큰 영향을 받기도 했지만, 그러한 경제위기 이전에도 이미 존재했음을 보여주고 있다. 실업과 배제의 증가 외에 적어도 세 가지 다른 맥락적 요소들이 경제민주화에 대한 의지에 영향을 주었다. 먼저 생산활동에서 서비스 부문의 증가는 보건 및 사회복지 영역에서의 서비스뿐만 아니라 대인서비스 및 가사서비스와 같은 관계기반 서비스의 증가를 이끌었다. 또한 인구의 고령화, 가구구조 다각화 및 여성의 사회참여 증가 등의 사회인구학적 변화가 나타났다. 마지막으로 신자유주의 세계화가 불평등의 심화를 초래했다.

1980년대 이후, 스스로를 연대경제라고 주장하기 시작한 실천들은 지역 수준에서 활동하면서 새로운 서비스의 창출이나 기존 서비스의 변화(일상생활이나 삶의 질 향상을 위한 서비스, 문화여가 서비스, 환경 관련 서비스 등) 그리고 취약계층과 취약지역의 경제적 통합을 통해 역동성을 만들어냈다(Jouen, 2000; Gardin & Laville, 1997). 연대경제의 실천들은 또한 국제적으로도 등장했는데, 특히 공정무역을 통해 남부의 생산자와 북부의 소비자들 사이에서 새로운 연대를 구축하려는 시도들이 활성화되었다. 전반적으로 보면, 20세기 마지막 사반세기 동안 발전해온 이니셔티브들은 재분배에 국한되지 않고 평등한 호혜성에 기반한 연대를 경제활동의 중심에 놓음으로써 19세기 전반의 결사체주의를 새롭게 발흥시킨 것으로 이해할 수 있다.

3. 연대경제의 개념화

오늘날 연대경제는 시민참여에 기반하여 경제민주화에 기여하는 활동 전반으로 정의할 수 있다. 연대경제는 국가 차원의 조절양식을 보완하거나 대체하기 위한 지역 또는 국제 수준의 조절양식 구축을 목표로 하는 집합행동에서 비롯된다. 연대경제는 일상생활의 화폐화 및 상품화를 통해 강화된 사회적 원자화에 맞서 사회의 저항능력을 강화하고자 연대라는 가치를 통해 경제민주화를 추구한다(Perret, 1999).

그림 1에서 볼 수 있듯이 연대경제가 제기하는 사회정치 및 사회경제라는 이중적 차원은 민간단체, 협동조합 또는 상호공제조합 경험들이 제도적 합의에 바탕을 둘 필요가 있음을 강조한다. 물론 활동영역과 시대의 변화에 따라 사회적경제 조직들은 자신의 경제적 성공을 위해 정치적 역할을 소홀히 하기도 했다. 지난 수십 년 동안 새롭게 등장한 이니셔티브들은 경제적 차원에 대한 과도한 강조가 가져온 부정적 효과에 대응하면서 자신들의 정치적 차원을 강화했고, 기업가적일 뿐만 아니라 시민적인 성격을 동시에 보여주고자 하였다. 이들은 내부 운영뿐만 아니라 외부를 향한 표현을 통해서 민주주의를 활성화시키고자 하였다.

연대경제 조직들이 개별적으로 실천하여 경제적 성공을 거두는 것을 결정적인 것으로 보지 않기 때문에, 이들의 성공 경험의 전파는 많은 장애물에 부딪히게 된다. 연대경제가 온전히 인정받지 못하고 있다

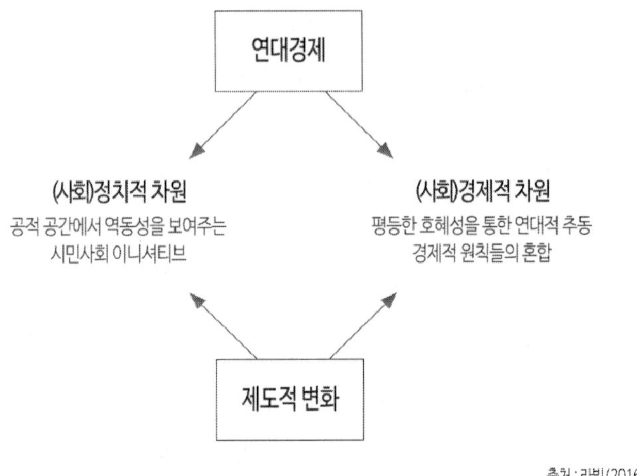

출처 : 라빌(2016)

그림 1 연대경제의 두 가지 차원

면, 이는 그 행위주체들의 부족함 때문이 아니라 보다 근본적 이유 때문이다. 연대경제는 개념적으로나 경험적으로 정통 경제학이 정의하듯이 경제현상을 시장 메커니즘에만 국한시키는 것을 거부하면서 경제의 근본 개념에 대해 다시 묻는다. 연대경제는 경제에 경계를 짓는 기존 경제학의 권위에 의문을 제기하고, 경제 개념과 관련 제도들에 대해 보다 보편적으로 성찰하는 것에 기여한다. 따라서 연대경제 관련 이론을 다루는 것은 경제와 정치의 개념 그 자체로 다시 돌아가는 것을 의미한다.

4. 연대경제의 (사회)경제적 차원

연대경제의 이상형은 평등한 호혜성에 중심적 위치를 부여한다. 가령 근린서비스에 대한 분석(아래의 글 '근린서비스' 참고)은 이들 서비스가 어떻게 호혜적 동기에서 등장하여, 어떻게 세 가지 서로 다른 자원들을 혼합하면서 강화되었는지를 강조하고 있다. 초기 호혜적 자원(자원활동 또는 보다 비공식적 참여와 실천의 형태로 나타나는 호혜적 관계)은 재분배라는 경제원칙에 따라 사회국가로부터 나오는 공공자원과 시장원칙에 기반한 시장자원에 연결된다. 연대경제에서 관찰되는 자원혼합 및 다양한 경제적 행위양식들 사이의 갈등과 타협, 긴장을 상세히 살펴보기에 앞서, 호혜성이 갖는 중심적 위치와 그 다양한 형태들을 정확하게 살펴볼 필요가 있다.

근린서비스

"오늘날 여전히 많은 수요들이 충족되지 않은 채 남아 있다. 이는 삶의 방식 변화, 가족구조의 변화, 여성의 직업활동 증가, 고령인구 특히 초고령 인구의 증가로 인한 새로운 필요들이다." 자끄 들로르가 유럽연합의 집행위원장이던 시기에 발행된 《성장, 경쟁력 그리고 고용. 21세기로 진입하기 위한 토론과 경로*Croissance, Compétitivité et Emploi. Débats et voies pour entrer dans le xxi*[e] *siècle*》 백서는 증가하는 수요에 응답하는 동시에 새로운 고용창출의 필요를 강조한다.

제시된 사례에는 영유아 보육(0~3세), 방과후 아동보육, 아픈 어린이 돌봄, 일상생활을 혼자 수행할 수 없는 사람들에 대한 가사서비스, 이동에 어려움을 겪는 사람들을 위한 교통서비스, 취약계층 주거 또는 취약지역 내 집합공간에 대한 유지와 수선 등이 포함된다. 일상생활의 질에 관련된 이들 서비스는 먼저 불어권 국가들에서, 곧이어 유럽 전반에서 "근린서비스"라는 표현으로 범주화되어 왔다.

근린의 개념은 서비스가 지역의 공간에 뿌리를 내리고 있다는 점에서 객관적/공간적 성격을 띠는 동시에, 서비스 제공의 주관적/관계적 측면을 갖고 있음을 의미한다. 근린서비스는 이러한 근린공간에서의 개별적 또는 집합적 필요에 대응하는 서비스로 정의되었다(Laville, 1992; Laville & Nyssens, 2001). 이 개념정의는 서비스 전체의 경계를 명확히 구분하지 않지만, 서비스들을 단순히 병렬적으로 나열하는 것을 넘어서 공통으로 갖는 쟁점을 이해하는 데 중심적인 두 가지 성격, 즉 근린의 다양한 차원과 창출된 혜택의 집합적 성격을 분명히 보여주는 장점을 가진다.

먼저 근린에 대한 두 가지 다른 이해를 살펴보자. 근린은 공간과 시간이라는 객관적 기준에 의해 정의될 때 객관적인 성격을 가진다. 이에 따르면 근린은 지리적으로 제한된 영역으로 경계지어질 수 있다. 일상생활을 수행할 수 없는 사람들에 대한 서비스의 경우처럼, 서비스가 일상생활에 관련되어 반복적인 흐름으로 제공될 때 시간적 차원을 갖게 된다. 반면 대인서비스의 경우처럼, 공급자와 이용자 사이의 관계가 서비스의 질을 위해 결정적일 때 근린은 주관적 성격을 가진다. 이 경우에 서비스들은 '관계적'인 것으로 규정된다. 주관적 근린의 차원은 공급자와 이용자 사이의 직접적 만남을 전제하기 때문에 생산성 증가의 가능성이 낮다는 점에서 이 서비스들이 잠재적으로 고용창출의 원천이 될 수 있음을 시사한다. 근린서비스에서 신뢰는 핵심적 요소가 된다. 많은 경우 삶의 질 향상을 목적으로 하는 '핵심 서비스들'은 이용자들의 사생활 영역에 관련되고 개인과 가족의 생활에 개입하기 때문에 근린서비스의 질은 공급자와 이용자의 관계를 구축하는 것에 밀접히 연결된다. 따라서 근린서비스 소비를 증가시키기 위해서는 저렴한 가격으로는 충분치 않으며, 무엇보다 이전까지 가사영역에서 수행되던 일들의 일정 부분을 이용자인 가구들이 타인에게 맡길 수 있는 확신을 가져야 한다.

경제에서 통상적으로 서비스를 개별적 서비스와 집합적 서비스로 구분한다면, 근린서비스의 또 다른 성격은 이 두 측면을 동시에 가진다는 점이다. 개별적 서비스는 개인별로 그 이용이 구분될 수 있는데, 근린서비스에서는 이용자 가정에서 제공된 서비스의 경우처럼 이용자와 그 소비가 명료하게 확인될 수 있다는 점에서 그러하다. 반대로 집합적 서비스는 환경서비스와 같이 구분되지 않는 성격을 가지며 자연스럽게 집단 전체에 혜택을 준다. 생산자와 이용자가 자신들의 생산과 소비를 위한 선택을 할 때 집합적 효과에 대해 늘 고려하지는 않는데, 이는 공익의 관점에서 보면 문제가 되는 상황으로 이어질 수 있다. 이러한 의미에서 근린서비스의 특별함은 집합적 효과를 만들어 내는 개별적 서비스라는 점이다.

근린서비스는 고용이라는 매우 중요한 문제와 세대 및 성별 사이의 관계를 동시에 다루고 있다. 또한 혁신과 고용을 대립시키지 않는 등의 특별한 장점들을 갖고 있다. 그러나 근린서비스의 강력한 관계적 성격, 사적 영역에 대한 개입 그리고 관련된 집합적 혜택 등으로 인해 기존 제도들은 이로부터 도전을 맞고 있다.

4. 1. 호혜성의 중심적 역할

경험적 사례들에 대한 분석은 호혜성이 가진 형태적 다양성을 보여준다. 행위주체들의 동질성이나 상이성의 정도라는 측면과 이들 간에 연결된 관계의 대칭성은 다양하게 나타난다. 서비스의 소비자/이용자, 생산자/노동자 그리고 자원활동가라는 세 가지 범주의 주요 행위자들은 연대경제 실천의 등장과 운영에서 이해관계자가 될 수 있다. 지자체와 자본 기여자라는 다른 두 범주의 행위주체들도 동원될 수 있지만, 원칙적으로 보면 덜 중심적인 역할을 한다. 호혜성이 늘 평등한 것은 아니다. 불평등한 호혜성réciprocité inégalitaire은 사업을 주도한 사람들과 서비스 혜택을 받는 사람들이 구별되며, 두 집단은 서로 다른 구성원들로 조직되어 있다. 평등한 호혜성réciprocité égalitaire은 두 가지 유형으로 나뉠 수 있다. 동료들 사이의 호혜성réciprocité entre pairs은 노동자 또는 이용자 등 비슷한 사람들을 연결하는 동질적이면서 스스로 조직된 집단의 특징을 띠고 있다. 다중적 호혜성réciprocité multilatérale은 이용자, 노동자 또는 자원활동가 등 다양하고 이질적인 행위주체들을 법적으로 평등한 상황에 위치시킴으로써 서로를 연결한다.

'불평등한 호혜성'[118], 즉 '보상 없는 증여'는 증여 제공자들이 자신의 그룹 외부 사람에게 필요한 서비스나 고용에 대한 사회적 수요 전반에 답하기 위하여 활동하는 것을 가리킨다. 프로젝트의 주체는 운동가militant나 자원활동가 그룹일 수도 있고, 전문가들일 수도 있으며, 지자체일 수도 있다. 불평등한 호혜성은 많은 노동통합기업들의 경우처럼 노동자들을 대상으로 한 것일 수도 있고, 주민들의 주도성 없이 지자체의 의지로 만들어진 민간단체의 경우처럼 서비스 이용자들을 향한 것일 수도 있다. 불평등한 호혜성은 받은 것을 되갚을 수 없는 위치에 놓인 수혜자들과 연대하는 것을 가리킨다.

동료그룹에서 시작된 활동들은 설립자들의 필요와 바람에 답하기 위한 구조를 만들어내는 것을 목표로 하는데, 다음과 같은 세 가지 형태의 그룹으로 나타날 수 있다. 즉, 노동자/생산자 협동조합의 경우와

---

118 – '불평등한 호혜성'은 모순된 표현으로 보일 수 있다. 알랭 까이에(Alain Caillé, 2000)는 이 개념을 "불평등한 증여(don inégalitaire)"라는 표현으로 부르는 것을 선호했다. 기 루스탕(Guy Roustang)이 가르댕(Gardin, 2006, p.9)의 책 서문에서 강조했듯이, 이 표현 또한 모순어법으로 볼 수 있다. 세르베(Servet, 2003)는 대칭성의 부재가 중앙집중으로 이어진다고 보면서, 이러한 실천들은 재분배의 성격으로 이해하는 것이 더 적절하다고 해석한다. 하지만 불평등한 호혜성의 관계가 조세의무에 기반하는 것이 아니기 때문에 우리가 앞서 정의한 재분배와는 매우 거리가 있는 사적인 성격의 재분배이다. 불평등한 호혜성이 상업적 성격의 기업에 의해 실행되면 이는 마케팅 전략에 가까워질 수도 있다.

같이 설립을 준비하는 미래의 노동자들로 구성된 그룹, 지역교환 시스템과 같이 소비자와 생산자를 구별할 수 없는 그룹, 소비자협동조합이나 상호공제조합과 같이 주요하게 미래의 서비스 이용자들로 구성된 그룹이다.

동료들 사이의 호혜성이 동질적 집단 내부의 상부상조라면, 다중적 호혜성은 이용자, 노동자, 자원활동가 등 이질적 성격을 띠면서도 평등한 관계에 있는 행위주체들의 참여를 가능케 한다. 다중적 호혜성의 사례는 여러 형태에서 찾을 수 있다. 먼저 연대금융에서 자본기여자와 기업설립자들이 함께 묶인 관계들이 이 범주로 구분될 수 있다. 이탈리아의 사회적협동조합이나 프랑스의 공익협동조합은 다양한 이해당사자들이 참여할 수 있는 가능성을 법적으로 인정하였지만,[119] 구체적인 사례들은 이러한 법적 지위를 넘어서 훨씬 다양한 형태로 발전하고 있다. 프랑스 사례들을 보면 공정무역이나 로컬푸드association pour le maintien d'une agriculture paysanne, AMAP 발전을 위해 함께 노력하는 생산자와 소비자 사이의 관계, 지역 수준의 서비스 계획과 관리를 위해 지자체, 사회주택, 민간단체 및 주민들을 연결하는 지역관리기업에서 맺어지는 관계망, 그리고 지식교환 네트워크에서 만들어지는 관계 등 다양한 사례들에서 다중적 호혜성의 작동을 관찰할 수 있다.

불평등한 호혜성에 기반한 활동들 중 일부는 발전과정에서 수혜자들의 참여를 확대시킴으로써 이들을 동원하고자 시도하는데, 이를 통해 연대경제와 비슷한 역동성을 지니며 발전할 수 있다. 가사도움서비스의 경우 서비스를 시작하는 단계에서는 거동이 어려운 노인들의 적극적 참여를 이끌어내기 어렵지만, 서비스를 실행에 옮기는 과정에서

119 – 거버넌스에 대해서는 이 책의 2권 3장을 보라.

다중적 호혜성을 이끌어낼 수 있다. 이 경우에 민간단체들이 서비스 제공 노동자와 이용자 사이의 중개자로서 중요한 역할을 한다. 다시 말해, '보상 없는 증여'에 기반한 활동들은 수혜자 그룹이 존중받을 수 있고, 자신들에 관련된 '조건들을 결정할' 수 있다면 다중적 호혜성에 근접하는 것으로 볼 수 있다. 불평등한 호혜성의 상황과 달리, 증여자들이 "명성만을 추구하면서 다른 사람에게 자신을 과시하는 것은 가능하지 않으며, 과시를 위한 경쟁은 타자에 대한 존중에 종속된다. 또한 증여행위는 행위주체의 도덕적 의무를 넘어서 관련된 조건들을 부과하는 타자의 요구에 직면하게 된다."(Temple & Chabal, 1995, pp.190~191) 따라서 호혜성은 "이타성과 평등을 긴밀히 연결하려는 지속적인 균형 회복의 시도이며, 지속적이고 건설적이며 인지적인 긴장이다."(Héber-Suffrin, 1998, p.214) 수혜자의 참여와 개입은 그들을 더 이상 단순한 서비스의 수혜자가 아니라 서비스를 규정하고 구성하는 데 개입하는 행위주체가 되도록 이끈다. 때문에 호혜성은 증여의 세 가지 특징적 단계인 '주고', '받고', '돌려주는' 것에 국한되지 않는다. 여성들이 공유한 활동공간의 사례를 통해 이자벨 게랭이 보여주듯이(Guérin, 2003, p.59), 가장 먼저 발생하는 독창적 단계인 "권리를 주장하고" "과감히 요구하는" 과정을 포함해야 한다. 이 첫 번째 단계는 근린서비스에 기반한 연대경제 개념화에서 "수요"가 "호혜적 추동력"에 기반한다는 것을 보다 명료하게 보여준다.

하지만 291쪽의 '증여와 호혜성-토론' 글에서 보여주듯이, 이러한 설명이 호혜성과 증여 사이의 관계에 대한 토론 모두를 포괄하지는 못함을 밝혀두자.

평등한 호혜성의 동원이 연대경제의 핵심이지만, 그렇다고 연대경제가 이 원칙에만 전적으로 의존함을 뜻하지는 않는다. 자율이라는 지향은 자급자족이 아니라 상호의존성을 의미한다. 쟁점은 어떻게 평등의 의지를 훼손하지 않고, 또는 초기의 호혜적 추동력을 잃지 않으면서 이 상호의존성이 다른 원칙들과 균형을 이루며 결합할 수 있는가 하는 것이다.

4. 2. 자원의 혼합

호혜성의 중심적 위치는 다양한 자원의 동원과 혼합을 통해, 그럼으로써 발생하는 서로 다른 경제적 행동 논리들 사이의 대립을 막지는 못하더라도, 시장논리로만 수렴되거나('시장으로의 동형화'), 공공정책에 의해 도구화('비시장으로의 동형화')되는 것을 피하는 데 기여할 수 있다.

증여와 호혜성-토론

호혜성과 증여 사이의 관계에 대한 토론을 살펴보자. 자끄 고부Jacques Godbout와 알랭 까이에Alain Caillé는 주고-받고-돌려주는 모스Mauss의 증여 개념이 가진 세 가지 연속적 의무관계를 설명하면서, 사회관계에서 증여가 갖는 역할과 기여를 강조하고 이에 우선순위를 부여한다. 한편 플로랑스 웨버Florence Weber는 모스의 증여와 폴라니의 호혜성이 수렴된다고 주장한다. 반면 장-미셸 세르베Jean-Michel Servet는 폴라니의 호혜성을 우선적인 것으로 본다. 연대경제의 관점에서는 폴라니의 호혜성 개념정의와, 호혜성이라는 단어를 사용하지 않았지만 《증여론*Essai sur le don, forme et raison de l'échange dans les sociétés archaiques*》에서 주고-받고-돌려주는 증여의 세 가지 의무관계를 설명한 마르셀 모스(1924)의 개념정의를 연결시킨다.

고부는 호혜성의 중요성을 인정함에도 불구하고 증여의 핵심으로 놓지는 않는다. 호혜성은 등가성의 문제를 너무 강조한 결과 시장교환이라는 "지배적 패러다임에 불가피하게 흡수된다."고 주장한다(Godbout, 2000, p.172).

경제학자들은 이런 식으로 시장의 관점에서 고대 시스템을 분석하며, 이 때문에 고대 경제시스템을 단지 시장의 초기적 형태로만 해석하는 경향이 있다. 고부는 모스가 "다른 인류학자들이 증여에 대한 연구에서 보여주는 단기적 또는 장기적 등가성에 대한 집착에서 벗어났다."고 평가하면서 까이에와 함께 증여 개념을 이용하는 것을 선호한다. 따라서 이 저자들은 호혜성과 증여를 구분해야 한다고 주장한다.

반대로 웨베(2000, p.97)는 증여를 단일한 패러다임으로 이해하는 것을 비판하며 모스의 《증여론》에 대한 다양한 고전적 프랑스식 해석들에 상응하는 여러 유형의 증여를 구분한다. "르뽀르(Lefort, 1951)가 포틀래치의 (대결에 관련하여) 투쟁적 측면에 주목했다면, 레비스트로스(Levi-Strauss, 1950)는 교환의식에서 화폐를 매개하지 않고, 상징적인 것 이외의 다른 목적을 갖지 않은 경제적 교환의 은유로서 호혜성에 주목했다. 삐에르 부르디외(Bourdieu, 1976)는 증여와 이에 대한 보답을 분리하고, 첫 증여 행위를 통해 개인적 지배의 근원으로서 도덕적 부채를 만들어내는 기간에 대해 강조한다." 이들 다양한 증여 개념들과 달리, 모스의 이상향은 "온정(위계적 증여)과 전쟁(위계를 구축하기 위한 경쟁자들 사이의 투쟁적 증여 또는 포틀래치)"을 피하면서 "평등한 증여의 구축"을 목표로 한다(Weber, 2000, p.95). 이 평등적 증여 개념은 폴라니적 개념의 자유롭고 평등한 시민 사이의 호혜성 개념과 연결된다.

반면 세르베(Servet, 2013, pp.187~213)는 모스의 증여 개념과 폴라니의 호혜성 개념 사이의 혼동을 부분적으로 문제 삼으면서 말리노프스키(1926)와 특히 투른발트(1921)의 작업에 기초하여 개념정의를 시도한다. 세르베는 호혜성을 폴라니가 제안한 경제적 통합의 원칙들 중 하나로서, 인간의 활동들이 상호의존하는 특정한 방식으로 정의한다. "즉, 호혜성은 대칭적 위치를 차지하는 구별되는 요소들 사이의 보완적 성격"이며, "중심적 요소와 주변적 요소들 사이의 (강제되었거나 수용된) 위계적 관계"를 함의하는 재분배와 구별된다. "이 두 가지 유형의 상호의존성(호혜성과 재분배-옮긴이)은 사람들이 추구하고 인정하는 연대의 방식을 구성한다."(Servet, 2013, pp.196~197)

연대경제는 자신의 사회경제적 작동방식을 명확히 규정하기 위해 자원혼합을 강조하지만, 자원혼합만으로는 특정 활동이 연대경제에 속하는 것인지를 밝히기에 충분치 않다. "자원혼합의 성격을 갖고 있지만, 개인적인 치부에 동기를 둔 자본주의적 활동도 존재할 수 있다. 하나의 자본주의 기업은 시장자원을 확보하기 위해 시장에서 자신의 생산물을 판매한다. 이 기업은 국가나 지자체로부터 다양한 보조금을 받을 수도 있으며, 이를 통해 비시장 자원을 받을 수 있게 된다. 마지막으로 기업들과 사람들의 네트워크에 속함으로써 이 네트워크에서 이루어지는 정보와 노하우의 교환이라는 혜택을 받을 수 있는데, 이는 비화폐 자원에 접근할 수 있음을 뜻한다. 자원혼합에 기반한 자본주의적 활동은 그 토대가 이윤의 극대화에 있기 때문에 연대적이라 할 수 없다."(Castel, 2003, p.6)

'혼합hybridation'에 대한 해석은 논쟁적이다. 혼합은 평등한 호혜성의 중심적 역할에 덧붙여 보조적 자원들이 결합하는 것일 수도 있고, 자원들의 혼합 일반을 가리키는 것일 수도 있다. 연대경제의 특별함을 이해하기 위해서는 시장 및 재분배와의 관계에서 평등한 호혜성이 갖는 위치에 초점을 두어야 한다. 즉, 연대적 실천들이 동원한 자원을 분석할 때는 다음의 질문들에 답할 수 있어야 한다. 폴라니가 사용한 표현을 따르자면, 호혜성은 그 자체로 "통합적인 힘"을 갖고 있는가? 아니면 반대로 시장이나 재분배라는 두 가지 다른 형태의 경제적 통합양식 중 하나에 의해 도구화되어 있는가? 이 두 경제적 행위양식과 호혜성의 행위양식 사이에서 나타나는 긴장과 타협은 무엇인가? 이 질문들에 답하기 위해서는 화폐적 자원뿐만 아니라 자원활동이나 연대 네트워크와 같은 비화폐적 자원들도 고려할 필요가 있다. 나아가 참여자들의 동기, 위치 및 특징을 고려하는 질적 분석을 통해 이들의 경제적 행위양식으로서의 성격을 파악하는 것이 적절하다. 하지만 이러한 분석은 동일한 유형의 행위자들이 여러 유형의 경제적 행위양식을 보일 수 있다는 점에서 복잡한 성격을 가진다. 예를 들어, 개인들이 재화와 서비스를 구매함으로써 교환되는 자원은 표준적 시장에서라면 고객의 이해관계에서 동기를 찾을 수 있다. 그러나 공정무역의 경우처럼 재화의 취득과 생산자 생활조건에 대한 고려라는 두 가지 동기가 동시에 있을 수도 있다. 표준적 시장 상황이 시장관계에 기반한 것이라면, 공정무역의 상황은 시장에 관련된 원칙과 호혜성에 관련된 원칙에 동시에 연결된다. 반대로 호혜성의 범주로부터 나올 수 있는 일부 서비스의 경우에 실제로는 상업적 행위양식에 속하기도 한다. 한 기업재단이 연대경제 조직에 기부할 때, 선험적으로 보면 이러한 기부 자원은 호혜성의 범주에 속한다. 그러나 기업의 이미지 개선이나 사회적 영향력 강화의 추구가 주요한 동기일 수 있고, 기부자의 시장전략에 포함되는 커뮤니케이션 정책일 수도 있다. 이러한 기부는 시장논리로 연결되며 호혜성은 시장에 종속된다. 재분배에 관련해서 보면, 공공부문에서 나오는 자원은 공권력에 의해 일방적으로 정해진 기준으로 평가된 연대적 실천들의 사회적 유용성을 고려하여 배분된다. 그러나 경우에 따라 공공기관과 연대적 실천 사이의 협상된 기준에 따라 배분되기도 하고, 또는 공권력이 입찰을 통해 연대경제를 포함하여 최저가를 제안한 공급자를 선택하는 경우 자원의 배분은 시장논리를 따를 수 있다. 마지막으로, 어떤 시장들은 연대경제의 특수성을 인정하는 특정한 조항을 만들 수 있다. 이 경우에 공급자의 선택은 가격뿐 아니라 사회적 또는 사회정치적 성격의 다른 요인들에 기반한 기준들을 따르게 되며, 공정무역에서 개인들의 구매처럼, 어떻게 재분배 원칙에 의해 통합된 시장 또는 호혜성의 원칙에 의해 통합된 시장을 구성할 것인가를 정해야 한다. 결국 연대적 실천에서 호혜성은 시장이나 재분배와 같은 지배적 경제행위 양식과 긴장관계에 놓이게 되는 것이다.

4. 3. 시장과의 긴장

호혜성과 시장 사이의 긴장을 이해하기 위해서는 연대적 실천들이 (폴라니가 상품이 아닌 것으로 간주한) 토지, 노동, 화폐의 세 가지 경제적 요소들을 '탈상품화'하기 위해 어떻게 노력하는지를 분석할 필요가 있다. 폴라니에게 노동은 생활에 동반되는 경제적 활동을 대변하는 것으로서, 생활의 나머지 영역과 분리될 수도 일상적인 재화처럼 저장되거나 동원될 수도 없는 것이다. 토지는 자연의 또 다른 이름일 뿐이며 사람들에 의해 생산되는 것이 아니다. 화폐는 "일반적으로 말할 때, 생산된 것이 아니라 은행이나 국가금융의 창조물"이며 구매력의 신호일 뿐이다. 이들 요소 중 어느 것도 판매를 위해 생산되지 않으며, 이들의 상품으로의 전환은 경제를 시장경제로, 사회를 시장사회로 전환시키게 된다.(Polanyi, 1983, pp.113~123)

토지 또는 자연과 관련하여, 1970년대 중반 이후 환경에 관련된 연대적 실천들이 낭비에 대한 반대, 자연공간에 대한 가치부여, 재활용과 재이용, 대안적 교통수단 개발 등 다양한 목적으로 등장하기 시작했다. 새로운 활동의 영역을 만들어낸 환경부문의 연대적 실천들이 운동의 역동성을 상실하고 시장에 포섭될 것인가, 아니면 스스로 창출한 영역의 주체로 계속 남아서 성찰과 혁신을 통해 재도약할 것인가가 질문으로 남아 있다. 오늘날 환경 관련 활동들이 다양한 방식으로 제도화되었지만, 이에 이르기까지 공권력이 무엇을 해야 하는지에 대한 예시를 만들고 그 개입을 추동해왔을 뿐 아니라, 자연의 상품화를 거부해왔고 여전히 거부하고 있는 연대적 실천들의 선구적 역할[120]을 잊어서는 안 된다.

공정무역에서 시장에 대한 노동의 종속을 거부하도록 연대적 실천들을 이끈 것은 생산자들의 지위에 대한 인정이다. 그럼에도 불구하고 많은 사례들은 자신들을 홍보하면서 "시장의 규칙을 존중"한다고 명시하고 있으며 호혜성이 갖는 중요한 역할을 간과한다. 반면 "소비활동가들consomm'acteurs"은 재화의 구매에 관심을 갖고 있으면서도 이들의 거래행위는 사회 및 환경적 현실을 고려하고자 하는 의지와 함께 이루어지며, 그 결과 순전히 이해관계만을 기반으로 하는 시장관계로 환원되지 않는다. 재화의 교환은 문화들 사이의 교환과 교환의 당사자들, 특히 생산자들에 대한 사회적 인정으로 재해석된다. 시장과 호혜성을 구분하는 기준들을 다시 보면(표 1), 공정무역이 시장으로 환원되지 않는다는 것을 알 수 있다. 실제로 행위주체들은 생산자와 소비자의 상호인정을 통해 불평등에 맞서 싸운다. 하지만 관계의 지속적 성격에 대한 질문은 좀 더 미묘하다. 소비활동가의 구매행위는 시장과 마찬가지로 교환의 즉각성에 기반한다. 계약이 완수되면 교환에 참여했던 당사자들은 헤어진다. 그럼에도 불구하고 어떤 판매 장소들은 구매행위를 넘어서는 관계가 만들어지는 공간이 된다. 이 공간은 공정무역과 생산자들의 상황에 대한, 그리고 인권 및 환경과 같은 보다 광범위한 주제들에 대한 정보를 얻을 수 있는 지속적인 만남의 공간이기도 하다. 이러한 시간적 관점에서 보면, 대형매장을 통한 공정무역 상품의 판매는

120 – 1970년대 이후 활성화된 폐기물 재활용 및 재이용과 자연공간의 유지뿐만 아니라, 지난 10여 년간 등장한 자동차 함께 타기나 친환경연료 등의 영역들도 사례로 들 수 있다.(CRIDA-RTES, 2007, pp.96~114)

연대경제 영역의 공정무역 상점에서 이루어지는 판매보다 훨씬 더 시장에 가깝다고 볼 수 있다. 끝으로 이러한 유형의 교환을 지배하는 원리들과 관련해서 보면, 두 개의 다른 원리들이 서로 맞물리는 상황을 발견할 수 있다. 즉, 재화의 취득에 대한 이해관계가 존재하지만 구매자는 자신의 개인적 이해관계를 극대화하는, 즉 좀 더 싸게 구매하려는 노력을 하지 않는다. 이런 자발적인 추가 지불 방식을 통해 구매자는 '공정한' 가격이 되도록 하는 '보충'으로서 일종의 기부를 하는 것이다. 따라서 공정무역에서 재화를 판매하는 것은 시장의 기준과 호혜성의 기준이 조합되는 형태를 보여준다. 결과적으로 보면 공정무역은 재화의 교환뿐만 아니라 생산자를 고려하면서 시장의 재설계에 참여하는 것을 의미한다.

오늘날 경제에서 지배적 패러다임은 화폐의 이용 과정에서 호혜성의 역할을 보이지 않게 만드는 경향이 있다. 그럼에도 불구하고 화폐는 비시장 원칙들에 따른 교환의 실현을 위해서도 이용될 수 있다. 연대금융 활동은 일자리 창출, 환경보호, 지역활성화, 경제민주주의 발전 등 다양한 동기를 바탕으로 지역경제 발전에 참여하며, 이를 통해 이자취득 극대화와 자본가치 상승만을 위한 대출에서 보이는 화폐의 상품화를 공격한다. 연대금융은 이자취득을 부정하지 않지만, 이를 투자의 중심에 놓지 않는다. 삐에르 조세프 프루동에 대한 독해를 통해 띠에리 메뉘엘(Menuelle, 2002, p.39)이 제시하는 것처럼, 연대금융에서는 이자가 두 가지 형태로 구분된다. 첫째는 연대금융도 인정하는 실질적이고 정당한 이자인데, 이는 서비스의 비용이면서 리스크와 결손을 보상하는 것이다. 둘째는 연대금융이 거부하는 투기적이고 정당하지 않은 가상의 이자이다. 연대금융은 다른 신용수단에 접근할 수 없는 기업가들에게 신용을 제공하며, 이를 통해 은행들이 수익성 없는 것으로 보는 수요에 응답한다. 이런 방식으로 순수하게 상업적 성격으로만 간주되던 금융대출은 경제민주화와 화폐의 호혜적 이용을 촉진하는 사회적 관심과 실천에 의해 재해석되고 재구성된다.

4. 4. 재분배와 결합된 조절양식

호혜성과 재분배 사이의 긴장에 대한 질문은 연대경제와 공권력 사이에서 이루어지는 조절양식에 대한 문제의식으로 연결된다(Laville & Nyssens, 2001; Fraisse & Gardin, 2012). 후견적 조절, 준시장 조절, 협상된 조절 등 세 가지 주요 유형의 조절양식을 확인할 수 있는데[121], 이들은 서로 다른 경제적 행위양식들 사이의 다양한 타협방식으로 이해될 수 있다. 후견적 조절에서 공권력은 연대경제 조직들에 지원을 제공하지만, 이 지원은 연대경제 조직들과의 협상 대상이 아니다. 준시장 조절은 연대경제 조직들 간에 그리고 자본주의 기업들과의 경쟁을 활용하는, 시장원칙을 포함하는 재분배의 작동방식을 가리킨다. 하지만 연대적 실천들은 국가가 지배적이지도 시장원칙에 종속되지도 않는 세 번째 유형의 조절양식을 추구한다. 이 조절양식은 "스스로에게 관련되는 게임의 규칙에 대해 민간단체들이 목소리를 낼 수 있는" 파트너십 관계로서 "연대"에 기반한 것이다(Vaillancourt & Laville, 1998, p.131). "협상된" 또는 "합의된" 것이라 일컬어지는 이러한 조절양식은 서비스 가격 또는 공권력의 일방적 결정에 공공정책을 국한시키지 않기 위해 질적 기준을 포함하는 방식으로 구체화된다. 이러한 점에서 협상된 조절

121 – 공공정책에 대해서는 이 책의 2권 2장을 보라.

은 프루동이 "국가가 자신의 권력과 힘을 갖고 있지만 (중략), 그 권위를 잃고 (중략) 국가 그 자체가 가족, 기업, 법인, 지자체 등과 같은 일종의 시민이 되는, 그리하여 국가는 더 이상 최고의 권력도 그렇다고 종복도 아닌, (중략) 다만 동료들 중 가장 첫 자리에 있을 뿐인" 사회를 언급할 때 강조하는 것과 연결된다(Proudhon, 1860, p.68).

5. 연대경제의 (사회)정치적 차원

폴라니는 경제를 제도화 과정으로 이해하는데, 이는 보다 정치적 차원에 기반한 접근이다. 또 연대경제의 특징 중 하나로서 연대적 실천들이 사적 영역이 아닌 공적 영역에 속하는 것으로 이해하게 해준다. 이러한 관점은 더불어 살아가는 것을 말하는 '정치'와 제도적 틀에서의 권력게임을 뜻하는 '정치'를 구분할 것을 전제한다(301쪽의 '정치에 대한 개념화'를 보라).

5. 1. 공적 공간과 연대경제

공적 공간은 '더불어 토론하고 행동하는' 시민들의 상호작용으로 구성된 '정치적' 공간을 뜻하며, 연대경제 논의에서 중요한 의미를 가진다. 특히 공적 공간에 대한 하버마스의 추상적 접근보다는 여러 공적 공간들을 구분하는 프레이저(Fraser, 2003)의 제안에 좀 더 초점이 맞춰져 있다.

공적 공간의 형성과정에는 합리적 행동의 결과뿐만 아니라 시민의 다양한 행동이 개입될 수 있다. 가령, 기존에는 사적인 것으로 여겨지던 문제들을 "공적인 것으로 만들기" 위해서는 감정적인 또는 감성적인 동력들도 동원된다. "정의와 신실함을 지향하는 상호 의사소통 활

정치에 대한 개념화

막스 베버와 한나 아렌트의 대표적 저서들에서는 정치에 대한 두 가지 대조되는 개념화를 발견할 수 있다. 베버가 정치를 국가권력의 실천 및 그와 관련된 지배의 형태로 접근했다면, 아렌트는 사람들이 "주체로 등장하는" 능력과 "더불어 살아감"을 강조하면서 그 인간됨을 정의하는 관계맺기 활동을 이야기한다. 정치적 의미의 공적 공간은 단순하게 사적이지 않은 공간을 넘어서 "더불어 이야기하고 행동하는" 시민에 의해 이루어지는 상호작용의 공간이다. 이 개념은 '공공성' 범주에 기반하기에 중요한데, 이러한 상호작용은 참여자들이 토론과 숙의를 통해 공통의 규칙을 수립하고 자발적으로 참여하는 집합적 행동으로 이어진다. 정치영역은 제도 시스템으로만 환원될 수 없으며, 시민의 참여에서 출발하여 구축되는 공공성commun의 원칙을 포함한다(Dardot & Laval, 2014). 공적 공간이라는 아이디어의 도입은 "루소의 일반의지 개념을 시민의 정치적 의지 형성과정으로 전환함으로써 일반의지를 구체적으로 실체화할 수 있도록 해준다."(Ladrière, 2001, p.407)

하버마스는 공적 공간 개념화에 대한 아렌트의 기여를 온전히 인정하면서, 동시에 베버의 전통에서 가져온 정치권력과 지배 개념을 자신의 분석에 다시 포함시킨다. 그는 공적 권위를 갖는 동시에 대의민주주의 메커니즘에 기반한 결정과 지향을 행정을 통해 실행에 옮기는 "정치 시스템"을 잊지 말아야 한다고 권고한다. 하버마스는 상호 의사소통 권력과 행정권력 사이의 구조적 긴장을 주제로 삼는 정치의 개념화를 통해 새로운 종합을 제안하고 있다. 아렌트의 용어를 다시 취하자면, 아렌트는 "더불어 살아감"을 표출하는 상호 의사소통 권력에 집중하는 반면, 베버는 효율성을 지향하는 행정권력에 초점을 맞춘다. 요약하자면 하버마스는 갈등적 민주헌정국가들은 이러한 갈등적 보충성으로 특징지어진다고 보는 것이다. 상호 의사소통 권력은 규범적 지향을 표출하고, 행정권력은 이를 기존 질서의 재생산 논리를 통해 재구성한다. 이는 행정권력이 상호 의사소통 권력을 자신의 기능들 중 하나로 통합하면서 도구화하는 경향을 동반한다.

동”(Habermas, 1987)은 많은 저자들이 사료를 바탕으로 보여주는 것 같은 합리적 논쟁으로만 귀결하지 않는다(Calhoun, 1992). 상호 의사소통 활동은 이를 수행하는 사람들의 확신과 헌신, 설득 나아가 매혹을 위한 행위를 통해 이루어진다. 따라서 공적 공간 개념은 합리적 의사소통의 이상형으로 환원되기보다는 평등과 자유의 원칙으로 묶인 시민이 민주주의의 이상과 현실의 간극에 대해 문제를 제기하는 것과 같은 구체적 경험에 관련된다. 이런 의미에서 민주적 원칙을 부인하는 것은 시민의 집합행동을 촉발시키는 기본적 원동력 중 하나가 된다.

일반적 의미에서 공적 공간은 상징적 차원의 정치적 커뮤니티 모델을 구성하지만, 엘리(Eley, 1992)가 이야기했듯이 구체적으로 나타나는 방식에서는 논쟁적 의미들이 서로 경합하는 장의 형태를 보여준다. 다양한 대중들이 논쟁 속에서 서로 조화를 추구하기도 하고 대립하기도 한다. 이 논쟁 과정에서는 전략적 행위양식의 표출이나 다른 관점을 배제하려는 시도도 존재한다. 이러한 방식으로 공적 공간은 하나의 고정된 실체가 아닌 지속적으로 재정의되는 ‘장’으로 이해될 수 있다. 공적 공간의 일부는 국가의 강제적 성격이 관철되기도 하지만, 동시에 다양한 형태로 모인 시민에 의해 정치적 의지와 의견을 형성하는 새로운 공간이 만들어지기도 한다. 하버마스가 자신에게 제기된 비판을 받아들이며 인정하듯이(Habermas, 1992, p.175) 이러한 지속적 재구성은 단일한 공적 공간보다는 “다중심 공적 공간” 또는 “다원적 공적 공간들”(Chanial, 1992, p.68)을 이야기하게 해준다.

이제 공적 공간의 다원성 자체를 확인하는 것을 넘어서 다양한 공적 공간들 사이의 관계에 대한 분석을 살펴보자. 대중매체가 점차 많은 공적 공간을 통제하고 공적 공간들이 “체제의 명령”에 점령당하고 행정권력에 의해 지배되는 사회에서, 민주적 생활의 질은 시민사회의 자유로운 토론과 갈등을 통해 형성되는 자율적인 공적 공간의 구성에 달려있다. 이러한 자율적인 공적 공간들 중 하나가 근린 공적 공간이다(Eme & Laville, 2006). 사회적 행위주체들은 이 공적 공간에서 생활세계의 가치가 인정받도록 노력하며, 이는 일상의 문제를 다루는 연대적 활동들을 통해 실천된다. 근린 공적 공간의 정치적 차원은 근린성에 의해 가능해진 보다 밀접한 관계망에 기반하고 있는데, 이것이 공적 공간들과 연대경제의 결합이 결사체주의로 연결되는 이유이다.

결사체주의는 협동조합, 상호공제조합, 비영리 민간단체와 같은 사회연대경제의 다양한 법적 지위를 통해 표출될 수 있다. 결사체주의는 일반적 의미에서 "자발적이면서도 지배관계로부터 자유롭게 그리고 비계약적 방식을 통해 발생하는 관계를 구상할 수 있게 해주고"(Habermas, 1989, p.44) "원자화된" 사고에서 벗어나게 해주는 사회학적 개념이다. 이는 "공적 실천을 정의하기 위한 주요한 매개로서 자발적 결사와 결사체적 활동에 주목하는"(Habermas, 1992, p.186) "결사체적 관계"(Cohen & Arato, 1994)에 대해 여러 학자들이 강조하는 것이다. 요약하자면, 공적 공간들은 발생적 성격의 집합적 표현과 기능적 성격의 도구화라는 양 극단 사이에서 다양한 방식으로 존재한다. 이러한 접근방식은 자발적 결사체들을 신비화하지 않으면서도, 이들이 민주주의 활성화에 기여할 수 있는 잠재력을 파악하게 해준다. 하지만 이러한 결사체주의 경향이 경험적으로 존재하는지를 확인할 필요가 있다.

다양한 사회연대경제 조직들은 계약관계로 환원되지 않는 현대적 형태의 사회관계들이 존재함을 보여준다. 민주주의에 기반한 근대는 개인 사이의 관계를 탈자연화하면서, 보편적이고 민주적인 토대에 기반한 연대를 성찰적으로 재구성할 수 있게 해주었다(Wellmer, 1989). 사회연대경제 조직들은 다양한 방식으로 이 재구성 과정에 참여한다. 사회연대경제 조직들은 사회적 범주들 사이의 추상적인 조정에만 기반하는 국가주의적 연대뿐만 아니라, 사회집단들의 일상에서도 다양한 형태의 연대가 존재한다는 것을 상기시켜 준다. 하지만 결사체들은 매우 이질적이며, 하버마스가 시도하는 것처럼 이들 가운데에서 "자원활동에만 기반하며, 국가와 관련되지 않고, 경제적이지 않은 결사체만"을 인정하는 것(Habermas, 1997, p.394)은 가능하지 않다. 연대경제의 문제의식은 이런 '순수한' 결사체들을 찾는 대신에, 경제와 정치가 불가분의 관계로 얽혀 있는 실천을 확인하고 이론적 중요성을 부여함으로써 이들을 단순한 기업조직으로만 보는 분석을 피하는 것이다. 연대경제 이론은 공적 공간을 강조하는 결사체주의 관점에 기반하면서도, 시민사회의 이니셔티브들을 비국가 민간의 성격으로 국한시키지 않는다. 하지만 이러한 접근법 자체가 시민사회 이니셔티브들이 초기의 문제의식을 잃고 다른 조직형태를 닮아가는 것을 막지는 못한다. 원래의 원칙에서 벗어나는 일탈은 부정할 수 없으며 실제로 자주 발생한다. 어떤 사회연대경제 조직들은 창조성과 진부화 사이의 긴장에 사로잡혀 작동방식이 어정쩡한 채로 남아 있기도 하며, 다른 조직들은 자신들의 독창적 성격을 포기하기도 한다. '제도형성' 논리와 동형화 논리에 기반한 접근은 이런 독창성과 진부화 사이의 동요를 보다 정확하게 설명해줄 수 있다.

5.2. 제도형성 논리들

사회연대경제 조직들의 다양성을 강조하는 것이 중요하다면, 이들 중 연대경제로 여길 수 있는 결사체주의적 실천들을 살펴보아야 한다.

결사체의 설립자들은 개별적 의향을 집합적으로 동원해내고, 동시에 자신들이 생각하는 정의와 사회적 관계의 개념에 대해 다른 사람들이 인정하도록 하기 위해 스스로를 정당화하고 자신들의 개념에 유리한 방식으로 논쟁을 이끈다.

하나의 결사체가 만들어지는 것은 사회생활에 내재한 불확실성에서 벗어나고 공동행동을 가능하게 하려는 시도이다. 사적 영역에서 공적 영역으로의 이동이라는 관점에서 보면, 모든 결사체는 이 두 축 사이에 위치한다. 사적 영역은 사람들 사이 관계의 개별성과 가족이라는 관점에서 사적 관계에 기반하고 있는 반면, 공적 영역은 공권력을 중심으로 대표성을 추구하는 가운데 일반이익(공익)을 지향한다. 많은 집합적 행동들이 이 두 축 사이에 존재하는데, 이들은 가족적 관계를 넘어서 보다 시민사회로 열려있고자 하며, 공적 공간인 정치영역에 뿌리를 내리고 있다.

경험적 분석을 통해, 새로운 제도를 만드는 데 실천적 토대를 제공하는 다섯 가지 행동논리를 확인할 수 있다. 제도형성 논리라고 불리는 이 논리들은 특정한 이니셔티브들이 실천으로 옮겨질 때, 이를 주도하는 사람들이 공유한 개념들과 이들이 활용할 수 있는 기제들의 결합에서 그 동력을 얻는다.

반복적으로 나타나는 논리들은 '가사의 논리', '지원의 논리', '상부상조의 논리' 그리고 '운동의 논리'이다(Laville & Sainsaulieu, 1997; 2013). 여기에 '다중적 관계의 논리'를 덧붙일 수 있다(Laville & Gardin, 1999; Gardin, 2006; Gardin & Laville, 2009). 가사의 논리는 대인서비스에서 쉽게 찾을 수 있다. 지원의 논리는 사회복지 분야에서, 상부상조의 논리는 스포츠와 여가 분야 활동에서, 사회운동의 논리는 평생교육 분야에서 나타난다. 그러나 이중 어느 논리도 한 활동분야에만 특별히 연결되는 것이 아니다. 예를 들어, 사회복지의 한 부분은 당사자들의 조직화와 자원의 공유를 통한 상부상조의 역동성에 기반을 두고 있다. 다중적 관계의 논리는 이용자와 직원의 참여를 활성화하고자 하는 결사체들에서 찾을 수 있다. 이 다섯 가지 논리들은 연대에 대한 해석을 다양하고 풍부하게 만들어주며, 이를 통해 집합행동, 사적 영역과 공적 영역 사이의 관계, 생산과 관련된 모습들을 뚜렷이 드러낼 수 있게 된다. 이 논리들은 설립자들 사이의 관계, 이용자들에 대한 관계, 구성원의 지위에 대한 접근 등에 관련된 각종 기제를 통하여 사람들 사이에 규칙을 부여한다. 자본보유 양에 따라 구성원 사이의 위계화가 이루어지는 자본주의 기업과 달리, 결사체의 경계를 구분하고 관련된 이해당사자들 각각의 역할을 규정하는 것은 결사체를 설립하는 행위 그 자체를 통해 만들어진다. 집합행동을 실행으로 옮기는 이 과정에서 제도형성 논리들은 담론과 실천을 다양한 방식으로 조합하는데, 이들 각각은 서로 다른 위험과 기회를 지니고 있다.

표 3은 이 다양한 논리들 각각의 공유된 개념, 관련 기제 그리고 주요한 특징을 종합하고 있다. 처음의 두 논리는 불평등한 호혜성 형태에 연결되지만, 앞서 언급한 것처럼 집합적 행동의 출발점에서는 참여 없는 단순 수혜자였던 행위주체들이 점차 참여를 통해 연결되면서 보다 평등한 호혜성으로 발전할 수 있다. 이를 통해 이 논리들도 연대경제의 틀에 포함된 다른 세 논리들에 가까워질 수 있다.

		위계적 또는 불평등한 관계를 포함하는 사회연대경제 조직들		연대경제		
논리의 구성요소	논리유형	가사의 논리	지원의 논리	상부상조의 논리	운동의 논리	다중적 관계의 논리
공유된 개념	연대	같은 가족 구성원들 사이의 감성적 관계	선행, 염려, 어려운 사람들에 대한 연민	평등한 사람들 사이의자발적관계	사회변화의 매개체로서 요구와 주장	토론을 통한 점진적 생성
	집합적 행동	관계망에서의 위치와 위계에 대한 존중	타인을 위한 행동	자신을 위한 행동	사회 전반을 위해 필요한 변화	다중이해당사자들의 모임
	사적 영역과 공적 영역 사이의 관계 표현	사적 영역으로 귀결. – 충실, 충성, 신뢰에 대한 강조	사적 성격의 행동. 정치 대신에 윤리와 도덕에 대한 강조	참여자들의 평등한 상황에 대한 강조	공적 표현과 주장/변호의 우선성	공급과 수요를 만들어내는 미시적 성격의 공적 공간
	생산의 형태	개인들에게 제공되는 서비스	사회적 긴급함을 해소하기 위한 활동	구성원들의 경제적 활동에 우선성 부여	정치행동에 종속된 경제적 기능들	집단 전체를 위한 혜택 강조
특징적 기제들	설립자들 사이의 관계	'집'의 확장, 가족질서에 기반한 관계, 인맥을 통한 채용	유력자들	사회적으로나 직업적으로 같은 범주에 속함	같은 '문제의식'을 위한 실천. 평등과 이를 중심으로 한 통합성 추구	동일한 권리를 가진 다양한 구성주체들로 인식
	설립자와 이용자 사이의 관계	설립자에 대한 이용자의 의존성	설립자와 행동의 수혜자들 사이의 커다란 사회적 간극	동질적 집단과 동료들 사이의 호혜성	사상적 결합의 우선성, 이에 기반한 충원, 동료들 사이의 호혜성	이용자와 설립자 사이의 다중적 관계의 호혜성
	구성원 지위에 접근하는 방법	카리스마가 있는 지도자들에 의한 충원	이용자는 구성원이 아님	이용자 = 구성원	이용자 = 구성원	이용자 = 구성원
주요한 특징	위험	불투명성, 온정주의, 닫힌 시스템, 폐쇄성	불평등한 호혜성	방법의 결핍과 소통의 부재에 의한 주변화	이데올로기에 대한 순응에 의한 정체 가능성	이해당사자들 사이의 관계가 가진 복잡성에 따른 기술화
	기회	일차적 관계망의 힘과 사회적 관계의 견고함	발언권이 없는 취약계층에 대한 지원, 강한 로비 능력	내부의 자원(특히 노하우)을 가지고 있는 피지배집단에 적합한 행동, 집합적 독립성	동원능력	새로운 해법을 찾아내는 능력, 파트너십

출처 : 라빌과 생솔리우(Laville & Sainsaulieu, 2013)

표 3 제도형성 논리

5.3. 동형화 논리

표 3에서 소개된 제도형성 논리에 덧붙여 민간기업(시장 동형화)과 공공서비스(비시장 동형화)의 지배적 모델을 따라가는 동형화 논리를 추가할 수 있다. 구성원들이 이러한 모델에 기반한 행동양식을 대변할 때, 내부 주체들에 의해 만들어지고 결사체의 집합적 역사에 뿌리를 둔 규범들은 변경을 요구받게 된다. 표 3에서 설명된 제도형성 논리들이 결사체의 독창성을 보여준다면, 표 4에서 언급되는 동형화 논리는 표준화 경향을 보여준다. 연대경제의 관점에서 시장자원과 재분배자원이 자원혼합을 목표로 동원될 수 있지만, 이 과정에서 제도형성 논리들이 시간이 경과함에 따라 약화되지 않으려면 동형화 논리를 억제할 필요가 있다.

논리의 구성요소 \ 논리유형		비시장 논리	시장 논리
공유된 개념	연대	일반이익(공익)에 대한 우선성	개인적 이익 우선성
	집합적 행동	공권력의 규범과 기대에 부합하는지에 따라 평가되는 품질	기술시스템(인증, 사적 규범…) 또는 소비자들에 의해 평가되는 품질
	사적 영역과 공적 영역 사이의 관계 표현	공권력에 의한 규범의 고정. 행위주체의 프로젝트를 대체하는 공공프로그램	소비자의 자유로운 선택, 사적 만족도의 기준이 행위주체들의 프로젝트를 대체
	생산의 형태	권리에 기반한 서비스 개념. 공적 방식의 자금 조달 우선	성과, 경쟁력, 사적 자금 조달이 요구됨
특징적 기제들	행위자들 사이의관계	실행과제에 적합하고, 정치-행정적 규칙들에 부합하는 역할규정	능력과 결과의 개선
	이용자들에 대한 관계	권한을 갖고 있음. 대상집단의 범주화	고객, 공급의 개별화
주요한 특징	위험	획일화, 공권력에 대한 복종	쉬운 이용자 선별. 관리통제주의
	기회	평등성에 대한 관심	반응성에 대한 관심

출처 : 라빌과 생솔리우(2013)

표 4 동형화 논리

하나의 결사체는 혁신과 재생산 사이에서 자신의 지향을 정하고 실천을 만들며 이를 통해 자신의 역사를 만들어간다. 결사체의 역사는 제도형성 논리와 동형화 논리가 긴장관계 또는 시너지 관계를 통해 전개되면서 조합되는 것으로 이해될 수 있다.

결사체들이 특정한 논리들에 기반하고 있고 구성원들이 자신들의 초심을 지키고 강화한다는 사실 자체는 결사체가 민간기업이나 공공서비스보다 더 좋다거나, 반대로 더 못하다는 것을 의미하지 않는다. 대신에 결사체, 민간기업, 공공서비스 등 법적 조직형태들의 구조화 원칙이 다양하며, 이들의 제도적 특수성을 고려하지 않고서는 진지하게 분석될 수 없다는 점을 기억할 필요가 있다. 가령, 민간 영리기업의 특수성이 자본보유자라는 지배범주로부터 만들어지고, 공공서비스의 특수성이 정치권력에게 위임받은 것에 있다면, 결사체의 특징은 이해당사자들의 위계화를 결정하는 선험적 규칙이 존재하지 않는다는 것이다. 결사체를 만드는 것은 자본보유자의 이해에 의해서도, 정치적 명령에 의해서도 설명되지 않는다. 이러한 요인들이 종종 영향을 미치기도 하지만 그것만으로는 충분치 않다. 결사체는 자신을 둘러싼 내외부의 관계를 어떻게 설계하는가를 통해 자신의 정당성에 대한 질문에 답하게 되며, 따라서 첫 출발부터 이루어지는 선택들이 결정적이다.

정리하자면, 지속가능한 결사체적 행동은 정당화 원칙에 대한 합의를 전제로 한다. 정당화 원칙은 연대에 기반하면서도, 이를 말뿐 아니라 구체적 실천으로 가능케 하는 기제를 통해 뒷받침되는 행위논리의 형태를 취한다. 결사체들은 다른 조직형태보다 다양한 가능성을 향해 열린 공간인데, 행위논리는 이러한 개방성이 가져올 수 있는 불안정성을 줄여주는 역할을 한다. 다른 조직형태 및 제도에서는 사회적 관계가 행위자에 선행하여 존재하는 규칙을 따라 더 체계적으로 설계되어 있어 일종의 안정적 보호막을 갖고 있다. 반면 결사체로 모인다는 것은 이런 보호막을 이용하기보다 구성원이 자신들의 행동을 위한 공통의 기초로서 특정한 논리(들)에 주체적으로 동의함으로써 구체화된다. 이렇게 모인 사람들은 공유한 준거를 명확히 하면서 자신들의 행동을 안정화한다. 끊임없는 해석과 재해석 작업에서 벗어나기 위해 사람들은 특정한 논리를 중심으로 모이고 이를 통해 지속적인 정당화 요구에 더 적극적으로 대응한다. 결사체들에 내재한 불확실성을 덜어내기 위해 '원칙'이라는 표현을 통해 광범위하게 받아들여지는 논거와 방법을 동원하는 것이다.

결사체는 사람들이 강제적이지 않은 방식으로 게임에 참여하는 능력에 대해 성찰할 수 있게 해준다. 이는 짧은 행동들의 연속적 과정에서 발생하는 단기적 조율 방식뿐만 아니라, 집합행위에 대한 보다 중장기적 관점에서 담론과 실천 사이의 일관된 매듭을 엮어내는 것에 대한 문제이다. 이를 위해 결사체 설립자들은 하나 또는 여러 제도형성 논리들에 의지하게 되며 이 논리들을 통해 공동의 노력을 공고하게 만든다. 따라서 공동의 집합행동이 지속되기 위해서는 제도형성 논리들을 동원해야 한다. 초기 소속감이 지속된다는 조건 아래, 제도형성 논리들은 (경우에 따라서는 동형화 논리를 가진 사람들을 포함하여) 새로운 행위자들의 등장에 따라 수정될 수 있다.

제도형성을 위한 것이든 동형화적인 것이든 간에, 논리는 사람들이 일상적으로 가까이 지내는 일차집단을 넘어서 공적 행동을 하기 위한 준거를 제공한다. 그렇기에 구조를 지속해서 유지하기 위해 여러 논리들이 어떻게 연결되고 병립할 수 있는지를 살펴볼 필요가 있다. 결사체들은 제도적 복잡성에 의해 특징지어지며, 연대경제에 속한 결사체들을 이해하기 위해서는 이러한 제도적 복잡성에 대한 이해를 심화시켜야 할 것이다.

결론

이 장에서 계속 언급되었듯이, 연대경제는 경제적 차원과 정치적 차원을 결합하고자 한다. 이를 위해 경제적 문제를 간과하지 않으면서도 공적 공간에 관련된 정치이론들을 동원한다. 이 지점에서 연대경제는 사회적경제와 가까워지지만 동시에 구분된다. 사회적경제가 사회적 조절양식 및 자신이 속해 있는 개발모델의 문제에 충분히 주목하지 않은 채 미시적 경제단위로서의 법적 지위에서 출발하기 때문이다. 연대경제의 관점에서 중요한 것은 이들 미시적 경제단위들의 작동방식뿐만 아니라 이들이 제도적 변화에 기여하는 다양한 방식들이다. 이런 의미에서 보면 사회복지국가 형성에 기여한 상호공제조합들의 역사적 역할은 현재의 활동이 보여주는 성과와 마찬가지의, 아니 그 이상의 의미를 가진다. 사회적경제 조직과 제도들은 자유의 공간을 확장하고 보호하며, 일부 사회집단들에 필요하지만 공공부문과 민간 영리부문이 충족시키지 못하는 활동을 수행함으로써 연대의 형태를 재창조할 수 있다는 점에서 시민사회 민주화의 맹아가 될 수 있다. 그러나 이를 위해서라도 행위주체 스스로 정치적 차원을 발전시켜야 한다. 이러한 점에서 연대경제의 관점은 19세기 결사체주의와 일정 정도 다시 연결된다. 역사적 기원인 결사체주의로 다시 돌아가려는 시도가 임노동 사회로부터 출구를 찾고자 하는 시점에 벌어지고 있는데 이는 사회적 회귀와 동의어는 아니다. 19세기 노동자와 농민의 결사체주의는 자유주의적 자본주의에 맞서 사회를 보호하기 위한 장치를 도입하고자 하였으며, 이를 통해 사회국가를 예견하였다. 오늘날 결사체주의가 다시 등장하는 것은 복지국가의 위기에 대한 응답이다. 연대경제는 사회의 주요 쟁점들에 관련한 사회적경제의 실천을 되돌아볼 수 있게 해주는, 경제적이면서 동시에 정치적인 문제의식으로 이해할 수 있다. 이와 관련하여 19세기와 21세기를 비교하는 것은 20세기에 발전한 복지국가의 과거 및 미래에 대한 성찰을 촉발할 수 있다. 다른 맥락에서 보면, 연대경제는 사회적경제의 연장으로 이해될 수도 있다. 20세기 초반 사회적경제의 상징으로 소개되었던 협동조합 형태의 조직들이 산업화로 가속된 경제의 "규범적 틀을 벗어나는 일탈" 운동에 대한 반작용으로 생겨났다면(Polanyi, 1983), 오늘날 연대경제 실천들은 낮은 생산성을 가진 서비스 활동들이 점점 더 중요해지는 상황에서 등장하고 있다. 관계적 성격 때문에 규격화하기 어려운 이 서비스들은 바로 그 이유 때문에 생산과 사회관계 문제를 함께 고려해야 한다는 중요한 특징을 갖고 있다. 이는 생산활동의 서비스화로 인해 경제가 다시 사회 속에 틀지어져야 함을 보여준다. 이러한 의미에서 관계적 서비스들은 자신들이 추구하고자 하는 연대를 사회적 분절화라는 경향에 대립시키면서 작동한다. 한 세기의 간극이 있지만 이 두 가지 서로 다른 국면에서 행위집단들은 기업가적 방식을 개척하면서 자신들이 비판하는 사회의 흐름에 대한 대안으로서 다양한 형태의 실천들을 만들어냈다. 따라서 이러한 실천들은 그 내부의 다양한 차이를 넘어서 자본주의 논리와 보완적이면서도 대립적인 이중관계를 가진 하나의 동일한 전체에 속하는 것으로 볼 수 있다. 이러한 명제를 뒷받침하기 위해 '케인스주의 이전' 시대에는 경제활동이 도덕적, 종교적, 정치적 규칙들로부터 독립적이라는 생각에 사회적경제가 저항했다는 점을 상기해

보자. 자본주의 규칙의 확산은 이러한 저항을 점차 잊게 만들었지만, 새로운 실천들은 의미의 문제가 보다 크게 제기되고 있는 시기인 '케인스주의 이후'의 위기에서 탈출하는 저항으로서 다시 발흥하고 있다.

요약하자면, 사회적경제의 법적 지위를 통해 주주의 수익 전유 제한과 집합적 자산의 형성을 특징으로 하는 일군의 조직형태들이 현대 경제시스템에서도 유지될 수 있었다. 이 조직들 모두가 전면적인 성격의 비영리 추구라는 기준을 채택하지는 않았지만, 자본기여자에 대한 이윤분배를 제약한다는 공통점을 갖고 있다. "기업 지배구조corporate governance"의 시대에, 이 조직들은 자신들의 활동을 지역화territorialisation함으로써 자본주의 기업에 비교할 때 주식 구입을 통한 거래대상물이 되거나 지역을 벗어나 이전되는 것이 쉽지 않다는 특징을 보여준다. 또한 수익성 있는 고객층에 국한되지 않고 보다 넓은 소비자층을 대상으로 삼고자 한다. 사회적경제는 소유형태의 다양성을 강조하는데, 이는 대중들이 점차 자본주의 기업에서 주주지배가 갖는 부정적 효과를 인식하면서 새로운 의미를 얻고 있다. 지역과 사회집단 사이의 증가하는 불평등에 맞설 수 있게 해준다는 점에서 사회적경제의 이러한 장점들을 보전하는 것이 중요하다. 그럼에도 사회적경제의 역사적 전개과정을 돌이켜 보면, 소유형태의 다양성이 갖는 기여가 느슨해지거나 무효가 되지 않기 위해서라도 단순한 법적 지위를 넘어서 경제적 원칙의 다원성이 동원되어야 함을 알 수 있다. 연대경제는 이러한 원칙들의 조합에 기반하고 있는 것이다.

연대경제의 관점은 시민의 참여를 강조한다. 연대경제는 사회적경제를 구성하고 있는 조직들에게 제도적 지위를 통해 제공되는 보호에도 불구하고, 장기적으로 시장경제 내부에 몰입되는 것은 진부화 현상을 발생시키며, 이를 벗어나는 것은 다원적인 경제 원칙들의 조합, 즉 시장뿐만 아니라 호혜성, 재분배 및 가정살림의 조합을 추구할 때만 가능하다는 점을 환기시킨다. 다시 말해, 연대적 차원은 시민의 평등한 호혜성에 기반한 자발적 참여와 실천에 뿌리를 내리고 관련 프로젝트들에 적합한 공적 조절양식을 확보함으로써만 지속될 수 있다는 것이다. 이는 호혜적 연대로 재분배적 연대를 대체하자는 것이 아니며, 도리어 호혜적 연대를 통해 재분배적 연대를 보완하는 결합방식을 밝히고자 하는 것이다. 이러한 결합을 통해 창출되는 부는 새로운 지표를 통해 이해되어야 한다.[122]

사회적경제와 연대경제 사이의 이론적 차이는 종종 사회적경제를 주장하는 조직들과 연대경제를 자임하는 조직들 사이에서 간극이 벌어지는 것으로 나타난다. '사회연대경제'라는 개념을 통해 분석적 범주와 전략적 범주 사이의 혼동이 더욱 심화되는 것은 이러한 상황에서 기인한다. 그러나 사회연대경제는 사회적경제와 연대경제의 조직들을 모아놓은 것이 아니며, 도리어 사회적경제의 재구성 또는 연대경제의 관점에서 사회적경제를 '재성찰'하는 방식을 뜻한다. 사회연대경제라는 개념이 신뢰를 얻어가는 것은 이 장에서 다루어진 용어들의 개념적 재구성을 의미하는 동시에 다음과 같은 몇 가지 방향으로의 진전을 시사한다. 첫째, 사회적경제와 연대경제 사이의 관계와 관련하여 보다 명료한 확인이 필요하다. 사회적경제 일부 경향은 연대경제를 믿을 만한 경제적 대안이 될 수 없다고 보면서, 연대경제를 노동통합과 뒤섞음으로써 사회적 배제에 대한 투쟁의 일환으로 국한시키고자 했다. 연대경제 일부 경향은 초심을 버린 사회적경제에 대해 단순한 방식으로

---

122 – 사회연대경제 조직들의 성취평가에 관련해서는 이 책의 2권 4장을 보라.

반대하면서 스스로를 최대강령적 대안세력으로 고립시켰다. 둘째, 공공정책을 다룬 이 책의 2권에서 라빌과 니센이 발전시키듯이[123] 오랫동안 방치되었던 공권력과의 관계에 대한 문제를 다시 살펴볼 필요가 있다. 셋째, 역사가 사회적경제를 사회운동에서 분리했다면, 연대경제의 관점은 자신의 정치적 차원을 통해 사회운동과 새로운 대화를 촉진할 수 있을 것이다.

구체적 프로젝트를 매개로 사회적경제와 연대경제의 협력을 강조하고, 공권력을 상대로 공동의 대응을 조직하며, 또 사회운동과 대화를 만들어나가면서 21세기 경제와 정치 모두에서 의미를 가질 수 있는 사회연대경제의 전략을 도출해야 할 것이다.

123 – 이 책의 2권 2장을 보라.

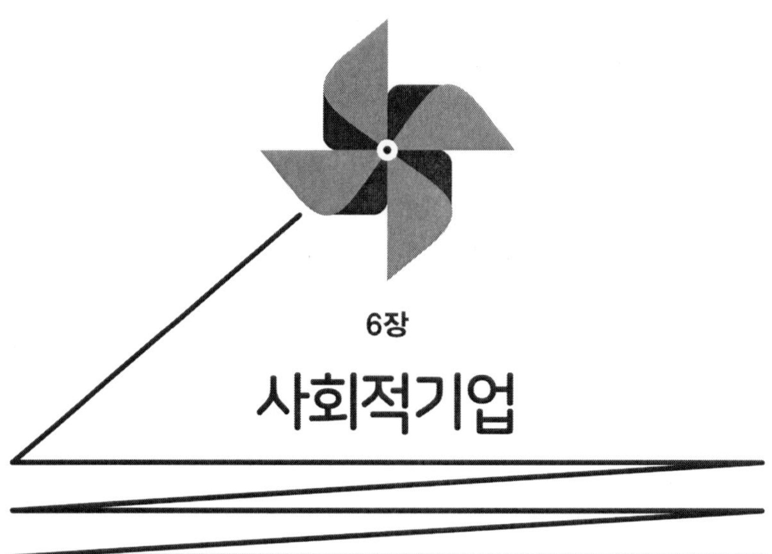

6장

사회적기업

자끄 드푸르니, 마르뜨 니센 지음 | 엄형식 옮김

서론

2000년대 초반에 사회적기업가 정신과 사회적기업 개념을 사용하던 사람들 대부분은 오늘날 이 개념들이 경험하고 있는 놀라운 확산을 전혀 상상할 수 없었다. 개념이 처음 사용되기 시작한 1990년대 이후에 유럽과 북미에서 연구 집단들이 등장했으며, 이후 중동부 유럽(Borzaga et al., 2008)과 중국을 포함한 동아시아 대부분의 국가(Defourny & Kuan, 2011), 그리고 인도, 호주, 이스라엘 및 몇몇 라틴아메리카 국가들로 확대되었다.[124]

유럽에서 사회적기업은 1991년 이탈리아에서 제도화된 사회적협동조합의 성공과 2002년부터 실행된 영국정부의 사회적기업 활성화 정책에 크게 빚지고 있다. 또한 비영리부문, 사회적경제, 연대경제 등 사용되는 표현이 무엇이든 간에 영리 민간부문과 공공부문이라는 고전적 구분법을 넘어서 제3섹터를 강조하는 다양한 접근법들과 연결되어 있다(Borzaga & Defourny, 2001). 사회적기업 개념과 이를 통해 얻을 수 있는 분석적 잠재력은 완전히 새로운 개념의 추가보다는 기존 개념들을 풍부하게 만드는 재조명의 역할로 이해할 필요가 있다. 실제로 사회적기업 개념과 이에 대한 분석은 사회연대경제 내부의 특정한 역

124 – 이러한 다양성에 대한 개관은 전 세계 사회적기업 모델에 대한 대규모 연구프로젝트인 ICSEM 프로젝트에서 진행된 작업들에서 찾아볼 수 있다. www.iap-socent.be/icsem-project

동성 및 그 경계 너머에 대해 잘 보여준다.[125] 이러한 관점은 유럽위원회가 2011년 11월 "경제와 사회혁신의 핵심으로서 사회적기업을 활성화하기 위한 생태계 구축"을 목표로 "사회적기업가 정신 이니셔티브"를 제안하는 대규모 컨퍼런스를 조직했을 때에 유럽위원회에 의해 광범위하게 채택되었다(Commission européenne, 2011).

미국에서 사회적기업가 정신 아이디어는 완전히 다르게 등장하였는데, 혼동을 가져오기도 하는 매우 다양한 해석을 동반하였다. 미국에서 사회적기업 개념은 1990년대 초에 등장하였다. 1993년 하버드 비즈니스스쿨이 "사회적기업 이니셔티브" 과정을 개설한 것이 이 시기의 핵심사건 중 하나이다. 이후로 다른 주요 대학(컬럼비아, 버클리, 듀크, 예일, 뉴욕 등)과 여러 재단이 사회적기업과 사회적기업가를 위한 훈련 및 지원 프로그램을 시작하였다.

일반적으로 말해서 미국식 접근은 두 가지 초점을 중심으로 나뉜다. 먼저 많은 접근법들은 사회적 사명을 위해 복무하는 상업적 활동들을 강조한다. 다른 접근법들은 다양한 재능을 가진 사회적기업가의 실천이 가진 혁신적 성격에 초점을 맞춘다. 슈왑재단Schwab Foundation이나 스콜재단Skoll Foundation과 같은 여러 재단은 사회혁신이 사회적기업가 정신의 중심적 요소라는 아이디어를 바탕으로 엄선된 사회적기업가들에 대한 지원을 제공한다.

이 장의 첫 번째 절에서는 사회적기업과 사회적기업가 정신 개념화에 관련된 주요 학파들을 종합할 것이다. 이 학파들을 각각의 역사적 맥락에 재위치시키면서 이 개념들이 갖는 미국적(또는 영미식) 특징

125 – 이러한 관점은 특히 사회적기업, 사회적기업가 정신이라는 새로운 개념이 최근 공식적으로 인정받은 사회적경제나 사회연대경제 개념을 약화시키거나 문제 삼는 것으로 보일 수 있는 불어권 및 라틴 국가들에서 더욱 중요하다.

과 유럽적 특징을 파악하고자 한다. 두 번째 절에서는 EMES 연구네트워크에 의해 발전해온 접근을 소개하는데, 이 접근의 주요한 장점은 유럽연합에 존재하는 다양한 전통과 감수성의 교차점에 위치하기 때문에 다양한 범위에서 이용할 수 있는 분석틀을 제공한다는 것이다. 특히 EMES의 작업은 이 책의 중심주제인 사회연대경제 관련 작업들의 연장선에 놓여 있다. 세 번째 절에서는 현실의 다양성을 이해하는 데 도움이 되는 사회적기업의 주요한 네 가지 모델에 기반한 분석틀을 설명할 것이다. 마지막 두 절에서는 이 네 가지 모델들이 사회적 사명을 경제활동에 어떻게 연결하는지, 그리고 주요 모델들이 채택한 거버넌스 형태 및 이해당사자들의 위치와 역할이 갖는 다양한 성격을 분석할 것이다.

1. 사회적기업 개념의 등장

개념을 이해할 때에 그 개념이 등장한 특정한 국가적 또는 지역적 맥락을 고려하지 않으면 제대로 드러나지 않는 문제들이 있다. 따라서 사회적기업과 사회적기업가 정신의 개념적 토대를 밝히기 위해서는 이들 개념을 특정한 맥락 속에 다시 위치시킬 필요가 있다.

사회적기업 개념에 대한 토론이 2004~2005년까지 별다른 연결 없이도 대서양 양안에서 유사한 궤적을 그리며 발전해온 것은 놀라운 일이다. 학술적 관점에서 만들어진 첫 번째 가교는 니콜스(Nicolls, 2006), 마이어와 동료들(Mair et al., 2006) 그리고 스티이아르트와 요르트(Steyaert & Hjorth, 2006)의 작업들이었다. 또 세계 여러 지역에서의 사회적기업 개념화를 꾸준히 비교해온 컬린(Kerlin, 2006, 2009)의 기여도 있다.

1. 1. 영미식 원천들

미국에서 사회적기업은 광범위하면서도 불분명하게 정의되고 있다. 요컨대 사회적기업, 사회적기업가 정신 그리고 사회적기업가라는 개념은 많은 경우 서로 교체 가능한 것으로 여겨진다. 그러나 디스와 앤더슨(Dees & Anderson, 2006)이 제안하듯, 시장자원 학파와 사회혁신 학파라는 두 가지 주요 학파로 구분하는 것이 적절해 보인다.

1.1.1. 시장자원 학파

사회적기업 개념에 대한 시장자원 학파의 첫 번째 세대 작업에서 사회적기업 개념은 비영리 민간단체들이 자신의 사회적 사명을 보다 잘 실현하기 위해 수행한 시장에서의 경제활동들을 가리킨다(Skloot, 1987; Young & Salamon, 2002). 민간에서 기부금을 모금하기가 어려워지고 공권력이나 재단에게서 보조금을 구하는 것이 점점 더 힘들어지는 경험을 하면서 '비영리'조직들은 사회적기업을 재정문제에 대한 혁신적 해법으로 여겼다(Kerlin, 2006).[126]

같은 학파의 두 번째 세대 작업은 사회적 목적을 갖고 시장활동을 수행한다면 영리이건 비영리이건 상관없이 보다 광범위한 조직들에까지 사회적기업 개념을 확장했다(Austin et al., 2006). 시장자원의 중요성이 강조될 뿐만 아니라 영리부문에서 나온 경영방법 일체가 주목을 받았다(Emerson & Twersky, 1996). 그 결과 '기업의 사회적 책임Corporate Social Responsibility' 범위에 속하면서도 비즈니스스쿨들이 사회적기업가 정신으로 규정한 후원, 메세나, 그리고 보다 혁신적 형태에 이르기까지 고전적 상업회사들이 발전시킨 다양한 활동들을 포괄하게 된다.

무하마드 유누스(Yunus, 2010)가 주창한 소셜비즈니스 개념도 사회적 목표가 보다 급진적이긴 하지만 두 번째 세대에 속한다고 볼 수 있다. 이 소셜비즈니스 개념은 법적 지위와 관계없이 시장자원을 통해 전체 비용을 조달하는 것을 목적으로 하면서, 동시에 매우 가난한 고객층에게 재화와 서비스를 제공하는 사회적 목적을 가진 기업들을 가리킨다. 일부 대기업들은 이 가난한 고객들을 남반구 국가들에서

126 – 비영리조직들의 존재이유와 행동방식은 이 책의 3장에서 광범위하게 다루었다.

"피라미드의 바닥bottom of the pyramid"이라 불리는 시장으로 바라본다. 자주 인용되는 소셜비즈니스 사례는 방글라데시 빈곤층을 위해 영양가 높은 요구르트를 낮은 가격에 생산하여 판매하는 그라민 다논Grameen Danone의 예가 있다.[127] 소셜비즈니스는 일반적으로 유력한 투자자들이 만들지만, 유누스의 관점을 따르자면, 이윤이 사회적 사명의 실현을 위해 전적으로 재투자되고 투자자들은 배당을 전혀 받지 않는다.

1.1.2. 사회혁신 학파

디스와 엔더슨(2006)에 따르면 사회적기업 개념에 대한 두 번째 주요 학파는 사회혁신에 중심적 위치를 부여한다. 여기서는 영(Young, 1986)이 슘페터주의 관점에 기반한 그의 선구적 작업에서 설명한 것처럼, 사회적 필요에 대한 새로운 해법을 구체화할 수 있는 사회적기업가의 프로필, 창조성, 역동성 및 리더십이 부각된다. 이 접근에 따르면 사회적기업가들은 새로운 서비스, 새로운 서비스의 질, 새로운 생산방법, 새로운 생산요소, 새로운 조직형태 또는 새로운 시장과 같은 영역들 중 적어도 한 가지 이상에서 "새로운 조합들combination"을 실행하는 "변화의 주체들"이다.

디스가 제안하는 사회적기업가 정신의 정의는 이 두 번째 학파의 지향을 상징적으로 대표한다.

127 – '다논 커뮤니티'라 불리는 투자기금에 의해 다른 몇 가지 사업들도 시작되었다. 매년 개최되는 '세계 소셜비지니스 정상회의(Global Social Business Summit)'는 지역의 조건과 필요를 잘 알고, 사회적 도전에 대한 해법을 제시하는 데에 정당성을 지닌 비영리 민간조직들과의 파트너십을 주도할 수 있는 다국적기업들의 경영진들을 대상으로 이러한 모델 또는 유사한 모델들을 발전시키고자 한다.

"사회적기업가는 사회적 가치 창출이라는 사명을 추구하고, 이러한 사명을 수행하기 위한 새로운 기회를 모색하면서, 사회적 부문에서 변화의 주체로서 역할을 담당한다. 자원의 제약에 구속되지 않으면서 담대하게 행동하고, 자신의 사명과 사회적 임팩트를 위한 헌신을 분명히 보여주는 혁신, 적응 그리고 학습의 지속적 과정이다."(Dees, 1998, p.4)

여기서 강조되는 것은 동원된 자원의 유형보다는 혁신의 체계적 성격과 사회적 임팩트의 범위이다. 아쇼카Ashoka재단은 이 접근법에서 선구적 역할을 했다. 1980년대 초부터 아쇼카의 핵심활동은 (사회적기업가라는 명칭 자체는 나중에 쓰기 시작했지만) 사회적기업가들을 발견하고 지원하는 것이었다. 90개 국가에서 3,000명 이상의 사회적기업가들이 '아쇼카 펠로우'로 선정되었고, 자신들의 활동을 전파하는 것을 포함하여 다양한 형태의 밀착 지원을 받을 수 있었다. 아쇼카는 또한 '공동창조co-creation'의 역동성, 즉 공공부문이나 사회복지 행위주체들, 그리고 기업을 참여시키는 혁신적 해법의 등장을 지원한다.

미국에서는 사회혁신이 사회적기업 자체의 성장을 통해, 즉 활동의 범위를 규모화함으로써 전파된다고 바라본다. 이러한 관점에서 볼 때, 재정적 기여를 통해 만들 수 있는 지렛대 효과와 몇몇 재단들이 채택한 '벤처자선' 개념과 같은 보다 선제적 전략을 수행할 수 있는 재단의 지원 역할이 중요하다. (325쪽의 '벤처자선' 참고)

성공한 사회적기업가들 일부의 프로필은 소명의 중요성을 강조하고 규모화가 가능함을 보여주기 위해 언론, 수상, 경진대회 등 다양한 방식으로 강조되고 찬양되었다. 이들은 "현대의 영웅"으로 소개되고 있다(Bornstein, 2004).

벤처자선 venture philanthrophy

"벤처자선이라는 단어는 실리콘밸리의 많은 젊은 기업가들이 매우 빠르게 부를 쌓아 올리고 이를 바탕으로 사회참여를 하고자 했던 1990년대 미국에서 시작되었다. 이들은 선배 자선사업가들과는 다른 방식으로 사회참여를 하고자 하였다. 즉 자본투자의 방법, 특히 리스크캐피탈(벤처자본)의 방법을 기부에 적용하는 것이었다. 자선의 전통적 패러다임과 비교할 때에 특징적 원칙들은 다음과 같다.

- 프로젝트나 프로그램을 지원하는 것이 아니라 지원받는 조직들의 능력을 발전(역량강화)시키는 것이다.
- 기부되는 금액이 많고 특정한 기간에만 이루어지며 기부자들의 참여가 높은 수준이다. 리스크의 개념도 벤처자선에서 핵심적이다. 리스크를 감수함으로써 몇 번의 실패가 있다 하더라도 상당한 임팩트를 가질 수 있다고 기대할 수 있다는 것이다.
- 수혜자 선정 과정은 리스크캐피탈의 정밀실사due diligence의 주요한 단계들을 따라 하면서 매우 심화되고 선별적인 성격을 갖는다.
- 그 결과, 수혜를 받는 조직들의 수는 매우 적다. 몇몇 "최고의 주체들champions"을 지원하는 데 집중하기 위해 분산을 피한다. – 벤처자선의 다른 핵심은 재정지원만큼이나 중요한 비재정적 사례관리이다. 수혜를 받는 조직은 일반적 전략, 실행방식, 역량, 발전 및 평가에 대해 조언을 받게 된다.
- 벤처자선의 마지막 핵심요소는 평가이다. 평가는 지원된 재정의 지출에 대한 감독이나 수혜조직이 실행한 활동에 대한 단순한 보고에 머물지 않는다. 보통은 사회적 임팩트에 대한 심도 깊은 평가를 목표로 한다."(Pache, 2016)

유럽벤처자선협회European Venture Philanthropy Association는 연평균 800만 유로의 재정을 배분하는 150~200개의 재단들이 유럽에서 활동하는 것으로 파악하고 있다. 이 수치가 보여주는 것은 아직까지는 벤처자선 현상이 양적인 규모보다는 그 방식과 관련하여 제기되는 논쟁 덕분에 더 주목을 받는다는 것이다. 논쟁을 촉발하는 질문들에는 "어떻게 가장 적절하고 정당한 조직들을 선정하는가?", "어떻게 조직의 자율성을 지키면서 밀착된 사례관리를 하는가?", "어떻게 사회적 임팩트를 측정하는가?" 등이 있다.

출처: 빠슈(Pache, 2016)

1.1.3. 사회적기업가 정신 – 두 학파의 수렴

사회적기업가 정신에 대한 영미식 접근들은 시장자원 학파와 사회혁신 학파가 공유하는 몇몇 핵심 기준들, 즉 조직의 법적 지위에 관계없이 사회적 임팩트 추구, 사회혁신, 시장자원의 동원, 기업 경영기법의 활용 등을 중심으로 수렴하고 있다. 많은 사회적기업가의 시도들이 사회적 목적을 지닌 조직의 설립으로 이어지기는 하지만, 연구들은 부문의 경계가 흐려진다는 사실과 영리 민간부문이나 공공부문에서도 기업가적 성격의 사회혁신 가능성이 존재함을 강조하는 경향이 있다(Nicholls et al., 2016).

일부 저자들은 이중 또는 삼중의 기준double or triple bottom line(사회, 환경, 재무(Savitz, 2006)), 또는 서로 긴밀히 연결된 경제, 사회 및 환경 요소들을 통한 혼합적 부가가치blended value 창출을 강조한다(Nicholls, 2009). 이러한 맥락에서 사회적기업이 창출하는 계측 가능한 사회적 효과에 보다 많은 관심이 쏠리고 있다.[128] 임팩트를 분명히 추구하는 것은 '리스크-수익'이라는 고전적 차원에 사회적 또는 환경적 임팩트의 차원을 덧붙이는 경영논리로까지 발전할 수 있다(Morgan, 2012). 이러한 '임팩트 투자'가 사회혁신을 더 큰 규모로 확산하는 지렛대 효과를 낼 수 있다는 전망 아래에서 경제, 사회 및 환경 차원의 기준이 평가요소가 되는 새로운 투자시장이 열리고 있다.

128 – 사회연대경제 조직들의 성과평가에 대해서는 이 책의 2권 4장을 보라.

1. 2. 유럽에서의 개념화

위에서 소개된 사회적기업 개념화는 영미권에 기원을 두고 있지만 오늘날에는 경영학과들과 국제적 규모의 재단을 통해 전 세계로 전파되고 있다. 하지만 사회적기업 개념은 미국에서만큼이나 일찍이 유럽에서도 나타났다. 유럽에서 가장 먼저 사회적기업 개념이 사용된 것은 1990년 이탈리아에서 〈사회적기업Impresa sociale〉이라는 이름의 간행물을 통해서였다. 제도적인 차원에서도, 법제정 훨씬 이전부터 사회적 목적을 위해 경제활동을 수행하면서 발전해온 사회적기업들에 대해 이탈리아 의회는 1991년 "사회적협동조합"이라는 특정한 지위를 부여하는 법을 통과시켰다. 사회적 사명을 지닌 이들 기업가적 실천은 적절한 법적 지위 덕분에 전국적으로 빠른 발전을 경험하게 되었다. 주요하게는 민간 영리부문과 국가에 의해 충족되지 않거나 불완전하게 충족되는 수요들, 특히 대인서비스와 취약계층 노동자의 노동통합 영역에서 발전하였다(이탈리아 사회적협동조합의 법적 지위와 발전과정에 대해서는 350쪽의 '이탈리아 사회적협동조합'을 참조하라).

이탈리아 사회적협동조합 지위가 도입된 이후, 유럽에서는 지난 20여 년에 걸쳐 새로운 법률들이 생겨났다. 11개 국가에서 사회적 목적을 추구하면서 상업활동을 수행할 수 있도록 하는 법적 틀이나 지위가 도입되었다(Roelants, 2009; Fici, 2015). 법적 지위들 중 일부는 프랑스의 '공익협동조합société coopérative d'intérêt collectif'(2001)[129]이나 폴란드의 '사회적협동조합'(2006)과 같이 협동조합 모델을 기반으로 하는 반면, 다른 지위들은 협동조합 모델에서 일정 부분 영감을 얻기는 했지만 명시

129 – 이 책의 2장에서 공익협동조합을 소개한 131쪽의 '프랑스의 새로운 협동조합'을 보라.

적으로 참조하지는 않는다. 가령, 1995년 벨기에에서는 모든 상업기업들에게 '사회적목적기업société à finalité sociale'의 지위를 갖출 수 있도록 해 주었고[130], 영국에서는 2004년 공동체이익회사community interest company 구성에 관련된 법률이 통과되었다. 영국의 이 법률은 사회적기업에 대한 이해 향상 및 사회적기업의 발전을 촉진하고자 '사회적기업연합Social Enterprise Coalition'을 발족하고 '사회적기업과Social Enterprise Unit'를 설치한 토니 블레어 정부의 정책 방향에 따른 것이다.

새로운 법적 형태나 틀의 도입 이외에도 많은 유럽 국가들에서는 1990년대에 걸쳐 경제활동을 통해 취약계층 노동자의 노동통합을 목표로 하는 공공프로그램이 발전하였다. 다양한 사회적 목적을 가진 사회적기업들이 광범위한 분야에서 활동하고 있었지만, 노동통합 사회적기업entreprise sociale d'insertion(영어로 work integration social enterprise, WISE)이라 불리는 이 사회적기업 유형은 전 유럽에 걸쳐 상당한 정도로 발전하였다. 노동통합 사회적기업의 주요 사명은 저숙련으로 인해 항시적으로 노동시장에서 배제되는 위협을 받는 실업자들을 생산활동을 매개로 노동의 세계와 사회생활에 재통합하는 것이다(329쪽의 '유럽 노동통합 사회적기업의 다양성'을 보라). 노동통합 사회적기업이 사회적기업 영역에서 차지하는 중요한 비중 때문에 일부 국가들에서는 사회적기

---

130 – 사회적목적기업은 모든 형태의 상업기업들이 이용할 수 있는 법적 지위이다. 즉 별도로 구별되는 새로운 형태의 상업기업이 아니라 보충적 특징을 통해 규정하는 일종의 라벨이다. 실제에 있어서 상업기업의 여러 법적 형태들 중, '사회적목적기업'의 자격을 얻기 위해 요구되는 조건들을 가장 쉽게 충족할 수 있는 것은 협동조합이다. 그러나 이 법적 지위는 기대한 것만큼의 성공을 거두지 못했는데, 20여 년 동안 1,000개가 되지 못하는 사회적목적기업이 설립되었다. 주요한 이유로는 사회적목적기업 지위로 얻을 수 있는 혜택이 크지 않다는 점이 설명되곤 한다. 사회적목적기업 지위가 중소기업 일반에 관련되어 그에 따른 지원을 받을 수 있는 반면, (특히 고용지원에 관련된) 중요한 지원들이 비영리 민간단체에만 적용되기 때문에, 비영리 민간단체들이 사회적목적기업으로 전환하는 것을 제약하는 요인이 되고 있다.

유럽 노동통합 사회적기업의 다양성

EMES 네트워크의 광범위한 조사연구(Nyssens, 2006; Gardin et al, 2012)는 유럽연합 국가들에서 노동통합 사회적기업WISE으로 간주되는 44개 범주의 다양한 활동들을 확인하였다. 이들은 노동통합 방식을 기준으로 네 개의 주요 그룹으로 분류될 수 있다.

- 첫 번째 그룹은 지속적인 보조금을 통해 직업적 통합을 제공하는 노동통합 사회적기업들로 구성된다. 이 그룹은 가장 오래된 형태의 노동통합 사회적기업인 장애인 노동통합 사회적기업들을 포함한다. 이 유형은 대부분의 나라에서 확인되는데, '고전적' 노동시장이 요구하는 생산성과 장애인들의 생산능력 사이의 차이를 채우는 것을 목표로 한다. 이들 조직 대부분은 공적 제도에 의해 인정받고 있으며 노동자들에게 무기근로계약을 제공한다. 첫 번째 그룹에 속하는 사례로는 아일랜드, 덴마크, 포르투갈의 보호작업장 및 벨기에의 적응노동기업entreprises de travail adapté이 있다. 핀란드의 근로지원센터centres d'aide par le travail와 벨기에 플랑드르 지역의 사회적 작업장Sociale werkplaats도 넓은 의미에서 이 그룹에 속하는데, 이 두 유형의 노동통합 사회적기업은 지적 또는 신체적 장애가 아닌 '사회적 장애'를 겪는 사람들을 위한 보호고용을 제공하는 조직들로 유럽에서 유일한 경우라 할 수 있다.
- 두 번째 그룹은 노동시장에서 심대한 어려움을 겪는 사람들에게 자체적인 재정조달을 통해 지속적 고용을 제공하는, 즉 중기적 관점에서 경제적으로 지속가능한 고용을 제공하는 노동통합 사회적기업들로 구성된다. 초기 단계에는 공공보조금이 대상 집단의 낮은 생산성을 보전하기 위해 지원된다. 이 보조금은 일시적이며 점차로 줄어든다. 공적 지원을 받는 시기가 지나면, 노동통합 사회적기업은 주요하게 시장에서 얻어지는 자체 자원을 바탕으로 노동통합 대상 노동자들에게 급여를 지급해야 한다. 이 조직들은 특히 영국의 커뮤니티 기업community enterprise과 사회적기업, 그리고 독일의 특정 유형 협동조합들을 포함한다. 대부분의 경우, 무기근로계약을 제공하지만 일반적으로 다른 유형의 노동통합 사회적기업보다 훨씬 강한 수익성에

대한 요구를 받는다.

- 세 번째 중요한 그룹은 주요하게 생산활동을 매개로 취약계층 대상자들을 (재)사회화하는 목적의 노동통합 사회적기업들로 구성된다. 대표적 사례로 프랑스의 적극적 생활적응센터centres d'adaptation à la vie active, CAVA, 스페인의 보호고용센터centros especiales de empleo, 스웨덴의 사회적협동조합을 들 수 있다. 이들 노동통합 사회적기업은 특정한 취약계층 노동자들을 대상으로 삼는다. 노동활동이 실제적인 근로계약의 대상이 되기보다는 보호받는 지위가 된다는 점에서 '준 비공식'적 성격을 가진다(가령, 노동자들은 노동의 대가로 숙식을 제공받는다). 자원활동이 상대적으로 중요하며 시장자원은 제한적인 수준에 머문다.
- 양적인 면에서 유럽에서 가장 중요한 네 번째 그룹은 전환적 노동경험이나 노동을 통한 훈련을 제공하는 사회적기업들을 포함한다. 노동통합 대상 노동자들이 '고전적' 노동시장에서 일자리를 찾도록 돕는다는 공통의 목적을 공유하고 있음에도 이 기업들은 목적을 실행하는 방법에서는 매우 다양하다. 가령, 벨기에 노동훈련기업entreprises de formation par le travail은 인턴십 형태로 양질의 훈련을 제공하는 반면, 프랑스의 노동통합기업entreprises d'insertion은 1년 기한의 실제 고용을 제공한다. 이러한 다양성은 자원의 동원이라는 차원에서도 나타난다. 이들 중 일부는 거의 전적으로 보조금에 의존하지만, 다른 조직들은 실제적으로 공적 지원을 거의 받지 않는다. 자원활동의 중요성도 매우 다양하다. 대부분의 노동계약이나 인턴계약은 유기계약의 형태를 띤다.

어떤 노동통합 사회적기업들은 다양한 대상 집단을 위해 여러 가지 방식의 노동통합을 동시에 실행하기 때문에 이들 네 가지 그룹 중 하나로 분류하기 어렵다. 이탈리아 사회적협동조합 B유형, 프랑스의 지역관리기업régis de quartier, 벨기에 왈룬 지역의 노동통합기업, 그리고 스위스의 일부 노동통합 조직들이 이 경우에 해당한다.

업 개념을 노동통합 사회적기업으로 협소하게 이해하기도 한다.

1990년대 초반 이탈리아 사회적협동조합 모델에서 영감을 받아 현장의 다양한 실천들이 전 유럽으로 확산되었음에도 불구하고, 사회적기업 개념 그 자체는 이 시기에 본격적으로 사용되지 않았다. 여러 나라들에서 유사한 발전 경향이 있음을 확인하면서, 학계에서는 유럽에서의 '사회적기업의 등장'을 연구하는 연구자들의 네트워크가 구성되었다. 연구주제의 약어인 EMES라 명명된 이 네트워크[131]는 사회적기업에 대한 공통의 접근법을 발전시켰는데, 이 접근법은 오늘날 유럽 및 나아가 세계적 수준에서 주요한 참조개념이 되었다.

131 – 1996년부터 2000년까지 유럽연합 학술국(DG Recherche) 위탁연구를 수행한 연구자들의 네트워크를 가리켰던 EMES라는 명칭은 네트워크가 사회적기업과 사회연대경제 전반에 대한 여러 다른 연구 프로젝트를 수행하는 동안 유지되었다. 2002년부터 EMES는 벨기에 법에 따르는 비영리 민간단체로 재설립되어 이 분야에 전문화된 12개의 대학연구센터와 개별 연구자들이 참여하였다. 2013년 이후 네트워크는 세계 여러 지역에서 온 백여 명의 연구자들이 참가하고 있다. EMES 네트워크에 대한 더 자세한 정보는 www.emes.net을 참조하라.

2. 사회적기업에 대한 'EMES'의 접근법

EMES의 작업은 유럽에서 사회적기업의 개념화를 위한 이론적, 경험적 토대를 처음으로 놓았다. 이 접근법은 여러 학제간(경제학, 사회학, 정치학, 경영학), 그리고 유럽연합 내 다양한 전통과 국가별 감수성들 사이에서 이루어진 오랜 대화의 결과물로서 특별히 주목받을 만하다.

1996년부터 EMES 네트워크는 막스 베버의 분석적 개념인 "이상형" 개념을 활용하여, 유럽연합에서 등장하는 사회적기업가 정신 실천들의 주요한 특징을 바탕으로 사회적기업에 대해 이해를 도울 수 있는 추상적 개념 모델을 만들고자 했다. 이렇게 확인된 특징들은 사회적기업으로 인정받기 위해 충족해야 하는 조건이 아니며, 다만 다양한 사회적기업의 활동들을 이해하기 위한 도구적 성격을 갖는다. 따라서 이 특징들이 모든 사회적기업에서 언제나 완벽하게 존재해야 하는 것은 아니다.

한편 EMES 연구자들은 이 새로운 사회적기업가 정신이 단지 새로운 조직의 설립을 가리킬 뿐만 아니라 기존의 조직들, 특히 사회연대경제 조직들에서 발견되는 새로운 역동성을 반영한다는 가설을 발전시켰다.

사회적기업 이상형을 정의하기 위해 EMES 네트워크가 파악한 특징들은 먼저 경제적 성격에 대한 네 가지 지표들과 사회적 성격에 대한 다섯 가지 지표들의 두 하위그룹으로 소개하였다(Defourny, 2001, pp.16~18). 그러나 비교연구의 관점에서 핵심적인 세 번째 차원을 강조하기 위해 다시 세 하위그룹으로 분류하여 소개하였는데, 바로 EMES 사회적기업 이상형의 특징인 지배구조에 대한 것이다(Defourny & Nyssens, 2003).

2. 1. 경제적 차원의 지표들

이 사회적기업들의 경제적이고 기업가적인 성격을 파악하기 위해 세 가지 주요 요소가 고려된다.

재화나 서비스의 지속적 생산

생산활동은 사회적기업의 존재이유, 또는 주요 존재이유들 중 하나이다. 일부 전통적인 민간단체들과 반대로 사회적기업들의 주요 활동은 권익옹호나 많은 재단들의 경우처럼 기금을 분배하는 것이 아니라 지속적인 방식으로 재화의 생산이나 서비스의 제공에 직접 참여하는 것이다.

의미 있는 수준의 경제적 리스크

사회적기업 설립자들은 전적으로 또는 부분적으로 기업활동에 내재되어 있는 리스크를 감수한다. 대부분의 공공기관들과 달리 이들의 재정적 지속성은 기업에 충분한 자원을 충당하기 위해 구성원과 노동자들이 동의한 노력에 달려있다.

유급노동 존재

전통적 민간단체들과 마찬가지로 사회적기업은 화폐자원과 비화폐자원을 이용할 수 있고 유급노동자와 자원활동가에 의존할 수 있다. 그러나 사회적기업의 활동은 최소 수준의 유급노동을 포함하고 있다.

2. 2. 사회적 차원의 지표들

다른 세 가지 지표들은 특히 사회적 목적과 사회적기업이 시민사회에 뿌리내리고 있는 성격을 설명한다.

커뮤니티를 위한 서비스라는 명백한 목표

사회적기업의 주요한 목표 중 하나는 커뮤니티 또는 특정 집단의 사람들을 위한 서비스 제공이다. 사회적기업의 특징 중 하나는 지역 수준에서 사회적 책임에 대한 감수성을 활성화하려는 의지에 있다.

시민 집단의 주도성에 기반

사회적기업은 하나의 커뮤니티 또는 필요나 목적을 공유하는 사람들에 기반하는 집단의 역동성에서 나온다. 이 집합적 차원은 단독 또는 몇몇 사람들의 리더십과 결합될 수 있다.

수익분배의 제한

사회적기업들은 종종 발생한 수익을 구성원이나 경영자에게 분배할 수 없는 비영리 민간단체 유형의 조직들이다. 또한 협동조합과 같이 제한적 방식의 수익분배를 통해 이윤극대화 시도를 피할 수 있는 조직형태를 이용하기도 한다.

2. 3. 지배구조 관련 지표들

끝으로 마지막 세 가지 지표들은 특정한 지배구조에 대한 것들이다.

상당한 수준의 자율성

사회적기업은 특정한 프로젝트를 기반으로 하여 일군의 사람들에 의해 만들어지고 통제된다. 사회적기업은 공적 보조금에 의존할 수 있지만 직접적이든 간접적이든 간에 공공기관이나 다른 민간조직들(연합회, 민간기업 등)에 의해 관리되지 않으며, 자신들의 목소리로 주장하고 활동을 중단할 권리와 능력을 갖고 있다.

자본보유에 기초하지 않는 의사결정권

이 기준은 일반적으로 '1인 1표' 원칙 또는 최소한 최종 의사결정권이 있는 회의에서 투표권이 자본보유 정도에 따라 배분되지 않는 의사결정 과정을 가리킨다. 자본소유자들도 당연히 자신들의 목소리를 갖지만 의사결정권은 다른 행위주체들과 나누어 갖게 된다.

활동에 관련된 다양한 이해당사자들을 포함하는 참여적 역동성

이용자나 고객의 이해를 대변하고 참여시킬 뿐만 아니라 프로젝트의 다양한 이해당사자들을 의사결정에 참여시키는 것은 사회적기업의 중요한 특징이 된다. 많은 경우에 사회적기업의 목표들 중 하나는 지역 수준에서 민주주의의 역동성을 활성화하는 것이다.

이들 아홉 가지 지표를 통해 우리는 새로운 기업가적 역동성으로 보완되거나 세밀화된 사회연대경제 조직들의 특징을 쉽게 확인할 수 있다(Borzaga & Defourny, 2001).

이 지표들이 사회적기업으로 인정받기 위해 완벽하게 충족시켜야 하는 조건들을 구성하는 것이 아님을 강조하자. 개별 사회적기업들에서 이 특징들이 모두 같은 정도로 나타나는 것은 아니며 어떤 특징들은 발견되지 않기도 한다. 따라서 이 이상형은 분석틀, 즉 모두에게 정북향으로 걸어갈 것을 제안하는 것이 아니라, 방향을 보여주고 이를 확인할 수 있는 일종의 나침반으로 보아야 한다. 모든 종류의 기업들로 구성된 광활한 은하에서 이 나침반은 세 가지 주요한 차원들에서 보이는 공통된 특징들을 보다 많이 공유하는 특정한 별들의 무리, 즉 서로 유사한 성격을 지닌 사회적기업들을 확인할 수 있게 해준다. 이들 별무리가 사회적기업의 도드라진 모델을 구성함을 이후 살펴보겠다.

끝으로 EMES의 접근법은 영미식 사회적기업 개념과 일정한 공통점을 지니고 있지만, 거버넌스와 경제적 리스크를 강조한다는 점에서 중요한 차이점도 보여준다(Kerlin, 2006; Defourny & Nyssens, 2010). EMES의 접근법은 종종 현대 경제의 제3섹터로 소개되는 사회연대경제에 뿌리내리고 있는데, 사회적기업의 주요한 구체적 모델들을 확인하기 위해 제3섹터 이론에서 영감을 얻는 것은 논리에 맞는 일이라 할 것이다.

3. 사회적기업의 주요한 모델

3. 1. 이해관계에 대한 세 가지 원칙

제3섹터의 고유한 경제적 논리에 대한 선구적 작업에서 기(Gui, 1991)는 제3섹터에 상호편익 조직과 공익 조직이 공존하고 있다는 이론을 제안했다.[132] 모든 유형의 조직에서는 잔여적 결정권, 특히 '잔여수익'의 처분에 관련된 결정권을 가진 사람들로 구성되는 '지배범주'와 다른 한편으로는 이 잔여수익이 귀속되는 사람들로 구성된 '수혜범주'를 확인할 수 있다. 이러한 구분은 소유권이 일반적으로 잔여통제권과 잔여청구권이라는 두 가지 유형의 공식적 권리를 동시에 가진다는 정의에서 나온다(Hansmann, 1996)[133]. '잔여'의 성격은 이들 권리가 계약적 방식으로 부여되지 않는다는 사실을 가리킨다. 잔여통제권은 법이나 다른 이해당사자들(특히 기업의 경영자들)에 대해 계약으로 부여되는 통제권이 아니다.[134] 잔여수익은 계약에 기반한 재무적 의무들을 모두 이행한 후, 자산을 통해 실현가능한 수입들을 포함하여 기업이

132 – 여기서는 보다 종합적인 방식으로 이 책 1장에서 이미 소개된 이론화의 핵심적 요소들을 다시 설명한다.

133 – 거버넌스에 관련해서는 이 책의 2권 3장을 보라.

134 – 여기서 언급하는 것은 대형 자본주의 기업에서 흔히 나타나는 것과 같이 경영자들이 소유주가 아닌 상황이다.

발생시키는 재무적 결과 또는 잉여에 해당한다.

이 권리를 보유할 수 있는 이해당사자는 투자자(주주), 노동자, 고객, 공급자, 예금자, 수혜자 등 다양할 수 있다. 제3섹터 조직을 특징짓기 위해 기(1991)는 무엇보다 제3섹터 조직에서 잔여수익에 대한 권리는 전통적 자본주의 기업과 달리 투자자(주주)들의 손에 있지 않다는 점을 강조한다.[135] 또한 하나의 조직이 제3섹터에 속하기 위해서는 잔여통제권이 공공부문 조직이든 준공공 조직이든 간에 공권력에 의해 보유되지 않아야 한다.

비자본주의적이고 공공부문에 속하지 않은 기업들을 관찰하면서 기는 제3섹터를 "상호편익 조직"과 "공익 조직"이라는 두 가지 주요한 조직들로 구성된다고 정의한다. 상호편익 조직은 투자자가 아니라는 조건에서 지배범주와 수혜범주가 뒤섞인 조직이다. 실제로 추구되는 상호편익은 구성원들 스스로의 통제 아래에서 구성원들에게 제공되는 재화나 서비스에 대한 것이다.[136] 모든 종류의 상호공제조합과 전통적 협동조합들(소비자협동조합, 노동자협동조합, 예금 및 신용협동조합), 그리고 동기가 회원의 편익 추구인 모든 민간단체들(스포츠클럽, 직종별 협회 등)을 정의하는 것이 이 지점이다.

제3섹터의 두 번째 주요 구성요소, 즉 '공익 조직'은 내부에서 수혜범주가 지배범주와 구분되는 조직들이다. 이는 구성원에 의해 통제되

---

135 – 투자자는 자본의 지분을 보유한 사람이고 주요하게 또는 배타적으로 자본에서 발생하는 전반적인 재무적 수익에 관심을 갖고 있다. 이러한 논리를 확장하면, 자기 기업의 자본을 보유하고 직접 일을 하는 개인 소유자도 이 두 가지 유형의 권리를 보유한 투자자로 간주할 수 있다.

136 – 이 경우에 구성원들은 생산활동을 조직의 존재이유로 간주한다. 이는 협동조합 조합원들의 경우에도 마찬가지이다. 조합원이 되기 위해 일반적으로 하나 또는 여러 주의 자본을 취득함에도 불구하고, 이들은 이 자본에서 발생하는 수익(수익은 여러 가지 방식으로 제약된다)에 대해서는 우선적인 이해관계를 갖지 않는다.

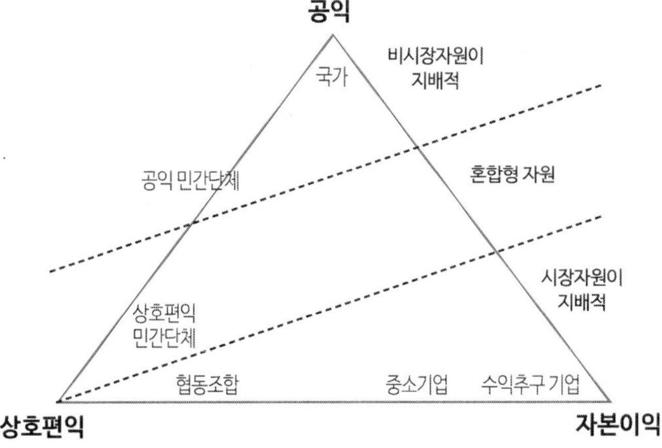

그림 1 이익의 원칙과 자원의 혼합

지만 구성원이 아닌 다른 사람들(즉, 수혜자)에 대한 서비스 제공을 목적으로 하는 민간단체들이다. 일반적으로 이들은 환경보호, 사회적 배제에 대한 투쟁, 개발협력을 위한 활동 등 공적 유용성을 갖는 활동을 하는 모든 민간단체와 재단을 포괄하는 넓은 의미에서의 박애 또는 자선 조직들을 가리킨다.[137]

이러한 구별들은 경제 전반에서 공익, 상호편익 그리고 자본이익이라는 세 가지 동력 또는 주요한 '이익의 원칙들'의 존재를 고려하게 한다. 우리는 이 원칙들을 삼각형의 꼭짓점으로 표현하고 이들 각각의 조합을 삼각형의 변으로 이해할 수 있다(그림 1을 보라).[138] 이 세 가지

137 – 모든 공공기관들도 전형적인 공익 조직이지만, 제3섹터가 아닌 공공부문에 속한다.

138 – 이 책의 1장은 어떻게 제3섹터 조직들이 시장에서의 교환, 재분배 그리고 호혜성에서 나오는 자원들을 조합하는가를 보여주기 위해 삼각형을 활용하여 다양한 유형의 경제적 행위주체들을 설명하고 있다. 그러나 이 장에서 우리가 만든 구분은 다양한 사회적기업 모델을 이해할 수 있도록 해주는 주요 동력으로서 다양한 이익의 원칙들(상호편익, 공익, 자본이익)에 기반한다는 점에서 전혀 다르다.

동력들 또는 주요 이익의 원칙들은 상대적으로 잘 구분될 수 있지만, 동시에 다양한 방식으로 변용될 수도 있다. 따라서 이를 표현하는 모든 그림들은 이들 각각을 충분히 구별되게 보여주면서도 그 중간 위치에 대한 설명도 가능해야 한다.

전통적 협동조합들과 상호편익 민간단체들은 자연스럽게 상호편익에 상응하는 꼭짓점 근처에 위치할 것이다(그림의 왼쪽 아래 각). 반대로 공익이라는 목적을 추구하는 민간단체들은 논리적으로 공익에 해당하는 각 주변에 위치해 있지만 그 공적 유용성이 일반적으로 국가가 담당하고 보장하는 공익보다는 덜 포괄적이라는 점에서 꼭짓점 자체에 해당하지는 않는다.

우리 그림에서 자본이익에 해당하는 오른쪽 아래 각은 당연히 주주/투자자들이 소유한 자본주의 기업들이 위치해 있다. 그렇지만 주주/투자자들은 종종 사회적 책임CSR 전략을 발전시키며, 이를 통해 공익 관련 문제들에 대한 관심을 표명하는데, 이 경우 삼각형의 오른쪽 꼭짓점보다 약간 위쪽에 이들을 위치시킬 수 있다.

삼각형의 밑변은 수익을 분배하는 대조적인 두 가지 방법 사이의 연속성을 보여준다. 협동조합에서는 중심목표인 생산활동의 발전을 위해 수익을 사용한다는 점에서 수익추구는 도구적 성격을 가진다. 조합원들의 출자금에 대해 이자와 배당으로 보상할 수 있지만 엄격한 방식으로 제한된다. 수익의 핵심부분은 일반적으로 적립금에 할당되며, 이 적립금은 협동조합에 의해 축적된 자산이 개인적 치부를 목적으로 이용되지 못하도록 하는 '자산처분 제한asset lock'에 의해 보호된다. 특히 협동조합이 해산하거나 협동조합이 아닌 다른 유형의 기업으로 전환될 때 축적된 순자산은 유사한 목적을 가진 조직을 지원하는 데 귀속

된다.[139]

반대로 자본주의 기업에서 주주들은 가능한 한 높은 배당을 받는 것과 주식의 가치를 올리는 것을 주요한 목적으로 추구한다. 주식시장에 상장된 대기업의 경우에 투자자들은 단기적 시야에서 생산활동을 주식가치를 높이기 위한 단순한 도구로 간주하기도 한다. 하지만 많은 중소기업들에서는 다른 상황이 전개되기도 한다. 비록 자본주의적 유형이라 할지라도 중소기업, 특히 가족기업들은 매우 다른 방식으로 이윤추구와 비재정적 목표의 실현 사이에서 균형을 이룰 수 있다 (Zellweger et al., 2013). 이러한 논리는 오른쪽 아래 꼭짓점에서 좀 더 떨어진 곳에 위치하게 된다.

3. 2. 시장의 활용과 자원의 혼합

사회적기업에 대한 많은 문헌과 담론에서 시장활동을 사회적기업의 두드러진 특징으로 소개한다. 사회적기업에 대한 가장 간결하지만 가장 적절하지는 않은 정의는 "사회문제에 대한 시장적 해법"이라고 기술하는 것이다. 실제에 있어서도 사회적기업 여부를 확인할 때 많은 관찰자들은 시장자원이 차지하는 비중을 고려하는데, 어떤 경우에는 최소한 50% 이상의 자원이 시장에서의 판매를 통해 조달되어야 한다고 요구한다.[140]

---

139 – 일부 국가들에서는 협동조합 법률이 명료한 방식으로 자산처분 제한 조항을 부과하지 않는다. 이 경우의 협동조합들은 아래 변에서 좀 더 오른쪽에 위치한 것으로 볼 수 있다.

140 – 영국에서 진행되었던 많은 조사들은 시장에서의 자원조달 50%를 기준으로 진행되었다.

하지만 이러한 접근법은 현장의 실상과는 거리가 있으며, 사회적 기업가 정신과 사회적기업에 관련된 모든 학파들이 공유하는 것도 아니다(343쪽의 '경제적 리스크 개념의 다양함'을 보라). 그러나 경제적 모델과 시장에 대한 의존 정도의 문제는 중요한 논쟁 주제이며, 우리도 이 지점을 회피하지 않을 것이다.

이는 삼각형 그림에 두 개의 점선을 그린 이유이다. 이 점선들은 시장자원, 공적 보조금, 기부 등 자원들의 다양한 조합을 고려하게 해준다. 또한 시장자원이 지배적인 상황, 공적 재정조달이 주요한 상황 그리고 조직의 사회적 사명과 재무적 지속성이 보다 잘 균형을 이룰 수 있도록 혼합적 경제모델이 중시되는 상황을 구분할 수 있게 해준다(그림 1을 보라). 아래쪽 점선이 '상호편익'의 각을 나누고 있음을 지적할 필요가 있다. 협동조합은 주요하게 시장에서 활동하는 기업이며 그 수입의 전체 또는 주요한 부분이 시장에서 발생한다. 반대로 스포츠클럽이나 다른 여가 관련 민간단체와 같은 상호편익 조직은 일반적으로 시장자원(회원들의 회비, 구내매점에서의 판매)뿐만 아니라 자원활동 및 지자체의 스포츠 인프라 및 설비 등의 공적 지원과 같은 다른 자원들을 혼합하여 활용한다.

3. 3. 사회적기업 모델을 주조한 제도적 궤적들

상호편익과 공익에 대한 기의 이론틀과 사회적기업이 활용하는 자원유형에 기반하여, 다양한 '제도적 궤적들'이 어떻게 다양한 사회적 기업 모델을 주조했는지 설명할 수 있다. 제도적 궤적들은 다음과 같은 방식으로 기술될 수 있다.(그림 2를 보라)

경제적 리스크 개념의 다양함

사회적기업이 '사회적 사명'을 위한 것이라는 유연한 전제 아래, 시장자원 학파는 시장에서의 판매를 통한 재정조달의 정도를 사회적기업을 분류하는 주요한 축으로 간주한다. 이러한 관점은 시장논리의 관점에서 사회적기업을 이해하는 유럽의 일부 공공정책들에 의해서도 공유되고 있다. 예를 들어, 2002년 시작된 영국의 사회적기업 활성화 정책에서는 사회적기업을 "핵심적으로 사회적 목적을 갖고, 잉여가 발생하면 주주나 소유주의 이윤극대화를 추구하기보다는 사회적 목적의 실현을 위해 자신의 활동이나 지역사회에 재투자하는 상업적 활동"으로 간주한다(DTI, 2002).

여론 또한 경제적 리스크 개념을 시장활동에서 오는 수입에 연결시키는 경향이 있다. 하지만 경제적 리스크의 협소한 개념을 넘어서는 것이 중요하다. 경제를 "기업의 지위나 재정충당 방식과 상관없이 시장에서 재화와 서비스를 공급하는 모든 활동"으로 간주하는 유럽위원회의 정의는 이와 관련하여 적절한 참조가 될 수 있다(유럽위원회 재판소, 1991). 시장이' 중요한 역할을 하지만 재정충당의 문제, 즉 기업의 리스크는 시장 외 자원의 다양성과도 관련된다.

EMES 연구네트워크에 따르면, 경제적 리스크가 있다는 것은 사회적기업이 시장수입을 통해서만 경제적 지속성을 달성해야 한다는 것이 아니다. 이와 반대로 사회적기업의 자원은 혼합적 성격을 가진다. 상업활동을 통한 자원조달뿐만 아니라 공적 보조금이나 자원활동 및 기부도 사회적 사명에 기여한다. 사회혁신 학파는 이러한 개념을 광범위하게 공유하고 있다. 디스(Dees, 1998)에 따르면, 사회적 사명의 중심성은 사회적기업가로 하여금 기부부터 시장수입에 이르는 모든 유형의 자원을 동원하면서 이를 통해 인적, 재정적 자원의 다양한 조합을 이끌어내도록 한다. EMES의 접근법에 따라 달리 말하자면, '경제적 리스크' 개념의 핵심은 사회적기업의 재무적 지속성이 사회적 사명의 달성을 위해 적합하고 필요한 자원을 조달하려는 구성원의 공동 노력에 달려있다는 것이다. 하지만 오늘날 사회적기업가 정신에 대한 영미식 접근이 시장수입과 비지니스 분야에서 영감을 받은 경영기법 동원이라는 몇몇 핵심기준들로 수렴된다는 점에서, 경제적 리스크 개념에 대한 사회혁신 학파와 시장자원 학파의 차이는 줄어들고 있는 것으로 보인다.

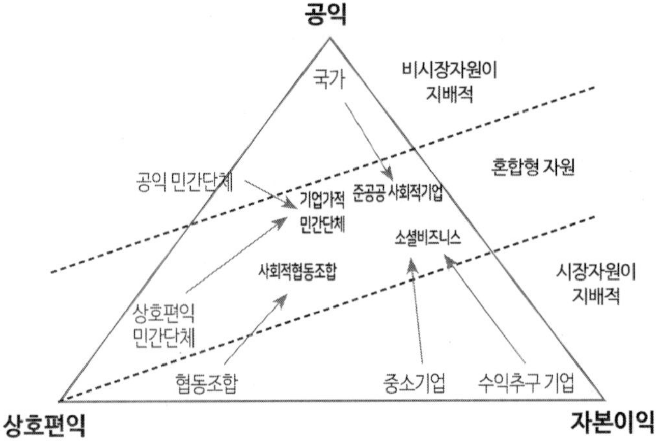

그림 2 제도적 궤적과 사회적기업 모델

1) '출발점'은 앞서 살펴본 삼각형(그림 1)에서 세 가지 "이익의 원칙"에 따라 정의되고 위치지어지는 조직유형들이다. 세 가지 이익의 원칙과 이에 조응하는 조직유형들은 역동성과 궤적을 발생시키는 모델이 된다.

2) 궤적은 다음의 두 가지 운동 중 하나에 도식적으로 조응한다.

a) 공익에 대한 중요성이 보다 강조되는 경향을 반영하면서 상호편익 조직들이나 자본주의 조직들이 '위를 향해' 이동한다. 이러한 전개는 그림 2에서 위쪽을 가리키는 화살표들로 표시된다.

b) (지금까지 공권력에 의해 완전히 보조를 받거나 비시장자원에 주요하게 의존해온) 공익 조직들이 기존 자원을 보충하기 위해 시장활동을 수행하면서 '아래로' 이동한다. 이러한 전개는 그림 2에서 아래쪽을 가리키는 화살표들에 의해 표현된다. 이는 또한 보다 상업적 경영기법의 채택을 의미할 수도 있다.

3) 제도적 궤적들은 사회적기업 모델의 등장으로 이어진다. 이 모델들이 반드시 안정적인 것은 아니며 따라서 점차 변화할 수 있다는 점을 밝혀두자.

그림 2가 보여주듯이, 우리는 6가지 주요한 제도적 궤적들을 확인하였으며, 이는 사회적기업의 네 가지 주요 모델로 이어진다.

달리 말해서 제도적 궤적에 기반한 분석틀은 사회적기업의 대부분이 네 가지 주요 모델에 의해 설명될 수 있음을 보여준다.

3.3.1. '기업가적 민간단체' 모델

'기업가적 민간단체' 모델 사회적기업은 두 개의 서로 다른 민간단체 모델의 궤적에서 나온다. 먼저 자신의 사회적 사명을 달성하기 위해 공적 보조금, 기부, 자원활동 등의 자원과 더불어 시장활동을 통한 수입창출로 자원을 조달하는 공익 민간단체들을 가리키는데, 이는 사회적기업 관련 학파들 중 시장자원 학파 초기 담론에 상응한다.

수입창출 전략은 구체적으로 아래처럼 다양한 형태를 취할 수 있다.

- 수익이 사회적 사명을 위해 쓰이는 상업활동(가령 자선단체가 운영하는 가게)
- 상업활동의 수행을 통해 모단체로 귀속되는 수익 창출을 목적으로 민간단체에 의해 설립되는 자회사들
- 민간단체가 사명의 실천을 위해 수행하는 모든 시장활동. 가령 노동통합 사회적기업이 재화나 서비스 판매 및 노동통합 대상

노동자들을 훈련할 목적으로 수행하는 생산활동

이들 전략의 다양성은 상업활동의 성격과 역할이 사회적기업마다 매우 다를 수 있음을 시사한다(347쪽의 '생산적 활동과 사회적 사명 사이의 관계'를 보라).

기업가적 민간단체 모델의 사회적기업들은 상호편익 민간단체가 구성원의 이해를 넘어서 보다 높은 수준의 공익을 고려하는 방향으로 발전하면서 등장할 수도 있다. 이는 구체적으로 조직이 구성원의 편익을 잊지 않으면서도 구성원이 아닌 다른 '수혜자'를 위해 일하게 됨을 의미한다. 앞서 살펴본 것처럼, 어떤 민간단체들은 구성원의 편익과 보다 넓은 공동체를 위한 관심을 결합한다. 예를 들어, 스포츠클럽, 청년운동 그리고 레저클럽은 자신의 회원을 위해서 운영하지만 취약지역 사회통합에 기여하기 위해 자신의 활동을 지역사회로 확장할 수 있다.

3.3.2. '사회적협동조합' 모델

'사회적협동조합' 모델은 일반적으로 상호편익 조직('협동조합' 또는 '상호편익 민간단체')이 공익에 보다 관심을 기울이면서 이동하는 궤적으로 생겨난다.

협동조합은 무엇보다 조합원의 비자본주의적 편익을 위해 조합원에 의해 보유되고 (민주적으로) 통제되는 상호편익 기업이다. 협동조합의 특별한 성격을 이해하는 하나의 방식은 조합원의 "이중 자격"[141], 즉 기업

141 – 협동조합에 관련해서는 이 책의 2장을 보라. 이 이중 자격은 기(1991)가 제안한 지배범주들과 수혜범주들이 혼합되는 것과 무관하지 않다.

생산적 활동과 사회적 사명 사이의 관계

시장자원 학파는 상업활동을 사명의 실현을 위한 단순한 수입원으로만 간주하면서 판매하는 재화나 서비스의 성격을 부차적인 것으로 여긴다. 이러한 관점에서 보면 사회적기업이 사회적 사명 실현을 위해 수입을 창출할 수 있다면, 그 활동내용 자체는 사회적 사명과 완전히 무관하게 모든 형태의 상업활동이 될 수 있다. 실제로 미국의 비영리조직이 시장활동에서 최대한 이익을 얻기 위해 자회사 형태의 상업조직을 설립하는 것은 흔한 일이며, 이때 이 자회사만 사회적기업으로 간주되곤 한다.

반면 유럽의 사회적기업 논의에서는 재화나 서비스 생산 그 자체가 사회적 사명의 추구를 표현한다. 사회적기업의 사명이 취약계층을 위한 고용창출이라면, 생산적 활동은 취약계층에 의해 수행되고 이를 통해 노동통합이라는 목적에 직접적이고 긴밀하게 연결된다. 사회적기업의 사명이 사회서비스를 발전시키는 것이라면, 경제활동의 내용은 이 사회서비스를 제공하는 것이다. 이러한 유럽식 접근법은 사회적기업의 활동을 사회적 도전에 대응하는 혁신적 전략의 수행으로 이해하는 사회혁신 학파에 의해 공유된다. 혁신적 행위가 생산과정이나 재화 및 서비스의 배분방식에서 이루어질 수 있는데, 이러한 재화나 서비스 제공 자체가 사회적기업의 존재이유를 대변한다.

알터(Alter, 2007)가 제안한 유형화는 상황들의 다양성을 종합해준다. 어떤 경우에는 상업활동이 사회적 사명을 위한 핵심수단이기 때문에 사회적기업 활동의 중심에 놓인다('사명중심mission-centric'). 다른 경우에는 상업활동이 사명에 유기적으로 연결되는 것은 아니지만 기업이나 모조직의 사회적 사명 수행을 위한 재무자원들을 조달한다('사명과 무관mission-unrelated'). 마지막으로 상업활동이 조직의 사회적 사명에 연관되면서도 이 사명의 달성을 위한 수익창출을 할 수도 있다. 가령 사회적 사명의 직접 대상 집단보다 더 넓은 대상층에게 상업화된 서비스를 제공하는 경우를 들 수 있다 ('사명과 관련mission-related').

의 '공동소유자'인 동시에 '이용자'라는 성격[142]을 파악하는 것이다.

협동조합 전통에 위치해 있는 사회적협동조합 모델은 총회에서 평등한 투표권과 자본에 대한 제한적 보상과 같은 민주적 거버넌스의 실행을 목적으로 한다. 그러나 이 모델은 전통적 협동조합 모델을 넘어서 조합원의 편익을 추구하는 것과 지역사회 공동체 전반 또는 특정한 대상 집단의 편익을 추구하는 것을 결합한다.

모든 조합원들이 상호편익을 공유하면서 동시에 지속적으로 공익에 기여할 때, 사회적협동조합은 단일 범주의 이해당사자에 기반하게 된다(단일이해당사자 협동조합). 예를 들어 재생에너지 시민협동조합에서 조합원들은 자신들을 위해 보다 나은 질과 가격의 에너지를 찾지만, 이런 에너지의 생산은 그 자체로 사회적 이슈인 지속가능개발에 기여하는 결과를 가져온다. 경제학자들이 외부효과라 부르는 이러한 유형의 기여는, EMES 네트워크의 초기 작업들에서 보이듯이 사회적 기업에서는 그 자체가 목적이 된다(Laville & Nyssens, 2001).[143]

사회적협동조합의 사회적 사명이 자신의 조합원을 대상으로 하는 경우에도 단일 범주의 이해당사자로 구성된다. 예를 들어 빈민이 자신들의 일자리를 만들기 위해 '민중경제'의 일환으로 조직한 남미 노동자협동조합의 경우가 그러하다. 마찬가지로 공예품을 만들거나 기본 식량을 생산하는 빈곤층 아프리카 여성들이 협동조합을 통해 자신들

---

142 – 협동조합의 '이용자'로서 조합원은 소비자협동조합, 예금 및 신용 협동조합, 보험협동조합, 주거협동조합 등에서 협동조합이 생산하는 재화나 서비스를 구매하는 소비자나 사용자일 수 있고, 농업협동조합에서는 자신들의 생산품을 가공하고 판매하기 위해 협동조합을 이용하는 공급자 또는 생산자일 수 있으며, 노동자협동조합의 경우에는 조합원은 자신들이 통제하는 협동조합에 의해 고용된 노동자이기도 하다. –옮긴이

143 – 모든 유형의 기업들은 대부분 긍정적 외부효과를 만들어내지만 영리기업은 일반적으로 이를 내부화하지 않는다. 즉 자신의 명시적 목적이나 회계시스템 또는 연말결산에 포함시키지 않으며, 다만 경제활동으로 유발된 효과일 뿐 그 자체로 추구했던 것은 아닌 것으로 남는다.

의 생산품을 판매하고자 모였을 때, 이들은 해당 협동조합의 대상 집단인 동시에 유일한 이해당사자 유형이 된다. 조합원과 그 가족의 매우 취약한 수입 및 삶의 조건을 개선한다는 점에서 조합원들의 상호편익은 사회적 사명을 포함하고 있다.

그러나 많은 사회적협동조합들은 다중이해당사자 조직이라 할 수 있다.[144] 예를 들어, 유기농산물의 직거래 유통구조를 만들기 위해 생산자와 소비자가 함께 만든 농업협동조합의 경우를 들 수 있다. 재생에너지 협동조합과 마찬가지로 조합원들의 이해가 광범위한 사회적(환경적) 목표와 결합되는데, 서로 다른 이해당사자가 공동의 노력을 통해서 목표를 추구한다는 특징을 보여준다. 이탈리아의 노동통합 사회적협동조합은 다른 사례를 보여주는데, 이 협동조합들에서 실무자, 노동통합 대상자 그리고 자원활동가는 모두 조합원이 되도록 초대받는다(이탈리아 사회적협동조합에 대해서는 350쪽의 '이탈리아 사회적협동조합'을 보라). 다중이해당사자 구조는 여러 나라의 사회적협동조합 관련 법률에서 인정받고 있으며, 종종 의무사항이 되기도 한다(이탈리아, 포르투갈, 그리스, 프랑스).

협동조합 유형의 사회적기업은 경제활동을 통해 사회문제에 대한 해법을 제시하려는 상호편익 민간단체가 진화한 결과로써 만들어질 수도 있다. 이러한 이유로 상호편익 민간단체에서 출발한 화살표가 기업가적 민간단체 모델과 사회적협동조합 모델 방향으로 동시에 향하는 것으로 나타난다. 예를 들어, 하나의 민간단체가 처음 시작단계에서는 장애아동의 부모들이 서로 돕고 함께 활동하기 위해 모이면서 시작될 수 있다. 다음 단계에서 이 민간단체는 어른이 된 아이들에게 보

144 – 이러한 유형의 조직에 대해서는 거버넌스를 다룬 이 책의 2권 3장에서 보다 상세히 다루고 있다.

이탈리아 사회적협동조합

이탈리아 대인서비스 분야에서 연대적 성격의 활동을 발전시킨 시도들이 처음 등장한 것은 1960년대이다. 이 시도들은 국가나 시장 모두 충족시키지 못하는 사회적 수요들, 즉 장애인의 노동통합, 약물중독자 재활, 가정형편이 어려운 아동에 대한 지원, 노숙자 지원 등에 대해 지역 수준에서 해법을 제시하려는 시민의 주도로 등장하였다. 이것이 발전하면서 자원활동을 보완하기 위해 점차 실무자들이 필요하게 되었다. 강력한 이탈리아 협동조합운동은 이들 새로운 흐름을 받아들임으로써 사회서비스 영역에서 협동조합적 윤리를 따르는 새로운 조직들을 발전시키고자 하였다. 새로운 '협동조합들'은 전통적 협동조합 지위를 이용하면서 거의 20년 동안 적절한 법적 틀 없이 발전했다. 협동조합운동에 의해 자율적으로 형성되어온 모델을 토대로 사회적협동조합 지위를 법제화한 1991년 11월 381법을 통해서 법적 인정이 이루어졌다. 이 법적 지위는 사회, 보건 또는 교육 서비스를 다루는 협동조합(사회적협동조합 A유형)과 취약계층의 노동통합 활동을 수행하는 협동조합(사회적협동조합 B유형)이라는 두 가지 유형을 구분하고 있다. 이 법은 또한 다음과 같은 내용을 포함하고 있다.

- 사회적협동조합은 "인간적 발전과 시민의 사회통합을 목표로 하는 지역사회 공익"을 추구한다.(1조)
- 자원활동가들도 조합원이 될 수 있다.(2조)
- 사회적협동조합은 공공행정기관들과 특수한 관계를 유지한다.(5조)
- 사회적협동조합은 특정한 재무적 혜택을 받을 수 있다.(4조)

현재 사회적협동조합 A유형은 재가서비스, 요양원, 어린이집, 치유공동체 등 많은 서비스를 제공한다. 대상 집단은 활동부문에 따라 고령자, 미성년자, 장애인, 약물중독자, 정신질환자, 이민자 등 다양하다.

사회적협동조합 B유형은 농업, 녹지공간 유지관리, 청소서비스, 환경정화, 세탁, 목공, 정보통신 등의 분야에서 활동한다. '일반' 노동자들과 '취약계층' 노동자들(지적 장애 또는 신체장애가 있는 장애인, 정신질환자, 약물중독자, 외부활동이 가능한 재소자 또는 취약한 상황에 처한 성인 등)로 구성된 협동조합 직원들이 활동을 수행한다. 법에 따르면 사회적협동조합 B유형은 직원의 최소한 30%가 노동통합 대상자로 구성되어야 한다. 2011년 현재 이탈리아에는 11,264개의 사회적협동조합이 있고, 이중 대략 1/3은 B유형이다. 전체 사회적협동조합에는 365,000명의 유급 직원들이 있고, 이중 30,000명의 노동통합 대상 노동자가 사회적협동조합 B유형에서 일하고 있다. 사회적협동조합 전체에는 31,000명의 자원활동가와 약 6백만 명의 이용자들이 있다. 전체 연간매출은 대략 110억 유로이다.

출처: ISTAT (2011), Euricse (2013)

호고용을 제공하는 기업을 만들기 위해 부모, 실무자, 자원활동가들을 참가시키는 다중이해당사자 사회적협동조합으로 점차 발전할 수 있다. 이러한 역동성을 거치면서 협동조합 모델을 통해 민간단체의 생산적이고 경제적인 차원이 강화되고 참여적인 차원 역시 유지 확장될 수 있다.

사회적협동조합 모델과 관련하여 두 가지를 언급할 필요가 있다. 먼저 협동조합 원칙은 공식 협동조합으로 구성되지 않은 사회적기업에 의해서도 실천된다는 것이다. 엄격한 법률적 관점에서 보면 구별되지만 어떤 법적 형태들은 협동조합 지위에 가까운 것으로 볼 수 있다. 개발도상국가에서는 비공식 부문에 위치해 있지만 사회적 목표를 갖고 생산활동을 수행하는 많은 조직들이 지역 수준에서 협동조합 방식으로 발전해왔다. 이러한 유형들에 대해 '협동조합 유형의 사회적기업'이라고 말하는 것이 보다 현실적일 것이다.

둘째, 협동조합 원칙의 첫 번째는 '자발적이고 개방적인 가입'인데, 이는 "협동조합은 어떤 유형의 차별도 없이 협동조합의 서비스를 이용하기에 적절하고 조합원으로서의 책임을 감수할 준비가 된 모든 사람들에게 열려 있다."는 것을 뜻한다(ICA).[145] 조합원이 되는 것이 기술적으로 쉽고 거의 비용이 들지 않는다면, 상호편익과 공익의 경계를 과도하게 강조할 필요가 없다. 이와 관련해서 약국협동조합은 좋은 사례를 보여준다. 유럽연합 몇몇 국가들에서 약국협동조합들은 다른 경쟁자들보다 더 좋은 가격으로 의약품을 공급하고 있는데, 이들은 수익의 일부를 소비자조합원들에게 '협동조합 배당'의 형태로 배분하고 있다. 단순히 낮은 가격의 협동조합 지분을 구입함으로써 회원이 될 수 있다는 점에서 이들 약국은 새로운 '소비자조합원'의 가입을 통해 점차 많은 시장지분을 갖게 되었다. 또한 끊임없는 성장을 통해 그들 '협동조합의 장점'을 지역사회로 확장해왔다. 그 결과, 약국협동조합들은 늘 '상호편익' 협동조합으로 여겨지지만 약국들은 사실상 '사회적협동조합'에 가까워졌다.

3.3.3. '소셜비즈니스' 모델

법적 지위에 상관없이 사회적 사명을 추구하는 상업기업을 사회적기업으로 보는 접근법은 상경계열 학교, 컨설팅 회사, 다국적기업의 사회공헌 부서 및 여러 재단들에서 지배적인 모델이 되었다. 이 접근법은 시장해법뿐만 아니라 민간 영리기업의 경영기법 자체를 사회문제에 대한 보다 효과적인 해법으로 간주한다.

영리기업이 사회적기업의 역동성을 적극적으로 추구할 때 공익을 향해 이동하는 것으로 나타난다. 이 사회적기업 모델은 재무적 결과와

145 – https://www.ica.coop/en/cooperatives/cooperative-identity 2019년 3월 조회.

사회적 결과 더 나아가 환경적 결과를 동시에 목표로 하면서 그들 사이의 균형을 추구한다(double/triple bottom line). 그림 2가 보여주듯, '소셜비즈니스'는 공익을 향해 이동하면서 비시장자원을 일부 동원하면서 자원혼합 모델에 가까워진다.

상업활동이 대인서비스(가령 고령자 대상 서비스와 돌봄), 환경보호 또는 공정무역과 같은 '사회적 영역'에서 발전할 때, '공익'이 생산활동 그 자체의 성격에 배태되어 있다고 볼 수 있다. 많은 조직들은 소유구조, 지배구조 그리고 이윤분배 방식에 관계없이 이러한 배태과정을 통해 사회적 사명의 우선성이나 경제적-사회적 가치혼합blended value을 확보한다. 이는 경제적-사회적 가치혼합에 동기부여가 된 중소기업의 경우 더 명료하다. 반면, 가령 다국적기업들이 수백, 수천 개의 고령자 서비스 기관들을 통제하기 위해 대규모 합병을 벌이는 경우와 같이 대규모 투자와 자본 이동의 주요한 동기가 더 높은 재무적 수익성에 있을 때는 논쟁의 여지가 매우 커진다.

앞서 보았듯이, 무하마드 유누스의 소셜비즈니스 개념은 보다 엄격한 조건을 갖고 있다. 즉, 사회적기업은 시장자원을 통해 모든 비용을 충당하는 반면, 모든 이윤이 사회적 사명을 실현하는 데 전적으로 재투자된다는 점에서 투자자는 배당을 전혀 받지 못한다. 이렇듯 '유누스 판' 소셜비즈니스는 보다 광범위한 소셜비즈니스 모델의 특수한 경우로 간주할 수 있다.

반면 다른 저자들은 훨씬 덜 엄격하다. 이들은 영리기업이 수행하는 대부분의 활동을 사회적기업가 정신이라는 넓은 스펙트럼에 포함시킨다(Boschee, 1995; Austin, 2000). 이는 보다 근본적인 개념적 문제들을 발생시킨다. 이러한 활동들은 많은 경우가 실제적 자율성을 갖지 못하고 기업의 전략적 결정 내부에 위치해 있으면서 기업 주요 경영자의 직접 통제 아래에서 수행된다는 점에서 (사회적) '인트라프러너십'[146] 이라 부르는 것이 보다 정확할 것이다. 이러한 종속성은 이들이 실제로는 이윤극대화라는 기업의 기본전략에 복무하기 위한 순전히 도구적 실천이라는 사실을 반영할 수도 있다. 둘째, 이런저런 방식으로 자율성이 부여되고 보장된다 할지라도 사회적 가치를 창출하는 모든 활동을 사회적기업가 정신의 표현으로 보아야 하는가? 이 질문은 활동이 도구적 성격을 갖고 주변적인 역할을 할 때 더욱 첨예하게 제기된다. 우리의 관점에서 보면, 기업의 사회적 책임 전략 자체는 사회적기업이 아니지만 분명 사회적기업을 만들어내는 데 기여할 수 있다. 그러나 기업의 사회적 책임의 광범위한 스펙트럼으로 인해 소셜비즈니스 개념은 사회적기업과 기업의 사회적 책임 사이에서 상당한 정도로 '희석'되어 왔다.

3.3.4. '준공공 사회적기업' 모델

충족시켜야 할 사회적 필요가 증가하는 상황에서 많은 중앙정부 또는 지방정부들은 심각한 예산 제약에 직면하고 있다. 이러한 관점에서 새로운 공공관리에 대한 문헌들은 공공서비스의 효율성뿐만 아니라 공적 통제의 유지 또는 적어도 공적 규제를 통한 관리를 담보하면서 사회적기업을 포함한 민간조직들로 일부 서비스를 이전하는 것을 격찬하고 있다.

특정 상황에서 이들 '준공공' 사회적기업은 공공부문의 '분사 조직

146 – Intrapreneurship, 조직 내부의 역동성을 활용하는 기업가정신–옮긴이

spin-off' 방식으로 등장할 수 있다. 가령 취약한 도심지역을 대상으로 하는 지역발전 정책 차원에서 경제적 재생을 위한 노력을 자극하기 위해 지역의 공권력은 사회적기업들을 만들어낼 수 있다. 지역의 공권력은 취약계층 구직자들을 대상으로 하는 노동통합 사회적기업을 발족하고 그 경영과정에 지속적으로 관여할 수도 있다. 공권력이 주도하는 또 다른 방법은 일부 사회서비스 공급을 새로운 사회적기업들에 이전하거나 서비스를 공급하는 지역 행정조직 일부 부서들을 사회적기업으로 전환하는 것이다. 이 모든 경우에 이슈가 되는 것은 서비스 제공을 향상하고 혁신한다는 목표를 표방하면서 국가기구의 규모와 공공지출을 줄이는 수단으로서 사회적기업이 공공서비스 '재구조화' 또는 '외주화'의 형태가 된다는 것이다(Gordon, 2015).

'사회적기업가 정신'은 '시장화'로의 발전경향이 보여주는 다양한 형태와 여러 적용방식을 보여준다.

우선, 공공서비스 일부분이 하청화되는 경향을 보여준다. 이는 내부 조직에 의한 공급과 (사회적기업 및 다른 조직을 통한) 외주하청 공급 사이의 균형이 전개됨을 의미한다. 서비스 공급을 위한 공공입찰 절차는 사회적기업으로 제한되기도 하지만, 영리기업을 포함하여 다른 유형의 기업들과 경쟁을 통해 이루어지기도 한다.

공공정책이 취하는 또 다른 해법은 현금수당이나(Ungerson & Yeandle, 2007) 바우처 방식으로(Bode et al., 2011) 개인들이 직접 서비스를 구매하도록 지원하는 것이다. 즉 개인과 가족의 서비스 수요가 "수익성을 갖도록" 국가가 돕는 것이다(Shutes & Chiati, 2011).

이러한 경향들은 사회서비스 공급조직의 경제모델에서 시장수입 부분을 증가시키려는 의지와 연결된다.

3.3.5. 삼각형과 네 가지 모델의 바람직한 용법

앞서 설명한 사회적기업의 네 가지 모델은 그림 2에서 "초기 조직 유형" 개념이라 언급한 기존 조직들에서 발생한 새로운 역동성이라 볼 수 있다. 언뜻 보면 이 삼각형에서는 처음부터 새롭게 설립되는 사회적기업의 자리가 거의 없는 것으로 보일 수 있다. 그러나 이러한 해석은 잘못된 것이다. 모든 개별 사회적기업가 또는 집단들은 삼각형의 어떠한 지점에서든 사업을 개시할 수 있다. 그 위치는 공익에 관련된 지향, 사회적 목표와 경제적 목표의 균형을 이루는 방법, 선택된 법적 형태, 추구하는 경제모델의 유형 등에 따라 결정된다.

사회적기업의 네 가지 주요 모델에 대한 결론으로서, 이 유형화가 현장에서 관찰되는 많은 혼합모델의 존재를 부정하지 않는다는 점을 강조할 필요가 있다. 영리기업과 민간단체 사이의 파트너십 또는 지역 공공기관이 관련된 파트너십은 제법 흔하게 발견된다. 지배적인 파트너가 누구인지에 따라, 또는 선택된 법적 지위에 따라 파트너십은 네 가지 모델 중 하나로 연결될 수 있다. 파트너십은 자연재해로 유발된 상황과 같이 단기적인 사회적 도전에 보다 잘 대응하기 위한 임시적인 방편이 되기도 한다. 물론 사회적기업의 혼합적 성격이 '유기적organique'인 것이어서 명료한 분류를 어렵게 하는 상황도 존재한다. 그러나 분석적 관점에서 보면, 이런 경우라 하더라도 다른 유형화 작업들이 하듯이 잔여의 사례들을 통칭하는 혼합형이라는 별도의 범주를 덧붙이기(Young & Lecy, 2014)보다는 위에 기술된 개념적 도구의 도움을 받아 이 혼합형태를 이해하는 것이 보다 유익할 것이라 생각한다.

4. 다양한 사회적기업 모델들의 사회적 사명

다양한 사회적기업 접근법들은 모두 사회적기업이 재화나 서비스의 공급을 목표로 하는 기업가적 역동성에 사회적 사명의 우선성을 결합한다는 비전을 공유하고 있다. 니콜스(Nicholls, 2006, p.13)는 "다른 모든 조직적 목표들에 앞서 사회적 사명을 우선으로 하는 것이 사회적기업으로 간주될 수 있는 기업이 갖는 첫 번째 근본적 성격"이라고 정의한다. 디스(1998, p.2)도 "사회적기업가들에게 사회적 사명은 명백하고 중심적"이라는 점에 동의한다. 셸(Chell, 2007) 역시 사회적기업을 영리기업과 구분하는 것은 사회적 사명의 중심적 성격이라고 설명한다. 모든 학파들은 "지역사회를 위한다는 명백한 목적 또는 사회적 가치의 창출이 사회적기업가 정신과 사회적기업의 중심적 사명"이라는 점을 공유한다(Defourny & Nyssens, 2010, p.44).

이와 동시에 사회적 사명들이 매우 다양하다는 점을 인정할 필요가 있다. 실제로 하나의 사명은 세 가지 구별되는 '차원'에서 '사회적'이라 간주될 수 있다. 먼저, 제공되는 재화나 서비스의 성격 자체 때문에 사회적이라고 여길 수 있다(첫 번째 수준). 이들 재화나 서비스는 공공조직과 영리기업이 그 해법을 제시할 수 없는, 특히 특정한 취약계층 집단(사회서비스나 보건서비스, 교육, 금융서비스에 제한된 접근을 갖는)의 필요에 관련된 사회적 문제에 부분적이라 할지라도 일정한 해법을 제시한다. 둘째, 사회적 사명은 과정이나 사회적 행위자들 사이의 관계에 더 많이 관련되기도 한다(두 번째 수준). 기업은 (가령 매우 취약한 계층의 노동통합을 위한) 조직방식에 있어서 혁신적 방식을 실행에 옮기거나 (공정무역의 경우와 같이) 불리하게 위치한 사회집단들에 보다 많은 관심을 기울이는 상업적 관계를 수립할 수 있다. 마지막으로 사회적 차원은 보다 광범위한 사회적 가치에서 배태될 수 있다(세 번째 수준). 기업은 경제민주주의, 지속가능한 삶의 방식 등의 활성화를 추구할 수 있다. 하지만 이런 리스트는 완벽한 것이 아니며 다양한 수준의 '사회적 사명'들이 조합될 수 있다.

사회적 사명이 매우 다양할 수 있다는 점을 인정하면서, 표 1이 보여주듯이, 우리는 네 가지 모델을 통해 현장에서 확인할 수 있는 많은 사회적기업들의 사회적 사명을 보다 잘 이해할 수 있다는 의견을 제시하고자 한다. 이러한 제안을 보다 자세하게 설명하기 위해 사회적기업의 가장 상징적인 사명들 중 하나인 취약계층 노동통합의 사례를 살펴보자.

노동통합 사회적기업은 점점 더 여러 나라에서 제도적으로 인정받고 있다. 앞서 기술된 사회적 사명의 다양한 '수준'에 관련하여 보면, 노동통합 사회적기업은 독창적 방식으로 첫 번째와 두 번째 수준을 결합한다. 이들은 대상 집단의 충족되지 않은 필요에 즉각적인 해법으로 고용이나 직업훈련을 제공한다(첫 번째 수준). 동시에 이 해법은 생산된 서비스 유형 자체(실업자에게 제공되는 구체적인 노동경험)에 담겨 있을 뿐만 아니라, 노동자의 능력 향상을 위해 고안된 노동기반 훈련의 과정에도 포함되어 있다(두 번째 수준).

표 1에서, 첫 번째 열(미숙련 계층의 노동통합)의 네 가지 주요 모델들은 다양한 사회적기업들이 어떻게 노동통합이라는 사명을 추구하는지를 보여준다. 첫 번째 줄에 속하는 사회적기업들은 '기업가적 민간

사회적 사명 사회적기업 모델	취약계층 저숙련 실업자들을 대상으로 한 노동통합	사회서비스 및 보건서비스	윤리적 소비/생산, 생태적이고 사회적인 전환	빈곤 및 사회적 배제에 대한 투쟁
기업가적 민간단체 모델	민간단체에 의해 설립된 노동통합 사회적기업	고령자들에게 재가돌봄서비스를 제공하는 민간단체	민간단체 지위의 공정무역 상점	취약계층을 위한 직업훈련이나 금융에 대한 접근성을 높여주는 NGO
준공공 사회적기업	지역 공공서비스에 의해 설립된 노동통합 사회적기업	준공공시장에서 사회서비스를 제공하는 지역 공공조직	'유기농' 전환 관련 서비스를 제공하는 독립적인 공공기관	지자체에 의해 설립된 사회주택회사
사회적협동조합				
단일 이해당사자	연대경제의 자주관리기업	보건부문 노동자협동조합	재생에너지 시민협동조합	예금신용 협동조합
다중 이해당사자	사회적협동조합 B유형(이탈리아)	의료진과 환자 대표자들에 의해 함께 운영되는 의료의 집	식량유통 방식에서 로컬푸드 방식을 추구하는 협동조합	지역발전을 목표로 한 협동조합
소셜 비즈니스	취약계층 고용과 같은 사회적 사명에 우선순위를 부여하는 상업기업	자신의 명의로 요양보호시설을 설립한 사회복지사	공정무역 부문에서 활동하는 중소기업	그라민 다논과 같은 그라민 공동체

표 1 사회적기업 모델과 사회적 사명의 다양성

단체' 모델에 속하는 것으로 볼 수 있다. 이는 사회복지사, 활동가, 노조운동가 등과 같은 시민사회 주체들에 의해 설립되고 운영되는 노동통합 사회적기업의 경우이다. 이 기업들은 '공익'에 기반해 있으며, 시민사회 주체들로 구성된 '지배범주'는 '수혜범주', 즉 노동통합 과정의 대상이 되는 노동자와 구분된다. 이는 이 모델의 기원이 그림 2의 '공익 민간단체' 유형임을 시사한다.

사회적 사명은 지역 공권력에 의해 육성되고 이에 따라 지역 공권력의 '분사 조직'으로 여겨지는 노동통합 사회적기업에 의해 추구될 수 있다('준공공 사회적기업' 모델). 지역내 실업자들의 노동통합에 관심을 기울이는 지자체들은 자체적으로 노동통합 사회적기업을 발족하거나 시민사회 주체들과 함께 파트너십을 통해 사회적기업을 만들기도 한다(Hulgård, 2006).

강력한 협동조합 전통을 가진 사회에서는 노동시장에서 배제된 사람들이 상부상조의 역동성을 통해 노동통합 사회적기업을 주도할 수 있다. 개발도상국가 비공식 부문에서 발견되는 많은 집합적 실천들의 경우가 여기에 속한다. 실제로 공식경제 주변부에서 살아가는 많은 사람들은 소득창출과 삶의 조건 향상을 위해 상부상조의 원칙에 기반한 (즉, 우리의 그림에서 '상호편익' 각에 위치한) 다양한 유형의 경제활동을 수행하고 있다. 라틴아메리카에서는 이러한 실천들을 '연대경제'[147]라 부른다(Hillenkamp & Wanderley, 2015; Gaiger et al., 2015). 이 자주관리 실천들은 많은 경우에 체제 주변에 위치한 집단들의 해방과 경제민주주의 추구를 명백한 목적으로 갖고 있다. 때문에 이러한 종류의 노동통합 사회적기업은 (지배범주인 동시에 수혜범주인) 단일 범주 이해당사자에 기반을 둔 비공식 또는 반(半)공식 협동조합 유형의 사회적기업('사회적협동조합' 모델)으로 볼 수 있다.

반대로 취약계층 노동자의 노동시장 재통합을 목적으로 하는 사회적협동조합들은 지배구조에 다양한 범주의 이해당사자들을 참여시킨다(Bacchiega & Borzaga, 2003). 대표적으로 이탈리아 사회적협동조합 B 유형은 직원, 노동통합 대상자, 자원활동가 그리고 지역 공공기관 대표자들을 지배구조에 참여시키는 다중이해당사자 조직모델에 기반하고 있다. 노동통합 대상자들은 지배범주인 동시에 수혜범주가 되지만, 이 노동통합 사회적기업들은 상호편익뿐만 아니라 공익을 목표로 하

147 – 이 책의 5장을 보라.

고 있다('사회적협동조합' 모델). 실업자를 위한 일자리 창출은 많은 경우 지역개발이라는 보다 넓은 목적 아래 수행되며, 이에 따라 구성원의 편익과 보다 넓은 지역사회의 편익을 결합한다. 직원, 자원활동가 또는 지역 공공기관 대표자와 같은 지배범주의 이해당사자들 중 일부는 수혜범주와 분명히 구별된다.

끝으로, 영리적 목적과 취약계층 고용창출이라는 사회적 목적을 결합하는 중소기업의 형태를 가질 때 이들 노동통합 사회적기업은 '소셜비즈니스' 모델로 볼 수 있다. 이 기업들은 일반적으로 영리기업의 법적 지위를 가지며 경제활동을 발전시키겠다는 의지는 명백한 사회적 사명을 동반한다. 경제활동의 내용은 대상 집단의 특징에 보다 잘 부합하기 위해 선택되곤 한다(예를 들어, 유지수선 및 청소 서비스와 같은). '유누스 유형' 소셜비즈니스의 경우에 일부는 노동통합 사회적기업으로 간주될 수 있다. 일례로 '샤키 상점Shaki retail'을 들 수 있는데, 이 인도의 사회적기업은 사회적으로 유용한 생산물의 판매원으로 농촌지역 여성들을 고용한다. 이 경우에 지배범주는 기업을 운영하는 투자자(들)이지만(자본이익 꼭짓점 각) 사회적 사명은 '소셜비즈니스' 유형 모델을 통해 공익의 방향으로 올라가는 궤적을 반영한다.

표 1의 다른 열에서 볼 수 있듯이, 사회적기업의 여러 주요 모델들은 다른 사회적 사명들에 관련해서도 제각기 구체적인 설명을 제공해준다. 표에서는 노동통합 이외에도 사회서비스 및 보건서비스, 윤리적 생산과 소비 방식 활성화, 생태적이고 사회적인 전환에 대한 지원, 빈곤과 사회적 배제에 대한 투쟁 등에 대해 보여주고 있다. 새로운 기업가적 역동성이 추구하는 다른 유형의 사회적 목적에 대해서도 마찬가지의 분석을 시도할 수 있을 것이다.

5. 다양한 사회적기업 모델의 지배구조

유럽위원회도 동의하듯이(Commission européenne, 2011), 유럽의 사회적기업들은 주요하게 사회연대경제의 전통 속에 자리하고 있으며, 이 전통은 그 자체로 경제민주주의에 대한 추구를 특징으로 한다. 그 결과, 사회적기업 지배구조의 문제의식은 미국보다 유럽에서 훨씬 많은 주목을 받고 있다.

이 책의 다른 부분에서 설명되었듯이[148], 모든 기업의 지배구조는 조직의 사명 추구, 특히 사회적기업의 경우에는 사회적 사명 추구를 확실히 하기 위해 조직의 행위방식 일반을 규정하는 규칙과 메커니즘으로 설명될 수 있다. 아래에서는 사회적기업 운영과정에서 사회적 사명을 지키고 이의 실천을 촉진하기 위한 규칙과 메커니즘을 살펴보고자 한다. 발생하는 이익의 분배에 관련된 규칙과 의사결정 과정에 관련된 규칙이라는 두 가지 주요한 차원을 볼 것인데, 이는 사회적기업 모델에 따라 다양한 양상을 보인다.

5. 1. 사회적 사명 우선성과 이익분배

사회적 사명의 우선성은 이익분배에 관련된 특정한 규칙을 내포하고 있는가? EMES 네트워크 접근법에 따르면, 주주 또는 협동조합 조합원 등 사회적기업 소유자들의 소유권은 이익을 분배하는 방식에서 제약을 받는다. 초기 미국의 시장자원 학파 역시 사회적기업을 사회적 사명의 실현을 위해 재무적 잉여 전부를 조직에 재투자하는 비영리조직 영역에 위치시켰다. 반대로, 같은 학파의 두 번째 세대 저자들과 사회혁신 학파에 있어서 사회적기업은 어떠한 법적 형태도 취할 수 있으며 이를 통해 주주들에게 상당한 정도로 이윤을 분배할 수도 있다고 본다. 따라서 삼중 기준 접근에 대해 유연성을 강조하는 담론들은 정확한 기준 없이 영리활동의 차원을 다른 두 차원(사회적, 환경적)보다 지배적으로 만들면서, 결국 사회적 목적의 우선성을 사라져버리게 만들 수 있다.

표 2에서 보여주듯이, 사회적기업의 실제 실천에서는 더 많은 경우의 수가 존재한다. 수익분배를 전적으로 금하는 경우부터 분배에 일정한 제약을 두는 경우까지 다양할 수 있다. 소셜비즈니스 모델의 어떤 변형태들에서는 제약이 전혀 없는 경우도 관찰할 수 있다.

먼저 사회적기업은 구성원, 투자자 또는 다른 유형의 이해당사자들에게 모든 수익의 분배를 금지하는 (법적 형태나 세제상 지위에 의해 규정되거나 또는 내부규칙을 통해 스스로 부과하는) 제한 장치들을 가질 수 있다. 전형적으로 '기업가적 민간단체' 모델에 속하는 사회적기업들은 수익분배금지에 대한 엄격한 제한을 따른다. 어떤 경우에는 비영리 민간단체가 통제하는 별도의 상업기업 지위를 가진 조직을 설립하기도 한다. 법적, 재무적, 경영적 또는 지배구조의 관점에서, 자회사는 모조직의 외부에 존재하며 사회적 사명에 복무한다는 조건 아래 모조직에게 수익을 이전할 수 있다. 수익분배금지 제약은 공익 추구를 근본적 목적으로 삼는 '준공공 사회적기업들'에 의해서도 채택된다.

148 – 지배구조에 대해서는 이 책의 2권 3장을 보라.

사회적기업 모델 \ 수익분배 방식	수익분배 금지	분배제한 + 자산처분 제한	수익분배 제한	수익분배 제한 없음
기업가적 민간단체 모델	X			
사회적협동조합		X		
준공공 사회적기업	X	X		
소셜비즈니스				
• 중소기업		X	X	X
• 유누스 유형	X			
• 기업에 의해 실행되는 프로젝트		X	X	X

표 2 다양한 사회적기업 모델에서 수익의 처분

표 2가 시사하듯이, 이 두 사회적기업 모델(기업가적 민간단체 모델과 준공공 사회적기업 모델)은 일반적으로 공공보조금, 일부의 경우에는 자선적 취지의 기부를 포함하는 자원혼합에 기반하고 있다. 이들 비시장 자원은 사회적 사명이 갖는 중요성에 따라 할당되며, 정관에 사회적기업의 전환이나 청산의 경우 잔여재산의 분배를 제한하는 자산처분 제한 조항을 포함함으로써 사회적 사명의 우선성을 강화할 수 있다.

새로운 유형의 협동조합을 대표하는 '사회적협동조합' 모델은 어떠한 점에서 전통적 협동조합들과 구분될까? 먼저 전통적 협동조합에서는 조합원이 자본지분에 대해 보상받을 권리를 인정하지만, (조합원 총회의 결정에 따라) 자본지분에 할당되는 이자는 일정한 한도를 절대 넘을 수 없다. 또한 조합원들은 보유한 자본의 양이 아닌 협동조합과의 전체 거래량에 따라 계산된 '협동조합 배당금' 형태로 수익을 분배받을 수 있다. 끝으로 집합적 적립금에 할당되는 수익 중 적어도 일부는, 정관이 이를 정할 경우, 자산처분 제한 조항에 의해 규정될 수 있다. 경험적 사례들은 수익을 분배하기보다 상당 부분을 협동조합 내부에 적립하는 것이 협동조합의 건강한 미래를 위해 중요함을 보여준다. 이러한 특징들은 협동조합의 활동이 자본수익을 추구하는 투자자가 아닌 생산된 재화나 서비스의 이용자로서 조합원 상호간의 편익을 위해 이루어진다는 점을 보여주며, 이를 통해 협동조합이 근본적으로 비자본주의적 성격을 가진다는 점을 반영한다.[149]

협동조합의 전통적 모델과 달리 사회적협동조합은 조합원의 상호편익이 아닌[150] 조합원 외부의 대상 집단 또는 광범위한 지역사회 전체의 편익에 우선순위를 부여한다. 이미 강조하였듯이, 유럽 여러 나라들은 사회적협동조합을 위한 새로운 형태의 법적 지위를 도입하였는데, 흥미롭게도 이 모든 법들은 수익분배를 금지하거나 전통적 협동조합들보다 엄격한 방식으로 수익분배를 제한함으로써 사회적협동조합 조합원/공동소유자의 특권을 축소한다.[151] 이는 상호편익에 기반한 조직의 공익 방향으로의 이동을 반영한다.

수익분배에 관련해서 보면 '소셜비즈니스' 모델은 훨씬 더 복잡하다. 이들 중 일부는 협동조합 전통에서 일정 정도 영감을 받은 새로운 법적 지위를 채택하고 있으며, 다른 일부는 협동조합의 영향을 전혀 받지 않은 새로운 법적 지위를 이용하고 있다. 새로운 법적 지위를 활용하

149 – 협동조합에 대해서는 이 책의 2장을 보라.

150 – 노동통합 사회적기업과 같이 대상 집단이 조합원에 포함되는 경우를 제외한다.

151 – 포르투갈 '사회연대협동조합', 스페인 '사회적 이니셔티브 협동조합', 폴란드 '사회적협동조합'에서는 모든 수익의 분배가 금지된다. 이탈리아 '사회적협동조합'과 프랑스 '공익협동조합'에서는 수익분배가 상당한 정도로 제한된다. 이 법들은 모두 일정한 형태의 자산처분 제한 조항을 포함하고 있다.

는 것은 벨기에, 영국 그리고 이탈리아(2006년 법률에 따르는 사회적기업)의 경우이다. 이들의 경우에 수익분배 제한이나 자산처분 제한이 법에 의해 부과되며, 이에 따라 사회적협동조합의 경우와 같이 수익극대화 추구에 대한 동기가 강하게 제약된다.[152] 유누스(2010)가 제기한 소셜 비즈니스 모델에서는 이러한 제약이 더욱 강하게 나타난다.

이러한 요구사항들은 '저이윤 유한회사low-profit limited liability company, L3C', '베네핏 기업benefit corporation, B-Corp.', '유연목적회사flexible purpose corporation, FPC'와 같이 미국 일부지역에서 최근 등장한 새로운 법적 형태의 기업들과 매우 대조된다. 이들 기업의 지배적 사명이 사회적 목적에 있더라도 규제 관련 법률은 자산처분 제한도 투자에 대한 재무적 수익제한도 부과하지 않는다(Cooney, 2012).

유럽에서 일부 사회적기업들은 상업회사의 전통적 형태를 선택할 수 있다. 이들은 사회적 임팩트와 주주를 위한 재무적 수익성을 결합하는 '이중' 또는 '삼중 기준' 또는 '혼합가치' 창출을 강조하면서 '사회적기업'으로서의 정체성을 표명한다. 이러한 맥락에서 사회적기업은 분명 사회적 목적을 보호하고자 하는 내부 규칙이나 실천을 실행에 옮길 수 있지만, 이는 주주들의 선의에 달려있으며 어떠한 법적 규칙이나 내부 규칙에 따른 의무도 이들의 특권을 제한하지 않는다. 더욱이 주주들의 선호는 시간에 따라 변화할 수 있다.

'소셜비즈니스' 유형 사회적기업에서 어느 정도나 영리목적이 지배적인지, 또는 어느 정도나 사회적이거나 환경적이지 않은지를 평가하기 위해서는 이들의 실천에 대한 심화된 분석이 불가피하다. 이는 또한 대형 자본주의 기업들의 통제 아래 유지되거나 이윤극대화라는

---

152 – 수익분배 비율의 한도를 제한하거나 자본에 대한 배당금을 제한할 수 있다.

최종 목적을 위해 도구화된 인트라프러너십 또는 기업가정신 실천들에 관련해서도 파고 들어야 할 중심적 문제이기도 하다.

5. 2. 사회적기업의 의사결정 과정

사회적기업에 대한 접근법 중 단지 일부만이 의사결정권의 배분 방식과 조직의 실질적 통제권을 보유하는 이해당사자 유형에 특별한 주의를 기울이고 있다. 사회적기업에 대한 EMES 접근방식은 정확하게 이 지배구조 차원을 분석에 포함하고 있다. 반면 다른 학파들은 지배구조를 사회적 사명의 우선성을 유지하기 위한 핵심으로 보지 않는다(Defourny & Nyssens, 2010). 이와 관련하여 영과 살라몬은 "유럽에서 사회적기업 개념은 비영리조직을 특징지우는 이윤비분배 제한을 따르는가보다는 조직이 운영되는 방식과 목적이 무엇인가를 강조하고 있다."고 서술하고 있다(Young & Salamon, 2002, p.433).

'기업가적 민간단체' 모델에서 '1인 1표' 규칙에 따라 최종 결정권을 보유하는 것은 이사회와 총회이다. 협동조합도 마찬가지로 '1인 1표' 원칙을 적용하거나, 그렇지 않은 경우에는 정관에서 최종 의사결정기관의 투표권이 자본의 양에 따라 배분되지 않는다는 점을 명시한다. 이는 피치(Fici, 2015)가 유럽의 '사회적협동조합'과 협동조합 유형의 사회적기업들을 비교하는 분석에서 강조하는 점이기도 하다.[153]

153 – 이는 이탈리아 '사회적협동조합', 포르투갈 '사회연대협동조합', 스페인 '사회적 이니셔티브 협동조합' 그리고 프랑스 '공익협동조합'의 경우이다. 벨기에 '사회적목적기업'에서는 누구도 지분에 연동된 의결권 전체 가운데 1/10 이상을 보유할 수 없다. 또한 벨기에 사회적목적기업은 직원들이 자본지분 취득을 통해 기업의 지배구조에 참여할 수 있도록 허용하는 절차를 명시하고 있다.

앞서 살펴보았듯이 다양한 유형의 이해당사자들이 지배구조에 관련되기도 한다. 이해당사자 범주에는 수혜자, 유급노동자, 자원활동가, 공공기관 및 기부자가 포함될 수 있다. 다양한 이해당사자들은 다중이해당사자 소유구조와 지배구조를 만들어내면서 (조합원 지위 명목으로 또는 출자금 보유를 통해) 사회적기업의 멤버십과 이사회에 참여할 수 있게 된다. 또한 이해당사자들은 관련된 다양한 위원회에 이용자 및 노동자를 대표하여 참여하는 보다 덜 공식적 경로를 통해 일상적인 기업생활에 참여할 수도 있다. 실제로 많은 경우에 사회적기업들은 기업의 사명 중 하나로 경제활동을 통한 지역 수준의 민주주의 활성화를 추구한다. 이런 의미에서 '기업가적 민간단체' 모델과 '사회적협동조합'

지배구조 유형 / 사회적기업 모델	민주적	관료적	독립적	자본주의적
기업가적 민간단체 모델	X - 이사회 구성원 - 총회 구성원			
사회적협동조합	X - 공동소유자로서 조합원			
준공공 사회적기업		X		
소셜비즈니스				
• 중소기업			X	X
• 유누스 유형				X
• 기업에 의해 실행되는 프로젝트				X

표 3 사회적기업 모델과 지배구조 유형

모델의 지배구조는 표 3이 보여주듯이 '민주적'이라고 규정할 수 있으며, 이러한 지배구조는 보유한 주식의 양에 따라 의사결정권이 주주들에게 주어지는 자본주의 기업과 대조된다.

기존 주식회사 형태를 취하는 소셜비즈니스에서는 주주의 권리를 제약하지 않는 자본주의 지배구조가 확인되곤 한다. 그러나 일부 '중소기업 유형' 사회적기업들에서 주요한 소유자/경영자는 (종종 공동소유자나 공동설립자의 작은 그룹과 함께) 재무적 목표보다는 사회적 사명에 우선순위를 부여하면서 자신의 기업을 이끌어가는 사회적기업가로 행동한다. 이러한 사회적기업의 경우는 '자본주의적'이라기보다 '독립적' 지배구조라고 말하는 것이 적절할 수 있다.

마지막으로 공공영역에서 나온 사회적기업 모델의 지배구조 유형은 공권력의 위치와 역할에 따라 매우 다양하다. 공공부문 분사 조직이든 민관 파트너든 간에 공권력이 주요 주주로 남아 있을 때, 지배구조가 공공기관의 중심부에서 멀리 떨어져 있다 하더라도 관료적이 되는 경향이 있다. 공적 서비스 공급이 외주화될 때, 사회적기업은 일정한 자율성을 획득할 수 있지만 관료제의 힘은 공급되는 서비스에 대한 입찰제안, 주문, 공급 및 평가에 관련된 절차를 통해 유지될 수 있다.

'EMES 유형' 접근만이 지배구조라는 이슈에 실질적 관심을 기울이고 있음을 살펴보았다. 비록 소수이기는 하지만 이러한 입장은 표 2와 3 사이의 유사성을 통해 보다 설득력을 얻을 수 있다. 표 2와 3은 지배구조 유형과 수익분배에 대한 제약/금지가 서로 연관되는 경향이 있음을 보여준다. 우리는 이 두 조직적 차원이 실제로 서로를 강화하는 동시에 사회적 사명과 경제적 목표 각각에게 적절한 자리를 만들어주는 방법이라 제안하고자 한다.

결론: 전망과 도전

사회적기업가 정신 개념이 가리키는 모든 실천들이 새로운 것은 아니다. 하지만 이 개념은 분명 유행을 타고 있고, 조직형태, 활동분야, 지역적 다양성에서 끊임없이 다양해지고 있다. 최근에 등장한 이 개념의 다양성과 개방성 덕분에 기업가적 역동성과 사회적 목적을 동시에 추구할 수 있는 새로운 가능성을 발견하거나 재발견하는 공공 및 민간 주체들이 빠르게 수용할 수 있었고 이는 성공의 원인이 되었다.

사회적기업과 사회적기업가 정신의 다양한 개념화는 이들이 생겨나고 발전한 사회, 경제, 정치 및 문화적 맥락에 깊게 뿌리내리고 있다. 각각의 맥락은 해당 맥락의 특성을 반영하는 논의들을 발전시켰는데, 이 때문에 특정한 환경에서 중요한 것으로 여겨지는 것을 다른 곳으로 옮겨 심으려 할 때는 혼란의 위험이 커진다. 새로운 주제에 이끌린 젊은 연구자들이 많지만 학술문헌과 공공 및 민간의 주체들이 제안하는 개념정의의 혼란 앞에서 어려움을 겪고 있는 것은 이러한 문제에서 기인하는 경우가 많다.

몇몇 주요 학파를 분별하는 것이 실천적 해법을 위한 첫 번째 지표라 할 수 있다. 두 가지 의미에서 EMES 연구네트워크의 유럽적 접근법이 좀 더 유용한 것으로 볼 수 있다. 먼저 엄격하게 충족해야 할 조건이 아닌 이상형ideal type에 기반함으로써 EMES 접근법은 유럽 사회적기업의 다양성을 설명해주고 있다. 또한 EMES 접근법은 기업가적 프로젝트와 사회적 사명 사이의 직접적 관계를 강조하는 다른 대부분의 접근법들이 간과하는 지배구조 문제에 대한 주목을 이끌어냈다.

다양한 학파들이 제안하는 주장의 핵심을 심도 깊게 이해하는 것은 미래의 중요한 이슈들을 다루는 데 도움을 준다. 미국에서 사회적 기업과 사회적기업가 정신 현상을 구성하는 것은 실질적으로 민간 주체들뿐이다. 이는 시장의 힘이 사회문제의 일부를 해결할 수 있다는 경영계에 광범위하게 공유된 믿음과 연결된다. 따라서 일부 경향에서는 다양한 유형의 자원동원을 강조하기도 하지만, 현재 미국의 사회적 기업가 정신 경향은 사회적 도전을 기업가적이고 상업적 방식으로 다룰 수 있는가에 따라 판단하고 선택하는 과정 속에서 자리를 잡아나가고 있다. 소셜비즈니스가 일정한 수준의 혁신적 해법을 제시하고 있지만, 사회 전체의 관점에서 보면 사회문제를 기업가적이고 상업적 방식으로 대처하는 것이 적절한지에 대해 의문을 품을 수밖에 없다. 이러한 질문은 유럽의 상황, 특히 사회서비스 민영화와 시장화 논리가 더욱 진척된 국가들에서도 점점 더 적실해지고 있다.

한편 유럽의 많은 사회적기업들은 또 다른 방향에서의 도전에 직면하고 있다. 한국, 일본, 중국과 같은 동아시아 국가들에서도 관찰되는 것처럼(Defourny & Kim, 2011), 사회적기업은 주변화된 노동자의 재통합과 취약계층에 대한 서비스 제공을 목적으로 하는 공공정책을 통해 점점 더 많은 지원을 받고 있다. 이러한 공적 지원은 제도화를 통해 사회혁신이 일정한 단계에서 고착될 수도 있고 사회적기업들이 정치적 의제에 의해 도구화됨으로써 자율성과 창조성의 핵심이 제거될 수도 있는 위험성을 안고 있다.

사회적 목적을 추구하는 다양한 기업형태의 등장과 공익, 상호편익, 자본이익이라는 원칙에 기반하여 이들을 유형화한 네 가지 모델은 몇 가지 흥미로운 전망을 보여준다. 첫째, 이러한 접근법은 종종 '희화화'되고 단일적인 담론을 통해 기술되는 사회적기업 현상을 보다 명료하게 이해하는 데 보완적 역할을 해준다. '단일한 이해'를 목표로 하기보다는 현장의 다양한 실천들이 보여주는 다양한 모델들을 조명해준다. 둘째, 보다 중요하게는 사회적기업가 정신이 경제의 모든 부분에서 등장할 수 있음을 구조적인 방식으로 보여준다.

사회적기업에 대한 네 가지 모델은 사회 전체 수준에서 진행되고 있는 공공복리 실현을 위해 필요한 역할과 임무를 새롭게 다시 배분하는 과정을 거쳐야 함을 시사한다. 역사적으로 보면 연대나 박애의 전통이 언제나 공공부문과 함께 공존해왔음에도 불구하고, 근대에 이르러 공익의 유일한 책임주체로서 책임을 지도록 요구받아온 것은 국가였다. 공공정책과 민간단체 사이의 보완성을 인정하는 것은 매우 최근에야 이루어진 결과이지만, 서유럽을 포함해서 많은 나라들에서 이 둘의 균형이 온전히 달성되기까지는 여전히 먼 길이 남아 있다. 이러한 맥락에서 보면, 진정한 민간단체 기업가정신의 등장과 강화, 그리고 공익을 추구하는 새로운 유형의 협동조합 발전은 공공복리 실현을 위한 다양한 종류의 파트너십이 심화되고 이를 통한 역할과 책임의 새로운 분담이 갖는 적절성과 잠재력을 확실히 보여주고 있다. 이러한 맥락에서 사회적기업가의 적극적 이윤추구에 대한 문제제기가 지속적으로 이루어지고 있다고 볼 수 있다.

동형화의 압력 속에 놓여 있는 사회적기업들의 장래가 결코 밝은 것만은 아니다. 때문에 사회적기업의 실천은 시장, 공권력 및 시민사회의 상호작용을 통해 온전히 스스로의 정체성을 지키는 방법과 경험을 발전시켜온 사회연대경제와의 관계를 유지하고 강화할 필요가 있다.

옮긴이 말

모든 개념에는 국적이 있다. 사회적경제도 그렇다.

어느새 우리에게 익숙해진 사회적경제는 이름은 있으나 실체를 종잡을 수 없는 현상으로 존재한다. 그래서 외국의 문헌을 찾아보기도 하고, 다른 나라는 어떻게 하는지 또 어떤 형태로 제도를 만들었는지 조사하여 소개하기도 했다. 하지만 파면 팔수록 새로운 것이 나오고, 알면 알수록 모호해진다. 사회적기업은 또 뭐고, 사회적기업과 사회적경제는 어떤 관계이며, 협동조합은 다 사회적경제라 할 수 있을까?

그렇게 많은 의문점들이 해소되지 않고 부유하는 이때, 이 책은 사회적경제라는 것이 홀로 존재하지 않고, 전 세계적으로 보편적으로 사용되는 것도 아니며, 심지어 경쟁하는 개념이 존재한다는 것도 알려준다. 특히나 요즘은 사회연대경제라는 용어가 대세이며, 그래서 이 책의 제목 또한 사회연대경제가 되었다.

이렇게 된 까닭은 사회적경제économie sociale라는 개념의 국적은 프랑스이며, 그 존재는 또한 같은 국적을 가지는 정치경제학économie politique에 대한 비판과 저항에서 탄생했기 때문이다. 하지만 그러한 현실이 다른 나라와 다른 대륙의 다른 쪽에서도 같은 꼴로 드러날 수 없다. 심지어 세월의 흐름에 따라 이름도 의미도 변한다. 미국에서 "사회적경제를 아시나요?"라고 물으면 열에 열은 "No!"라고 답할 것이지만 "NPO를 아시나요?"라고 물으면 열에 아홉은 "Yes?"라고 할 것이다.

그러하다. 모든 개념에는 국적이 있고 사회적경제도 그러하다. 그래서 이 책은 우리가 사회적경제라는 이름으로 보는 현실이 실은 아주 많은 이름으로 불리기도 한다는 것을 알려준다. 그 이름들이 이 책을 구성하는 6개의 제목이다.

하나의 언어가 모든 현실을 총체적으로 표현할 수 없다.
하지만 다른 현실을 보는 하나의 렌즈는 필요하다.

하지만 그렇다고 이 책은 분산되어 파편적으로 존재하는 현실을 한데 묶기만 한 것은 아니다. 오히려 그 무수한 것들이 가지는 의미를 꿰뚫어 볼 렌즈가 필요하다는 것을 알려준다. 이를 위해 역사적 맥락과 기원을 추적하여 진화된 과정도 살핀다. 그러는 과정에서 수많은 실천과 형태가 어떤 흐름을 형성하여 큰 강을 이루고, 그 강은 요동치며 넓고 넓은 바다로 흘러 들어가 장대한 물결로 출렁이고 있다는 것도 놓치지 않았다. 파편이라 여겼던 것이 덩어리였고, 분산되었던 것들이 몇 갈래로 수렴되고 있음을 포착하여 보여준다. 그 수렴 지점을 사회연대경제라고 할 수 있지만, 아직 그 바다가 속해 있는 대양은 제3섹터라는 또 다른 대양과 인접해 있다. 그래서 부제를 '제3섹터의 사회경제학'으로 붙였는지도 모르겠다.

사실, 이 책의 주 저자이자 엮은이인 자끄 드푸르니는 1999년에 빠트릭 드벨테르Patrick Develtere 및 베네딕트 퐁뜨노Bénédicte Fonteneau와 함께 《남부와 북부의 사회적경제*L'économie sociale au Nord et au Sud*》라는 책을 발간한 바 있다. 제목에서 북부와 남부를 대문자로 쓴 것에서 알 수 있듯, 지구의 북반구에 위치한 대부분의 선진개발국만을 대상으로 하지 않고 지구의 남반구에 위치한 아프리카와 남미, 동남아시아 등을 아울러 전 세계적인 현상으로서 사회적경제를 다루고 있다. 본 저서인《사회연대경제》는 이 책의 연장선상에 있으면서도 사회적경제가 사회연대경제로 수렴되는 현실을 반영했고, 그것을 보는 시각 또한 보다 더 경제학적인 분석을 가미하여 기존 주류 경제학과의 접점과 차별성을 동시에 드러내고자 한 의도가 보인다. 옮긴이 김신양의 개인적인 견해로는 1999년의 책이 더 풍부하고 다양한 현실이 과거의 전통과의 연결선상에서 조명되어 재미와 접근성의 측면에서는 더 유리하다고 판단된다. 그래서 이 책의 타깃 독자층인 연구자와 공부하는 사람들뿐 아니라 현장의 활동가에게도 유익한 서적이 될 것으로 판단하여《사회연대경제》의 번역을 선뜻 제안하였는데, 두 책 사이에는 시간의 간극뿐 아니라 저술 목적의 변화도 있었음을 번역하면서 뒤늦게 알게 되었다. 이번 책이 더 이론적이고 분석적인 데에는 이런 저술 목적의 변화가 작용했다. 그것은 단지 현상으로서 사회적경제의 의미를 소개하는 것이 아니라 그것이 사회연대경제로 진화했으며, 이를 통해 경제에 대한 우리의 인식과 관점 또한 달리할 필요성이 있음을 제안하는 것이다.

경제는 하나가 아니야

이 책은 사회적경제를 비롯하여 제3섹터까지 유사한 6개의 개념을 중점적으로 다룬다. 하지만 단지 개념의 정의와 조직 형태를 다루는 데 그치지 않고 이들 조직의 구조와 운영 원리를 분석하고, 여러 경제학 이론에 근거하여 민간 영리기업이나 공공부문의 기업 및 조직과 비교한다. 물론 이러한 비교는 사회연대경제 조직의 특성과 장점을 드러내기 위한 목적이 있을 것이다. 하지만 그것을 넘어 경제활동의 목적이 이익의 극대화만이 아니라 아주 다양할 수 있고, 그러하기에 그 다양한 현실을 포착하고 이해하기 위해서는 주류경제학 하나만으로는 충분하지 않으므로 경제에 대한 시야를 확장할 필요성을 제시한다. 이러한 주장은 이미 칼 폴라니가 경제가 제도화되는 과정에 따라 형식경제와 실질경제로 나눌 수 있다고 한 점과 맥을 같이한다. 그래서 이 책의 서문에서 저자들은 경제활동의 목적이 무엇이고, 그에 따라 어떻게 조직과 운영 방식이 달라질 수 있는지 현실을 있는 그대로 보고 이해하며, 설명하고 해석할 수 있는 다양한 접근법이 필요함을 역설하고 있다.

경제란 수요와 공급의 법칙으로 가격이 정해지는 시장과 쌍생아이고, 그 목적이 돈벌이나 이익의 극대화라는 '단일사고'가 지배하는 현실은 어쩌면 하나님만이 유일신이고 알라를 섬기는 이슬람이나 석가모니를 모시는 불교도, 혹은 비슈누신을 섬기는 힌두교나 어머니지구인 파차마마를 섬기는 안데스부족을 이단으로 치부하는 것과 같은 교조주의일 수 있을 것이다. 그래서 연대경제는 경제적 다원주의, 혹은 복합경제로의 인식의 전환을 촉구해왔으며, 이 책의 저자들 또한 같은 선상에서 한목소리를 내고 있다. 이러한 인식의 변화는 우리의 인간관계에도 영향을 미친다. 자신의 시간을 내어 무상의 노동을 제공하는 자원봉사는 화폐적 가치가 없기에 하찮은 활동으로 치부되는 경향이 있다. 또한 임금노동은 중요하지만 그 임금노동을 지탱하는 수많은 무상의 가사노동과 돌봄노동은 그림자노동으로 인식되어 그 가치가 평가절하되고, 그것을 수행하는 사람마저도 하찮게 여겨지는 부조리가 발생한다. 그러니 경제를 어떻게 사고하는가 하는 문제는 인간의 활동을 어떻게 바라보고, 어떤 사회관계를 맺을 것인가 하는 문제에도 닿아 있음을 알 수 있다.

그래서 우리에게 주는 의미는 무엇일까?

우선 이 책은 한국의 사회적경제가 외면했던 더 많은 실천과 조직을 아우를 수 있다는 것을 보여준다. 우리는 왜 공제조합과 결사체, 재단을 사회적경제의 영역으로 끌어들이려 하지 않았을까? 그건 어쩌면 법과 제도의 틀 안에서 규정되고 인정되는 것만을 사회적경제로 받아들이려고 했기 때문은 아닐까? 사회적경제의 많은 종사자들과 연구자들이 사회적경제를 확장하여 그 영향력을 확대해야 한다고 주장한다. 그렇다면 굳이 각 부처별로 새로운 제도를 만들어서 새로운 사회적경제 조직을 설립하고 키우는 데 치중하기보다는 이미 존재하던 수많은 실천과 조직 형태를 아우르는 더 큰 우산으로서 사회적경제의 위상을 격상시키는 것이 필요하지 않을까?

하지만 사회적경제기본법 제정을 요구하는 이들 간 기존의 특별법상의 협동조합들도 포함시킬 것인지 말 것인지 쟁점이 되었듯, 무조건 다 끌어안아 덩치를 키우는 것이 바람직하지 않다는 의견이 많다. 그러므로 더 광범위한 영역과 형태를 아우르면서도 그것이 가지는 운영원리를 파악하여 최소한의 기준점을 삼는 것도 필요할 것이다. 이를 위해서는 그 역사와 변천과정을 알아 본질을 규명하는 과정이 필요하다. 이렇게 토대를 튼튼히 함으로써 중심을 가지고 넓게 확장할 수 있을 것이다.

두 번째 의의는 한국 사회에서 사회적경제를 기업이나 조직의 차원으로 접근했다면, 이 책은 사회적경제를 다른 차원에서 바라보기를 제안한다는 점이다. 즉, 사회연대경제에 대한 연구를 심화함으로써 경제에 대한 다양한 시선을 가질 수 있도록 촉구하고 있다. 이러한 지점에 주목할 필요가 있는 것이, 한국 사회에서 사회적경제의 필요와 의의를 설명할 때 단골로 나오는 멘트는 "신자유주의의 폐해를 극복하고, 사회 양극화를 해소하는…" 등이다. 그런데 내세우는 담론에 비하여 그 현실은 어떠한가? 기업을 설립하고 운영하기에도 벅차 어떻게 하면 더 많은 지원책을 끌어낼 것인가 하는 문제가 이슈다. 이러한 때, 보다 과감하고 도전적인 방식으로 사회적경제를 제안할 수 없을까? 사회적경제가 진정 사회 문제의 대안이고자 한다면 그것을 일반영리기업과 다른 조직이나 기업의 '부문'으로 한정시키지 말고 경제에 대한 다양한 시선을 가질 수 있도록 바로 경제 그 자체에 대한 문제제기로서 사회적경제의 의미를 찾도록 하는 것이다. 그리하여 교환이나 재분배만이 아니라 사회관계에 기반한 호혜와 연대의 원리 또한 놓칠 수 없는 경제의 원리가 된다는 의제를 던져 많은 연구자와 시민의 동참을 이끌어내는 운동이 될 수 있을 것이다.

그리고 우리에게 주는 숙제

한국 사회에서 사회적경제가 무엇을 변화시키고 어떤 역할을 할 수 있을지 기대를 하는 이들이 많이 있다. 그런데 그 기대가 단지 미래형이 아니라 현실적 가능성으로 비춰지려면, 이미 그 역사가 오래되었고 단지 해외에서 이식되었거나 벤치마킹 한 것이 아님을 보여줄 필요가 있을 것이다. 그러하기에 이 책에서 역사와 원천을 찾아내어 무시할 수 없는 현실로 받아들이게 하듯, 우리 또한 두레와 계와 품앗이라는 민중의 살림살이 방식이 있었으며, 그것은 일제강점기에 독립협회와 만민공동회라는 자주적인 결사체로 이어지고, 형평사와 같은 백정의 인권운동이나 주민신용협동조합과 같은 조직이 활발하여 지금의 현실의 토양을 만들었다는 것을 보여줄 때 튼튼한 토대를 구축할 수 있을 것이다.

이와 더불어 협동조합이라는 이름은 우리의 고유한 명칭이 아니라 일제강점기에 들어왔으며, 일본이 사용한 용어를 그대로 번역한 것이라는 점을 다시 생각해볼 필요가 있다. 우리의 이름을 되찾는 것은 일제강점기에 변질된 제도로 들어오고, 군사독재시대에는 개발의 도구로 활용된 협동조합의 뿌리를 잘라내는 일이기도 하다. 협동노동조직으로서의 두레, 자구적인 안전망이었던 상호부조조직인 계, 그리고 비화폐적 교환인 품앗이의 전통을 되살리는 것 또한 이 책이 한국 사회적경제에 안겨준 숙제가 아닐까 한다.

김신양

참고문헌

1장 사회적경제

Anheier, H., (2001), « Foundations in Europe : a Comparative Perspective », in Schluter, V., Then, V. & Walkenhorst, P. (dir.), *Foundations in Europe Society, Management and Law,* Londres, Bertelsmann Foundation, Directory of Social Change.

Archambault, E., (1996), *Le secteur sans but lucratif – Associations et fondations en France*, Paris, Economica.

Archambault, E., (2009), « Association gestionnaire », *L'économie sociale de A à Z, Alternatives économiques*, n° 38 bis, Paris.

Conseil National des Chambres Régionales de l'Économie Sociale et Solidaire, (2014), *La loi relative à l'économie sociale et solidaire du 31 juillet 2014*, Paris.

Conseil wallon de l'Économie Sociale, (1990), *Rapport à l'Exécutif Régional Wallon sur le secteur de l'économie sociale*, Namur.

Coop.FR, (2016), *Panorama sectoriel des entreprises coopératives*, Paris.

Cunningham, H. (2016), « The Multi-layered History of Western Philanthropy », in Jung, T., Phillips, S. D. & Harrow, J. (dir.), *The Routledge Companion to Philanthropy*, Londres et New York, Routledge, pp. 42-55.

Defourny, J., (1995), « L'avenir des pratiques coopératives dans un monde en mutation », in Séguin, M.-Th. (dir.), *Pratiques coopératives et mutations sociales,* Paris, L'Harmattan, pp. 13-25.

Defourny, J. & Laville, J.-L., (2007), « Pour une économie sociale revisitée », *La Revue Nouvelle*, n° 1-2, pp. 78-83.

Defourny, J. & Monzón Campos, J.-L. (dir.), (1992), *Economie sociale – The Third Sector*, Bruxelles, De Boeck.

Defourny, J. & Nyssens, M., (2016), « Fundamentals for an International Typology of Social Enterprise Models », *ICSEM Working Papers*, No. 33, Liege, The International Comparative Social Enterprise Models (ICSEM) Project.

Defourny, J., Favreau, L. & Laville, J.-L. (dir.), (1998), *Insertion et nouvelle économie sociale, un bilan international*, Paris, Desclée de Brouwer.

Defourny, J., Develtere, P. & Fonteneau, B. (dir.), (1999), *L'économie sociale au Nord et au Sud*, Bruxelles et Paris, De Boeck.

Defourny, J., Gronbjerg, K., Meijs, L., Nyssens, M. & Yamauchi, N. (2016), « Comments on Salamon and Sokolowski's Re-conceptualization of the Third Sector », Voluntas Symposium, *Voluntas,* vol. 27 (4), pp. 1546-1561. Demoustier, D., (2001), *L'économie sociale et solidaire. S'associer pour entreprendre autrement*, Paris, La Découverture & Syros.

Desroche, H., (1976), *Le projet coopératif*, Paris, Les Éditions Ouvrières.

Desroche, H., (1983), *Pour un traité d'économie sociale*, Paris, CIEM.

Desroche, H., (1987), « Mouvement coopératif et économie sociale en Europe », *Revue de l'économie sociale*, n° 11, pp. 59-87.

De Tocqueville, A., (1835-1940), *De la démocratie en Amérique*, 2 tomes, édition 1991, Paris, Gallimard.

Draperi, J.-F., (2011), *L'économie sociale et solidaire : une réponse à la crise ?*, Paris, Dunod.

Draperi, J.-F., (2012), *La république coopérative*, Bruxelles, Larcier.

Duverger, T., (2014), *La reconnaissance législative de l'économie sociale et solidaire,* Note n° 224, Paris, Fondation Jean Jaurès.

Eme, B., (1991), « Les services de proximité », *Informations sociales*, août-septembre, 13, pp. 34-42.

Evers, A., (1990), « Im intermediären Bereich. Soziale Träger und Projekte swischen Hanshalt, Staat und Markt », *Journal für Sozialforschung*, 2 (30), pp. 189-210.

Evers, A., (1995), « Part of the Welfare Mix: The Third Sector as an Intermediate Area », *Voluntas*, 6/2, pp. 119-139.

Evers, A. & Laville, J.-L. (dir.), (2004), *The Third Sector in Europe*, Cheltenham, Edward Elgar.

Fauquet, G., (1935), *Le secteur coopératif*, Paris, Éditions de l'Institut des études coopératives.

Favreau, L. & Lévesque, B., (1996), *Développement économique communautaire, économie sociale et intervention*, Sainte-Foy, Presses de l'Université du Québec.

Gachet, N. & Gonin, M., (2015), *Spécificités et contributions de la nébuleuse de l'économie sociale et solidaire. Une réflexion à partir du contexte vaudois*, Lausanne, Université de Lausanne.

Gardin, L., Laville, J.-L. & Nyssens, M. (dir.), (2012), *Entreprise sociale et insertion. Une perspective internationale,* Paris, Desclée de Brouwer.

Gide, Ch., (2001), *Coopération et économie sociale 1886-1904,* Les OEuvres de Charles Gide, tome IV, Paris, L'Harmattan.

Gueslin, A., (1987), *L'invention de l'économie sociale*, Paris, Economica.

Gui, B., (1991), « The Economic Rationale for the Third Sector », *Annals of Public and Cooperative Economics*, 62 (4), pp. 551-572.

Hiez, D. & Lavillunière, E. (dir.), (2013), *Vers une théorie de l'économie sociale et solidaire,* Bruxelles, Larcier.

Jung, T., Phillips, S. D. & Harrow, J. (dir.), (2016), *The Routledge Companion to Philanthropy*, Londres et New York, Routledge.

Laville, J.-L. (dir.), (1994), *L'économie solidaire – une perspective internationale*, Paris, Desclée de Brouwer.

Laville, J.-L., (2005), « Économie solidaire », in Laville, J.-L. & Cattani, D. (dir.), *Dictionnaire de l'autre économie*, Paris, Desclée de Brouwer, pp. 253-260.

Lipietz, A., (2001), *Pour le tiers secteur. L'économie sociale et solidaire : pourquoi et comment ?*, Paris,

La Découverte.

Malon, B., (1883), *Manuel d'économie sociale*, Paris, Derveaux.

Mauss, M., (1923), « Essai sur le don », *L'Année Sociologique 1923-1924*.

Monzón Campos, J. L. & Chaves, R., (2012), *L'économie sociale dans l'Union européenne*, Bruxelles, Comité économique et social européen.

Nourrisson, P., (1920), *Histoire de la liberté d'association en France depuis 1789*, Paris, Sirey.

Ott, A., (1851), *Traité d'économie sociale*, Paris, Guillaumin.

Pecqueur, C., (1842), *Théorie nouvelle d'économie politique et sociale*, Paris, Capelle.

Pestoff, V., (1992), « Third Sector and Co-operative Services ; From Determination to Privatization », *Journal of Consumer Policy*, vol. 15, 1, pp. 21-45.

Pestoff, V., (1998), *Beyond the Market and State. Civil Democracy and Social Enterprises in a Welfare Society*, Aldershot et Brookfield, Ashgate.

Pezzini, E., (2016), *Bien commun et démocratie économique. Enjeux éthiques et politiques de l'entreprise coopérative*, thèse de doctorat, Bruxelles, Université Saint-Louis Bruxelles.

Polanyi, K., (1944), *La grande transformation : aux origines politiques et économiques de notre temps*, édition 1983, Paris, Gallimard.

Salamon, L. & Sokolowski, W., (2016), « Beyond Nonprofits: Re-conceptualizing the Third Sector », *Voluntas*, vol. 27 (4), pp. 1515-1545.

Salamon, L., Anheier, H. & Associates, (1998), *The Emerging Sector Revisited*, Baltimore, Johns Hopkins University.

Schluter, V., Then, V. & Walkenhorst, P. (dir.), (2001), *Foundations in Europe Society, Management and Law*, Londres, Bertelsmann Foundation, Directory of Social Change.

Thomas, F. (dir.), (2015), *L'économie sociale et solidaire, levier de changement ?*, Alternatives Sud, Louvain-la-Neuve, Centre Tricontinental et Paris, Éditions Syllepse.

Utting, P. (dir.), (2015), *Social and Solidarity Economy. Beyond the Fringe*, Londres, Zed Books.

Vidal, F., (1846), *De la répartition des richesses ou de la justice distributive en économie sociale*, Paris, Capelle.

Vienney, C. (1980), *Socio-économie des organisations coopératives*, Paris, CIEM.

Walras, L., (1865), *Les associations populaires de consommation, de production et de crédit*, Paris, Dentu.

Zung, O., (2012), *La Philanthropie aux États-Unis*, Paris, Fayard.

2장 협동조합

Alchian, A. & Demsetz, H., (1972), « Information costs and economic organization », *The American Economic Review*, 62, 5, pp. 777-795.

Barreto, T., (2011), « Penser l'entreprise coopérative : au-delà du réductionnisme du mainstream », *Annals of Public and Cooperative Economics*, vol. 82, no 2, juin, pp. 187-196.

Battilana, J. & Dorado, S., (2010), « Building sustainable hybrid organizations: the case of commercial microfinance organizations », *Academy of Management Journal,* 53, pp. 1419-1440.

Baudoin, R. (dir.), (2012), *L'entreprise, formes de la propriété et responsabilités sociales*, Collège des Bernardins, Paris, Lethielleux.

Ben-Ner, A. & Putterman, L. (dir.), (1998), *Economics, Values and Organization*, Cambridge, Cambridge University Press.

Birchall, J., (1997), *The international cooperative movement*, Manchester, Manchester University press.

Birchall, J. & Ketilson, L. H., (2009), *Resilience of the Cooperative Business Model in Times of Crises*, Genève, ILO.

Bonin, J. & Putterman, L., (1987), « Economics of cooperation and the labor-managed economy », *Fundamentals of Pure and Applied Economics*, No. 14, New York, Harwood Academic Publishers.

Bonin, J., Jones, D. C. & Putterman, L. (1993) « Theoretical and empirical studies of producer cooperatives: Will ever the twain meet? », *Journal of Economic Literature*, vol. 31, pp. 1290-1320.

Borzaga, C., Depedri, S. & Tortia, E., (2011), « Diversité des organisations dans les économies de marché : rôle des coopératives et des entreprises sociales », *RECMA*, no 321, pp. 32-49.

Bourdet, Y., (1970), *La délivrance de Prométhée : Pour une théorie politique de l'Autogestion*, Paris, Anthropos.

Bradley, K. & Gelb, A., (1981), « Motivation and Control in the Mondragon Experiment », *British Journal of Industrial Relations*, vol. 11, pp. 211-231.

Burdín, G. & Dean, A., (2009) « New evidence on wages and employment in worker cooperatives compared with capitalist firms », *Journal of Comparative Economics*, 37, pp. 517-533.

Cable, J., & FitzRoy, F. (1980) « Productive efficiency, incentives and employee participation. Some preliminary results from West Germany », *Kyklos*, vol. 33 (1), pp. 100-121.

CAS, (2011), « Participation des salariés et performance sociale », *La Note d'Analyse*, no 210, janvier.

Celle, S., (2014), *L'esprit coopératif dans l'entre deux guerre. Les transformations idéologiques du capitalisme français, 1919-1930*, Mémoire de master, Lille I.

Coase, R., (1937), « The nature of the firm », *Economica*, vol. 4 (16), pp. 386-405.

Coté, D. (dir.), (2001), *Les holdings coopératifs : Évolution ou transformation définitive* ?, Louvain-la-Neuve, De Boeck.

Deci, E. L., (1975), *Intrinsic motivation*, New York, Plenum Press.

Defourny, J., (1988), *Démocratie coopérative et efficacité économique. La performance comparée des SCOP françaises*, Bruxelles, De Boeck et Paris, Éditions Universitaires.

Defourny, J., (1992), « Comparative Measures of Technical Efficiency for 500 French SCOP », in Jones, D. C. & Svejnar, J. (dir.), *Advances in the Economic Analysis of Participatory and Labor-Managed Firms,* Greenwich, Jai Press, pp. 27-62.

Defourny, J., (1995), « L'avenir des pratiques coopératives dans un monde en mutation », in Seguin, M.-Th. (dir.), *Pratiques coopératives et mutations sociales,* Paris, L'Harmattan, pp. 13-25.

Defourny, J. & Nyssens, M., (2011), « Approches européennes et américaines de l'entreprise sociale : une perspective comparative », *RECMA*, no 319, pp. 18-35.

Defourny, J. & Nyssens, M., (2016) « Fundamentals for an International Typology of Social Enterprise Models », *ICSEM Working Papers,* No 33, Liège, The International Comparative Social Enterprise Models (ICSEM) Project.

Demoustier, D., (1981), *Entre l'efficacité et la démocratie : les coopératives de production*, Paris, Éditions Entente.

Demoustier, D., (1984), *Les cooperatives de production*, Paris, Éditions la Découverte.

Demoustier, D., (2001), *L'économie sociale et solidaire : s'associer pour entreprendre autrement*, Paris, Syros.

Desroche, H., (1976), *Le projet coopératif : son utopie et sa pratique, ses appareils et ses réseaux, ses espérances et ses déconvenues,* Paris, Éditions Économie et Humanisme.

Devolvé, N. & Veyer, S., (2011), « La quête du droit : approche de l'instauration d'une représentation du personnel dans une coopérative d'activités et d'emploi », *RECMA*, no 319, pp. 78-96.

DiMaggio, P. & Powell, W., (1983), « The Iron Cage Revisited: Institutional Isomorphism and Collective Rationality in Organizational Fields », *American Sociological Review*, vol. 48, no 2, pp. 147-160.

Domar, E., (1966), « The Soviet Collective Farm as a Producer Cooperative », *The American Economic Review*, 56 (4), pp. 734-757.

Doucouliagos, C., (1995) « Worker participation and productivity in labor-managed and participatory capitalist firms: A meta-analysis », *Industrial and Labor Relations Review*, 49, 1, pp. 58-78.

Draperi, J.-F., (2006), « L'économie sociale de A jusqu'à Z », *Alternatives économiques.*

Draperi, J.-F., (2012), *La République coopérative*, Bruxelles, Larcier.

Dreyfus, M., (2005), « Introduction », in Toucas-Truyen, P. (sous la direction de Dreyfus, M.), (dir.), *Les coopérateurs : deux siècles de pratiques coopératives*, Ivry-sur-Seine, Éditions de l'Atelier, pp. 13-15.

Du Tertre, C., Gaglo, G. & Lauriol, J., (2011), *L'économie de la fonctionnalité : une voie ouverte vers le développement durable*, Toulouse, Octares.

Estrin, S., Jones, D., & Svejnar, J. (1987) « The Productivity Effects of Worker Participation: Producer Cooperatives in Western Economies », *Journal of Comparative Economics*, 11 (1), pp. 40-61.

Eymard-Duvernay, F., (2008), « Le marché est-il bon pour les libertés », in De Munck, J. &

Zimmerman, B. (dir.), *La liberté au prisme des capacités*, Éd. de l'EHESS.

Fakhfakh, F. & Perotin, V., (2000), « The effects of profit-sharing schemes on enterprise performance in France », *Economic Analysis*, 3 (2), pp. 93-111.

Fakhfakh, F., Perotin, V. & Gago, M., (2012). « Productivity, Capital, and Labor in Labor-Managed and Conventional Firms: An Investigation on French Data », *Industrial and Labor Relations Review*, 65 (4), pp. 847-975.

Fama, E. & Jensen, M., (1983), « Separation of Ownership and Control », *Journal of Law and Economics*, 26, pp. 301-325.

Fauquet, G., (1942), *Le secteur coopératif : essai sur la place de l'homme dans les institutions coopératives et de celles-ci dans l'économie*, Bruxelles, Éditions Les propagateurs de la coopération (4e éd.).

Ferraton, C., (2002), *L'idée d'association (1830-1928)*, Thèse de Doctorat en Sciences économiques, Université de Lyon 2.

Freeman, R., (1976), « Individual mobility and union voice in the labor market », *American Economic Review*, 66 (2), pp. 361-368.

Frey, B. S. & Jegen, R., (2005), « Motivation crowding theory », *Journal of Economic Surveys*, 15 (5), pp. 589-611.

Fulton, M. & Girard, J.-P., (2015), *Démutualisation des coopératives et des mutuelles*, Coopératives et Mutuelles Canada.

Furubotn, E. & Pejovich, S., (1970), « Property rights and the behavior of the firm in a socialist state: The example of Yugoslavia », *Journal of Economics*, 30 (3), pp. 431-454.

Gagné, M. & Deci, E. L., (2005), « Self Determination Theory and Work Motivation », *Journal of Organizational Behavior*, 26, pp. 331-362.

Gijselinckx, C., Develtere, P. & Raeymackers, P., (2007), « Renouveau coopératif et développement durable », Leuven, HIVA.

Gueslin, H., (1987), *L'invention de l'économie sociale. Le XIXe siècle français*, Paris, Economica.

Gunn, Ch. (1984), *Workers' Self-Management in the United States*, Ithaca, Cornell University Press.

Hansmann, H., (1980), « The Role of Nonprofit Enterprise », *Yale Law Journal*, 89 (5), pp. 835-901.

Hansmann, H., (1988), « Ownership of the Firm », *Journal of Law, Economics, and Organization*, 4, pp. 267-304. Hansmann, H., (1996), *The ownership of enterprise*, Cambridge, Harvard University Press.

Hillenkamp, I. & Laville, J.-L., (2013), *Socioéconomie et démocratie : l'actualité de Karl Polanyi*, Toulouse, Éres.

Hirschman, A., (1970), *Exit, Voice and Loyalty. Responses to decline in Firms, Organizations and States*, Cambridge, Harvard University Press.

Horvat, B., (1982), *The Political Economy of Socialism*, Armonk, M. E. Sharpe.

Huybrechts, B. & Mertens, S., (2014), « The relevance of the cooperative model in the field of renewable energy », *Annals of Public and Cooperative Economics*, vol. 85, 2, pp.

193-213.

Ireland, N. J. & Law, P. J., (1981) « Efficiency, incentives, and individual labor supply in the labor-managed firm », *Journal of Comparative Economics*, 5 (1), pp. 1-23.

Jany-Catrice, F., (2012), *La performance totale, nouvel esprit du capitalisme ?,* Villeneuve-d'Ascq, Presses du Septentrion.

Jensen, M. & Meckling, W., (1976), « Theory of the Firm Managerial Behavior, Agency Costs and Ownership Structure », *Journal of Financial Economics*, 3, pp. 305-360.

Jensen, M. & Meckling, W., (1979), « Rights and production functions. An application to labor-managed firms and codetermination », *Journal of Business*, 52 (4), pp. 469-506.

Jevons, W. S., (1887), *The State in Relation to Labour*, Londres, Macmillan.

Jones, D. C., (1976), « British Economic Thought on Associations of Laborers, 1848-1974 », *Annals of Public and Cooperative Economy*, vol. 47, pp. 5-37.

Juban, J.-Y., Boissin, O., Charmettant, H. & Renou, Y., (2015), « La théorie des incitations en question : politiques de rémunération et design organisationnel des SCOP », *RIMHE : Revue Interdisciplinaire Management, Homme(s) & Entreprise*, no 17, pp. 64-83.

Kato, T. & Morishima, M., (2002), « The Productivity Effects of Participatory Employment Practices: Evidence from New Japanese Panel Data », *Industrial Relations*, 41 (4), pp. 487-520.

Law, P. J., (1977), « The Illyrian Firm and Fellner's Union-Management Model », *Journal of Economic Studies*, 4 (1), pp. 29-37.

Levin, H. M., (1982), « Issues in Assessing the Comparative Productivity of Worker-Managed and Participatory Firms in Capitalist Societies », in Jones, D. C. & Svejnar, J. (dir.), *Participatory and Self-Managed Firms*, Lexington, MA, Lexington Books, pp. 45-64.

Levin, H. M., (1984), « Employment and Productivity of Producer Cooperatives », in Jackall, R. & Levin, H. M. (dir.), *Worker Cooperatives in America*, pp. 16-31.

Marshall, A., (1919), *Economics of Industry*, Londres, Macmillan.

Marshall, A., (1964), *Principles of Economics*, Londres, Macmillan.

Martin, A., (2008), « Le paradigme coopératif inscrit dans une histoire », *Cahier de l'IRE-CUS*, no 04-08, Sherbrooke University.

Mauget, R. & Duchamp, B., (2012), « Stratégies d'alliances et développement international des groupes coopératifs agroalimentaires français, comparaisons européennes », *Colloque de l'ADDES, La course à la taille*, www.addes.asso.

Meade, J., (1972), « The theory of labour-managed firms and of profit sharing », *Economic Journal*, 82, pp. 402-428.

McCain, R. A., (1973), « The Cost of Supervisions and the Quality of Labor: A Determinant of X-Efficiency », *Mississippi Valley Journal of Business and Economics*, vol. 8, no 3, pp. 1-16.

Meister, A., (1958) *Les communautés de travail. Bilan d'une expérience de propriété et de gestion collectives,* Paris, Entente Communautaire.

Mermoz, M., (1978), *L'autogestion, c'est pas de la tarte !*, Paris, Seuil.

Mignot, D., Defourny, J. & Leclerc, A., (1999), « Un siècle d'histoire coopérative à travers les statistiques de l'A.C.I. », *Annals of Public and Cooperative Economics,* 70, 1, pp. 75-105.

Milgrom, P. & Roberts, J., (1992), *Economics, Organization and Management*, Englewood Cliffs, Prentice-Hall International.

Mill, J. S., (1879), « Chapters on Socialism », *The Fortnightly Review*, vol. 25.

Mill, J. S., (1909), *Principles of Political Economy*, Londres, Longman.

Mladenatz, G., (1933), *Histoire des doctrines coopératives*, Paris, PUF.

Navarra, C., (2008), « Collective accumulation of capital in Italian worker cooperatives between employment insurance and 'we-rationality': An empirical investigation », paper presented at the *14th World Congress of the International Association for the Economics of Participation*, July, Hamilton College, Clinton (NY).

Nelson, R. & Winter, S. G., (1982), *An Evolutionary Theory of Economic Change*. Cambridge, Belknap Press/Harvard University Press.

Oakeshott, R., (1978), *The Case For Worker Co-ops*, Londres, Routledge & Kegan Paul.

Oakeshott, R., (1982), « Spain: the Mondragon Enterprises », in F. H. Stephen (ed.), *The Performance of Labour-Managed Firms*, London, Macmillan, pp. 122-140.

Pejovich, S., (1969), « The firm, monetary policy and property rights in a planned economy », *Western Economic Journal*, September, 7, 3, pp. 193-200.

Pencavel, J., Pistaferri, L. & Schivardi, F., (2006), « Wages, employment and capital in capitalist and worker-owned firms », *Industrial and Labor Relations Review*, 60 (1), pp. 23-44.

Perotin, V, & Robinson, A. (2003), *Employee Participation in Profit and Ownership: A Review of Issues and Evidence*, Luxembourg, European Parliament.

Petrella, F., (2003), *Une analyse néo-institutionnaliste des structures de propriété multi-stakeholder : une applications aux organisations de développement local*, Thèse de doctorat, Louvain-la-Neuve.

Quijoux, M., (2011), *Néolibéralisme et autogestion, l'expérience argentine*, Coll. travaux et mémoires, Paris, Éditions de l'IHEAL.

Richez-Batttesti, N. & Gianfaldoni, P. (dir.), (2006), *Les banques coopératives : Le défi de la performance et de la solidarité*, Paris, L'Harmattan.

Richez-Battesti, N., Petrella, F. & Meunier, N., (2014), *Relations professionnelles et qualité de l'emploi : une approche comparative entre les organisations de l'économie sociale et solidaire et les entreprises du secteur privé lucratif, Une analyse à partir de l'enquête Réponse*, rapport de recherche LEST-Dares, Paris.

Roelants, B., Eum, H. & Terrasi, E., (2014), *Les coopératives et l'emploi : un rapport mondial*, CICOPA. Disponible en ligne : http://www.cicopa.coop/IMG/pdf/cooperatives_et_emploi_un_rapport_mondial_fr__web_3-10_1pag.pdf.

Rosanvallon, P. (1976) *L'Âge de l'Autogestion*, Paris, Éditions du Seuil.

Rose-Ackerman, S., (1996), « Altruism, Nonprofits and Economic Theory », *Journal of Economic Literature*, 17 (5), pp. 669-691.

Segrestin, B. & Hatchuel, A., (2012), *Refonder l'entreprise,* Paris, Seuil.

Segrestin, B., Roger, B. & Vernac, S., (2014), *L'entreprise point aveugle du savoir*, Éd. Sciences Humaines.

Simon, H. A., (1971), « Decision-making and Organizational Design », in D. S. Pugh, ed. *Organization Theory*, New York, Penguin Books.

Spear, R., (2000), « The Co-operative Advantage », *Annals of Public and Cooperative Economics*, 71 (4), pp. 507-523.

Spear, R., (2011), « Formes coopératives hybrides », *RECMA*, no 320, avril, pp. 26-41.

Steinherr, A., (1975), « Profit-Maximizing vs. Labor-Managed Firms. A Comparison of Market Structure and Firm Behavior », *Journal of Industrial Economics*, 4 (2), pp. 97-104.

Suchman, M., (1995), « Managing Legitimacy: Strategic and Institutional Approaches », *Academy of Management Review*, 20, 3, pp. 571-611.

Supiot, A., (2005), *Homo juridicus, Essai sur la fonction anthropologique du droit*, Paris, Seuil.

Thomas, H. & Logan, C., (1982), *Mondragon: An Economic Analysis*, Londres, Allen and Unwin.

Toucas, P., (2005), *Les coopérateurs : deux siècles de pratiques coopératives*, Ivry-sur-Seine, Éditions de l'Atelier.

Vanek, J., (1970), *The General Theory of Labor-Managed Market Economies*, Ithaca, Cornell University Press.

Vanek, J., (1975), *Self-Management, Economic Liberation of Man*, Baltimore, Penguin.

Vanek, J., (1977), *The Labor-Managed Economies. Essays,* Ithaca, Cornell University Press.

Vienney, C., (1994), *L'économie sociale*, Paris, La Découverte.

Ward, B., (1958), « The Firm in Illyria: Market Syndicalism », *American Economic Review*, 48 (4), pp. 566-589.

Watkins, W. P., (1970), *L'Alliance coopérative internationale 1895-1970*, Londres, ACI.

Webb, S., (1920), *A Constitution for the Socialist Commonwealth of Great Britain*, Londres, Longman.

Whyte, W. & Whyte, K., (1988), *Making Mondragon,* Ithaca, ILR Press, Cornell University.

Williamson, O., (1975), *Markets and Hierarchies, Analysis and Antitrust Implications: a Study in the Economics of Internal Organization*, Londres, The Free Press.

World Co-operative Monitor 2015, *Exploring the co-operative economy,* ACI et Euricse.

Zamagni, S., (2005), « Per una teoria civile dell'impressa cooperative », in Mazzoli, E. & Zamagni, S. (dir.), *Verso une nuova teoria della cooperazione*, Bologne, Il Mulino, pp. 15-56.

Zevi, A., (2005), « Il finanziamento delle cooperative », in Mazzoli, E. & Zamagni, S. (dir.), *Verso una nuova storia della cooperazione*, Bologne, Il Mulino, pp. 293-332.

3장 결사체

Anheier, H., (2005), *The Nonprofit Sector: Approaches, Management, Policy*, Londres et New York, Routledge.

Arrow, K. J. & Debreu, G., (1954), « Existence of an Equilibrium for a Competitive Economy », *Econometrica*, Z2, pp. 265-290.

Bachiegga, A. & Borzaga, C., (2003), « The Economics of the Third Sector », in Anheier, H. & Ben-Ner, A. (dir.), *The study of the nonprofit enterprise, Theories and approaches*, New York, Kluwer Academic, Nonprofit and Civil society studies, pp. 27-48.

Badelt, C., (1990), « Institutional Choice and the Nonprofit Sector », in Anheier, H. K. & Seibels, W. (dir.), *The Third Sector, Comparative Studies of Nonprofit Organizations*, Berlin et New York, de Gruyter, pp. 53-61.

Ballou, J. (2005), « An Examination of the Presence of Ownership Effects in Mixed Markets », *Journal of Law, Economics, and Organization*, 21, 1, pp. 228-255.

Ben-Ner, A. & Van Hoomissen, T., (1991), « Non-Profit Organization in the Mixed Economy », *Annals of Public and Cooperative Economics*, vol. 62/4, pp. 519-550.

Benz, M., (2005), « Not for the profit, but for the satisfaction? Evidence on worker well-being in non-profit firms », *Kyklos*, 58, 2, pp. 155-176.

Besley, T. & Ghatak, M., (2005) « Competition and Incentives with Motivated Agents », American Economic Review, American Economic Association, vol. 95, 3, pp. 616-636.

Bilodeau, M. & Slivinski, A. L., (1998), « Rational Nonprofit Entrepreneurship », Journal of Economics & Management Strategy, Blackwell Publishing, vol. 7, 4, pp. 551-571.

Borzaga, C. & Mittone, L., (1997), « The Multistakeholders versus the Nonprofit Organisation », Università degli Studi di Trento, Draft Paper, no 7.

Campi, S., Defourny, J., Grégoire, O. & Huybrechts, B., (2012), « Les entreprises sociales d'insertion : des parties prenantes multiples pour des objectifs multiples ? », in Gardin, L., Laville, J.-L. & Nyssens, M. (dir.), *Enterprise sociale et insertion : une perspective internationale*, Paris, Desclée de Brouwer, pp. 72-95.

Coase, R., (1937), « The Nature of the Firm », *Economica*, 4, pp. 386-405.

Deci, E. L. & Ryan, R. M. (1985) *Intrinsic motivation and self-determination in human behavior*, New York, Plenum Press.

Deci, E. L. & Ryan, R. M. (2006) *The Handbook of Self-Determination Research*, Rochester, University of Rochester Press.

De Cooman, R., De Gieter, S., Pepermans, R. & Jegers, M., (2011), « A cross-sector comparison of motivation-related concepts in for-profit and not-for-profit service organizations », *Nonprofit and Voluntary Sector Quarterly*, vol. 40, pp. 296-317.

Defourny, J., Henry, A., Nassaut, S. & Nyssens, M., (2010), « Does the mission of providers matter on a quasi-market? The case of the Belgian 'service voucher' scheme », *Annals of Public and Cooperative Economics*, 81 (4), pp. 583-610.

De munck, J., (2012), *Pour penser l'école catholique du 21e siècle*, congrès 2012, Bruxelles, SEGEC.

De Tocqueville, A., (1835 ; réédition de 1981), *De la démocratie en Amérique*, volume I, Paris, GF Flammarion.

Enjolras, B., (2004), « Logiques institutionnelles, rationalité axiologique et conventions », *Annals of Public and Cooperative Economics*, 75, 4, pp. 595-617.

Evers, A. & Laville, J.-L., (2004), *The Third Sector in Europe*, Cheltenham, Edward Elgar.

Eymard-Duvernay, F., (2004), *Économie politique de l'entreprise*, Paris, La découverte.

Freeman, R. E., (1984), *Strategic management: A stakeholder approach*, Boston, Pitman.

Favereau, O., (1989), « Marchés internes, marchés externes », *Revue économique*, 2, pp. 273-328.

François, P., (2001) « Employee Care and the Role of Nonprofit Organizations », Journal of *Institutional and Theoretical Economics (JITE)*, Tübingen, Mohr Siebeck, vol. 127, 3, pp. 443-464.

Gadrey, J., (2006), « Utilité sociale », in Laville, J.-L. & Cattani, A. D. (dir.), *Dictionnaire de l'Autre Économie*, Paris, Gallimard, collection folio actuel, pp. 641-651.

Gardin, L., Laville, J.-L. & Nyssens, M., (2012), *Enterprise sociale et insertion : une perspective internationale*, Paris, Desclée de Brouwer.

Glaeser, E. & Shleifer, A., (2001), « Not-for-profit Entrepreneurs », *Journal of Public Economics*, Vol. 81, pp. 99-115.

Gui, B., (1991), « The Economic Rationale for the Third Sector », *Annals of Public and Cooperative Economics*, Vol. 62, no 4, pp. 551-572.

Hansmann, H., (1980), « The role of nonprofit enterprise », *Yale Law Journal*, 89, pp. 835-901.

Hansmann, H., (1987), « Economic Theories of Nonprofit Organizations », in Powell, W. (dir.), *The Nonprofit Sector, A Research Handbook*, New Haven, Yale University Press.

Hansmann, H., (1996), *The Ownership of Enterprise*, Cambridge, Harvard University Press.

James, E., (1986), *The nonprofit enterprise in market economics*, Londres et Paris, Harwood academic publishers.

Jensen, M. & Meckling, W. (1976) « Theory of the Firm: Managerial Behavior, Agency Costs and Ownership Structure », *Journal of Financial Economics*, 3, pp. 305-360.

Krashinsky, M., (1997), « Stakeholder theories of the non-profit sector: one cut at the economic literature », *Voluntas*, vol. 8, pp. 149-161.

Laville, J.-L. & Nyssens, M., (2001a), *Les services sociaux entre associations, État et marché – L'aide aux personnes âgées*, Paris, La Découverte.

Laville, J.-L. & Nyssens, M., (2001b), « The Social Enterprise: Towards a Theoretical Socio-Economic Approach », in Borzaga, C. & Defourny, J. (dir.), *The Emergence of Social Enterprise,* Londres et New York, Routledge, pp. 312-332.

Laville, J.-L. & Nyssens, M., (2006), « Service de proximité », in Laville, J.-L. & Cattani, A. D. (dir.), *Dictionnaire de l'Autre Économie*, Paris, Gallimard, collection folio actuel, pp.

561-571.

Mas-Colell, A., Whinston, M. & Green, J., (1995), *Microeconomics Theory*, New-York, Oxford University Press.

McCarthy, K., (2003), *American Creed: Philanthropy and the Rise of Civil Society, 1700-1865*, Chicago, University of Chicago Press.

Ménard, C., (2001), « Methodological issues in new institutional economics », *Journal of Economic Methodology*, vol. 8, No. 1, pp. 85-92.

Milgrom, P. & Roberts, J., (1992), *Economics, Organization and Management*, Englewood Cliffs, Prentice Hall International Editions.

Ortmann, A. & Schlesinger, M., (1997), « Trust, repute and the role of non-profit enterprise », *Voluntas*, vol. 8, pp. 97-119.

Petrella, F., (2008), « Organisations non lucratives et partenariat : avantages et risques dans le cas des services de développement local en Belgique », in Enjolras, B. (dir.), *Gouvernance et intérêt général dans les services sociaux et de santé*, Brussels, Peter Lang.

Preston, A. E., (1989), « The Nonprofit Worker in a For-Profit World », *Journal of Labor Economics*, 7, 4, pp. 438-463.

Queinnec, E., (2012), « Résoudre un problème d'asymétrie d'information en s'abstenant de faire du profit : les organisations sans but lucratif répondent-elles à une demande de biens de confiance ? », *Revue d'économie politique*, 122 (1), janvier – février, pp. 67-87.

Roomkin, M. J. & Weisbrod, B. W., (1999), « Managerial compensation and incentives in for-profit and nonprofit hospitals », *The Journal of Law, Economics and Organization*, 15, 3, pp. 750-781.

Rose-Ackerman, S., (1997), « Altruism, Ideological Entrepreneurs and the Nonprofit Firm », *Voluntas*, vol. 8, pp. 120-134.

Salamon, L. M., (1987), « Of Market Failure, Voluntary Failure, and Third Party of Government Relations in the Modern Welfare State », *Journal of Voluntary Action Research*, Vol. 16, no 2, pp. 29-49.

Salamon, L. M, (1995), *Partners in Public Service: Government-Nonprofit Relations in the Modern Welfare State*, Baltimore, The Johns Hopkins University Press.

Salamon, L. M. & Anheier, H., (1997), *Defining the nonprofit sector, a cross national analysis*, Manchester, Manchester university Press.

Salamon, L. M., Sokolowski, S. W. and associates, (2004), *Global Civil Society ; Dimensions of the Nonprofit Sector*, volume 2, Boulder, Kumarian Press.

Simon, H., (1951), « A formal Theory of the Employment Relationship », *Econometrica*, juillet, pp. 293-305.

Steinberg, R., (2006), « Economic Theories of Nonprofit Organizations », in Powell, W. & Steinberg, R. (dir.), *The Non-profit Handbook*, New Haven et Londres, Yale University Press, pp. 117-139.

Steinberg, R. & Weisbrod, B., (2005), « Nonprofits with distributional objectives: price discrimination and corner solutions », *Journal of Public Economics*, vol. 89, pp. 2205-

2230.
Taylor, M., (2004), « The welfare mix in the United Kingdom », in Evers, A. & Laville, J.-L., (2004), *The Third Sector in Europe*, Cheltenham, Edward Elgar, pp. 122-143.
United Nations, (2002), *Handbook of Nonprofit Institutions in the System of National Accounts*, New York, Nations Unies.
Valentinov, V., (2007), « The property right approach to NPO », *Public Organization Review*, 7, pp. 41-55.
Weisbrod, B., (1977), *The Voluntary Nonprofit Sector*, Lexington, MA, Lexington Books.
Weisbrod, B., (1988), *The Nonprofit Economy*, Cambridge, MA, Harvard University Press.
Williamson, O. E., (1975), *Markets and Hierarchies: Analysis and Antitrust Implications*, New York, Free Press.
Williamson, O. E., (1985), *The Economic Institutions of Capitalism*, New York, Free Press.
Williamson, O. E., (1996), *The mechanisms of governance*, New York et Londres, Oxford University Press.
Young, D. R., (1981), « Entrepreneurship and the behavior of nonprofit organizations: elements of a theory », in White, M. (dir.), *Nonprofit Firms in a Three-sector Economy*, Washington D.C., Urban Institute.
Young, D. R., (1983), *If Not for Profit, for What?*, Lexington, Lexington books.
Zung, O., (2012), *La Philanthropie aux États-Unis*, Paris, Fayard.

4장 자원활동

Akerlof, G. A. & Kranton, R. E., (2000), « Economics and Identity », *Quarterly Journal of Economics*, vol. 115, pp. 715-753.
Alter, N., (2009), *Donner et prendre. La coopération en entreprise*, Paris, La Découverte.
Andreoni, J., (1990), « Impure altruism and donations to public goods: A theory of warm-glow giving », *The Economic Journal*, vol. 100, pp. 464-477.
Antoni, G. D., (2009), « Intrinsic vs. extrinsic motivations to volunteer and social capital formation », *Kyklos*, vol. 62, no 3, pp. 359-370.
Arrow, K. J., (1973), « Higher Education as a Filter », *Journal of Public Economics*, vol. 2, pp. 193-216.
Baer, D., Prouteau, L., Swindell, D., Savicka, A., Smith, D. H. & Tai, K.-T. (2016), « Conducive macro-contexts influencing volunteering », in Smith, D. H., Stebbins, R. A. & Grotz, J., *The Palgrave handbook of volunteering, civic participation, and nonprofit associations*, Palgrave Macmillan, pp. 580-606.
Baert, S. & VujiĆ, S. (2016), *Does it pay to care? Prosocial engagement and employment opportunities*, IZA Discussion Paper Series 9649.
Bardsley, N. & Sugden, R., (2006), « Human nature and sociality in economics », in Kolm, S.-C. & Mercier-Ythier, J. (dir.), *Handbook of the economics of giving, altruism and reciprocity*

– *Volume 1*, Amsterdam, North-Holland, pp. 732-768.

Barthélémy, M., (2000), *Associations : Un nouvel âge de la participation ?*, Paris, Presses de Sciences Po.

Batson, C. D., Ahmad, N. & Tsang, J.-A., (2002), « Four motives for community involvement », *Journal of Social Issues*, vol. 58, no 3, pp. 429-445.

Becker, D. G., (1964), « Exit Lady Beautiful: the volunteer and the professional social worker », *Social Service Review*, vol. 38, pp. 57-72.

Becker, P. E. & Dhingra, P. H., (2001), « Religious involvement and volunteering: implication for civil society », *Sociology of Religion*, vol. 62, pp. 315-335.

Bekkers, R., (2005), « Participation in voluntary associations: relations with resources, personality and political values », *Political Psychology*, vol. 26, no 3, pp. 439-454.

Bekkers, R., (2007), « Intergenerational transmission of volunteering », *Acta Sociologica*, vol. 50, no 2, pp. 99-114.

BIT, (2011), *Manuel sur la mesure du travail bénévole*, Département de statistique, Genève.

Boezeman, E. J. & Ellemers, N., (2009), « Intrinsic need satisfaction and the job attitudes of volunteers versus employees working in a charitable volunteer organization », *Journal of Occupational and Organizational Psychology*, vol. 82, pp. 897-914.

Bougard, J., Brodaty, T., Emond, C., L'Horty, Y., du Parquet, L. & Petit, P. (2014), « Bénévolat et accès à l'emploi. Les enseignements d'une expérience contrôlée », *Revue économique*, vol. 65, pp. 47-69.

Bourdieu, P., (1980), « Le capital social, notes provisoires », *Actes de la recherche en sciences sociales*, no 31, pp. 2-3.

Bourdoncle, R., (2000), « Professionnalisation, formes et dispositifs », *Recherche et Formation*, no 35, pp. 117-132.

Brown, E. & Lankford, H., (1992), « Gifts of money and gifts of time. Estimating the effects of tax prices and available time », *Journal of Public Economics*, vol. 47, pp. 321-341.

Bruni, L., (2005), « *Hic sunt leones*: interpersonnal relations as unexplored territory in the tradition of economics », in Gui, B. & Sugden, R. (dir.), *Economics and social interaction. Accounting for interpersonal Relations*, Cambridge (UK), Cambridge University Press, pp. 206-228.

Bruno, B., (2013), « Reconciling economics and psychology on intrinsic motivation », *Journal or Neuroscience, Psychology and Economics*, vol. 6, no 2, pp. 136-149.

Bruno, B. & Fiorillo, D., (2012), « Why without pay? Intrinsic motivation in the unpaid labour supply », *Journal of Socio-Economics*, vol. 41, pp. 659-669.

Bruno, B. & Fiorillo, D., (2016), « Volunteer work and wages », *Annals of Public and Cooperative Economics*, vol. 87, pp. 175-202.

Cabinet Office, (2013), *Community Life Survey. August 2012-April 2013*, Statistical Bulletin, London, Cabinet Office.

Cappellari, L & Turati, G., (2004), « Volunteer labor supply: the role of workers' motivations », *Annals of Public and Cooperative Economics*, vol. 75, pp. 619-643.

Chantal, Y. & Vallerand, R. J., (2000), « Construction et validation de l'échelle de motivation envers l'action bénévole (ÉMAB) », *Loisir et société*, vol. 23, no 2, pp. 477-508.

Clary, E. G., Snyder, M. & Stukas, A. A., (1996), « Volunteers' motivations : findings from a national survey », *Nonprofit and Voluntary Sector Quarterly*, vol. 25, no 4, pp. 485-505.

Clary, E. G., Snyder, M., Ridge, R. D., Copeland, J., Stukas, A. A., Haugen, J. & Miene, P., (1998) « Understanding and assessing the motivations of volunteers: A functional approach », *Journal of Personality and Social Psychology*, vol. 74, no 6, pp. 1516-1530.

Clotfelter, C. T., (1985), *Federal Tax Policy and Charitable Giving*, Chicago et Londres, The University of Chicago Press.

Clotfelter, C. T., (1997), « The economics of giving », in Barry, J. & Manno, B. V. (dir.), *Giving better, giving smarter,* Washington, D.C., National Commission on Philanthropy and Civic Renewal, pp. 31-55.

Cnaan, R. A. & Goldberg-Glen, R. S., (1991), « Measuring motivation to volunteer in human services », *Journal of Applied Behavioral Science*, vol. 27 no 3, pp. 269-284.

Cnaan, R. A., Handy, F. & Wadsworth, M., (1996), « Defining who is volunteer: conceptual and empirical considerations », *Nonprofit and Voluntary Sector Quarterly*, vol. 25, pp. 364-383.

Cornes, R. & Sandler, T., (1986), *The theory of externalities, public goods, and club goods,* Cambridge, Cambridge University Press.

Day, K. M. & Devlin, R. A., (1998), « The payoff to work without pay: volunteer work as an investment in human capital », *Canadian Journal of Economics*, vol. 31, pp. 1179-1191.

Deci, E. L. & Ryan, R. M., (1985), *Intrinsic motivation and self-determination in human behavior*, New York et Londres, Plenum Press.

Deci, E. L. & Ryan, R. M., (2000), « Intrinsic and extrinsic motivations: classic definitions and new directions », *Contemporary Educational Psychology*, vol. 25, pp. 54-67.

Deci, E. L., Koestner, R. & Ryan, R. M., (1999), « A meta-analytic review or experiments examining the effects of extrinsic rewards on intrinsic motivation », *Psychological Bulletin*, vol. 125, no 6, pp. 627-668.

Destefanis, S. & Maietta, O. W., (2009), « The productivity of volunteer labour: DEA-based evidence from Italy », in Destefanis, S. & Musella, M. (dir.), *Paid and unpaid labour in the social economy. An international perspective*, Heidelberg, Physica-Verlag, pp. 143-164.

DiMaggio, P. J., (1995), « What theory is not », *Administrative Science Quarterly*, vol. 40, pp. 391-397.

Duncan, B., (1999), « Modeling charitable contributions of time and money », *Journal of Public Economics*, vol. 72, pp. 213-242.

Ellis, S. J. & Noyes, K. H., (1990), *By the people. A history of Americans as volunteers*, Revised version, San-Francisco, Jossey-Bass Publishers.

Emanuele, R., (1996), « Is there a (downward sloping) demand curve for volunteer labour? », *Annals of Public and Cooperative Economics*, vol. 67, pp. 193-208.

Federal Statistical Office, (2011), *Volunteering in Switzerland 2010*, Neuchâtel, FSO.

Ferrand-Bechmann, D., (1992), *Bénévolat et solidarité*, Paris, Syros Alternatives.

Finkelstein, M. A., (2009), « Intrinsic vs. extrinsic motivational orientations and the volunteer process », *Personality and Individual Differences*, vol. 46, pp. 653-658.

Finkelstein, M. A., (2012), « Dispositional correlates of informal volunteering », *Current Research in Social Psychology*, vol. 18, pp. 60-69.

Fiorillo, D., (2011), « Do monetary rewards crowd out the intrinsic motivation of volunteers? Some empirical evidence for Italian volunteers », *Annals of Public and Cooperative Economics*, vol. 82, no 2, pp. 139-165.

Freeman, R. B., (1997), « Working for nothing: the supply of volunteer labor », *Journal of Labor Economics*, vol. 15, pp. S140-S166.

Frey, B. S. & Goette, L., (1999), *Does pay motivate volunteers?,* Working paper no 7, Zurich, Institute for Empirical Research in Economics, University of Zurich.

Frisch, M. B. & Gerrard, M., (1981), « Natural helping system: a survey or Red Cross volunteers », *American Journal of Community Psychology*, vol. 9, no 5, pp. 567-579.

Gadrey, J., (1991), « Le service n'est pas un produit : quelques implications pour l'analyse et pour la gestion », *Politiques et management public*, vol. 9, pp. 1-24.

Gautié, J., (2002), « De l'invention du chômage à sa déconstruction », *Genèses*, no 46, pp. 60-76.

Gorz, A., (1988), *Métamorphoses du travail, quête du sens : critique de la raison économique*, Paris, Editions Galilée.

Grube, J. A. & Piliavin, J. A., (2000), « Role identity, organizational experiences, and volunteer performance », *Personality and Social Psychology Bulletin*, vol. 26, pp. 1108-1119.

Gui, B., (2000), « Beyond transactions: on the interpersonal dimension of economic reality », *Annals of Public and Cooperative Economics*, vol. 71, pp. 139-169.

Gui, B., (2005), « From transactions to encounters: the joint generation of relational goods and conventional values » in Gui, B. & Sugden, R. (dir.), *Economics and social interaction. Accounting for interpersonal relations*, Cambridge (UK), Cambridge University Press, pp. 23-51.

Hackl, F., Halla, M. & Pruckner, G. J. (2007), « Volunteering and Income – The fallacy of the good Samaritan? », *Kyklos*, vol. 60, pp. 77-104.

Handy, F. & Brudney, J. L., (2007), « When to use volunteer labor resources? An organizational analysis for nonprofit management », *Vrijwillige Inzet Onderzoch*, vol. 4, supplement, pp. 91-100.

Handy, F. & Srinivasan, N., (2004), « Valuing volunteers: an economic evaluation of the net benefits of hospital volunteers », *Nonprofit and Voluntary Sector Quarterly*, vol. 33, pp. 28-54.

Handy, F. & Srinivasan, N., (2005), « The demand for volunteer labor: a study of hospital volunteers », *Nonprofit and Voluntary Sector Quarterly*, vol. 34, pp. 491-509.

Handy, F., Mook, L. & Quarter, J., (2008), « The interchangeability of paid staff and volunteers in nonprofit organizations », *Nonprofit and Voluntary Sector Quarterly*, vol. 3, pp. 76-92.

Hargreaves Heap, S., (2005), « The mutual validations of ends », in Gui, B. & Sugden, R. (dir.), *Economics and social interaction. Accounting for interpersonal Relations*, Cambridge (UK), Cambridge University Press, pp. 190-205.

Hawrylyshyn, O., (1977), « Towards a definition of non-market activities », *The Review of Income and Wealth*, vol. 23, pp. 79-96.

Hustinx, L. & Lammertyn, F, (2003), « Collective and reflexive styles of volunteering: a sociological modernization perspective », *Voluntas*, vol. 14, pp. 167-187.

Hustinx, L., Cnaan, R. A. & Handy, F., (2010), « Navigating theories of volunteering: a hybrid map for a complex phenomenon », *Journal for the Theory of Social Behavior*, vol. 40, pp. 410-434.

Ion, J., (2001), « Affranchissements et engagements personnels », in Ion, J., (dir.), *L'engagement au pluriel*, Publications de l'Université de Saint-Étienne, pp. 21-45.

Janoski, T. & Wilson, J., (1995), « Pathways to voluntarism: family socialization and status transmission models », *Social Forces*, vol. 74, no 1, pp. 271-292.

John, O. P., Naumann, L. P. & Soto, C. J., (2008), « Paradigm shift to the integrative Big-Five trait taxonomy: history, measurement, and conceptual issues », in John, O. P., Robins, R. W. & Pervin, L. A. (dir.), *Handbook of personality: Theory and research*, New York, Guilford Press.

Karl, B. D., (1984), « Lo, the poor volunteer: an essay on the relation between history and myth », *Social Service Review*, vol. 58, pp. 493-522.

Marée, M., Hustinx, L., Xhauflair, V., De Keyser, L. & Verhaege, L. (2015), *Le volontariat en Belgique. Chiffres clés,* Bruxelles, Fondation Roi Baudouin.

Matsuba, M. K., Hart, D. & Atkins, R., (2007), « Psychological and social-structural influences on commitment to volunteering », *Journal of Research in Personality*, vol. 41, pp. 889-907.

Meier, S. & Stutzer, A., (2008), « Is volunteering rewarding in itself? », *Economica*, vol. 75, pp. 39-59.

Meijs, L., Handy, F., Cnaan, R. A., Brudney, J. L., Ascoli, U., Ranade, S., Hustinx, L., Weber, S. & Weiss, I., (2003), « All in the eyes of the beholder? Perceptions of volunteering across eight countries », in Dekker, P. & Halman, L., *The Values of volunteering. Cross cultural perspectives*, New York, Kluwer Academic, pp. 19-34.

Menchik, P. L. & Weisbrod, B. A., (1987), « Voluntary labor supply », *Journal of Public Economics*, vol. 32, pp. 159-183.

Musick, M. A. & Wilson, J., (2008), *Volunteers. A social profile*, Bloomington, Indiana

University Press.

Okun, M. A., Pugliese, J. & Rook, K. S. (2007), « Unpacking the relation between extraversion and volunteering in later life: the role of social capital », *Personality and Individual Differences*, vol. 42, pp. 1467-1477.

ONU, (2011), *Rapport sur la situation du volontariat dans le monde. Valeurs universelles pour le bien-être mondial*, Programme des volontaires des Nations Unies.

Pearce, J. L., (1993), *Volunteers. The organizational behavior of unpaid workers*, New York, Routledge.

Penner, L. A., (2002), « Dispositional and organizational influences on sustained volunteerism: an interactionist perspective », *Journal of Social Issues*, vol. 58, no 3, pp. 447-467.

Penner, L. A., Dovidio, J. E., Piliavin, J. A. & Schroeder, D. A. (2005), « Prosocial behavior: multilevel perspectives », *Annual Review or Psychology*, vol. 56, pp. 365-392.

Perpék, E. (2012), « Formal and informal volunteering in Hungary. Similarities and differences », *Corvinus Journal of Sociology and Social Policy*, vol. 3, pp. 59-80.

Porte, B., Nison, A., Madiot, G. & Templier, J., (1976), *L'initiative bénévole... une société réinventée*, Paris, Editions ESF.

Prouteau, L., (1999), *Économie du comportement bénévole – Théorie et étude empirique*, Paris, Économica.

Prouteau, L. & Wolff, F.-C., (2004), « Donner son temps : les bénévoles dans la vie associative », *Économie et Statistique*, no 372, pp. 3-39.

Putnam, R. D. & Campbell, D. E., (2010), *American grace. How religion divides and unites us*, New York, Simon & Schuster.

Rochester, C., Ellis Paine, A. & Howlett, S. (2012), *Volunteering and society in the 21st century*, Palgrave Macmillan.

Rose-Ackerman, S., (1986), « Do government grants to charity reduce private donations? », in Rose-Ackerman, S. (dir.), *The Economics of Nonprofit Institutions*, New York et Oxford, Oxford University Press, pp. 319-320.

Rossi, A. S., (2001), « Developmental roots of adult social responsability », in Rossi, A. S. (dir.), *Caring and doing for others: social responsibility in the domain of family, work and community*, Chicago, University of Chicago Press.

Sauer, R. M. (2015), « Does it pay for women to volunteer? », *International Economic Review*, vol. 56, pp. 537-564.

Schiff, J., (1990), *Charitable giving and government policy – An economic analysis*, New-York et Londres, Greenwood Press.

Segal, L. M., (1993), *Four essays on the supply of volunteer labor and econometrics*, Ph. D., Northwestern University.

Smith, D. H., (1981), « Altruism, volunteers, and volunteerism », *Journal of Voluntary Action Research*, vol. 10, pp. 21-36.

Spence, M., (1973), « Job market signaling », *Quarterly Journal of Economics*, vol. 87, pp. 355-374.

Stebbins, R. A., (1996), « Volunteering: a serious leisure perspective », *Nonprofit and Voluntary Sector Quarterly*, vol. 25, pp. 211-224.

Steinberg, R., (1990), « Labor economics and the nonprofit sector: A literature review », *Nonprofit and Voluntary Sector Quarterly*, vol. 19, pp. 151-169.

Thoits, P. A. & Hewitt, L. N., (2001), « Volunteer work and well-being », *Journal of Health and Social Behavior*, vol. 42, pp. 115-131.

Uhlaner, C. J., (1989), « 'Relational goods' and participation: Incorporating sociability into a theory of rational action », *Public Choice*, vol. 62, pp. 253-285.

Uslaner, E. M., (2002), « Religion and civic engagement in Canada and the United States », *Journal for the Scientific Study of Religion*, vol. 41, pp. 239-254.

Vallerand, R. J. & Thill, E. E., (1993), « Introduction au concept de motivation », in Vallerand, J. & Thill, E. E. (dir.), *Introduction à la psychologie de la motivation*, Laval (Québec), Éditions études vivantes – Vigot.

Van Tienen, M., Scheepers, P., Reistsma, J. & Schilderman, H., (2011), « The role of religiosity for formal and informal volunteering in the Netherlands », *Voluntas*, vol. 22, pp. 365-389.

Vermeersch, S., (2004), « Entre individualisation et participation : l'engagement associatif bénévole », *Revue française de sociologie*, vol. 45, pp. 681-710.

Vézina, M. & Crompton, S., (2012), « Le bénévolat au Canada », *Tendances sociales canadiennes*, no 93, Statistique Canada, pp. 39-60.

Wilson, J., (2012), « Volunteerism research: a review essay », *Nonprofit and Voluntary Sector Quarterly*, vol. 41, pp. 176-212.

Wilson, J. & Musick, M. A. (1997), « Who cares ? Towards an integrated theory of volunteer work », American Sociological Review, vol. 62, pp. 694-713.

5장 연대경제

Barthélemy M., (1994), « Les associations dans la société française : un état des lieux », *Cahiers du CEVIPOF*, no 10, Paris, CEVIPOF, 2 tomes.

Bourdieu, P., (1976), « Les modes de domination », *Actes de la recherche en sciences sociales*, no 2-3, pp. 122-132.

Caillé, A., (2000), *Anthropologie du don, Le tiers paradigme*, Paris, Desclée de Brouwer.

Calhoun, C., (1992), *Habermas and the Public Sphere*, Cambridge et Londres, MIT Press.

Castel, O., (2003), « La dynamique institutionnelle de l'économie populaire solidaire dans les pays du Sud », communication aux *Troisièmes rencontres du Réseau interuniversitaire d'économie sociale et solidaire : L'innovation en économie solidaire*, Université de Toulouse-Le-Mirail (4, 5 et 6 mars). Disponible sur : http://www.socioeco.org.

Chanial, P., (1992), Préface de Habermas, J., « L'espace public, trente ans après », *Quaderni*, no 18, automne, pp. 161-191.

Cohen, J. L. & Arato, A., (1994), *Civil Society and Political Theory*, Cambridge, MIT Press.

CRIDA-RTES (2007) *Les politiques publiques d'économie solidaire. Un enjeu pour les initiatives locales,* Toulouse, Imprimerie 34.

Dardot, P. & Laval, C., (2014) *Commun. Essai sur la révolution au* xxie *siècle*, Paris, La Découverte.

Eley, G., (1992), « Nations, publics and political cultures », in Calhoun, G. (dir.), *Habermas and the Public Sphere*, Cambridge, MIT Press.

Eme, B., (2006), « Espaces publics », in Laville, J.-L. & Cattani, A.-D. (dir.), *Dictionnaire de l'autre économie*, Paris, Gallimard, Folio-actuel, pp. 358-365.

Eme, B. & Laville, J.-L., (1994), *Cohésion sociale et emploi,* Paris, Desclée de Brouwer.

Eme, B. & Laville, J.-L., (2006), « Economie solidaire (2) », in Laville, J.-L. & Cattani, A.-D. (dir.), *Dictionnaire de l'autre économie*, Paris, Gallimard, Folio-actuel, pp. 303-312.

Fraisse, L. & Gardin, L., (2012), « Les associations au coeur d'un enchevêtrement de régulations ? », in Petrella, F. (dir.) *Aide à domicile et services à la personne,* Rennes, PUR, pp. 23-44.

Fraser, N., (2003), « Repenser la sphère publique : une contribution à la critique de la démocratie telle qu'elle existe réellement », in Renault, E. & Sintomer, Y. (dir.), *Où en est la théorie critique ?*, Paris, La Découverte.

Gardin, L., (2006), *Les initiatives solidaires. La réciprocité face au marché et à l'État*, Toulouse, Érès.

Gardin, L., (2013), « L'approche socio-économique des associations », in Hoarau, C. & Laville, J.-L. (dir.), *La gouvernance des associations. Économie, sociologie, gestion,* Toulouse, Érès, pp. 115-135.

Gardin, L. & Laville, J.-L. (dir.), (1997), *Les initiatives locales en Europe, bilan économique et social*, Paris, Crida-LSCI, CNRS.

Gardin, L. & Laville, J.-L., (2009), « Entreprises sociales et nouvelles solidarités », in Laville, J.-L. & Glémain, P. (dir.), *L'économie sociale et solidaire aux prises avec la gestion*, Paris, Desclée de Brouwer, pp. 291-376.

Giddens, A., (1994), *Beyond the Left and Right, The Future of Radical Politics*, Cambridge, Cambridge Polity Press. Godbout, J.-T., (2000), *Le Don, la dette et l'identité. Homo donator vs homo oeconomicus*, Paris, La Découverte.

Godbout, J., (2004), *L'actualité de « l'Essai sur le don »,* Les classiques des sciences sociales. Disponible sur : http://www.uqac.ca/Classiques_des_sciences_sociales.

Guérin, I., (2003), « Espaces de médiation et autonomie féminine », *Hermès*, Paris, CNRS Éditions, No. 36, pp. 57-64.

Habermas, J., (1987), *Théorie de l'agir communicationnel,* 2 tomes, Paris, Fayard.

Habermas, J., (1989), « La souveraineté populaire comme procédure. Un concept normatif d'espace public », *Lignes*, no 7, septembre.

Habermas, J., (1992), « L'espace public, trente ans après », *Quaderni,* no 18, automne.

Habermas, J., (1997), *Droit et démocratie. Entre faits et normes,* Paris, Gallimard.

Héber-Suffrin, C., (1998), *Les Savoirs, la Réciprocité et le Citoyen*, Paris, Desclée de Brouwer.

Ion, J., (1997), *La fin des militants ?*, Paris, Éditions de l'Atelier.

Jouen, M., (2000), *Diversité européenne : mode d'emploi*, Paris, Descartes & Cie.

Ladrière, P., (2001), *Pour une sociologie de l'éthique*, Paris, Presses Universitaires de France.

Laville, J.-L. (dir.), (1992), *Les services de proximité en Europe : pour une économie solidaire*, Paris, Syros-Alternatives.

Laville, J.-L. (dir.), (1994), *L'économie solidaire. Une perspective internationale*, Paris, Desclée de Brouwer. Éditions poche : Hachette, 2009 ; Fayard, 2013.

Laville, J.-L., (dir.), (2016), *L'économie sociale et solidaire. Pratiques, théories, débats*, Paris, Le Seuil.

Laville, J.-L. & Gardin, L., (1999), *Le iniziative locali in Europa*, Turin, Bollati Boringhieri.

Laville, J.-L., Nyssens, M., (2001), *Les services sociaux entre associations, marchés et État : l'aide aux personnes âgées*, Paris : Éd. la Découverte : MAUSS : CRIDA.

Laville, J.-L. & Sainsaulieu, R., (1997), *Sociologie de l'association*, Paris, Desclée de Brouwer.

Laville, J.-L. & Sainsaulieu, R., (2013), *L'association. Sociologie et économie*, Paris, Fayard-Pluriel.

Lefort, C., (1951), « L'échange ou la lutte des hommes », *Les Temps modernes*, pp. 1401-1417.

Lefort, C., (1981), *L'invention démocratique. Les limites de la domination totalitaire*, Paris, Fayard.

Lévesque, B., Joyal, A. & Chouinard, O., (1989), *L'autre économie*, Québec, Presses Universitaires du Québec.

Lévi-Strauss, C., (1950), « Introduction à l'oeuvre de Marcel Mauss », in Mauss, M. (dir.), (1950), *Sociologie et anthropologie*, Paris, PUF, réed. 1999.

Malinowski, B., (1926), *Crime and Custom in Savage Society*, New York, Harcourt, Brace & Company, Inc, London, Kegan Paul, Trench, Trubner & co., ltd. Pour la version française : Malinowski, B., (1968), « Le crime et la coutume dans les sociétés primitives », in *Trois essais sur la vie sociale des primitifs*, Paris, Petite bibliothèque Payot.

Mauss, M., (1924), « Essai sur le don. Forme et raison de l'échange dans les sociétés archaïques », *L'Année Sociologique*, seconde série, 1923-1924, tome 1 (repris in Mauss, M., (1950), *Sociologie et anthropologie*, Paris, PUF). Menuelle, T., (2002), « La conception proudhonienne de l'intérêt et ses implications », in *Le crédit, quel intérêt ?*, Actes du Colloque de la Société P.-J. Proudhon, Paris, 1er décembre 2001, Paris, Publications de la Société P.-J. Proudhon, EHESS, pp. 33-62.

Milgrom, P. & Roberts, J., (1992), *Economic, Organizations and Management*, New York, Prentice Hall International Editions.

Perret, B., (1999), *Les Nouvelles Frontières de l'argent*, Paris, Seuil.

Polanyi, K., (1975), « L'économie comme procès institutionnalisé », *in* Polanyi, K., Arensberg, C. & Pearson, H. (dir.), *Les Systèmes économiques dans l'histoire et la théorie*, Paris, Larousse.

Polanyi, K., (1983), *La Grande Transformation. Aux origines politiques et économiques de notre temps*, Paris, Gallimard.

Proudhon, P.-J., (1860), *Théorie de l'impôt*, Texte commenté et présenté par Lambert, T., (1995), *Logiques juridiques*, Paris, Éditions L'Harmattan.

Roustang, G., (1987), *L'emploi : un choix de société*, Paris, Syros.

Roustang, G., (2006), « Préface », in Gardin, L. (dir.), *Les initiatives solidaires. La réciprocité face au marché et à l'État*, Toulouse, Érès.

Sainsaulieu, R. & Tixier, P.-E., (1983), *La démocratie en organisation*, Paris, Méridiens-Klincksieck.

Servet, J.-M., (2013), « Le principe de réciprocité. Un concept pour comprendre et construire l'économie solidaire », in Hillenkamp, I. & Laville, J.-L. (dir.), *Socioéconomie et démocratie, L'actualité de Karl Polanyi*, Toulouse, Éres, pp. 187-213.

Tassin, E., (1992), « Espace commun ou espace public ? L'antagonisme de la communauté et de la publicité », *Hermès*, « Espaces publics, traditions et communautés », Paris, CNRS, no 10.

Temple, D. & Chabal, M., (1995), *La réciprocité et la naissance des valeurs humaines*, Paris, L'Harmattan.

Thurnwald, R., (1921), *Die Gemeinde der Banaro*, Stuttgart, cité par Malinowski B., 1926, *Crime and Custom in Savage Society*, New York, Harcourt, Brace & Company, Inc, London, Kegan Paul, Trench, Trubner & co., ltd. Traduction française dans *Trois essais sur la vie sociale des primitifs, I. Le crime et la coutume dans les sociétés primitives*, Paris, Petite bibliothèque Payot, édition de 1968.

Vaillancourt, Y. & Laville, J.-L., (1998), « Les rapports entre associations et État : un enjeu politique », *Revue du MAUSS*, Paris, La Découverte, No. 11, 2e semestre, pp. 119-135.

Weber, F., (2000), « Transactions marchandes, échanges rituels, relations personnelles », *Genèses*, no 41, décembre, pp. 85-107.

Wellmer, A., (1989), « Modèle de la liberté dans le monde moderne », *Critique*, no 505-506, juin-juillet.

6장 사회적기업

Alter, K., (2007), *Social Enterprise Typology*, Virtue Ventures. Disponible en ligne : http://www.4lenses.org/setypology/print.

Austin, J. E., (2000), *The Collaboration Challenge: How Nonprofits and Businesses Succeed through Strategic Alliances*, San Francisco, Jossey-Bass.

Austin, J. E., Leonard, B., Reficco, E. & Wei-Skillern, J., (2006), « Social Entrepreneurship: It's for Corporations too », in Nicholls, A. (dir.), *Social Entrepreneurship, New Models of Sustainable Social Change*, New York, Oxford University Press, pp. 169-180.

Bachiegga, A. & Borzaga C., (2003), « The Economics of the Third Sector », in Anheier, H. K. & Ben-Ner, A. (dir.), *The Study of the Nonprofit Enterprise, Theories and Approaches*,

New York, Kluwer Academic/Plenum Publishers.

Bode, I., Gardin, L. & Nyssens, M. (2011) « Quasi-marketization in domiciliary care: Varied patterns, similar problems? », *International Journal of Sociology and Social Policy*, Vol. 31 (3), pp. 225-235.

Bornstein, D., (2004), *How to Change the World: Social Entrepreneurs and the Power of New Ideas*, New York, Oxford University Press.

Borzaga, C. & Defourny, J. (dir.), (2001), *The Emergence of Social Enterprise*, Londres et New York, Routledge.

Borzaga, C., Galera, G. & Nogales, R. (dir.), (2008), *Social Enterprise: A New Model for Poverty Reduction and Employment Generation*, Bratislava, United Nations Development Programme.

Boschee, J., (1995), « Social Entrepreneurship », *Across the Board,* March, 20-25.

Chell, E., (2007), « Social enterprise and entrepreneurship: towards a convergent theory of the entrepreneurial process », *International Small Business Journal*, vol. 25, pp. 5-26.

Commission européenne (2011), *Initiative pour l'entrepreneuriat social*, Communication de la Commission au Parlement Européen, au Conseil, au Comité Economique et Social Européen et au Comité des Régions, Bruxelles.

Cooney, K., (2012), « Mission Control: Examining the Institutionalization of New Legal Forms of Social Enterprise in Different Strategic Action Fields », in Gidron, B. & Hasenfeld, Y. (dir.), *Social Enterprises: An Organizational Perspective*, New York, Palgrave-Macmillan, pp. 198-221.

Cour de Justice de la Commission européenne, (1991), *Arrêt Höfner*, CJCE, 23 novembre 1991, Rec. I, p. 1979 ; R.J.S. 1991, p. 474.

Dees, J. G., (1998), *The Meaning of Social Entrepreneurship*, The Social Entrepreneurship Funders Working Group.

Dees, J. G. & Anderson, B. B., (2006), « Framing a Theory of Social Entrepreneurship: Building on Two Schools of Practice and Thought », *Research on Social Entrepreneurship*, ARNOVA Occasional Paper Series, vol. 1, No. 3, pp. 39-66.

Defourny, J., (2001), « From Third Sector to Social Enterprise », in Borzaga, C. & Defourny, J. (dir.), *The Emergence of Social Enterprise*, Londres et New York, Routledge, pp. 1-28.

Defourny, J. & Kim, S.-Y., (2011), « Emerging Models of Social Enterprise in Eastern Asia: a Cross-Country Analysis », *Social Enterprise Journal*, 7: 1, Special Issue, pp. 86-111.

Defourny, J. & Kuan, Y. Y. (eds) (2011) « Social Enterprise in Eastern Asia », *Social Enterprise Journal*, 7: 1, Special Issue. Defourny, J. & Nyssens, M., (2010), « Conceptions of Social Enterprise and Social Entrepreneurship in Europe and the United States: Convergences and Divergences », *Journal of Social Entrepreneurship*, vol. 1, 1, pp. 32-53.

Defourny, J. & Nyssens, M., (2013), « Social Innovation, Social Economy and Social

Enterprise: What Can the European Debate Tell Us », in Moulaert, F., MacCallum, D., Mehmood, A. & Hamdouch, A. (dir.), *The International Handbook on Social Innovation*, Cheltenham, Edward Elgar, pp. 40-52.

DTI, (2002), *Social Enterprise. A Strategy for Success*, Londres, Department of Trade and Industry.

Emerson, J. & Twersky, F., (1996), *New Social Entrepreneurs: The Success, Challenge and Lessons of Non-profit Enterprise Creation,* San Francisco, Roberts Foundation.

Euricse (2013) *La cooperazione italiana negli anni della crisi, 2° rapporto sulla cooperazione in Italia*, Trente, Euricse. Disponible en ligne : http://www.euricse.eu/it/publications/lacooperazione-italiana-negli-anni-della-crisi-2-rapporto-sulla-cooperazione-in-italia/.

Fici, A., (2015), « Recognition and Legal Forms of Social Enterprise in Europe: a Critical Analysis from a Comparative Law Perspective », *Euricse Working Papers*, 82/15.

Gaiger, L. I., Ferrarini, A. & Veronese, M., (2015), « Social Enterprise in Brazil: An Overview of Solidarity Economy Enterprises », *ICSEM Working Papers*, No. 10, Liège, The International Comparative Social Enterprise Models (ICSEM) Project.

Gardin, L., Laville, J.-L. & Nyssens, M. (dir.), (2012), *Entreprise sociale et insertion. Une perspective internationale*, Paris, Desclée de Brouwer.

Gordon, M., (2015), « A Typology of Social Enterprise Traditions », *ICSEM Working Papers*, No. 18, Liège, The International Comparative Social Enterprise Models (ICSEM) Project.

Gui, B., (1991), « The Economic Rationale for the Third Sector », *Annals of Public and Cooperative Economics*, Vol. 62, No. 4, pp. 551-572.

Hansmann, H., (1996), *The Ownership of Enterprise*, Cambridge, Harvard University Press.

Hillenkamp, I. & Wanderley, F., (2015), « Social Enterprise in Bolivia: Solidarity Economy in Context of High Informality and Labour Precariousness », *ICSEM Working Papers*, No 21, Liège, The International Comparative Social Enterprise Models (ICSEM) Project.

Hulgård, L., (2006), « Danish Social Enterprises: a Public – Third Sector Partnership », in Nyssens, M. (dir.), *Social Enterprise*, Londres et New York, Routledge, pp. 50-58.

ISTAT (2011) Recensement de l'*Istituto nazionale di statistica.* Disponible en ligne : http://dati-censimentopopolazione.istat.it/Index.aspx.

Kerlin, J., (2006), « Social Enterprise in the United States and Europe: Understanding and Learning from the Differences », *Voluntas*, 17: 3, pp. 247-263.

Kerlin, J. (dir.), (2009), *Social Enterprise: A Global Comparison,* Medford, Tufts University Press.

Laville, J.-L. & Nyssens, M., (2001), « The Social Enterprise: Towards a Socio-economic Theoretical Approach », in Borzaga, C. & Defourny, J. (dir.), *The Emergence of Social Enterprise,* Londres et New York, Routledge, pp. 312-332.

Mair, J., Robinson, J. & Hockerts, K. (dir.), (2006), *Social Entrepreneurship*, New York, Palgrave Macmillan.

Morgan, J. P., (2012), *Global Social Finance Research, A Portfolio Approach to Impact Investment*, October.

Moulaert, F., MacCallum, D., Mehmood, A. & Hamdouch, A. (dir.), (2013), *The International Handbook on Social Innovation*, Cheltenham, Edward Elgar.

Nicholls, A. (dir.), (2006), *Social Entrepreneurship. New Models of Sustainable Change*, Oxford, Oxford University Press.

Nicholls, A. (2009), « 'We Do Good Things Don't We?': Blended Value Accounting in Social Entrepreneurship », *Accounting, Organizations and Society*, 34 (6-7), pp. 755-769.

Nicholls, A., Simon, J. & Gabriel, M., (2016), *New frontiers on social innovation research*, New York, Palgrave Macmillan.

Nyssens, M. (dir.), (2006), *Social Enterprise. At the Crossroad of Market, Public Policies and Civil Society*, Londres, Routledge.

Pache, A.-C., (2016), *La venture philanthropy est-elle l'avenir de la philanthropie ?*, Fondation de France. Disponible en ligne : http://www.fondationdefrance.org/article/parole-dexpert-la-venture-philanthropy-est-elle-lavenir-de-la-philanthropie, page consultée le 8 novembre 2016.

Roelants, B., (2009), *Cooperatives and Social Enterprises. Governance and Normative Frameworks*, Bruxelles, CECOP Publications.

Savitz, A., (2006), *The Triple Bottom Line: How Today's Best-Run Companies are Achieving Economic, Social, and Environmental Success – And How You Can Too*, San Francisco, Jossey-Bass/Wiley.

Schumpeter, J., (1934), *The Theory of Economic Development*, New York, Oxford University Press.

Shutes, I. & Chiati, C., (2011), « Migrant Labour and the Marketization of Long-Term Care in Italy and the UK », papier présenté à l'*ESPAnet Annual Conference*, Université de Valence, 8-10 septembre.

Skloot, E., (1987), « Enterprise and Commerce in Non-profit Organizations », in Powell, W. W. (dir.), *The Non-profit Sector: a Research Handbook*, New Haven, Yale University Press, pp. 380-393.

Steyaert, C. & Hjorth, D. (dir.), (2006), *Entrepreneurship as Social Change*, Cheltenham, Edward Elgar.

Ungerson, C. & Yeandle, S. (dir.), (2007), *Cash for Care in Developed Welfare Systems*, Basingstoke, Palgrave Macmillan.

Young, D., (1986) « Entrepreneurship and the Behavior of Non-profit Organizations: Elements of a Theory », in Rose-Ackerman, S. (dir.), *The Economics of Non-profit Institutions*, New York, Oxford University Press, pp. 161-184.

Young, D. & Lecy, J., (2014), « Defining the Universe of Social Enterprise. Competing Methaphors », *Voluntas*, Vol. 25, No. 5, pp. 1307-1332.

Young, D. & Salamon, L. M., (2002), « Commercialization, Social Ventures, and For-Profit Competition », in Salamon, L. M. (dir.), *The State of Nonprofit America*, Washington

DC, Brookings Institution, pp. 423-446.

Yunus, M., (2010), *Building Social Business. Capitalism that Can Serve Humanity's Most Pressing Needs,* Public Affairs.

Zellweger, T. M., Nason, R. S., Nordqvist, M. & Brush, C. G., (2013), « Why do family firms strive for nonfinancial goals? An organizational identity perspective », *Entrepreneurship Theory and Practice*, *37* (2), pp. 229-248.

저자 소개

❶ 토대

1장 사회적경제 • 자끄 드푸르니

2장 협동조합 • 나단 리셰-바떼스띠, 자끄 드푸르니

3장 결사체 • 마르뜨 니센

4장 자원활동 • 리오넬 프루또

5장 연대경제 • 로랑 가르댕, 장-루이 라빌

6장 사회적기업 • 자끄 드푸르니, 마르뜨 니센

❷ 쟁점

1장 사회연대경제의 통계 방법 • 에디뜨 아르샹보

2장 어소시에이션과 공공정책 • 장-루이 라빌, 마르뜨 니센

3장 사회연대경제에서의 지배구조 • 프란체스카 뻬트렐라

4장 사회연대경제와 평가 형식 • 로랑 가르댕, 플로랑스 자니-까트리스, 사뮈엘 피노

5장 사회혁신과 사회연대경제 • 마리 J. 부샤르, 브누아 레베끄

| 엮고 지은이 |

자끄 드푸르니 Jaques Defourny

리에주대학Université de Liège 경영대 사회적경제 및 비교경제시스템 교수를 역임했다(2020년 은퇴). 1990년대 초반 사회적경제센터Centre d'Economie Sociale를 설립하고 이끌었다. 사회적경제, 연대경제 및 사회적기업을 연구하는 십여 개 대학 연구소 및 개별 연구자들로 구성된 EMES 국제연구네트워크의 설립자이자 초대 회장이었다(2002~2010). 루뱅카톨릭대학 마르뜨 니센과 함께 2013년부터 50개국 200여 연구자들이 참여하는 사회적기업 모델 국제비교 프로젝트International Comparative Social Enterprise Models, ICSEM를 지휘하기도 했다.

많은 논문을 발표하였으며, 특히 《남부와 북부의 사회적경제*L'économie sociale au Nord et au Sud*》(1999, P. Develtere, B. Fonteneau 공편), 《사회적기업의 등장*The Emergence of Social Enterprise*》(2001, C. Borzaga 공편) 그리고 《사회적기업과 제3섹터*Social Enterprise and the Third Sector*》(2014, L. Hulgård, V. Pestoff 공편)의 저자이자 엮은이다. 이 책들은 스페인어, 이탈리아어, 일본어, 중국어 및 한국어로도 번역되었다.

마르뜨 니센 Marthe Nyssens

루뱅카톨릭대학Université catholique de Louvain 경제학과 및 FOPES의 사회적경제 교수이다. 노동, 국가 및 사회 다학제 연구센터Centre Interdisciplinaire de Recherche Travail, État et Société, CIRTES의 구성원이고, EMES 국제연구네트워크의 설립멤버로 참여했고 현재 회장을 맡고 있다. 그녀의 연구는 사회적경제와 사회적기업에 대한 개념적 접근 및 대인서비스, 노동통합, 커먼스 등 다양한 활동분야에서 이들 조직과 국가, 시장 및 시민사회가 맺는 관계에 초점을 맞추고 있다. 현재 연구작업은 ICSEM 프로젝트를 통해 진행하는 국제비교연구의 관점에서 다양한 사회적기업 모델 등장에 집중하고 있다.

많은 논문을 집필하였으며, 주요 책과 논문으로는 《사회적기업과 노동통합: 국제적 관점*Entreprise sociale et insertion : Une perspective internationale*》(2012, L. Gardin, J.-L. Laville과 공편), "사회연대경제와 공유자원: 제도적 다양성의 인정을 향하여"(〈프랑스 사회경제 리뷰Revue Française de Socio-Economie〉, 2015, F. Petrella와 공저), "사회적기업에 대한 유럽식 접근과 미국식 접근:국제적 접근"(RECMA, 2011, 자끄 드푸르니와 공저) 등이 있다.

| 지은이 |

나딘 리셰-바떼스띠 Nadine Richez-Battesti

엑스-마르세이유대학Université d'Aix-Marseille 교원연구자이고 경제 및 노동사회학 연구소LEST-CNRS의 연구원이다. 그녀의 연구는 주요하게 사회연대경제 조직들로, 전략적 관점에서 이 조직들의 설립과 변형을 다루고 있다. 주요 저서로는《프랑스 사회적기업의 진화 패턴: 노동통합 사회적기업을 중심으로*Patterns of evolutions of social enterprises in France: A focus on work integration social enterprises*》(2016, F. Petrella와 공저)와 "비영리와 영리조직에서 경영관행의 전문화가 일자리 만족도에 영향을 미치는가?Does the professionalism of management practices in nonprofits and for-profits affect job satisfaction?"(2013, K. Melnik, F. Petrella와 공저) 등이 있다.

리오넬 프루또 Lionel Prouteau

낭뜨대학Université de Nantes 경제학 명예전임강사이고 낭뜨 아틀란틱 경제경영연구소Laboratoire d'économie et de management de Nante Atlantique, LEMNA의 멤버이자 사회적경제 관련 자료개발협회Association pour le développment des données sur l'économie sociale, ADDES 학술위원회 멤버이기도 하다. 그의 연구는 사회적경제, 특히 결사체association를 다루고 있다. 주요 저서로는《자원활동의 경제학. 이론 및 경험연구*Economie du comportement bénévole. Théorie et étude empirique*》(1999)가 있으며,《자원활동과 기업논리 사이에 놓인 민간단체들*Les associations entre bénévolat et logique d'entreprise*》(2003)을 엮었다.

로랑 가르댕 Laurent Gardin

발랑시엔느와 에노-깡브레지 대학Université de Valenciennes et du Hainaut Cambrésis의 사회학 교수이자 개발과전망연구소Institut du développement et de la prospective, IDP 멤버이며, 경제사회행정 석사과정 중 '지역개발과 연대경제' 교육 책임을 맡고 있다. EMES 연구네트워크와 사회연대경제 대학간네트워크RIUESS의 멤버이고, Cnam-CNRS Lise 연구팀에 참여하고 있으며, 프랑스 북부 오드프랑스지방 사회연대경제 강좌(석좌교수) 개설의 공동설립자이다. 주요 저서로는 《연대적 실천들. 시장과 국가에 맞선 호혜성*Les initiatives solidaires. La réciprocité face au marché et à l'Etat*》(2006), 《협동하는 사회연대경제*L'économie sociale et solidaire en coopérations*》(2016) 등이 있으며 장-루이 라빌 및 마르뜨 니센과 함께 《사회적기업과 노동통합: 국제적 관점 Entreprise sociale et insertion: Une perspective internationale》(2012)을 엮었다.

장-루이 라빌 Jean-Louis Laville

경제학자이자 사회학자로, 국립예술직업전문대학Conservatoire national des arts et métiers, Cnam 연대경제 교수이다. 또한 Cnam-CNRS Lise 연구팀과 사회혁신연구 관련 일드프랑스 연구소Institut francilien de recherche sur l'innovation sociale, Ifris의 연구원이고, 세계연구단과대학Collège d'études mondiales에서 연구 프로젝트를 책임지고 있다. 여러 해외 대학과 협력하고 있으며 국제연구네트워크인 EMES와 RILESS의 설립 멤버이다. 주요 저서로는 《사회연대경제. 실천, 이론, 토론*L'économie sociale et solidaire. Pratiques, théories, débats*》(2016) 등이 있으며 《시민사회, 제3섹터 그리고 사회적기업*Civil Society, the Third Sector and Social Enterprise*》(2015, D. Young, P. Eynaud와 공편) 및 《다른경제 사전*Dictionnaire de l'autre économie*》(2010년 재간, A. D. Cattani와 공편)을 엮었다.

에디뜨 아르샹보 Edith Archambault

팡테옹-소르본느 파리 1대학Université de Paris I Panthéon-Sorbonne 명예교수이자 소르본느 경제센터Centre d'économie de la Sorbonne의 구성원이다. 존스홉킨스 비영리부문 국제비교 프로그램에 참여했고, 제3섹터 통계와 관련한 UN과 ILO의 프로젝트들에 전문가로 참가하였다. 국민계정, 결사체, 자원활동 등에 대한 300여 출간물을 집필하였고, 주요 저서로는 《국민계정*Comptabilité nationale*》(2003), 《프랑스의 비영리부문, 결사체 및 재단*Le secteur non lucratif, Association et Fondations en France*》(1996), 《민간단체에 대한 지식*Connaissance des associations*》(2010, J. Accardo, B. Laouisset과 공저) 등이 있다.

프란체스카 뻬트렐라 Francesca Petrella

경제 및 노동사회학 연구소Laboratoire d'économie et de sociologie du travail, LEST-CNRS

연구원이자 엑스-마르세이유대학Université d'Aix-Marseille 경제학 교수로 나딘 리셰-바떼스띠와 함께 '사회연대경제' 석사과정을 이끌고 있다. 그녀의 작업은 주요하게 사회연대경제 조직(거버넌스, 고용의 질, 공공기관과의 상호작용), 특히 아동돌봄 및 재가돌봄서비스 분야 조직들을 다루고 있다. 주요 저술로는 "협동과 거버넌스: 결사체의 일반화 또는 회복?Coopération et gouvernance: Normalisation ou reconquête du fait associatif?"(2015, C. Marival, N. Richez-Battesti와 공저)과 "사회연대경제와 공동자원: 제도적 다양성의 인정을 향하여. 교차질문ESS et ressources communes: vers la reconnaissance d'une diversité institutionnelle. Interpellations croisées"(2015, M. Nyssens과 공저) 등이 있다.

플로랑스 자니-까트리스 Florence Jany-Catrice

릴 제1대학Université Lille 1 경제학 교수이며 Clersé-UMR 8019 연구팀에서 연구를 이끌고 있다. 연구작업은 경제의 질적 측면 및 이와 관련한 측정 이슈를 다루고 있다. 2008년에 본인이 설립한 APIESS 훈련과정을 포함하고 있는 '경제 및 공공관리' 석사과정을 운영하고 있다. 또한 학술지 〈프랑스 사회경제 리뷰Revue française de socioéconomique〉를 이끌고 있으며 프랑스 정치경제학회Association française d'économie politique, AFEP 회장이다. 《웰빙과 발전의 새로운 척도들*The New Indicators of Well-Being and Development*》(2006, (불어판 2016) J. Gadrey와 공동편집)와 《사회과학과 정량화. 수의 정치에서 대상중심 정책으로*The Social Sciences of Quantification From Politics of Large Numbers to Target Driven Policies*》(2016, I. Bruno, B. Touchelay와 공편)의 공동편집자였고, 《온전한 성과: 새로운 자본주의 정신?*La performance totale: nouvel esprit du capitalisme?*》(2012)의 저자이다.

사뮈엘 피노 Samuel Pinaud

파리-도핀대학Université Paris-Dophine 교수이며 Irisso 및 IDHES-Nanterre et Clersé 연구원이다. 사회연대경제와 프랑스 및 서아프리카(말리, 부르키나파소)의 농업경제에 대해 연구하고 있다. 주요 저술로는 "식량원조의 기원과 취약성Genèse et fragilité de l'aide alimentaire"(2016, S. Naulin, P. Steiner와 공편)과 《농민, 토지에 접근하려는 끈질긴 노력. 현대 프랑스 토지정책의 한계*Les agriculteurs, maîtres tenaces de l'accès à la terre. Les impasses de la politique foncière française contemporaine*》(2015, S. Barral과 공저) 등이 있다.

마리 J. 부샤르 Marie J. Bouchard

몬트리올 소재 퀘벡대학Université du Québec à Montréal 교수, CIRIEC 인터내셔널의 사회적경제 및 협동조합 학술위원회 위원장(2015~2017), 사회혁신연구센터Centre de recherche sur les innovations sociales, CRISES 집합적 기업 분야 책임 그리고 캐나다 사회적경제 석좌교수(2003~2013)를 역임하였다. 주요 저서로는 《사회적경제의 가치*The Worth of the Social Economy*》(2009, Peter Lang과 공편), 《사회적경제의 비중-국제적 관점*The Weight of the Social Economy. An International Perspective*》(Peter Lang, D. Rousselière와 공편, 2015) 및 《혁신의 추동력, 사회적경제-퀘벡의 경험*L'économie sociale, vecteur d'innovation. L'expérience du Québec*》(2011/영문판 Innovation and the Social Economy. The Quebec Experience, 2013) 등이 있다.

브누아 레베끄 Benoît Lévesque

몬트리올 소재 퀘벡대학Université du Québec à Montéral 명예교수이자 공공행정 국립학교École Nationale d'Administration Publique 객원교수다. 사회혁신연구센터 CRISES와 사회적경제 관련 대학 및 공동체 학술연대Alliance de Recherche Universités et Commnautés en économie sociale, ARUC의 공동설립자다. 주요 저서 및 편저에는 《사회혁신. 이론적, 실천적 구성작업*L'innovation sociale. Les marches d'une construction théorique et pratique, Presses de l'Université de Québec*》(2014, J.-M. Fontan, J.-L. Klein과 공편)과 《거버넌스와 공공관리시스템에서의 사회혁신: 새로운 패러다임을 향하여?*Social Innovation in Governance and Public Management Systems: Toward a New Paradigm?*》 《사회혁신 관련 국제핸드북-집합행동, 사회적 학습 그리고 다학제 연구*The International Handbook on Social Innovation. Collective Action, Social Learning and Transdisciplinary Research*》(2013, F. Moulaert, D. MacCallum, A. Mehmood, A. Hamdouch 공편) 등이 있다.

사회적경제, 연대경제, 사회적기업으로 이해하는 제3섹터의 사회경제학

사회연대경제

1판 1쇄 발행 2021년 6월 28일 **1판 2쇄 발행** 2023년 7월 31일

지은이 자끄 드푸르니 · 마르뜨 니센 외

펴낸이 전광철 **펴낸곳** 협동조합 착한책가게

주소 서울시 마포구 독막로 28길 10, 109동 상가 b101-957호

등록 제2015-000038호(2015년 1월 30일)

전화 02) 322-3238 **팩스** 02) 6499-8485

이메일 bonaliber@gmail.com

홈페이지 sogoodbook.com

ISBN 979-11-90400-22-0 (93300)

- 책값은 뒤표지에 있습니다.
- 잘못된 책은 구입하신 서점에서 바꾸어 드립니다.